U0925307

（附邊隨園先生年譜）

[清]邊連寶 著
馬合意 校點

齊魯書社

病餘長語　　任邱邊連寶肇畛

卷一

商邱宋牧仲犖巡撫蘇松一時知名之士俱招致幕下因有江左十五子詩選李必恒字百藥又字北岳高郵人其詩出入於韓白蘇三家之間然別自矯矯有奇氣非規規撫摹者比十五子中應為巨擘略録數首於左以見其概

效荆公烘蝨有叙

王荆公有和王樂道烘蝨詩司馬温公亦和之或者用以為譏要之意各有托未可非也冬日

清華大學圖書館藏《病餘長語》書影

病餘長語

卷一　　任邱邊連寶肇畛

商邱宋牧仲犖巡撫蘇松一時知名之士俱招致幕下
因有江左十五子詩選李必恒字百藥又字北岳高郵
人其詩出入於韓白蘇三家之閒然別自矯矯有奇氣
非規規橅摹者比十五子中應爲巨擘略敘數首於左
以見其概

效荊公烘虱有敘

王荊公有和王樂道烘虱詩司馬溫公亦和之式
者用以爲譏要之意各有托未可非也冬日即事
戲效一首中段聊尔示幻所謂言之無罪聞之足
戒者非耶

天津圖書館藏《病餘長語》書影

目録

前言

《病餘長語》十二卷，清邊連寶撰。

邊連寶（一七〇〇——一七七三），字趙珍，後改肇畛，號隨園，晚號茻仙、茗禪居士，直隸河間府任邱縣（今河北省任丘市）人。清代中期著名學者、詩人。時與獻縣戈濤、高陽李才蕡並稱「燕南三子」，又與戈濤有「瀛州二子」之目，合劉炳、李中簡、紀昀、戈岱、邊繼祖，並稱爲「瀛州七子」（亦稱「河間七子」），且與錢塘袁枚並稱「南北隨園」，學者稱其爲「北隨園先生」。

邊連寶出身望族，詩書世家。祖父以上，多仕宦顯達者。父汝元，精音律，善書畫，尤工詩作。詩宗杜甫，清蒼雄健，與同里龐塏相切劘，不相上下。以諸生終老。著有《桂巖草堂詩集》八卷（後經其孫廷掄刊成《漁山詩草》二卷）、《文集》二卷，又有雜劇《鞭督郵》、《羊裘釣》、《傲妻兒》三種。連寶幼隨父學，稍長即博聞强記，篤學不倦。康熙五十四年（一七一五），其父去世，先後從學於從叔邊汝洪、胞叔邊汝充及叔祖邊霖。五十八年（一七一九），補博士弟子員。五十九年（一七二〇），因家貧而始以授館爲業。六十年（一七二一），食廪餼於縣學。雍正十三年（一七三五），受知於學使錢陳群，選爲拔貢，廷試第一。乾隆元年（一七三六），以直隸總督李紱、學政錢陳群舉薦，考博學鴻詞，未中。乾隆十二年（一七四七），鄉試落第後，遂絶然捨棄科舉之途，並改字肇畛，以明歸隱田園之志。自康熙五十九年（一七二〇）二十一歲开始參加科考，至乾隆十二年（一七四七）四十八歲結束，前後共歷鄉試十二次。十四年（一七四九），清廷召舉經學之儒，刑部侍郎錢陳群再次舉薦，連寶以病辭不赴。二十六年（一七六一），受本縣知縣劉統聘請，任桂巖書院山長，兼《任邱縣志》纂修事。三十六年（一七七一），應其姪兩淮鹽運使邊廷掄之邀，與兄中寶南游，遍歷江南諸勝，題詠殆遍。明年秋返鄉。三十八年（一七七三）八月，病逝於任邱，終年七十四歲。其事跡見《清史稿》卷四百八十四《龐塏傳附》、《清史列傳》卷七十《邊連寶傳》、《大清畿輔先哲傳》卷二十一《文學傳》、道光《任邱續志》卷上《儒林傳》、乾隆《獻縣志》卷十《流寓志》，以及戈濤《邊徵君傳》、蔣士銓《徵士邊君隨園傳》等。

邊連寶一生勤於著述，除《病餘長語》外，尚有《隨園詩集》四十一卷附《禪家公案頌》一卷、《隨園文集》四卷、《杜律啓蒙》十二卷、《評選蘇詩》十卷、《評〈管子〉

腋》二卷、《評選〈世説新語〉》十卷、《五言正味集》六卷、《肇畛先生文稿》二卷、《列國説薈輒要》不分卷、《唐文讀本》、《選評〈才調集〉》、《選評〈明詩别裁集〉》等，與兄中寶合著《南游壎篪集》二卷。

《病餘長語》一書，見録於《清史列傳·邊連寶傳》，是作者晚年患病之餘所撰筆記。據其《隨園詩集》卷二十四《贈葉耀南》詩小序中説：「己卯、庚辰冬春之間，余以老而喪偶病幾瀕死，已飭兒子廷徵料理白頭人矣。兄方亭爲言，義烏葉耀南先生，醫國手也。因敦請調治，數日而甦，半月而起，兩閱月而大痊，不啻生死而肉骨矣。」按此，作者得病在乾隆二十四、二十五年間。又，作者在《長語》中最早的紀年紀事，是卷一第一則所載：「乾隆己卯，余六十初度，作詩自壽，中聯云：『大蘇當日曾同物，老杜於今幸浹旬。』子美卒年五十九，余已六十。」可知作者在乾隆二十四年後開始撰此筆記。其最晚有紀年紀事是卷十一所載：「越十六年癸未，復來客此，爲門人輩解此詩，因言其事，且指點其地，不禁淚潸潸下也。」又同卷載：「丁卯之明年戊辰，客静海，冬夜獨處，愁悶無聊，一月内得詩五十首，精疲力盡，遂成心疾。怔忡不寐，驚悸狐疑，種種具足，至今凡十五六年不瘳，其間瀕於死者且屢矣。」今按戊辰年下推十五六年，爲乾隆癸未年間，即乾隆二十八年。由此推斷，此書當是作者自乾隆二十四年患病之餘至二十八年間撰寫完成，故有「病餘」之稱。古人著述，以「長語」名書且最有名者，當是明代曹安《讕言長語》及王鏊《震澤長語》兩書。「長」讀「丈」音，取「多餘」之意。即如《讕言長語》自序所云：「率皆零碎之辭，何益於事？因名《讕言長語》。讕言，逸言也；長語，剩語也。」作者以「長語」名之，意當本此。然書中所記内容，皆作者治學心得，以此名書，自是謙詞。

作者終生致力於詩古文詞創作與研究，尤以詩歌稱雄北方詩壇，故此書涉及詩論占全書比重將半，皆作者數十年詩歌創作及詩學研究心得。書中除對前人之詩進行精闢評析外，還以己詩爲例，逐字逐句在創作理念和方法上進行切實操作性講解。如卷四以《無雙譜》詠項羽詩爲例，細緻講解作詩時注脚有無的用法。卷七論《題趙成穆指頭畫》詩從《左傳》、《莊子》、《史記》中得來，並參以兵法，引入史事及繪畫方法加以陪襯補充。又如卷十講作詩不可襲舊、詩用文章語，卷十一論詩用本地方言詠本地事等詩論，爲學詩者開闢了更廣更多創作思路及方法，而且在詩歌研究與品評上有着重要的參考價值。

此外，作者爲詩主以性情，涵之以學問，講求言之有物，注重情感與學問的統貫結合，故其詩風雄渾博大，自成一家。其詩論尤爲引人注目之處，是敢於對詩壇權威王士禛「神韻説」流弊之問難。如卷一説：「余嘗戲爲詩評，續敖陶孫（器之）後，於漁洋云：『如南部名工，鶻靚鴇狚，色色都佳，粉墨之外，故自具有俊氣。』以示余友戈芥舟（濤），芥舟以爲確。然數十年來，新城之學塞滿世界，故不敢以示外人，恐其環向而攻之也。」卷二稱宗「神韻」者説：「坐清宴之堂，發從容之論，嘆老不得，嗟卑尤不得，了無感慨，絶少激昂，非遁入神韻之中，無所庸其伎倆，此『神韻』二字爲達官貴人藏身之固也。」又在卷六戈濤詩集序中説：「而近世之劫持文柄者，復宗其説而改其面目，謂詩當以神韻爲主。於是天下學者靡然趨風，社稷而尸祝之；下者循腳希聲，高者摹神追象，務爲無所歸存不着痛癢之言以相高，以爲不如此不足以爲神韻也，於是乎詩道至此而大敝。」諸如此類，有十數條之多。然作者並非如趙執信《談龍録》那樣，讐於其人而有所攻擊，而是爲詩風流弊之泛濫而堪憂：「夫黨枯讐朽，文人習氣，余所不取。乃自喋喋不已者，誠以風雅一道，所關於世道人心者爲甚鉅，不敢謂無與己事，一委諸泛泛悠悠之口也，有心人當自鑒之！」（卷六）這種勇於擔當的治學精神和無私端正的學風，是我們今天更應學習的。

另外，作者爲學者型詩人，對前人詩中之訛舛疏漏，亦嘗根據詩意進行考訂。如卷十從東坡《十二月十七日夜坐達曉寄子由》詩中「清風欲發鴉翻樹，缺月初升犬吠雲」兩句，發現十七日「將曉而缺月初升」，不合乎天文規律，從而斷定「此必二十七日，非十七日也，題有脱誤」。又如卷三以賈島《渡桑乾》、《上谷旅夜》兩詩内容，對賈島里籍進行考辨，證明賈島故鄉在咸陽而非涿州。（明代胡震亨《唐音癸籤》已論及，作者當未見）皆剖析精微，鑿鑿有據。又如卷六發覺盧仝「蟄蟲初動春風起」、「天子未嘗陽羨茶」兩句詩之「初」、「未」二字，於理不妥，乃於後文作辨説，並因此對「雨前」一詞進行考辨，足已見其深諳詩學三昧。

作者除精通詩學外，还研辨經史，問學廣博，故其筆記中，舉凡經史闡繹、名物考訂、社會風俗、軼聞趣事、方言辨讀等等，無不涉及，且援引該博，議論精確。如卷六對《詩經·碩人》一篇詩旨的獨到闡釋，卷十一論《詩經》中無九言句，卷七論後人於《春秋》信《傳》而不信《經》之誤，卷八論男女「雲雨」事本於《莊子》等等，皆具創見。又如卷九記述任邱與鄰縣文安喪禮之異同，卷二記「摸稽哥」、「鴉方烏什」兩種旗役稱呼，及科舉掌故「喫夢」、「飄洋」二事，皆爲他書所未見或最早之記載。又如卷三寫其小姨之聰慧，卷四記劉果實、趙執信戲老儒事，卷五寫李中簡之綽號，卷十一記紀昀與董元度口吃且俱不善書等故實，皆雅而有趣，可資談助。又如在卷二及卷十一中辨析高陽、任邱、文安話發音等，對研究方言皆有參考價值。此外，書中還收録了一些前輩先賢及作者師友的詩文作品，如卷一録家藏傅青主贈作者祖父邊之鉉手札三通及題扇詩一首，皆未見收於傅氏《霜紅龕集》，這對傅山研究有極其重要的學術價值。他如書中所收任邱檀振遠、王應僎、李學禮、高陽李才蕡、吴橋方鳴臯、滿人海齡以及妻子李氏等人詩詞，皆他書向所未見者，是研究北方地域性詩人的重要資料。

《病餘長語》向無刻本，今所能見者僅有鈔本三種：一爲天津圖書館藏民国鈔本（校記簡稱「原本」）十二卷，四册，無序跋。每卷卷端鈐朱文「邊郁翰」印，（宣統三年《任邱邊氏族譜》載：「郁翰，字友棠。光緒戊戌生。」）此本即或其所鈔。今人張寅彭撰《新訂清人詩學書目》，直以天津圖書館藏本爲稿本，不知何據。筆者曾浪跡書林十數年，粗通版本流略之學，且藏有作者手跡；嘗細審天津圖書館藏本，其字體風格，與作者筆跡迥異，且紙墨皆不到乾隆，爲典型民國鈔本；書中尚多有因鈔者學識所限而明顯致誤者，故天津圖書館所藏非稿本明矣。另一爲清華大學圖書館所藏乾隆鈔本（校記簡稱「清華本」），殘五卷，存卷一至卷三、卷七至卷八，兩册，無序跋，卷一扉頁粘有浮簽，墨書「庚子夏日，鈔於軍莊館」，無落款。當是一教書先生於乾隆四十五年在任邱軍莊村教館時所鈔。再則爲中共中央黨校圖書館藏清鈔本，十二卷，四册，亦無序跋，鈔繕精整。封面及題名下鈐有「清華堂藏書印」、「吾邱邊氏珍藏」、「碧藻館」等藏書印數方。余曾往校，雖歷盡周折，然最终只允一觀，未能得以校閲，實爲憾事。此外，書林前輩孫殿起《販書偶記·續編》卷十一記其曾購得《病餘長語》十二卷，稱是原稿本，然不知今歸何處，尚冀發現。

此次整理，以天津圖書館藏本爲底本，校以清華殘本，並對《長語》中所徵引之書，皆一一核對原始出處。作者在引書過程中，有些是節引綜述，與原文不盡相同，今爲明確起訖，便於閱讀，凡屬此類引文，皆以引號括之。對於其中影響文意的文字酌作校勘，並在按語中説明引文出處及删節情況。凡校勘中所涉書籍，皆臚列出來，作參考書目附於後，以供讀者核查原書時作爲依據。原書條目，有些是一條記一事，有些則數條記一事，爲便於讀者閲讀，今據各條所載内容，凡記一事者歸爲一則，共得四九九則，並標以序數。爲讓讀者對作者生平有更全面細緻的了解，點校者編撰了《邊隨園先生年譜》附於書後，敬請方家一並指正。

本書在整理出版過程中，得到了中共滄州市委梁振剛秘書長、任丘市政府趙學明市長、黄驊市政府邊老剛市長及滄州友人孫建、清華大學圖書館馮瑞雪老師的關心幫助，在此並致謝忱！

二〇一一年六月二十七日　古鄚馬合意識於任丘圖書館

病餘長語卷一

任邱邊連寶肇畛

一

商邱宋牧仲犖巡撫蘇松，一時知名之士俱招致幕下，因有《江左十五子詩選》。李必恒字百藥，又字北岳，高郵人。其詩出入於韓、白、蘇三家之間，然别自矯矯有奇氣，非規規橅摹者比〔一〕，十五子中應爲巨擘。略敘數首於左〔二〕，以見其概。

《效荆公烘蝨》有敘：「王荆公有和王樂道《烘蝨》詩，司馬温公亦和之，或者用以爲譏，要之意各有托，未可非也。冬日即事，戲效一首，中段聊爾示幻，所謂言之無罪，聞之足戒者非耶。」「屋山吹裂終風號，曉窗瑟縮裹緼袍。忽驚芒刺在腰背，爬沙那得仙指搔〔三〕。嵇康性懶固多蝨，老鰥衣垢彌穴巢。中單急解付兩婢〔四〕，十指大索同搜牢。尸積便思觀宜築，血流豈必杵可漂。策勳牙爪已足賀，盡殲未若烘爐燎。須臾赴焰類蛾滅，頃刻裂體同龜燋。偪膊直似武安震，拉雜不異皐蘭鏖。旁及蚤氏下逮蟣，一網而盡誰能逃。小婢失聲忽大噱，獵得巨擘魁其曹。婪酣肚腹脹麥顆，亦有脚股連脽尻〔五〕。諦視掌上聊玩弄，厲聲呵責如雄虓。曰汝賦形極委瑣，曰汝秉性專貪饕。噬膚飲血恣口腹，微軀豈足充汝庖。蔓延孫子營窟宅，爲肘腋患非一朝。投畀炎火且快意，幺麿焉用污歐刀。熏心焚身爾何悔，昂首彷佛聲嘈嘈。阿房宫賦舊能讀，於傳有之未爲妖〔六〕。見唐陸勳《志怪録》〔七〕。姑妄聽之譯以意，其詞大概多呰謷〔八〕。似云族類實天産，遥遥華胄名曾標。藏老僧衲具佛性，游宰相鬚經宸褒。置諸壁間每見愛，捫來座上偏稱高。鮮衣美服我不顧，敝褐破絮君則招。且聞人身厥蟲窟，爲蚘爲蛕爲蛔蟯。是皆害在爾心腹，若我所餍饞皮毛。不見州衙擂大鼓，堂皇日坐煩榜敲。擇人而食欲無厭，吮脂吸髓竭其膏。取彼所得以例我，詎異太山於秋毫。而乃獨於我乎懲，茹柔吐剛非人豪。何況相與有瓜葛，屬毛離裏如粘膠。同根相煎何太急，忍使赤族争燔燒〔九〕。須臾聲寂去不顧，掉頭一霎如風飄。聽其詞直義亦正，誅之不武寧相拋。於物罕容實吾褊，不虞反脣來譏嘲。處褌且效阮籍戲，放生亦受坡老教。翻思火攻真下策，披衣一笑倒濁醪。」戊辰冬初，余作《勦蝨詩》，亦頗得意，後閱《十五子詩選》，得李君此作，殊大快也。僕作五言，且得韻甚窄，故遜其恢詭；然余詩精鑿處，亦渠所不及，緣體格各殊也〔十〕。此作殆與僕《四蝨詩》並駕矣。

《同學諸子招入文社不赴長歌述懷兼謝諸子》〔十一〕：「春蠶作繭角鬥蝸，蠹蟲食紙聲沙沙。天公憐我落苦海，欲使擺脱超津涯。粤余總角愛蒐獵，百家經史窮羅爬。屠龍技就世罕用，刻楮無益吁可嗟。日王崇儒好詞賦，班揚東馬裝連車〔十二〕。學臣聯翩下禁籞，八紘廣設張羅罝。吉水李宛平高東海許暨〔十三〕，避席授管開官衙〔十四〕。淮海維揚曰才藪，森如束笋紛如麻。而我當仁志不讓，掉臂徑入抽鯨牙。千言賦就不加點，從容飲噉斟官茶。詰朝名字上頭掛，壓倒元白誰敢譁。使者召謁面奬我，曰汝今代文章家。小子頓首謝不敏，朱提鏨賜禮有加。爾時意氣極騰上，要窺蓬島乘星槎。三科鍛羽羞毷氉，煩冤内火蟠龍華。肝神名〔十五〕。靈臺炎炎忽坌湧〔十六〕，千鐘萬鼓相撞撾。間或細響類合樂，瑟笙竽笛箏琵琶。耳官驚匿走失職，聽荅輒爾多遺差。親朋走訊競唶惜，亦有調笑聲呀呀。諸君何爲不我棄，招邀見嗜如瘡痂。有兄聊可附騏驥，如余只合儕麏麚。每思投牒老牖下，巾箱棄置猶浮苴。只緣升斗竊廝食，不爾有靦胡爲耶。二月楊柳青毿毿，村桃遠近蒸紅霞。曹家介綏亭子頗不惡〔十七〕，垂絲木筆攢春葩。倘能置酒別召我，定泚渴墨蟠飢鴉〔十八〕。維予唱女和亦可，詎必攢眉俛首乞靈故紙群嘔啞。廝，先，上聲，又音先。《爾雅·釋言》：「廞，廝也〔十九〕。」」此作氣韻倍爲沉雄，與阮亭「三平」之説亦脗合〔二十〕。李君蓋應康熙己未制科而放歸者。

《長夏，漫堂先生出所藏古繪事法書見示，因呈長句，明日將渡江之吴陵》：「火雲行天赤日酷，白汗翻漿作三伏。中丞衙散襬襶無〔二十一〕，解帶科頭對修竹。朱華翠蓋敷清池〔二十二〕，召客列坐相娱嬉。高齋空虛鮮長物，那覓周鼎兼商彝。洗心只覺畫圖適〔二十三〕，逸品神品分甲乙。平頭奴子親捧將，玉軸錦囊包裹密。老子意氣真堂堂，兩旁參佐如堵墻。手披口説坐復起，健如海鶴森開張。馬遠春晚景，趙昌寫生花。九老鬚眉劇生動，洛靈環珮交紛拏。是日所見數種〔二十四〕。而我獲見所未見，但聞左右嘖嘖聲咨嗟。就中坡跡尤所愛，七百年餘露光怪。婀娜剛健倍有神，璀璨陸離騰墨彩。忽然眼底走煙雲，海嶽菴圖更好在。捲圖命酒清風生，師乎師乎移我情。明朝一舸掠江去，正向元暉畫裏行。」漫堂先生即牧仲。牧仲筮仕黄州，因其地爲坡公舊游，遂畫像供養。後開府蘇州，於臘月十九日率諸名士爲東坡作生日，亦一時佳話。余忝與坡公同日攬揆，恨生也晚，未獲親預其盛。乾隆己卯，余六十初度，作詩自壽，中聯云：「大蘇當日曾同物，老杜於今幸浹旬。」子美卒年五十九，余已六十，故曰「幸」；浹旬，六十年爲一大旬也。「同物」、「浹旬」，以《左傳》、《周禮》作對，工穩而不纖。余又有句云：「帶乙烹魚婢，和匡矐蟹奴。」「乙」字、「匡」字，以《爾雅》、《檀弓》作對，此爲一字典。

校勘記

〔一〕橅：清華本誤作「撫」。

〔二〕敘：清華本作「録」。

〔三〕指：《江左十五子詩選》卷十作「爪」。

〔四〕急：《江左十五子詩選》卷十作「亟」。

〔五〕脚股：《江左十五子詩選》卷十作「股脚」。

〔六〕有之未爲妖：《江左十五子詩選》卷十作「則有非爲妖」。

〔七〕見唐陸勳《志怪録》：原本無，據清華本、《江左十五子詩選》卷十補。

〔八〕大：原本誤作「太」，據《江左十五子詩選》卷十改。

〔九〕使：《江左十五子詩選》卷十作「便」。

〔十〕各：清華本無。

〔十一〕不赴：清華本無。

〔十二〕揚：清華本誤作「楊」。

〔十三〕吉水李宛平高東海許暨：原本無「李」、「高」、「許」三字，據清華本、《江左十五子詩選》卷十補。

〔十四〕管：《江左十五子詩選》卷十作「簡」。

〔十五〕肝神名：原本無，據清華本、《江左十五子詩選》卷十補。

〔十六〕忽：《江左十五子詩選》卷十作「欻」。

〔十七〕介綏：原本無，據清華本、《江左十五子詩選》卷十補。

〔十八〕渴：原本誤作「濁」，據清華本、《江左十五子詩選》卷十改。

〔十九〕廯，先，上聲，又音先。《爾雅·釋言》：「廩，廯也。」：清華本無。

〔二十〕三平：原本誤作「三平平」，據清華本、王士禛《王文簡古詩平仄論》改。

〔二十一〕褷：原本、清華本誤作「褷」，據《江左十五子詩選》卷十改。

〔二十二〕清池：清華本作「池清」。

〔二十三〕畫圖：《江左十五子詩選》卷十作「圖畫」。

〔二十四〕是日所見數種：清華本無。

二

吴廷楨字山掄，長洲人，亦十五子之一，録詩一首於左。《試兒行，爲天標令子賦》：「瓊源照夜凝冰壺，老蚌就掌生明珠。翠眉玉頰瞳點漆，人間又見徐卿雛。去年湯餅會衆客，鬱葱佳氣方充閭。走邀温嶠辨英物，耳畔彷彿聞啼呼。今來周晬露頭角，嬌嬌自與群兒殊。豪鷹峲屶毛骨異，敢以凡鳥題門樞。雲屏翠幙好遮護，抱持保姆顏敷腴。圖史百物羅左右，滿堂座展紅氍毹。排窗穴壁競覘覰，親戚笑問兒何須。徑前握管隨手抹，似尋字畫摹之無。諸餘玩好不掛眼，豈羨取印提戈殳。乃翁雅素躭詞翰，吮毫舐墨勤咿唔。兒生墮地有同嗜，端能讀父盈車書。草牘方當等曼倩，臨書且爲留官奴。幾人有兒得寧馨，萬金之產良非誣。我歸責子坐嘆息，提孩便已趨殊塗。朋來雖有四男子，森如立竹僵墻隅。懶惰總不好紙筆，召令吐記常含胡。正應坐我老伏櫪，顧後駒齒皆頑駑。韓子不免簡教示，陶公終是憂賢愚。詩成聊復使之寫，得不愧汗沾肌膚。生兒當如李亞子，爾曹碌碌何爲乎。」七古一韻到底者，莫妙於「魚虞」，而「蕭豪」次之，「歌麻」次之，「東冬」次之，「佳灰」又次之。以此數韻者，聲隆而氣厚，高而不浮，縮而不啞，非他韻所及。然未登堂嚌胾者，方笑爲追蠡之見耳〔一〕。

校勘記

〔一〕笑：清華本作「嗤」。

三

「孟頫上覆丈人節幹丈母縣君：孟頫一節不得來書，每與二姐在此懸思而已，伏想各各安佳。孟頫寓此無事，不煩憂念，但除授未定，猝難動身。恐二老人無人侍奉，故先發二姐與阿彪歸去，幾時若得外任，便去取也。今因使專此上覆。聞鄉里水潦，盤纏生受，未有一毫相寄，二姐歸日，自當整理。一書與鄭月窗，望遞達。不宣。六月廿八日，孟頫上覆丈人節幹丈母縣君，孟頫謹對。」右趙文敏上其外父母手札，録而存之，以見古人質樸乃爾。所謂「二姐」，當即管夫人仲姬，「我儂兩個」中之「儂」也。向丈人、丈母前目其妻曰「二姐」，只此便見特煞情多矣！一笑。

按

此則清華本無。

四

《六研齋筆記》：「文衡山《煮茶》句云：『竹符調水沙泉活，瓦鼎燒松翠鬣香。』

吴中諸公遣力往寶雲取泉，恐其近取他水以給，乃先以竹作籌子付山僧，候力至，隨水運出以爲質。此未經人道者，可補茗社故實。」按，竹符調水已見《東坡集》，非昉自衡山也。然余竊有譏焉，如此便不復辨淄澠矣[一]，又何必乃爾。

校勘記

〔一〕復：清華本無。

按

此則所引《六研齋筆記》内容，邊氏有删節。

五

「綽約新嬌生眼底，侵尋舊事上眉尖。問君别後愁多少，得似春潮日夜添。」「長垂玉筯殘粧臉，肯爲金釵露指尖。萬斛春愁何日盡[一]，一分真態爲誰添[二]。」右宋人二絶，頗有佳致，見東坡帖，或即是東坡作，偶忘之矣，俟再檢。

校勘記

〔一〕春：《蘇軾詩集》卷四十八作「閒」。

〔二〕爲誰：《蘇軾詩集》卷四十八作「更難」。

按 《蘇軾詩集》卷四十八載，前詩乃蔡襄作，後詩爲東坡所和，題爲「過濰州驛，見蔡君謨題詩壁上云：『綽約新嬌生眼底，逡巡舊事上眉尖。春來試問愁多少，得似春潮夜夜添。』不知爲誰而作也，和一首」。

六

漁洋《香祖筆記》云：「余辛丑客秦淮，邀笛步和錢虞山《石厓秋柳小景絶句》云〔一〕：『宮柳煙含六代愁，絲絲畏見冶城秋。無情畫裏逢摇落，一夜西風滿石頭。』袁籜菴見而戲余曰：『忍俊不禁矣！』」余謂公詩首首句句都是忍俊不禁〔二〕，惟古體時忍俊，而僅禁耳，「俊」字最害事。趙吴興跋《禊帖》云：「六朝人結字非不古，而乏俊氣。」余獨謂其所以非不古者，正緣乏俊氣耳；吴興惟不乏俊氣，故不能非不古耳。詩文字畫，於此一字擺脱不下，總難到無上境地。余嘗戲爲詩評，續敖陶孫器之後〔三〕，於漁洋云：「如南部名工，鶻靚鴒狚，色色都佳，粉墨之外，故自具有俊氣。」以示余友戈芥舟濤，芥舟以爲確。然數十年來，新城之學塞滿世界，故不敢以示外人，恐其環向而攻之也。

校勘記

〔一〕柳：原本無，據清華本、《香祖筆記》卷六補。

〔二〕俊：原本無，據清華本補。

〔三〕敖陶孫器之：原本誤作「孫器之」，據清華本改。

按

此則所引《香祖筆記》内容，邊氏有删節。

七

《香祖筆記》云：「曹孟德作疑塚七十二，又遺令婕妤伎人『時時登銅雀臺，望吾西陵墓田』。予嘗笑之，謂操體魄果藏西陵，即不必作疑塚；既作疑塚，體魄且不知散落何許。雖望陵作技，寧復聞之？可謂詐而愚矣。」余於前二十年曾作《銅雀臺詩》云：「銅雀臺，歌吹哀，日暮悲風千里來。西陵陵內何人骨，魏武游魂安在哉？」詩不甚佳，已逸之矣。因與此論合，聊記於此。

八

「熱惱」字見釋典，義極精，俗作「熱鬧」者非。余有《六言詩》云：「休向熱中取惱，好從平處求安。須識榮能招辱，正如暑自生寒。厚地高天蓋載，清風明月盤桓。以泳以游卒歲，何思何慮加餐。」前四句直是見得透，說得出，所謂稱心而言，人亦易足也；惟後四句境地太高，非陳希夷、邵堯夫一流人不足以當之也。余小子蓋有志而未逮焉。

九

唐德宗使段善本授康崑崙琵琶。奏曰：「且遣崑崙不近樂器十年，忘其本領，然後可教。」後乃盡段之藝。先兄爾立業客廣川，曾與文安井愷一其演共延一琴師，學得數曲。

歸而請教於胡振起表叔，胡曰：「子所習浙派也，余工閩派，較浙派殊勝。」先兄請學，胡對如段旨。按，此義極好，即道家「脱胎换骨」之説，亦釋家「熟路漸生，生路漸熟」之義。

按

此則清華本無。

十

王新城云：「詩集句起於宋〔一〕，石曼卿、王介甫皆爲之，李龏至作《剪綃集》，然非大雅所尚。近士大夫競以詩牌集字，牽湊無理，或至刻之集中，尤可笑。」是大不然，其牽湊無理，非詩牌之罪也。余嘗與門人戈方舟濟爲《石蘿軒聯句》〔二〕，詩凡數十韻，皆以詩牌集之，中有「含毫謝選輭，抗心激霾靡。險句剷性壘，幽思割理脂。氣剽河海溜，體勁松栢枝。鏡古研危理，譬俗全天倪。息機願燭過，守垣憚角時。簪笏宥素寂，斟酌穿盈疑」、「藻躬除馬害，求道辨羊岐」、「努力求死謚，帖心服生飢」等句，皆瘦硬有理致，故知新城非篤論也。蓋思以偪側而益致其精，新城生平故未窺斯奥耳。濟爲吾友侍御芥舟之弟，其心思才力不讓阿兄，乃一第之後，再赴公車遂援例候銓，余甚惜之，雖芥舟亦不能禁也。

校勘記

〔一〕宋：原本無，據清華本、《香祖筆記》卷七補。
〔二〕戈方舟濟：清華本作「方舟戈濟」。

按

此則所引王士禛語，出《香祖筆記》卷七。

十一

元遺山《湘夫人詠》：「木蘭芙蓉滿芳洲，白雲飛來北渚游。千秋萬歲帝鄉遠，雲來雲去空悠悠。秋風秋月沅江渡，波上寒煙引輕素。九疑山高猿夜啼，竹枝無聲墮殘露。」按，此詩輕描淡寫，不著跡相，最爲得體。每見唐人遇此題，與漢臯、洛浦一例用褻語，輒爲恨恨。至明王百穀竟以湘君目馬湘蘭，更應墮拔舌地獄；以聖人之女、聖人之妻而使之下儕於娼伎，可謂無人心矣！或者歸罪於三閭，以爲實始作俑，知渠於《九歌》諸篇有未解得在也。

十二

《六研齋筆記》：「唐牛奇章嗜石，石分四品，居甲乙者俱太湖也。石根插入湖底，波濤撼擊，遂成竅穴。嵌空玲瓏，極有奇狀；質含津潤，與雲氣開斂相爲晦明。叩之硜然，兼有泗濱之韻，所以爲佳。吴越錢氏元璙作鎮，與外戚孫承祐極意搜剔奇秀者〔一〕，盡輦而置之園林矣。宋宣和中，又經朱勔羅致盤固，侯既入艮嶽，諸零珍碎璧盡出人間。今有弔奇者，但當於昔人傾臺涸池之側，以長钁從事，不煩問之水濱。」

校勘記

〔一〕孫承祐：原本誤作「孫成祐」，據《宋史·孫承祐傳》改。

按

此則清華本無。出《六研齋筆記·二筆》卷二。

十三

詩句寧出弱而對强，勿出强而對弱，其起落承接亦然。如阮亭「窗前明月影，洞口緑蘿陰」，若非對句，出句成何語？然有對句翻覺出句亦復入妙，蓋「緑蘿陰」即「明月影」之所爲也。余有《夏日掃石山房雜興》云[一]：「入夏山房花木深，沉沉翠色上衣襟。晚來捲起天棚坐，人在緑天天上吟。」亡内李摘其第三句云：「此等語若出我輩，公等便應笑死，今出君手，當作何説？」余笑曰：「緣卿等只辦得第三句耳。」

校勘記

[一] 夏日掃石山房雜興：《隨園詩集》卷二十一題作「掃石山房夏日雜興」。

十四

《雞林志》云：「高麗紙治之極緊，滑不礙筆，名白硾紙[一]，一名玉葉紙。」古剡藤紙得名最舊，而苔箋次之[二]。

校勘記

〔一〕白：原本、清華本誤作「日」，據《六研齋筆記·二筆》卷二改。

〔二〕箋：原本、清華本誤作「錢」，據《六研齋筆記·二筆》卷二改。

按

此則清華本無。出《六研齋筆記·二筆》卷二，邊氏有删節。

十五

佛氏五眼：一肉眼，二天眼，三慧眼，四法眼，五佛眼。其肉眼亦徹見一踰繕那。「踰繕那」者，四十里也。

按

此則清華本無。出《六研齋筆記·二筆》卷二，邊氏有删節。

十六

東坡《赤壁賦》吹洞簫者，綿竹道士楊世昌也。

按

此則清華本無。出《六研齋筆記·二筆》卷二，邊氏有删節。

十七

倪雲林《題樂圃林居圖》詩云：「暮投齋館静，城郭似幽林。落月半窗影〔一〕，涼風孤鶴音。汀雲縈遠夢，桐露濕青琴。喧卑静塵慮，蕭爽集沖襟〔二〕。」詩頗高淡，與其繪事相稱。

校勘記

〔一〕窗：《清閟閣全集》卷三作「床」。

〔二〕蕭爽集沖襟：《清閟閣全集》卷三作「蕭瑟動長吟」。

按

此則清華本無。

十八

「丁謂既導上以神仙之事，爲玉清昭應宫使，又自謂令威之後，喜言仙鶴事，人稱爲『鶴相』。」按，此則宋之「祠禄」由來舊矣，或謂起自神宗，何也？

按

此則清華本無。所引内容，出《六研齋筆記·二筆》卷二。

十九

石田《題畫梅》詩云：「平生有眼厭桃李，但托梅花是知己。小橋初春帶淺水，青鞵布襪從此始。看花嚼蕋冰雪中，清浹肺肝香沁齒。歸來拈筆弄清真，淡墨依稀春繞指。花光補之今不作，我欲師之竟誰是。横梢的歷寄疏略，自我意爲聊爾爾。正如北人煮竹簀，笋味茫茫舉其似。理之嫌我太草草，斜補竹枝成玉倚。要知君子德不孤，勿謂畫圖而已矣。」啓南詩殊疏野有別致[一]，大要與其人相似也。補之姓楊，宋徽宗時人，善畫梅花。光，未詳。理之姓王氏，啓南同時人。按詩意，乃啓南與理之合作一圖也[二]。

校勘記

〔一〕野：清華本誤作「墅」。

〔二〕理之：清華本誤作「補之」。

二十

石田《贈吳瑞卿畫一幀》題句云：「山中地貴何錢買，水次幽居却儘强。潦草杯盤無俗客，清虛亭館但湖光。弱雲過雨不多點，高木當風有許涼。一觴一詠聊遣撥，自家錯認是柴桑。」

二一

唐人小説如《會真記》、《虬髯公》、《柳毅》、《劉無雙》等傳，筆墨並極濃至。偶閲

《香祖筆記》，得海寧查孝廉遇鐵丐一事，亦唐人之亞也，全録於左，以資談柄，且爲世之皮相者砭。

海寧孝廉查伊璜繼佐，崇禎中名士也。嘗冬雪偶出門外，見一丐避廡下，貌殊異，問曰：「聞市井有鐵丐者，汝是否？」曰：「是也。」「能飲乎？」曰：「能。」引入發醅，坐而對飲，查已茗艼，而丐殊無酒容。衣以絮衣，不謝徑去。明年，復遇之西湖放鶴亭下，露肘跣行。詢其衣，曰：「入春不須此，已付酒家矣。」曰：「曾讀書識文字乎？」曰：「不讀書識字，何至爲丐耶！」查奇其言，爲具湯沐而衣履之。詢其氏里，曰：「吴姓，六奇名，東粵人。」問何以丐，曰：「少好博逸〔一〕，盡敗其産〔二〕，故流轉江湖。自念叩門乞食，昔賢不免，僕何人，敢以爲污。」查遽起捉其臂曰：「吴生海内奇士，我以酒徒目之，失吴生矣！」留與痛飲一月，厚資遣之。六奇者，家世潮陽，祖明世爲觀察，以樗蒲故遂爲窶人。既歸粵，寄食充驛卒，稔知關河阨塞形勢。會王師入粵，邏者執六奇，六奇曰：「請得見大帥言事。」既見，備陳諸郡形勢，因請給游札數十通，散其土豪，所至郡縣壁壘皆下。帥上其功，十年中累官至廣東水陸師提督。孝廉家居，久不復記憶前事。一旦，有粵中牙將叩門請謁，致吴書問，以三千金爲壽，邀致入粵。水行三千里，供帳極盛，度梅嶺，已遣其子迎候道左。所過部下將吏，皆負弩矢爲前驅。

抵惠州，吴躬自出迎，導從雜遝，擬於侯王。至戟門，則蒲伏泥首；登堂，北面長跪，歷敘往事，無所忌諱。入夜，置酒高會，身行酒炙，歌舞妙麗，絲竹迭陳。諸將遞起爲壽，質明始罷。自是留止一載，裝累鉅萬。將歸，復以三千金爲壽，錦綺珠貝珊瑚犀象之屬不可訾計。查既歸，數年，值吴興私史之獄〔三〕，牽連及之，吴爲之營救，查遂獲免於難。初，查在惠州幕府，一日游後圃，圃有英石一峰，高二丈許，深賞異之。再往，已失此石。問之，則以巨艦載致吴中矣。今石尚存查氏之家〔四〕。六奇後卒官〔五〕，贈少師，兼太子太師，謚順恪。籣，音蘭，盛弓矢之器。負籣抱弩，見《前漢·延壽傳》。

校勘記

〔一〕逸：原本無，據《香祖筆記》卷三補。

〔二〕盡敗其産：《香祖筆記》卷三作「敗其産」。

〔三〕值：原本無，據《香祖筆記》卷三補。

〔四〕之：原本無，據《香祖筆記》卷三補。

〔五〕官：原本無，據《香祖筆記》卷三補。

按 此則清華本無。

二三

傅青主先生繪事法書流傳至今者價如珙璧。先曾伯祖長白先生守太原時，與先生交好；及先祖石菴公司運河東，又於先生有式廬之雅，故先生手跡，吾家所藏甚富。百年來大半散軼，惟存畫一軸，闊一尺五六寸，長七尺，寫雨景，有深山大澤龍吟虎嘯之氣，真巨觀也。上署云：「己亥端陽雨中，幀似蓉老詞壇。」先祖別號蓉菴，後改石菴耳。下署「臨禹玉」，旁署「真山」二字。外存手札三枚，其一即饋畫札也，云：「小畫一幅疥琴壁，還欲請鹾數斗耳。昔人書換鵝換羊矣，而未聞以畫換鹽者，換之自僑黄始。晤對未知何日。此意如大緣簿抄化，本爲鹽耳，故且不寒温絮煩取厭。附候德祉，不盡。真山稽首。」按，「僑黄」字未詳，據文義似是先生別號，然歷觀先生款識，或稱「方外山」，或署「真山」；又閱《池北偶談》，知先生別號「公之它」，未聞號「僑黄」也，闕之可耳。其一云：「以藜藿盆盎不過升斗之容，而熬波積素粲然盈車，塞滿窮措大屋子矣。嚼味頌德，齒舌無際，覺張融之《賦》不及此時色壯，令君文惠與海岸共永也。但原意不敢望損廉槖，乃過承優厚，殊增深恧。敬此鳴謝，不盡。山頓首頓首。」蓋石菴公饋鹽而副以金，此其謝札耳。又一札云：「真山頓首，承貴縣令君問病，山於此道如作夢耳〔一〕，妄處二方，塞責而已。試且各合一半，試之無甚大損再合，若少覺有礙即已之，庶不受無知妄作之毒。井存翁別時，許以鮝、蟹見惠，此時大寒，蟹應不便遠寄，鮝乾物，或可得一兩片，若便中有往來書，可一字及之。有伻來衙，帶村中爲菜園止涎也，大犯口腹，累故人之戒。方外之人，行簡爾爾。三扇點過並致。弟山頓首頓首。」先生精岐黄家言，嘗馳千里爲鉅鹿楊猶龍視病，未至而猶龍死，論者惜之，謂先生至，猶龍可不死也。此必先祖問病，先生酬札，然先祖時司河東鹺務，而前札稱「令君」，此又稱「貴縣令君」，何也？或時攝篆某邑而家乘失載？蓋無得而稽矣。井存翁諱在，己亥進士，文安人，時爲晉某郡推官，先爾立兄之外大父也。所謂「三扇」者，今尚存其一，上爲倪鴻寶先生畫，下爲先生題詩，兩分之裝爲一軸。詩云：「只此寥寥筆，教人不敢輕。畫圖成甚事，國難見英靈。俗物論真贋，吾儕敬姓名。争傳揭邑老，亦復擅丹青。」按，此詩「庚」、「青」雜出，不合律令，而詩則非老杜不能爲。書法原本大令而加奇縱，真神物也。但「揭邑」字草書作又似「揚色」，「揚色」於義不可通，固定爲「揭邑」。

然未詳鴻寶先生爲何許人，俟考。會稽人〔二〕。

校勘記

〔一〕如：原本無，據清華本補。

〔二〕但「揭邑」字草書作又似「揚色」，「揚色」於義不可通，固定爲「揭邑」。然未詳鴻寶先生爲何許人，俟考。會稽人：此句原本無，據清華本補。

二三

「春江水暖鴨先知」，譏者謂鵝知亦不後，此所謂「鱉厮踢」者。至鍾伯敬「桃花日無事」，譏者謂李花亦未嘗終日忙也，則不在此例。

二四

或問：「男女床第之事，聖人與衆人同乎？」余曰：「聖人與鳥獸同，衆人則否。」問者大駭。曰：「『時哉時哉』，故『有女懷春』，聖人不禁。」

按

此則清華本無。

二五

「天暝一聲雁，燈昏四壁蛩。」或以爲餅師所作，未知果否，然大有鬼氣。《牡丹亭》麗娘將死，曲云：「趲程期是天外孤鴻[一]，階下寒蛩[二]，疏刺刺紙條窗縫[三]。」與此同一神理，皆出神入化之筆也。

校勘記

[一] 是天外孤鴻：《牡丹亭》第二十齣《鬧殤》作「是那天外哀鴻」。

[二] 階下：《牡丹亭》第二十齣《鬧殤》作「草際」。

[三] 疏：《牡丹亭》第二十齣《鬧殤》作「撒」。

二六

余自信素無竊疾，然每夢至人書舍，見佳石纍纍輒心豔之，務袖取一兩枚。夢中作睗睒醜狀，醒輒痛悔，因作詩銘座右曰：「人心有所徵，夢寐爲究竟。夢寐所不爲，始信根株淨。外所不及遭，不爲未非命。諸惡使莫作[一]，惟有敬能勝。」嘗語芥舟，芥舟取石一方乞余曰：「聊止君涎。」其石色紅如瑪瑙，極潤，長可一寸而弱，形如秋葉。刻「如蘭」二字，篆文散布，如葉之筋，極有佳致。

校勘記

〔一〕使莫：清華本作「莫使」。

按

此則清華本置於卷二「李長吉《秦宮詩》」條後。

二七

友人高識文應述嘗語余云：「曾過某處某寺，見阿羅漢中有倩人搔癢者，有猜枚者，旁題一聯云：『倩人搔背，上些，上些，再上些，咳！知痛癢還須自己；與彼猜拳，是了，是了，又是了，呸！真消息仍在他家。』」極可參會。高陽孫文正公祠一聯云：

「真宰相不愧科名，千古文章馨香俎豆；大將軍有勞社稷，一門節烈潤色河山。」可謂文稱其題。

二八

王右丞淡而雋，孟襄陽淡而逸，柳柳州淡而峭，韋蘇州淡而玄，余向論如此。夫「雋」之與「逸」，則必有間矣。近閱《香祖筆記》云：「汪鈍翁嘗問余：『王、孟齊名，何以孟不及王？』余曰：『正以襄陽未能脱俗耳。』汪深然之。」此論與余直是冰炭，襄陽未能脱俗，尤駭人聽〔一〕，竊恐未能脱俗者不在孟，轉在王耳！王詩略帶甘意，惟雋故甘，惟甘故俗也。如「下馬飲君酒」篇，裊娜作態，只此便俗。至孟詩中兩「掛席」篇，直是一片奇氣噴薄而成〔二〕，雖太白亦當斂手，未能脱俗者百劫不能到也。

校勘記

〔一〕尤：清華本作「直」。

〔二〕直：原本誤作「真」，據清華本改。

二九

阮亭於表聖《詩品》中，最喜「不著一字，盡得風流」八字。余則不然，余所最喜者「返虚入渾，積健爲雄」及「惟性所宅，真取弗羈[一]」十六字耳。阮亭又云：「『采采流水，蓬蓬遠春』二語，形容詩境亦絶妙，正與戴容州『藍田日暖，良玉生煙』同旨。」余按，阮亭所取總不離「神韻」二字宗旨，余所取者乃在「大風捲水，林木爲摧」耳。坐清宴之堂，發從容之論，嘆老不得，嗟卑尤不得，了無感慨，絶少激昂，非遁入神韻之中，無所庸其伎倆，此「神韻」二字爲達官貴人藏身之固也！每讀達官貴人近體詩，至五、六句非重複則枯索，其故云何？請與操觚者共參之。

校勘記

〔一〕弗：《二十四詩品》作「不」。

三十

趙秋谷晚年與阮亭水火。按，秋谷骨格較阮亭故高，然大生硬而不馴煉，故不足以服阮亭也。韓昌黎、孟東野以及李長吉、盧玉川之徒，生硬之中却字字馴煉，馴煉豈輭美甘滑之謂哉！

三一

白樂天，賢者也，而黨於二牢；陸務觀，賢者也，而爲韓侂胄作《南園記》〔一〕；朱晦翁，大賢也，以南軒之故而袒護循王。香火情之誤人如此。

校勘記

〔一〕侂：原本誤作「侂」，據清華本、《宋史》卷四百七十四《韓侂胄傳》改。

按

此則清華本無。

三二

徐靈期《衡嶽記》云：「雲密山有禹治水碑，蝌蚪文。」

按

此則清華本無。出《六研齋筆記·二筆》卷二，邊氏有删節。

三三

祝融峰上有碧玉壇，方五尺，東有紫梨，高三百尺，乃禹所植，實大如斗，赤如日，食之長生。

按

此則清華本無。出《六研齋筆記·二筆》卷二，邊氏有删節。

三四

宣德爐以三佛齊紫碓、琉球安瀾沙及渤泥國紫礦胭脂石和之。

按　此則清華本無。

三五

宫鴻歷字友鹿，泰州人，亦江左十五子之一，有《玉清仙子詩》，事極新奇可喜，録之於左。

玉清仙子者，亦號珠湖野士[一]，秦郵陳氏女也。精三式之學，壬遁兵占，尤得樞要；便弓馬，習騎射，信異人也。近居廣陵，僧行西與陳中表，余因行公往，垂簾問答者竟日。數學該博，詞鋒銛利，三式疑義，無不迎刃而解[二]。繼又自言得長生之術，雅慕沖舉，因索余贈詩[三]，得絶句八首：「足躡雄雷御迅風，手麾丁女配壬公。晉陽娘子軍行處，鼓角聲聲出地中。」「一丸飛劍一編書，理髮薰衣晝不如。寄語香奩夫壻道，不妨金奏養鵔鸃。」「桃花叱撥不留行，錦韀輕裝夜斫營。莫訝小弰弓力軟，射生飛箭似飛蝱[四]。」「煬帝堤邊鬥草歸，謝公堤畔踏青回[五]。此首二「堤」字，應有一誤。」「名爲俠客猶敷粉，唤作仙兄未離家。學道從今三洗髓，御風騎氣到天涯。」「一斗紅珠綴繡旗，孫家小妹比雄姿。劉郎不免風情在，書到休輕帳下兒。」「短劍鏗然玉有痕，中宵出入五侯門。西園無忌千金約，賴有如姬解報恩〔六〕。」「掌上孤虛日昃輪〔七〕，笥中篗籔自通神。憎騰小立真如夢，恐是留侯似婦人。」

按，詩中有微詞，亦有近褻語，恐是失行婦女如昌黎所謂「雲窗霧閣事恍惚」者耳。

校勘記

〔一〕野：原本、清華本誤作「墅」，據《江左十五子詩選》卷三改。
〔二〕無：《江左十五子詩選》卷三作「莫」。
〔三〕因索余贈詩：原本無「因」、「詩」兩字，清華本無「因」字，據《江左十五子詩選》卷三補。
〔四〕箭：原本、清華本誤作「翦」，據《江左十五子詩選》卷三改。
〔五〕堤：《江左十五子詩選》卷三作「渚」。
〔六〕如：原本無，據清華本、《江左十五子詩選》卷三補。
〔七〕虛：原本無，據清華本、《江左十五子詩選》卷三補。

三六

「雕蟲篆刻，壯夫不爲。」今之小詞，其尤者也。然李太白、白樂天、蘇東坡、歐陽永叔之徒，亦復時時染指，而歐、蘇兩家爲尤富，至永叔所謂「翠被雙盤金縷鳳，憶得前春，有個人人共」，又云「往來窗下笑相扶，問道畫眉深淺入時無」者，又何豔也！豈情之所鍾，賢者亦不免與？余不爲此已三十餘年矣，偶檢敝簏，得舊作數闋，不忍捐棄，聊録於此，以見余雖老病而根塵未泯，猶未忘童之心也。其中海市蜃樓，往往憑空示幻，必求其人其事以實之則鑿矣，窮措大何當有此哉！亡友方于九，自敘其《鏡花詞》云：「倘問宋玉東鄰之女究屬何人？則曰『莊周北海之魚，斷無此事』。」吾亦云。

《秋閨・木蘭花慢》：「秋光何處也，窗兒外，樹兒梢。梳洗傍簾櫳，湘紋半捲，銀蒜輕敲。一窩雲鬢纔解，闖來的、芳蝶撲蘭膏。爲遣輕紈逐去，任教別院逍遙。一雙，笑靨暈紅潮，螺黛倩人描。將寶髻傍邊，鳳仙花片，圍個周遭。金縷弓鞵初試，慢騰騰篤速送纖腰。忘却菱花未掩，被郎背面偷瞧。」《閨情・訴衷情》：「閒愁愛把雙眉鎖，要遣不由我。夢魂剛到南柯，又被風吹破。簾欲捲，慵無那，還思卧。睡仍耿耿，醒又昏昏，無之而可。」《書所見・怨王孫》：「體態綽約，胭脂淡薄，小玉搴簾，被人瞥著。隔箔低問還窺，阿那誰？無情休把多情給，殊無賴，捉弄教人害。寶馬連錢去也，魂逐香車到他家。」《美人圍棋・鷓鴣天》：「罷繡停鍼日欲西，花前啜茗對彈棋。翠眉聚處方尋劫，笑臉開時已破圍。各有態，不相知，郎從局外覷嬌姿。問君何處消魂最，拈子沉吟欲下時。」《美人試衣·柳梢青》：「越綺吴綾，裁縫已就，熨貼初平。小袖輕翻，禿衿斜嚲，分外娉婷。　向郎生受多情，又添出、一段輕盈。纖手剛叉，香腮小皺，寶靨微頳。」《美人走馬·畫堂春》：「霓裳解却卸雲翹[一]，團龍窄袖花袍。檀郎乞得緑絲縧[二]，束住裙腰。　纖趾半垂金鐙，瓊牙輕勒珠鑣。一鞭駃騠玉驄驕，斜抱鞍橋。」《美人繡·生查子》：「裊裊十三餘，短髮初覆額。從未識鴛鴦，阿母教人刺。　一刺鴛鴦尾，再刺鴛鴦翮，刺到雙飛時，芳心逗一滴。」《拜月·前調》：「雲斂月華高，夜静花陰迴。不遣小鬟知，還愁阿母醒。　拜月悄無言，此意誰能領？徙倚步香階，露下梧桐冷。」《臘月初九日客中作·鳳凰臺上憶吹簫》：「黍谷寒輕，梅盆香輭，又逢設帨良辰。想曉粧草草，眉翠生顰。應憶昨年今日，攜素手，共把芳樽。微醺後，桃頰雙暈，寶帳生春。　銷魂。歲云暮矣，尚蓬飛梗泛，黯裏傷神。但孤檠一盞，照我啼痕。問爾烏啼月暗，也消受，幾個黄昏？喜今朝，同時稱慶，南嶽夫人。內子與外母同物。」《書所見贈趙符垣同年·前調》：「荳蔻梢頭，海棠枝上，被伊占盡春光。問卿卿芳姓，派自韋娘。最是天香真色，微脂粉，不解遮將。羨君家，墻東宋玉，簾外王昌。　難忘。去矣復回，幸仙鄉再過，重晐瓊漿。想這番佳遇，須讓裴航。他日乘鸞跨鳳，應許我，親造華堂。拚得個，蘇州刺史，惱亂肝腸。」《曉行·離亭燕》：「纔聽雞聲三唱，又聽鐘聲初撞。殘夢朦朧半未醒，添了許多惆悵。春困和春愁，壓在驢兒背上。 風在柳梢間漾，飄起楊花一桁。紫燕黄鶯更可憐，溜得一般圓亮。著意逗行人，怪煞東君無狀。」《離情・碧眉峰》：「月尚有圓缺，人豈無離別。但恨春光海樣深，不是別離時節。怪煞東風劣，不散愁腸結。那論新愁與舊愁，滿腔都是愁堆疊。」《送別・菩薩蠻》：「卿卿去也一何速，萬斛愁心隨轉轂。轉轂不停留，愁心在上頭。心愁何日撇，轂轉無時歇〔三〕。轉轂幾時來，愁心此日回。」《風情・點絳脣》：「簾幕低垂，龍涎初爇爐煙裊。銀釭雙照，對面春山小。 畫鼓頻敲，桃葉先眠了。人静悄。風光正好，却把銀屏靠。」《離情・滿江紅》：「彷彿摹來，總不似、消魂嬌態。霎時間、是矣還非，煩冤叵耐。翡翠搔頭雕玉佩，同心結子合歡帶。總關情、刻刻在心頭，無聊賴。 恨難消，愁怎奈。雨霏霏，雲靉靆。更斜風入夜，窗櫺紙敗。月下藏鈎舊可憐，花前剪燭何時再？ 想高樓、屈指誤歸期，應相怪。」《閨怨・虞美人》：「郎在蕭條旅舍，妾在淒涼簷下。千里月華明，照雙情。 自是多情多累，争奈無情不會。但恐月空圓，照情單。」

校勘記

〔一〕卸：原本無，據清華本補。

〔二〕 絛：原本誤作「條」，據清華本改。

〔三〕 轂轉：清華本作「轉轂」。

三七

貞女秦高氏者，宛平素侯先生猶子也〔一〕。許字於秦，年二十一將嫁而秦死，誓不再適，歸秦守貞。有秦同姓之婢，僅一子，甘爲高後，未幾而死；不數年，高亦死。宛平紳士舉於順天府學，時戴通乾先生亨爲教授，家識珍兄中實爲分訓，命余代爲看語。通篇俱用藥名，殊小有思致，録於左〔二〕。「看得貞女秦高氏者，命比苓連，性同薑桂。七襄初就，已期駕鵲於牽牛；百兩方賒，未結同心於梔子。已而桂枝告謝，蘭葉云凋，蟲號寄生，草名獨活。斯時也，望帝悲號於樹裏，血染紅花；湘妃灑涕於江邊，淚飄竹葉。然而體是孩兒，年方三七。苟其聯姻國老，立登金綫重樓；設或結袂將軍，坐入紅牙大戟。乃有高娘之遠志，竟以秦氏爲當歸。自結朱陳，雖未齊眉於君子；已盟秦晉，固應矢願於白頭。誓守黃泉之鳳侶，早已決明；縱來碧海之麟膠，無勞續斷。然而高娘則空抱蓮心，秦氏則絶無米穀。秋窗紙敗，但聞故紙之聲；冬夜風淒，苦少防風之計。祖姑舅父，眼似蒙花，織屨縫裳，手供苦食。清操所感，並及紅娘，同姓相憐，因來附子。

細辛備歷，五味都嘗，因悼澤蘭，用凋栢葉。受盡人間荼毒，一何從容；配成地下鸞凰，依然荳蔻。獨標勁幹，何殊九節菖蒲；用藥頹風，不啻七年蘄艾。已著芳名於大地，應邀榮寵於天門」云云〔三〕。

校勘記

〔一〕宛平：原本無，據清華本補。

〔二〕俱用藥名，殊小有思致，録於左：清華本無。

〔三〕遨：原本無，據清華本補。

病餘長語卷二

任邱邊連寶肇畛

一

「有機事者，必有機心。」余賦性拙鈍，雖欲勉爲機心而不可得，故從無機事。蓋彼蒼愛我，故靳以不肖之聰明。如以秤稱物之輕重，必先稱其承籍此物者，俗名軟子。其低昂軒輊之間，關係兩家贏絀。余必熟思而後得其理，不移時則又忘，故但取其平而已。又如駕車所需轠靷鞅絆之屬，余悉不得其用力所在，但以爲美觀而已，真憒憒可笑。

按

此則清華本無。

二

吕初泰曰：「盆景以几案可置者爲佳，其次則列之庭榭。最古雅者如天目之松，高可盈尺，本大如臂，鍼毛短簇，結爲馬遠之欹斜，郭熙之攫拏，劉松年之偃亞層疊，盛子昭之拖拽軒翥[一]。栽以佳器，槎枒可觀。」「又如閩中石梅，天生奇質，從石發枝，樛曲古拙，偃仰有致，含花吐葉，歷世如生；蒼蘚鱗皴，花身封滿，苔鬚數寸，隨風飄颺，月瘦煙横，恍然羅浮境界也[二]。又如水竹亦産閩中，高僅數寸，極則盈尺，細葉老幹，蕭疏可人。盆植數竿，便生渭川之想。此三種者[三]，盆几之高品也。」

校勘記

〔一〕翥：原本誤作「煮」，據《群芳譜·花譜卷首》改。

〔二〕浮：原本誤作「敷」，據《群芳譜·花譜卷首》改。

〔三〕種：《群芳譜·花譜卷首》作「友」。

按

此則清華本無。出《群芳譜·花譜卷首》。

三

趙福元《茉莉詩》云：「刻玉雕瓊作小葩，清姿原不受鉛華。西風偷得餘香去，分與秋城無限花。」

按

此則在清華本卷二第一則。

四

「青雀啣蒲桃，飛下金井闌。美人恐驚却，不敢捲簾看。」相傳爲奴子所作，題罷遂遁去。真天籟也。

五

陸平泉初入史館，偶與同館諸公以事謁分宜，衆皆競前呈身，遂至喧擠，公獨逡巡却步。時分宜庭中盛陳盆菊，公徐謂曰：「諸君且從容，擠壞陶淵明也。」聞者心愧。

按

此則清華本無。

六

屠緯真曰：「流水相忘游魚，游魚相忘流水，即此便是天機。太空不礙浮雲，浮雲不礙太空，何處更有佛性。」又云：「青溪白石，倏生瀟灑之懷；黑霧黃壒，便起炎囂之念。此是心依境轉，恐於學道無當。必也月隨人走，月竟不移；岸逐舟行，岸終自若。」

七

「南村夜醉歸〔一〕，健倒三四五。摩挲青莓苔，休嗔驚著汝〔二〕。」「出山忘掩山門路〔三〕，釣竿掛在枯桑樹〔四〕。當時惟有鳥窺窬〔五〕，更亦無人得知處。家僮若不見魚竿〔六〕，定是猿猴把將去。」二詩皆玉川作也，怪得有趣。

校勘記

〔一〕南村夜醉歸：《全唐詩》卷三百八十七《村醉》詩作「昨夜村飲歸」，一作「村醉黄昏歸」。

〔二〕休：《全唐詩》卷三百八十七《村醉》詩作「莫」。

〔三〕出山忘掩山門路：清華本作「出門忘掩山門路」。

〔四〕掛：《全唐詩》卷三百八十九《出山作》詩作「插」。

〔五〕惟：《全唐詩》卷三百八十九《出山作》詩作「只」。

〔六〕家僮若不見漁竿：清華本作「家人若不見漁竿」，《全唐詩》卷三百八十九《出山作》詩作「家僮若失釣魚竿」。

八

李長吉濃而怪，盧玉川清而怪。

九

玉川《月蝕詩》，自是開天闢地以來第一篇奇文字，所謂不可無一，不容有二者。孫可之以《進學解》與之並稱，吾猶嫌其不類，乃劉誠意欲以《二鬼》篇擬之，吾無譏也。

十

余久欲撰《詩家外編》一書，以韓、孟、盧、李四家爲主，而以前後乎此者各以其類附焉，亦一快事，惜老病未能也。

十一

「去歲買琴不與價，今年沽酒未還錢。門前債主雁行立，屋裏醉人魚貫眠。」向見芥舟書此詩，疑爲唐句〔一〕，閲《池北偶談》，乃知爲近人作。然阮亭譏其爲破落户子弟，可謂不知言矣。

校勘記

〔一〕「句」字後，清華本有朱筆小字注云：「唐李播《見志》詩，見《唐詩快》。」按，此句當非邊氏之筆，應爲鈔者所加，故未補入。

十二

向見一聯云：「大事業從五倫做起，真文章自六經分來〔一〕。」後閲《申梟盟先生集》，知爲渠作。對句好，出句大有病痛在。蓋古今來縱有掀天揭地旋乾轉坤的事業，總不能於五倫之外毫有增益。若云「從五倫做起」，則是五倫之外别有所謂大事業者，特假道於五倫以期其必得，而所謂事業者，已成操莽之事業矣。其害理如此，不可不辨。梟盟原句云：「真理學從五倫做起，大文章自六經分來。」如此便無病。余向所見，亦誤本也。再記〔二〕。

校勘記

〔一〕分：清華本作「得」。

〔二〕再記：原本無，據清華本補。

十三

有點化成語入妙者，如王斲山答伎「雀入大水」之問，前人已言之矣。更有二事可與此埒，録之以資嗢噱。

三十年前，吾邑學宫傾圮，而明倫堂爲尤甚，至有無賴淫男女，藉以堂額而行穢褻者。先兄奕山臯曰：「如此却是小民親於上，人倫明於下矣。」居者饋行者，謂之「贐敬」。近有反其事而施之者，曰「別敬」。偶論及此，亡弟鳳條云棭曰：「此事自在《論語》，曰：『不敬，何以別乎？』」二事均堪絶倒，但奕山及蕺山語不免污經，余録之亦罪過。

按

此則清華本無。

十四

亡友胡貞起先生寶麟，聞人説種子奇方，曰：「何須如許費事，此方自在《中庸章句》耳。」問之，曰：「充積極其盛，發見當其可。」語雖戲謔，而有至理。

按

此則清華本無。

十五

事有轉轉相訛，堪供捧腹者。兹録三小話，而以余目所親見者綴於後，以補笑府之闕，讀者須防口中飯也。

二人相對談古，一云：「自古道：『文人無行。』信然！如司馬君實，豈不是一大文人，如何却拐去了卓文君？」其一云：「虧得天道不爽，後來恰好受了腐刑。」不但將三司馬扭作一團，且認拐帶婦女而受腐刑，尤爲鍼芥之投。妙！妙！

三人共對春雨，甲云：「春雨如膏。」乙誤以「膏」爲「餻」也，乃曰：「夏雨如饅頭。」丙又誤以「夏雨」爲「夏禹」也，曰：「如此文王便似蒸餅了。」甲問乙云：「『茄』字如何寫？」乙云：「草頭下放一『加』字。」甲云：「《詩經》曾見此字，曰『八月茄葦』。」蓋誤認「加」爲「佳」，因誤認「萑」爲「茄」也。乙云：「不是此『佳』字。」甲云：「得之矣！《易經》云：『童茄求我，匪我求童茄。』」蓋又誤「加」

爲「家」，因誤「蒙」爲「茄」也。乙云：「都不是！草頭下放一『力』字，又放一『口』字耳。」甲又誤以「力」爲「立」，又誤將「口」字放「立」字之下而上加草頭，因曰：「曾於佛經見此字，曰『南無觀世音茄薩』。」乙云：「不是此『立』字，乃一拐加一撇耳。」甲豁然悟曰：「《詩》不云乎，『苕之華，云其黄矣』！」

冬烘先生教村書，每製一牌，長尺許，廣一二寸，大署其左曰「出恭」，右曰「入敬」，使童蒙如厠遺矢者執之〔二〕，以防其玩怠。又偏舉其左而目之曰出恭牌，於是遺矢者皆云出恭矣。後人遂條分而縷晰之，以矢爲恭，以遺爲出，又於矢之中分目之，以燥者爲乾恭，稀者爲溏恭。於是「出恭」二字，轉爲學士大夫如厠遺矢者之雅談，而僕隸輿儓一切愚賤之人，不得冒而僭用之矣。向余授讀於高陽之東村，村有病傷寒者，醫云：「必見溏恭，乃得大痊。」病者猶子某，太學生也，聞之蹙額躊躕曰：「堂翁如何得見？此地去邑五十里，舁而致之則已危。」既而曰：「吾邑堂翁素仁慈，若上一哀憐狀，或肯枉顧，則生矣！」蓋其地讀「翁」與「公」同音，又素稱縣尹爲堂翁，因誤聽「溏恭」爲「堂翁」耳。余嘗舉此，無不笑欲絶者。

校勘記

〔一〕厠：原本誤作「厮」，今徑改。下同。

按

此則清華本無。

十六

《首楞嚴》云，譬如掘井，出土一尺，便得空一尺，但見土出，不見空入。此義最精，以例吾儒，是克了己，便復禮也。

十七

雍正甲寅，余客保定，題楊忠愍祠壁云：「甲寅暮春抵上谷，特傍先生祠賃屋〔一〕。一洗魂礌萬古愁〔二〕，椒漿奠向先生哭。再加貶謫志愈果〔三〕，先生直以愚招禍。笑煞區區三品官，死後贈太常卿〔四〕。那能值得頭一顆。位卑言高真非哲〔五〕，殺身成仁殊難説〔六〕。呂温胡廣亦中庸，先生無乃特激烈〔七〕。」後十年，家兄識珍謁祠，見有人大加塗抹，且有跋語痛罵。識珍乃題數語於後，示以作者之旨而正其誤。余向嘗謂世俗不可與莊語，今而知其不然〔八〕，蓋必莊語而後悟耳。

校勘記

〔一〕先生：清華本、《隨園詩集》卷四作「楊公」。
〔二〕魂礧：清華本作「填胸」。
〔三〕再加貶謫：清華本作「貶謫歸來」。
〔四〕死後贈太常卿：清華本無，《隨園詩集》卷四作「謂贈太常」。
〔五〕真非哲：清華本作「非明哲」。
〔六〕殊難説：清華本、《隨園詩集》卷四作「真難説」。
〔七〕先生無乃：清華本作「無乃先生」。
〔八〕其：清華本無。

十八

《六研齋筆記》云：「唐人最重潤筆，韓昌黎以諛墓輩人金帛無數，白樂天與元微之交好如兄弟〔一〕，及銘元墓，猶酬以臧獲輿馬綾帛銀案玉帶〔二〕，價值六七萬。則皇甫湜責裴晉公《福先寺碑》多至九千縑，不爲過矣。」余每讀此，輒爲神往。今日爲人作佞尸媚竈之文，上者酬以酒食，次則拱手以謝，甚者轉眼即不相識。倘欲賣文爲活，便賈用不售。故嘗有句云：「空攜文字五千卷，日爲人作筆墨奴〔三〕。」又云：「荒年萬貨都騰貴〔四〕，惟有文章價日低。」洵有激而云爾也。

校勘記

〔一〕好：原本無，據清華本、《六研齋筆記・二筆》卷三補。

〔二〕輿：原本誤作「與」，據清華本、《六研齋筆記・二筆》卷三改。

〔三〕故嘗有句云「空攜文字五千卷，日爲人作筆墨奴」：清華本無。

〔四〕荒年：清華本作「年荒」。

按

此則所引《六研齋筆記・二筆》内容，邊氏有删節。

十九

第三禪遍浄天上[一]，六十人共坐一鍼頭聽法，不相妨礙。

校勘記

〔一〕三：原本誤作「二」，據《六研齋筆記·二筆》卷二改。

按

此則清華本無。出《六研齋筆記·二筆》卷二。

二十

《禽經》曰：「冠鳥性勇，帶鳥性仁，纓鳥性樂。」冠鳥若鷹是也，帶鳥若練雀是也，纓鳥若綬鳥是也。綬鳥名鷊[一]，亦謂之吐綬，咽下有囊如小綬，五色彪炳，吐有時：風不吐，雨不吐，有驚懼不吐；一名避株，行必避草木，恐觸其嗉；亦曰真珠雞[二]，體有真珠點文，食之甚美。《述異記》云：「吐綬大如鸐[三]，五色，出巴東山中，毛色可愛。天晴淑景，即吐綬長一尺，須臾還吞之，陰滯即不吐。」

校勘記

〔一〕鷊：原本誤作「鷁」，據《六研齋筆記·二筆》卷三改。
〔二〕雞：原本誤作「鷁」，據《六研齋筆記·二筆》卷三改。
〔三〕鸐：原本、《六研齋筆記·二筆》誤作「翟」，據《述異記》卷上改。

按

此則清華本無。出《六研齋筆記·二筆》卷三，邊氏有删節。

二一

北斗九星，其二不可見。霍光家典衣奴名還車，忽見二星在斗中，光輝異常，乃拜之，得增年六百。

按

此則清華本無。出《六研齋筆記·二筆》卷三，邊氏有删節。

二二

「人三魂：一曰胎光，屬天，喜清静，以無事恬愉爲樂；二曰爽靈，屬五行，喜機智，以擒制幹濟爲樂；三曰幽光，屬地，喜欣合，以躭溺沉滞爲樂。」按，此乃道家言之稍近理者，蓋人性有静躁之不同，或即魂魄之各殊也。

按

此則清華本無。所引内容，出《六研齋筆記·二筆》卷三。

二三

元僧覺隱曰：「吾嘗以喜氣寫蘭，怒氣寫竹。」

按

此則出《六研齋筆記·二筆》卷三，邊氏有删節。

二四

《六研齋筆記》云：「《綱目》乃朱子門人趙師淵奉師命纂録，而史學殊非所長，字句割截，不成文理，極有可哂者。如陳平本傳云陳平雖美如冠玉耳，其中未必有也。蓋謂玉綴於冠，只是外美，如後人所云『繡花枕』之類也。《綱目》節去數字，直云『陳平美如冠玉』，便絶無意味。又，唐補闕喬知之有婢碧玉，美而善歌，知之爲之不昏。蓋言知之惑婢，不正娶也。《綱目》乃云『知之爲之昏』，不大可笑乎？以枵學佐成晦翁之謬，師淵之罪也。」

按

此則出《六研齋筆記·二筆》卷三，邊氏有删節。

二五

邑王靈滄應鯨撰《資治通鑒綱目注義》一書，以正考異，考證質實，集覽諸家之訛謬。手自鈔繕，十九年而後成，凡一百二十五卷。博洽精詳，毫無遺憾，但字句間時或繁冗，稍加删潤，確然可傳也。靈滄年十九以《五經》中乾隆丙辰鄉試，讀書數行俱下，而又手不釋卷，故一時有「肉譜行厨」之目。辛巳，偕余同修《邑志》，《星野》、《沿革》、《官師》、《選舉》諸表，皆其手定，甚核。

按

此則清華本無。

二六

《左傳》：「欒祁與其老州賓通，幾無室矣。」猶云用不著屋子使喚也[一]。極穢褻事，却寫得極深雋古雅。《漢雜事秘辛》寫梁冀女弟，云「附不留手」，言其身體之滑膩也；又云「圜手八盤，墮地加半[二]」，言其髮之長而美也；至所云「私處墳起」、「陰溝渥丹」、「守禮謹嚴」女子者，又何其雅馴乃爾耶。

校勘記

〔一〕唤：清華本無。

〔二〕墮：《漢雜事秘辛》作「墜」。

二七

李長吉《秦宮詩》，序秦宮與梁冀妻孫壽私通事，中云：「開門濫用水衡錢〔一〕，捲起黄河向身瀉〔二〕。」言其恩賚之寵渥也。妙在用「開門」二字，則夜間之情事不堪可知，此等處都見古人筆力不可及。

校勘記

〔一〕濫：《全唐詩》卷三百九十二作「爛」。

〔二〕瀉：原本誤作「寫」，據清華本、《全唐詩》卷三百九十二改。

二八

《六研齋》云：「士人以文章德藝爲貴，若技藝多一不如少一，不惟受役，兼亦損品。林君復和靖極富畫情，見與可、伯時終日碌碌徇人，遂堅意禁制不爲。余嘗謂王摩詰玉琢才情，若非吟得數首詩，則琵琶伶人、水墨畫匠而已。」林君復未嘗見與可、伯時也，故此條爲阮亭所譏，余亦誤收。再記〔一〕。

校勘記

〔一〕林君復未嘗見與可、伯時也，故此條爲阮亭所譏，余亦誤收。再記：此句原本無，據清華本補。

二九

又云：「《大觀帖》拓於閣本既燬之後，閣本者，僧寶月所翻。重出御府墨跡，鉤填入石，較閣帖眉高二寸有奇，與諸行列語句亦多不同。主之者爲蔡京，前禖後題皆京筆〔一〕。京事業不滿人意，而書學視王著稍勝，《淳化》原本，王著所撰。故所拓有一種雄傑之氣，視潭、絳諸本厭厭學步者不同；又以昏主諛臣所鐫，人不肯貴尚〔二〕，無翻拓者，所傳大抵皆當時拓本也。墨池筆壘，無關平章重事，烏可以人廢？無妨與《淳化》祖刻驂乘而行。」

校勘記

〔一〕標：原本、清華本誤作「標」，據《六研齋筆記・二筆》卷三改。

〔二〕尚：原本無，據清華本、《六研齋筆記·二筆》卷三補。

三十

余向於己酉正月渡滹沱，見冰大如屋，隨波滚滚而下，欲爲一語形容之，窮思極慮而不可得。後見唐人句云：「風兼殘雪起，河帶斷冰流。」語頗質白，而氣象雄渾如此，乃嘆古人真不可及。

三一

高陽李去華才蕡《渡滹沱》云：「浩浩滹沱水，排空下雁門。秋高兩岸闊，風急亂波渾。轉憶黄河險，忽看白日昏。暝煙行更怯，犬吠問何村。」又《壽陽早發》句云：「地白覆霜痕，雞鳴路尚昏。殘星飛馬首，壽陽，爲春秋馬首邑。秋水落龍門。凍色封高阜，寒煙上遠村。添棉猶覺冷，驢背兩三樽。」去華《瀛州二子》絶句云：「雕龍繡虎邊連寶，雋逸清新戈芥舟。老我無能詩總廢，瀛州二子擅風流。」人目余與芥舟爲「瀛州二子」，自此詩始也。此詩作於甲子、乙丑間，至今則「雋逸清新」不足以盡芥舟矣。余改「瀛州」爲「放教」二字，當更妙。

三二

友人檀維藩振遠《燕臺旅歸》五首：「歲暮燕臺客，空囊旅舍歸。入門塵掩甑，拜母淚沾衣。壁立貧如舊，蘭枯景半非。觸情牽宿憾，惻惻寸心違。」「雪霰紛紛落，年終忽大寒。皴皮儂骨折，起粟婦衣單。室冷無温氣，炊遲當晚餐。溝渠填有分，吾道古來難。」「生理值荒歉，愁多計轉迷[一]。典衣搜篋盡，曝背趁陽西。顑頷萱幃老，凄涼稺子啼。男兒志氣在，何爲米鹽低。」「蓬蓽荒蕪久[二]，凄涼似野村。垣頹行印跡，屋破漏餘痕。户罅風生盜，床寒膚代温。固窮原有訓，寂莫復何言。」「憔悴形容在，年年作楚囚。長貧非我病，對泣是吾羞。舌敝邦何處，書傭價未酬。途窮拚一餓，懷古景前修。」維藩年十五而孤，貧無立錐，晝採樵夜織作以養母。余贈以詩，所謂「負薪採荼拾遺牟[三]，躬操杵臼婦簸揉。取供高堂充庶饈，夜親織作聲軋嘔。抱布入市易豆區，肩並販豎旁人羞，檀子當之殊油油」者，皆實録也。贈詩在乾隆戊午，即渠燕臺旅歸之年。有三子，是歲殤其二，故有「蘭枯景半非」之句，可謂窮而後工矣。維藩素兄事我，吾亦以弟蓄之。爲人樸直疏野，不達禮俗世法。余又有贈句云：「比君余少黠，況我爾加貧。」亦實録也。

校勘記

〔一〕「迷」字後，原本衍一「迷」字，據清華本删。

〔二〕蕪：原本誤作「無」，據清華本改。

〔三〕茶：原本誤作「茶」，據清華本、《隨園詩集》卷九《懷檀維藩》詩改。

三三

海涵百齡以某科副車分訓滿洲學，瓦公爾達長子也。達，庚辰進士，爲保定司馬，曾游西山之卧佛寺，有句云：「雙樹空王夢，名山客子魂。」後達卒，葬寺側，蓋詩讖也。乾隆丙辰，涵百邀戴教授通乾、家兄識珍並余及涵百弟勒東圃福同游香山，至寺側拜其墓，因吟「雙樹」、「名山」之句，低徊者久之。然「雙樹」絶非泛用，寺内有桫羅樹二株，相傳明初有僧攜種來自西域手種者，蓋已三百餘年矣〔一〕。高可參天，皮皴裂，色如霜雪，殆如老杜所謂「白摧朽骨龍虎死，黑入太陰雷雨垂」者。余亦有句云：「婆娑雙樹老，寂歷萬山秋。」並指此也。是游凡三日而後歸，人皆有詩，或數首或十數首。戴通乾有句云：「遠煙歸鳥路，清磬夕陽山。」可擅一場矣。海涵百嘗登某山絶頂，有句云：

「一鳥下如擲，千山去若流。」亦頗奇。

校勘記

〔一〕蓋：清華本無。

三四

「善造東坡真一酒，慣吟康節打乖詩。帽花新製四分五，高得伊川些子兒。」嘗見李亦珊表叔書此詩，不知何人作。余謂絶似青藤道人也，俟考。

三五

王應偰，靈滄之弟，與余爲僚婿。嘗過某寺，有句云：「揖僧殘寺角，繫馬古槐根。」絶似姚合。

三六

龔芝麓每酒酣賦詩輒用杜韻，阮亭問其故，曰：「只爲捆倒好打耳。」此意最好，即余「思以偪仄而益精」之說也。阮亭自謂「生平爲詩，不喜集句，不喜次韻，不喜疊前韻」，恐不但不喜，兼不能耳。

三七

「多讀書，細窮理。」無論詩文，總離不得此六字，所謂老生長談，正不可易者。然此猶其後也，須要打掃出一副乾浄肺腸，以爲讀書窮理之地始得。不然勞勞碌碌日溺没於聲利，便將詩文根株已經斬斷，却從何處發生滋長也？孫起山先生維祺云：「好酒好色都不妨，惟好錢人斷斷來不得耳。」其理確不可易。

三八

起山先生宰河間時，有逸事數條，山陰胡穉威天游修《郡志》，余已編纂付胡載入矣。其未載者附録於此，以資話柄。

起山一日出北城迓上官，偶憩火帝宫後，見苜蓿數畝，内有一頭陀，題詩云：「尋春春不見，追到梵王宫。春在桃花外，僧閒苜蓿中。」可謂善謔。《過東董城中地名，江都故跡。遇賈子才》詩云：「騎馬過東董，江都第幾家。江都人不見，但見小長沙。」真天籟也。

一日謁上官，不襪而靴，其韌頹然下垂。上官曰：「貴縣著空靴乎？」曰：「卑職雙脚在裏，非空也。」其狂率如此。

署内宴紳士，先生酒正酣，衆賓欲去，先生曰：「各作一破題，然後聽去。」衆請題。曰：「『猶水之就下』二句。」衆作畢，先生曰：「吾亦作一破，曰『大賢論水，獸就走』而已矣。」衆始悟其戲。

三九

李對鏡先生春源嘗問：「『名利』二字根源從何處來？」余曰：「都自性來。好名是義理之性，好利是氣質之性。」對鏡曰：「直是説得透徹。」余嘗語劉太史嘯谷炳，嘯谷亦以爲然。嘯谷又云：「『名』字輕清而上浮，是天之氣；『利』字重濁而下降，是地之質。」語亦精。

四十

皇甫持正題元道州浯溪碑云：「次山有文章，可惋只在碎。然長於指敘，約結多餘態〔一〕。心語適相應，出句多分外。於諸作者間，拔戟成一隊。中行雖富劇，粹美君可蓋。

子昂感遇佳，未若君雅裁。退之全而神，上與千載對。李杜才海翻，高下非可概。文於一氣間，爲物莫與大。先王路不荒，豈不仰吾輩。石屏立衙衙，溪口揚素瀨。我思何人知，徙倚如有待。」按，此詩自是韓門一派，世謂持正不長於詩，吾不信也。

校勘記

〔一〕約結多餘態：《全唐詩》卷三百六十九作「約潔有餘態」。

四一

「《集異記》云：『王黻盛時，搜求四方瓌奇之物，以充玩好。有人以桃核半枚來獻，中容米三四斗，其間題詠甚多。』嘗觀《洽聞記》云，吐谷渾桃如六石甕，豈即其核耶？黻與蔡京各立供奉司於私宅，此核有多人題詠，而無御用標記，當是其私物耳。」余按王鳳洲《宛委餘編》載，洪武乙卯，出示元内庫所藏巨桃半核，長五寸，廣四寸七分。前刻「西王母賜漢武桃」及「宣和殿」十字，塗以金；中繪龜鶴雲氣之象，後鐫「庚子甲申月丁酉日記」。此核較王黻所藏却甚小，或黻私其大而獻小者於道君耳，不然何以王母所植反出吐谷渾凡桃下也〔一〕？故景濂《賦》後半，頗著其誕，以示規戒。

校勘記

〔一〕不：清華本無。

按

自「集異記」至「當是其私物耳」内容，出《六研齋筆記・二筆》卷四，邊氏有删節。

四二

「新羅萬疊展春風，瀛莫從來一水通。幾番按圖名衆鳥，就中誰是信天翁。」此嘉興錢香樹夫子陳群於乾隆己未再視畿輔學政，過鄭州作也。前此乙卯，余已受知遇，拔爲上舍〔一〕，至是謁先生於河間使院，出此詩相示，以寓規勉之意。越辛巳，相去二十年餘矣，余作《趙北口竹枝二十首》有句云〔二〕：「羽毛憔悴刷西風，鰻鱺荒唐但啄蟲。《本草》陶注：鰻鱺魚能上岸，緣木食藤花。瀛莫之間吾與汝，更無別個信天翁。」即以是年冬，先生奉詔入京，慶慈寧萬壽，欽賜尚書銜，放歸路過任邑，余謁於逆旅，賜以詩扇，題云：「辛巳嘉平過吾邱，喜晤肇畛徵士，賦《有鳥》一章爲贈。」詩云：「一抹疏林瀛莫連，高城隱隱夕陽邊。夢中握手三千里，月下來投十二年。庚午冬，使節過此，訪余行館話舊，今十二年矣。鶴髮尚書攜舊履，雞栖處士卧寒氈。重來昔日談經地，有鳥懷人是信天。」蓋余生平所得，惟「固窮知命」四字耳，二十年來守之愈堅，不惟可以確然自信，而且爲當代大賢所許。記此以見余之見知於先生者〔三〕，不止文字之末已也〔四〕。

先是乙卯，先生按試河間，余受知拔入成均。試既竣，將之津門，時大旱而雨，遂遲行期。先生作《喜雨詩》，余有和章，今並録之，以誌余受知之始。余詩附刻先生集内。先生原唱：「仲夏困炎歊，望雨釋衆害。仰見大荒垂，濕雲亂流靄。譬如進餓人，犒以一簞糲。從來多遠憂，茲喜出望外。歡聲溢城闉，歌詠庶能繪。遥知懷新苗，迎風摇旆旆。此邦拱神京，千里環如帶。精誠有通塞，考課分殿最。采風坐觀成，更祝天恩大。從茲無愆陽，遍地澤滂沛。豈惟民力紓，司教實所賴。恐恐益信修，内疚自懲艾。天人理不殊，感應事豈昧。自非秉丹忱，何由答時泰。斯義夙所持，興起畢月會。明發兼巡農，星旌洗塵壒。」連寶次韻：「五月需雨急，屯膏農所害。天乃厭輿情，飄空蕩雲靄。直以賜佳禾〔五〕，豈但飽粗糲。拂拂禹甸中，灑灑周原外。情催杜甫詩，景入王維繪。直如水瀉盆，斜似風捲旆。踴躍動襏襫，抃舞傾冠帶〔六〕。八極均所欣〔七〕，三輔尤稱最。既渥帝澤深〔八〕，復感聖功大。匪由奏格勤，奚以甘霖霈。大人固有歡〔九〕，小子亦攸賴。富歲蠲飢寒〔十〕，内省芟蕭艾〔十一〕。土物以臧心，此義不可昧〔十二〕。吹律中蕤賓，占卦在豐泰。有筆巨如椽，紀兹千載會〔十三〕。再三尋繹之〔十四〕，腑肺滌埃壒〔十五〕。」

己未上巳前一日，余攜諸同人謁香樹師於瀛州公廨。先生正接見僚屬，見畢，作擘窠大書數十幅。書訖，命連揀成語爲韻，各拈一字爲詩。時共八人，余擬以「天朗氣清，惠風和暢」。先生得「清」字，支頤片刻而詩成，氣格在大、小二謝之間，其静深之氣，不以繁劇而稍減，所謂「天授」，非人力也。詩云：「浮雲浄瀛海，暖氣回春城。風物懷帝子，魚雅來諸生。高楹散新靄，廣座流餘清。浴德澹塵漬，澡身遺俗嬰。要得除祓旨，自會絲竹情。采拾成即事，遂爾遲星旌。别去各努力，庶以保令名。毋孤他日期，兹義惟硜硜。」

甲子秋闈，余文已定第三名，以後場不至，垂得而失，香樹夫子深爲扼腕。嘗攜公子立之汝誠文及余文至朝，示諸名卿曰：「此吾兒文也，有子如此，吾願爲犁牛。」又曰：「此吾門人某文也，有門人如此，吾願爲藍。」至今藝林傳爲佳話。其後，立之以是科售，然拳拳爲余之心，不因之少減，真令人感激無地也〔十六〕。吾邑李廉衣中簡亦於是科售〔十七〕，赴京時，余奉先生札。先生答書云：「廉衣赴鹿鳴來此，得讀趙珍手信，並稔别後眠食爲慰。今年主司眼力甚好，獨高文以後場未到見遺，至今思之，殊深悶悶。每從公務繁冗間一讀三藝，藉以朶頤。總之，遇合自有定分默爲主之，扶輪推轂亦受命於化工，況當局者耶？至於窮微極奥，愈養愈深，問學一塗，本無止境。還望趙珍培其根而擴其識，使胸中寬裕和樂，更於家居時課授里中後進，多所踵接，善歌繼音，使讀書種子自我不墜，或造物晚成足下，大旨其在斯乎！明年坐地定於何姓，便中示知。草此代面，不一。」

乾隆丁卯，先生典試西江，宿任邱。時連教授邑之東偏，先生以詩付邑令吴公祖修轉致，云：「邊生卧瀛海，相賞抵璠璵。好賣文園賦，曾懷光範書。雨中行旆濕，雲外幽人居。執手終成阻，何因一起予。」連於秋闈下第後，始報以長句云：「秋風嫋嫋送行旌，取次停驂古鄚城。好句曾因邑令尹，茅齋轉致老門生。騰驤他日知無策，寵辱於今漸不驚。敬報吾師商出處，滄浪可許濯塵纓〔十八〕。」

余於乾隆丙辰既蒙宫保尚書制府彭城李公衛及香樹夫子以博學鴻詞舉，不第放歸，越己巳，又蒙香樹師以經學舉，余以學殖倹薄，此名愈不可堪，兼其時已病，乃以二詩辭謝，云：「下士蒙薰沐，游揚出重臣。感恩頭至地，撫己淚盈巾。無復乘時氣，空餘不肖身。支離嗟病體，瘦骨倍嶙峋。」又云：「盈髩空華髮，窮經愧伏生。衰殘别有恨，著述老無成。何以酬君父，真成畏友朋。惟餘雙淚眼，遥向九方傾。」「朋」字出韻，却是改本，原本乃重押「生」字，失檢點如此，其時之病可知。香樹師嘗語戈芥舟云：「邊生終是山林之氣多也。」

校勘記

〔一〕舍：原本誤作「余」，據清華本改。
〔二〕句：原本無，據清華本補。
〔三〕之見：清華本作「受」。
〔四〕文字：清華本作「字文」。
〔五〕佳：《隨園詩集》卷六作「嘉」。
〔六〕抃：《隨園詩集》卷六作「忭」。
〔七〕均所欣：《隨園詩集》卷六作「同所歡」。
〔八〕既渥帝澤深：《隨園詩集》卷六作「既沃帝德深」。
〔九〕歡：《隨園詩集》卷六作「欣」。
〔十〕飢：《隨園詩集》卷六作「餓」。
〔十一〕芟：《隨園詩集》卷六作「除」。
〔十二〕不可：《隨園詩集》卷六作「殊難」。

〔十三〕茲：《隨園詩集》卷六作「此」。

〔十四〕繹：《隨園詩集》卷六作「覽」。

〔十五〕肺：原本誤作「胇」，據清華本、《隨園詩集》卷六改。

〔十六〕人：清華本無。

〔十七〕售：清華本作「雋」。

〔十八〕塵：《隨園詩集》卷十九作「長」。

四三

李空同一生尸杜，他不具論，乃至有句云：「臭蟲多足蚊有翅，於我睡時倏而至。」蓋仿老杜「每愁夜中自足蠍，況乃秋後轉多蠅」也。不惟效西子之顰，而且效其蒙不潔矣，可怪。

四四

江西丁卯孝廉陳壽嵩，字峻峰，於壬午三月自京適越，窮途落魄，來訪余門人郝際五昌時。昌時爲具行李〔一〕，且爲典衣備資斧，余亦佽之，留一宿別去。陳爲詩頗捷，頃刻間可得數首，殆如昌黎贈崔立之所謂「才雄氣猛易語言，往往蛟螭雜螻蚓」者，然自磅礴有奇氣。《謁李太白祠》云〔二〕：「神仙大抵多才子，名士何妨是酒徒。」真傑句也。又訪余族弟東旭方晉不遇詩云：「情深穿木榻，屋潤氣多陰。涼雨忽沾鬢，好風時拂襟。因之發高唱，誰者爲知音？之子不可見，相思掩素琴。」起聯不貫，下六句却是王、孟風味。昌時，雄縣人，僑寓吾邑〔三〕。

校勘記

〔一〕昌時：原本無，據清華本補。

〔二〕李：清華本無。

〔三〕寓：清華本作「居」。

四五

余每勸人讀白、蘇、陸三家詩，以其字裏行間皆有天趣流溢，讀之足以疏瀹靈府也。然三家皆近於諧，「諧」字最害事，一首中略帶諧語則可，若通體皆諧，直是打油矣。坡公詩如「寧可使食無肉，不可使居無竹」、「誤剔燈花落，茶毗一個僧」等作，未免近惡，編輯者一概拉雜闌入〔一〕，要非先生意也。余亦頗犯此病，近頗痛改而結習未能卒化。向辛酉落第後，曾爲俳諧體十首遺悶，登之集中，恐爲大雅所羞，棄之則又可惜，附録於此，以俟撰《遺愁集》、《解人頤》等書者摭拾焉。「低眉短氣又今秋，十上棘闈老不羞〔二〕。一日三餐何日了，三年一辱底年休。株邊待兔猶堪待〔三〕，木上求魚那得求。此味真同茹蘖苦，聽儂檢點説從頭。」「槐花六月著新黄，舉子囊空加倍忙〔四〕。欲向豪家投左券，那容窮鬼上華堂。金釵拔去妻眉斂，白鏹攜來我氣揚。襆被蹇驢瀟灑甚，吟鞭裊裊入斜陽。」「過得雄關復白河，無端又遇雨滂沱。彷彿水邊聞滑滑，泥滑滑，鳥聲也。依稀枝上喚哥哥。行不得也哥哥，鷓鴣聲也。蹄涔踏去麻鞵失，布襪沾來泥濘多〔五〕。阿那何人雙旆過，肩輿穩坐醉顔酡。」「前三門外日攘攘，窮漢街頭賃客房。窮漢市，在豬市口南。每共摸稽争軟座，窮漢市前，有賣熟肉者，雜取牛羊腸胃諸穢物，以巨釜貯之。周圍椽杙數十枚，繚以修綆，諸賤役圍坐綆上買啖之，號曰「軟坐」〔六〕。還同烏什啖甜漿。摸稽哥、鴉方烏什，旗役中最賤者。蒙茸裘敝真無那，羞澁囊空大可傷。聞道蘭陵新醞美，蘭陵，館名〔七〕。幾回咽唾不能嘗。」「攜筐負凳手持籌，解帶被襟候大搜〔八〕。未卜何年脱苦海，恍如昨日渡蘆溝。朱冠皂隸頻呼叱，黑帽酸丁莫逗遛。低首無言歸號去，氈衫藍縷破羊裘。」「低屋難容冗長身，偶然呵欠打頭巾。梗令平聲偏遇獰狰卒〔九〕，掩鼻恰當溷圊隣。他日玉堂知妄想，此生地獄是前因。閒中笑對同人説〔十〕，坐此今經整九旬。一場三日，三場九日，十科通計九旬也〔十一〕。」「今科儌倖畢三場，余嘗兩次被貼〔十二〕，故云。得意揚鞭歸故鄉。蕉鹿筵開纔喫夢〔十三〕，揭榜前〔十四〕，同人合飲，俟有售者任其直，謂之「喫夢」〔十五〕。番禺風順又飄洋。局外人置酒延衆飲，俟有售者加倍償之，謂之「飄洋」。金盆覆物分曹射，纖手啣鈎捉對藏。歡宴未終飛騎過，兒童報道秀才康。」「青雲有路望迢迢，碧落仙人不可招。虎豹在山猶昨日，魚龍點額復今朝。鹽車駿骨無肥相〔十六〕，空谷佳人枉細腰。走馬長安新貴少，争誇玉立好丰標。」「有客言旋自帝京，攜來一卷貝多經。謂魁卷也。昔人有目《題名録》爲佛名經者，魁卷固經文也〔十七〕。焚香浄拭烏皮几，掃室旋開龜甲屏。細意咀含一子讀，高聲宣讃大家聽。主司有目真如炬，解得於菟項下鈴。」「共推先輩也居然，二十餘年過等閒。余自庚子下闈至今，十次中加科者二，實只二十二年也。當日紅顔作後殿，於今白髮領前班。肯堂不獨輸松雪，劉松雪兄與公子殿虎先後俱售。跨竈兼應讓北山。李北山叔亦十上矣，然公子立軒青年獲雋〔十八〕，跨竈固所甘心也。十首新吟非浪謔，君看字字淚痕斑。」

校勘記

〔一〕輯：清華本作「緝」。

〔二〕上：《隨園詩集》卷十二作「敗」。

〔三〕兔：原本誤作「免」，據清華本、《隨園詩集》卷十二改。

〔四〕加倍：《隨園詩集》卷十二作「分外」。

〔五〕布襪沾來泥濘多：《隨園詩集》卷十二作「泥濘沾來布襪多」。

〔六〕窮漢市前有賣熟肉者，雜取牛羊腸胃諸穢物，以巨釜貯之。周圍椽杙數十枚，繚以修綆，諸賤役圍坐綆上買啖之，號曰「軟坐」：清華本無。

〔七〕蘭陵，館名：清華本無，《隨園詩集》卷十二無「蘭陵」二字。

〔八〕被：清華本作「披」。

〔九〕平聲：原本無，據清華本補。

〔十〕閒：原本誤作「間」，據清華本改。

〔十一〕一場三日，三場九日，十科通計九旬也：清華本無。

〔十二〕嘗：《隨園詩集》卷十二作「曾」。

〔十三〕喫夢：《隨園詩集》卷十二作「作夢」。

〔十四〕揭榜前：清華本無。

〔十五〕喫夢：《隨園詩集》卷十二作「作夢」。

〔十六〕無：《隨園詩集》卷十二作「覭」。

〔十七〕昔人有目《題名録》爲佛名經者，魁卷固經文也：清華本無。

〔十八〕雋：《隨園詩集》卷十二作「售」。

四六

昔人論文云：「理勝爲上，意勝次之，趣勝又次之。」惟詩亦然，惟趣勝故諧，然三家理意俱勝，不但以趣見長。蘇兼氣勝，白、陸興會俱勝。

四七

「尋尋覓覓，冷冷清清，凄凄慘慘戚戚。乍暖還寒時候，正難將息，三盃兩盞淡酒〔一〕，怎敵他、晚來風急。雁過也，正傷心，恰是舊時相識〔二〕。滿地黄花堆積，憔悴損，如今有誰忺摘。守著窗兒，獨自怎生得黑〔三〕。梧桐更兼細雨，到黄昏、點點滴滴。這次第，怎一個愁字了得。」此易安居士李清照詞也，每讀輒喚奈何。讀易安詞，竟欲恕其行之醜。晦翁亦云：「本朝婦人文字，惟李易安好。」於此見晦翁之大，而易安之爲尤物也。

校勘記

〔一〕三：原本、清華本誤作「一」，據《李清照集箋注》卷一《聲聲慢》改。

〔二〕恰：《李清照集箋注》卷一《聲聲慢》作「却」。

〔三〕「生」字前，原本、清華本衍一「地」字，據《李清照集箋注》卷一《聲聲慢》删。

四八

亡友吴橋方鳴臯〔一〕，字儕鶴，又字于九。詩宗晚唐，有小詞絶工〔二〕，檢得數首録之。《臨江仙》：「屈指别離驚半載，閒情壓煞眉頭。光陰客裏去如流。蓼花千穗雨，荷葉一塘秋。　記得扁舟同泛月，丁香未解春愁。而今煙月滿汀洲。西風人在夢，夜夜倚江樓。」《離亭燕》：「岸上行行遮扇，花下佯佯低面。蹙起裙邊金縷鳳，露出秋蓮一瓣。暗裏接衣香，香戀青衫不散。　别後還圖重見，怎奈綵樓雲斷。一徑桃花紅雨細，屈指忽驚年半。忍淚看春蠶，絲緒牽纏成片。」《碧眉峰》：「一夕秋風動，吹醒離人夢。爲問休文舊帶圍，又有幾多閒空。　往事誰搓弄，塞滿心頭縫。幾處斜陽幾樹蟬，連天遍把愁根種。」《燭影摇紅》：「春色忽忽，空庭飄盡梨花雪。杜鵑聲裏雨霏霏，緑濕丁香葉。攬鏡雙描笑靨，蛾眉照出彎如月。畫樓人静，驚起鴛鴦，回廊響屧。　小立東風，輕回團扇飛蝴蝶。花前一見不消魂，難道心如鐵？多少幽情欲語，倩教雕籠鸚鵡説。海棠墻外，聽得分明，相思空結。」

又《楊柳枝》八首，乃儕鶴客静海病中絶筆也。獻邑友人張晴嵐穎寄余，藏篋中者三十餘年矣[三]，並録於左[四]。「白門樹色緑婆娑，半拂闌干半拂河。人與春工争窈窕，彎彎柳葉畫雙蛾。」「章臺街裏喜聞鶯，撩亂楊花撲面輕。陌上游人争繫馬，緑陰陰下晚含情。」「緑繞平康西復西，煙條露葉護長堤。慇懃好向春風道，莫使行人贈別離。」「灞水橋邊帶露濃，可憐枝嫩不禁風[五]。香山蠻女裙腰細，只似垂楊二月中。」「起舞東風染嫩黄，隋家堤畔儼成行。看他飄蕩嬌無力，不到清秋已斷腸。」「漢南煙雨翠依依，雛燕嬌鶯曉亂飛。日暮長條春易老，可能繫得旅人歸。」「纔著東風勢已斜，朝藏鸚鵡夜藏鴉。春光戀住秦淮樹，不到錢塘蘇小家。」「昨夜春風到武昌，漫天飛絮太顛狂。伎人不識傷心樹，玉笛猶吹香柳娘。」

校勘記

〔一〕亡：原本誤作「方」，據清華本改。

〔二〕有：原本無，據清華本補。

〔三〕餘年：原本誤作「年餘」，據清華本改。

〔四〕於左：清華本作「之」。

〔五〕嫩：原本誤作「懶」，據清華本改。

四九

《六研齋筆記》：婺硯出龍尾山。唐開元中，葉氏耕山田，忽有一翁撒蓑草數莖，化爲鯉魚入田。衆逐之，隱入地，掘得石，琢爲硯，良材也。因益斸〔一〕，而硯石盡出。南唐立硯務於此。其品有眉子、金星、羅紋、刷絲、牛毛諸種。東坡《研説》云〔二〕：「余家有歙硯，底有欵識云：『吴順義元年，處士江少微。』銘曰：『松操凝煙，楮英鋪雪。毫穎如飛，人間五絶。』所誦者三物耳，蓋謂硯與己爲五耶？」端溪未行，婺石稱首〔三〕，至今唐硯垂世者，皆龍尾也。

校勘記

〔一〕益：原本誤作「易」，據清華本、《六研齋筆記・二筆》卷四改。

〔二〕研説：《蘇軾文集》卷十七題作「書汪少微硯」。

〔三〕石：清華本作「名」。

按 此則出《六研齋筆記·二筆》卷四，邊氏有删節。

五十

梁高祖曰：「不讀謝朓詩[一]，三日便口臭[二]。」

校勘記

[一] 朓：原本、清華本誤作「眺」，據《六研齋筆記·二筆》卷四改。

[二] 便口臭：清華本作「口便臭」。

按 此則出《六研齋筆記·二筆》卷四，邊氏有删節。

五一

唐園林之佳者：宋之問陸渾、王維輞川、白居易履道、李德裕平泉、裴度午橋。

按

此則出《六研齋筆記·二筆》卷四，邊氏有删節。

五二

《六研齋》云：「韓退之多悲[一]，詩三百六十，言哭泣者三十首。白樂天多樂，詩二千八百首，言飲酒者九百首。」

校勘記

〔一〕悲：原本無，據清華本、《六研齋筆記·二筆》卷四補。

五三

漢宦者汝陽李巡，因諸博士試甲乙科，争第高下，至有行賂定蘭臺漆書，以合其私文者，乃白靈帝，與諸儒共刻《五經》文於石。於是詔蔡邕等正其文字，自是《五經》一定，争者用息。見《後漢書》。

漢靈帝光和六年，刻石鏤碑，載《五經》文於太學講堂前，此初刻也。蔡邕以熹平四年[一]，與五官中郎將堂溪典[二]、議郎張訓[三]、韓説、太史令單颺，奏求正定《六經》文字[四]。靈帝許之，邕乃自書丹於碑，鎸立太學門外，此再刻也。魏正始中，又立古文、篆、隸三體石經：古文用鳥跡蝌斗，篆用史籀、李斯、胡母敬體，隸用秦邈體。晉永嘉中，劉曜入洛，焚燬過半。魏世宗神龜元年，從崔光之請，補石經。唐天寶中，刻《九經》於長安，《禮記》以《月令》爲首，從李林甫請也。五代，孟昶在蜀刻《九經》，最爲精確。朱子《論語注》引石經者，孟蜀石經也。宋淳化中，刻於汴，今猶有存者。唐貞觀中，太宗命唐玄度書《九經》訓釋，名《九經字樣》。文宗時，高重爲祭酒，與鄭覃復刻《九經》，皆在長安太學。

校勘記

〔一〕熹：原本、清華本、《六研齋筆記》誤作「熙」，據《後漢書》卷六十《蔡邕傳》改。

〔二〕堂：原本、清華本、《六研齋筆記》誤作「高」，據《後漢書》卷六十《蔡邕傳》改。

〔三〕議郎：原本、清華本、《六研齋筆記》誤作「禮儀郎」，據《後漢書》卷六十《蔡邕傳》改。

〔四〕秦求正定《六經》文字：原本、清華本、《六研齋筆記》誤作「秦求正定大經文字」，據《後漢書》卷六十《蔡邕傳》改。

按

此則出《六研齋筆記·二筆》卷四，邊氏有删節。

病餘長語卷三

任邱邊連寶肇畛

一

集句昉於宋人，率皆勉强凑泊，不成文理，故爲大雅所弗尚，然亦有絶奇者。會稽陳榮杰，字無波，一字霽堂，吾邑舒遇天成龍牧荆門時，曾聘與李亦珊先生同修《州志》。其所集唐句〔二〕，天然位置之中仍有渾灝流轉之妙，真絶技也。《登岳陽樓》、《黄鶴樓》、《春》、《夏》、《秋》、《冬》各八首，凡六十四首，首首入妙，而《揚子江》古風一篇，尤爲奇絶，今録於左。

《揚子江救生船歌贈潤州城西江館救生會中諸同學》：「八月秋高風怒號，杜甫 長江滾滾翻銀濤。劉商 回頭瞪目時一看，李頎 我心懸旆正摇摇。杜牧 天迷迷，李賀 地密密，孟郊 掀天蹴地股爲栗。劉滄 山疊疊，釋齊己 海漫漫，白居易 驅山倒海置眼前。李郢 江豚初起浪如屋。韓愈 千峰將頽樹欲禿。孟遲 震地江聲似鼓聲〔二〕，元稹 掩耳不敢凝雙目。熊孺登 濕雲黯黯天四周。王表 罔象悲泣天吳愁。李昭象 塔勢如湧出，岑參 沙岸成浮漚。王建 大江橫萬里，戴叔倫 巨浪吼千牛。陳陶 中有一船欲渡不得渡，釋無可 浮沉滅沒當中流。韋渠牟 偃復起，唐球 風未已，唐彥謙 忽見船頭忽船尾。紀唐夫 顛覆直在俄頃耳，王灣 眉睫之間判生死。杜荀鶴 九閽無路叫不聞，鄭畋 不道殘生竟如此。蒯希逸 忽然寶筏從天來，釋皎然 破浪乘風一何駛。劉希夷 操舟捩舵下急湍，獨孤及 健於生猱速於鬼〔三〕。盧仝 向前且道不須哀，陳上美 我能救爾眼前水火之奇災。邵謁 直從蛟室鼉宮裏，殷堯藩 濡首援君出浪堆。崔涯 水犀之軍何足道，柳中庸 存亡生死屬吾儕。劉三復 全君軀命解君厄，伊璠 與我同舟歸去來。張高 結束行裝渡江去，張賁 那怕風浪如山摧。冷朝陽 已出顛危登袵席，徐凝 驚魂未定還疑猜。于濆 勸君更進一杯酒，王維 世間何處無波頽。陳羽 吁嗟乎，皇甫松 公無渡河，樂府 河水激嚙而瀠洄。蕭穎士 鯨魚張鬣海水沸，温庭筠 惟見江流去不回。竇鞏 其險也如此，嗟爾遠道之人胡爲乎來哉！李白 不有小舟能盪槳，杜甫 此身何計免喧豗。張謂 更生須拜仁人賜，曹松 功德真不可思議。釋處默 誰能赤手挽銀河，令狐德芬 宰相經綸菩薩慧。黃滔 吾聞聖人造舟以爲梁，談用之 已飢已溺何皇皇。白敏中 安得如公十數輩，崔涯 坐令萬物無凋傷。包何 莫笑生涯寄一葉，雍陶 從此長年歌利涉。陸龜蒙 傾聞天子側席而求賢，來鵬 看爾明時作舟楫。崔道融」

《冬日登黃鶴樓集唐八首》：「水國初冬和暖天，憑高一望總茫然。江中白浪如銀屋，樓外青山似舊年。幾處帆檣喧夏口，萬家煙火滿晴川。心游目送三千里，何處風光不眼前。」陸龜蒙　劉兼　李白　唐球　李頻　韋應物　温庭筠　王表　「雨雪初收望漢陽，一天寒色下瀟湘。樹圍水際人煙黑，日滿樓前江霧黃。今夕偶攀塵外契，暮年初信夢中忙。也知得意須乘鶴，欲向瑶臺路渺茫。」李涉　皇甫曾　李建勳　杜甫　姚合　許渾　羅隱　王初　「利門名路兩難憑，醉下高樓醒復登。世事茫茫難自料，浮生擾擾竟何能。致身霄漢真無策，論道同心少有朋。呵凍且吟冰雪句，寒山半出白雲層。」白居易　劉寬　韋莊　鄭谷　戴叔倫　子蘭　清塞　劉滄　「懷古登樓更寂寥，當年霸業已全消。漢江水闊吴山遠，夏口城銜楚塞遥。割據一方勞戰伐(四)，興亡往事問漁樵。可憐赤壁爭雄渡，惟有月明吹洞簫。」東方虬　羅隱　王建　李頻　劉長卿　司空圖　杜牧　韋莊　「臨江高閣瞰千尋，積雪窗前盡日吟。落木蕭騷從上下，亂帆爭疾競浮沉。風波久佇濟川楫，霄漢常懸捧日心。黃鶴樓中吹玉笛，故園書絶到於今。」盧藏用　許渾　包何　李紳　石貫　錢起　李白　胡曾　「上樓空望往來船，雁渡寒江擬雪天。零落梅花過殘臘，模糊樹色入荒煙。座中醉客延醒客，鏡裏今年老去年。自是不歸歸便得，故鄉朝夕有人還。」白居易　賈島　李頻　孫逖　李商隱　郭鄖　崔塗　章碣　「河上仙翁去不回，人間空自造樓臺。那知塵裏無窮事，且盡生前有限杯。李白雖然成異物，費緯終是負仙才。細推物理須行樂，惟我多情獨自來。」崔署

羅鄴　劉得仁　杜甫　曹松　羅隱　杜甫　白居易「詞客如今跡尚留，不知經歷幾千秋。青山碧水渾無恙，去雁來鴻各自愁。便要乘風隨羽翼〔五〕，更憑飛夢到瀛洲。神仙若見應惆悵，此地空餘黄鶴樓。」劉長卿　王昌齡　耿湋　李咸用〔六〕　高駢　胡宿　韋莊　崔顥

校勘記

〔一〕句：清華本無。

〔二〕似：清華本誤作「作」。

〔三〕鬼：清華本誤作「兔」。

〔四〕據：清華本誤作「劇」。

〔五〕要：清華本作「欲」。

〔六〕咸：原本誤作「成」，據清華本改。

二

《池北偶談》：「姜吏部垓南渡後流寓吴郡，與徐孝廉枋友善。一日行閶門市〔一〕，姜顧徐曰：『桓温一世之雄，尚有枋頭之敗。』徐應聲曰：『項羽萬人之敵，難逃垓下之

誅。』相與鼓掌大噱，市人皆驚。」雍正癸丑，余與劉嘯谷炳同應學使者吴眉菴先生應棻之聘，至正定使院。有二客先在，問其姓，一人曰：「蔡。」旁一人曰：「蔡，大龜也。」旋問戲蔡者姓〔二〕，曰：「倪。」蔡曰：「倪，小兒也。」可謂絶對，與前事埒，故並録之。

校勘記

〔一〕閶：原本無，據清華本、《池北偶談》卷十四補。

〔二〕姓：原本無，據清華本補。

三

涼州王生，佐吾邑劉明府幕，頗廉静自好，與余門人郝際五昌時友善。將歸覲，索贈詩於昌時，昌時丐余代作〔一〕，爲口占五絶。其一云：「書記翩翩已八年，歸輿囊槖總蕭然。更持底物爲親壽，不使人間造孽錢。」言其無錢獻母也。偶於昨夜思之，又得一義，蓋積陰德正所以延母算，即以「不使人間造孽錢」者爲親壽耳〔二〕，其理更精。落句乃借用唐六如語，原詩云：「閒來寫幅青山賣〔三〕，不使人間造孽錢。」

校勘記

〔一〕昌：原本無，據清華本補。

〔二〕壽耳：原本無，據清華本補。

〔三〕閒：清華本誤作「間」。

四

「潭水寒生月，松風夜帶秋。」岳鄂王句也。直令文人斂手。

五

景州亡友李露園基塙，曾誦一聯云：「老甕轉車新酒至，春城騎馬故人來。」忘其爲誰作矣。

六

米南宮子：友仁，初名尹仁；次尹知，俱工書。見南宮《論書》。

七

姑蘇王武、毗陵惲壽平、金陵王概，俱工花卉；王武學徐熙，壽平、概學黄筌。概初名丐，其兄著，初名尸，後改今名。著亦工畫，兄弟俱工詩。見《香祖筆記》。壽平女孫名冰，花卉亦佳，家有鐵簫傳世，人目爲「惲鐵簫家」。

八

宋王仲山者，守臨江軍，以城降金。其女適秦檜，東窗掐橘皮者即此物也。檜爲人强力忍垢，初爲太學生，每同舍有劇飲，檜輒爲之幹濟，敏而不厭勞屑，人目爲「秦長脚」云。

按 此則出《六研齋筆記·二筆》卷四，邊氏有删節。

九

韓蘄王妻梁氏、張循王妾張穠，皆教坊中人也。梁親操桴鼓，以助金山之戰。循王在軍，以書抵穠，屬其料理家務，穠報俊，引霍去病、趙雲不顧家，以勖循王勉立功業。循王以其手筆進上，上爲嘉獎，封雍國夫人。

按

此則出《六研齋筆記・二筆》卷四，邊氏有刪節。

十

治瘧法：對日握棗，書杜子美「夜闌更秉燭，相對如夢寐[一]」之句於空中，仍吸日氣一口吹棗上，不换手以啖病者[二]輒愈。一説子美「子璋髑髏血糢糊，手提擲還崔大夫」之句，用硃砂書黄紙，帶病瘧者頭上即愈。按，此二語洵足破鬼膽，若以「夜闌秉燭」句驅瘧，則未審何理也。

校勘記

〔一〕痳：原本無，據清華本、《全唐詩》卷二百十七《羌村》詩補。

〔二〕之句於空中，仍吸日氣一口吹東上，不換手以啖病者：原本無，據清華本補。

十一

黄帝時瑪瑙甕，堯時猶存，甘露尚在其中，盈而不竭，以賜群臣，謂之寶露。舜時漸減。

按 此則出《六研齋筆記·二筆》卷四，邊氏有删節。

十二

唐永貞中，南海貢盧眉娘，年十四，眉緑且長，故名。慧巧無比，能於一尺絹上繡《靈寶經》八卷，字如粟粒，點畫分明。又善作飛雲蓋，以絲一絢，分作三段，染成五色，結爲金蓋。其中有十洲三島、臺殿麟鳳之像，而捧幢奉節童子亦不啻千數。順宗嘆其工，謂之神人。度爲女道士，歸南嶽。

按

此則出《六研齋筆記·二筆》卷四，邊氏有删節。

十三

李守中爲承旨，奉使南海，至瓊州界，道逢一翁，自稱楊遐舉，年八十一。邀守中詣其家，見其父，曰叔達，或作連。年一百二十二；祖曰宋卿，年一百九十五。語次，見梁上雞窠中有小兒出頭下視，宋卿曰：「此九代祖也，相傳數世不語不食，不知其年多少〔一〕，惟朔望請下，子孫列拜而已。」

校勘記

〔一〕多：原本無，據清華本、《六研齋筆記·二筆》卷四補。

按

此則出《六研齋筆記・二筆》卷四，邊氏有刪改。

十四

張仲景入桐栢山采藥，遇一病者求治。仲景診之曰：「子腕有獸脈，何也？」其人曰：「我嶧山穴中老猿也。」仲景以藥畀之輒愈。明日，其人肩一巨木至，曰：「此萬年古桐也，聊以爲報。」仲景斵爲二琴，一曰古猿，一曰萬年。

按

此則出《六研齋筆記・二筆》卷四，邊氏有刪節。

十五

《香祖筆記》云：「徐渭《墨芍藥》一幅，甚奇恣，上有自題云：『花是揚州種，瓶是汝州窑。注以東吴水，春風鎖二喬。』字亦怪醜。余少喜渭詩，後再讀乃不然，只是欠雅馴耳。」余於勝國三百年作者，將爲文長屈第一指，乃漁洋少喜之而後不然，所謂少時了了也。總緣漁洋太雅馴，故嫌文長不雅馴耳。至其書法，向在津門友人陳立甫續處見得二幅，一署「青藤道人」，一署「田水月」，怪則有之，醜則未也。大要詩、畫、書法總以「奇恣」二字盡之。青藤道人，渭別號；田水月者，拆「渭」字也。

十六

《香祖筆記》云：「印章舊尚青田石，以燈光爲貴。三十年來[一]，閩壽山石出，質温栗，宜鐫刻，而五色相映，光彩四射，紅如靺鞨，黄如蒸栗，白如珂雪，時競尚之，價與燈光相埒。近斧鑿日久，山脈枯竭，或以芙蓉山石充之，無復寶色，其直亦不直壽山五之一矣。二山皆在福州。」

校勘記

〔一〕來：原本、清華本無，據《香祖筆記》卷十二補。

十七

倪雲林《題畫詩》[一]：「十月江南未隕霜，青楓欲赤碧梧黄。停橈坐對西山晚，新雁題詩小着行[二]。」

校勘記

〔一〕題畫詩：《倪雲林先生詩集》卷六作「十月」。

〔二〕詩：《倪雲林先生詩集》卷六作「書」。

十八

顧阿瑛《題文與可竹》云：「湖州昔在陵州日，日日逢人寫竹枝。一段枯梢三作折，分明雪後上窗時。」

十九

魯有兩曾參，趙有兩毛遂。魯有秋胡，漢亦有秋胡。越有勾踐，又有宋勾踐，魯勾踐。刺客。衛有蒯聵〔一〕，趙又有蒯聵。中山相名司馬喜，而史遷之祖亦名喜，前喜實其遠祖。漢有兩公孫弘，兩韓安國，兩王章，兩王莽。光武之外，又有國師劉秀。漢有胡廣，明亦有胡廣，所謂「漢家胡廣號中庸，今日中庸説胡公」者也。

校勘記

〔一〕聵：清華本誤作「蕢」。

二十

射干，香草，又獸名。彭越，人名，又蟹之小者名彭越。鴟夷，酒器也，又范蠡名鴟夷子皮，又吴殺子胥以鴟夷浮之江。飛廉，人名，又惡獸名，頭似羊，又神禽名，頭似鹿。河豚亦名鴟夷。摴蒲，博戲也，而海蜇名摴蒲。又藥中之漏蘆，一名飛廉。

二一

《史記·太史公自序》云：「大道之要，去健羡，絀聰明。」注云：「『知雄守雌』，是去健也；『不見可欲，使心不亂』，是去羡也。」近日書札，幕賓稱頌人之富貴福澤，必綴之曰「健羨健羨」，直是不通可笑。

二二

奊𡗖，音列恊，胸次不平兒〔一〕，猶俗言劣蹶也。胍肫，音孤都，腹大兒。墨㞙，音眉癡，呆兒。

校勘記

〔一〕兒：原本誤作「貌」，據清華本改。

二三

蜀王衍宫人李玉簫《宫詞》云：「鴛鴦瓦上瞥然聲，晝寢宫娥夢裏驚。原是我王金彈子，海棠花下打流鶯。」按，此兒亦可人，不讓孟昶花蕊夫人。

二四

韓偓《香奩集》，意既淫鄙，語亦不工，又去元相遠甚，惟「海棠花畔秋千下，背人掠鬢話忽忽」差有致耳。「掠鬢」字寫得入神，相書以掠鬢剔甲爲婦人淫相。

二五

吴融，晚唐人，七古殊疏宕有氣，但未能沉鬱耳。此壬戌閲《全唐詩》時所記。

二六

從來孟、賈並稱，然浪仙集古體少今體多，且造境構思亦不甚幽深，用媲東野，殊愧「老拳毒手」之目。韓退之稱其「狂詞肆滂葩，低昂見舒慘。姦窮怪變得，往往造平淡」，東野稱其「詩骨聳東野，詩濤湧退之[一]」，並虚語也，或夫子自道耳。

校勘記

〔一〕濤：原本誤作「潮」，據清華本、《全唐詩》卷三百七十七《戲贈無本》詩改。

二七

張水部樂府，小小有致，但都於落句换韻，首首雷同，屢見不鮮也。王荆公稱其

「看似尋常最奇崛，成如容易却艱辛」，斯語也，雖白傅其猶病諸，况水部乎？

二八

史稱賈島范陽人，今涿州也，然其《渡桑乾》詩云：「客舍并州已十霜，鄉心日夜憶咸陽〔一〕。無端更渡桑乾水，却望并州是故鄉。」據此當是咸陽人，「范」字乃「咸」字之訛耳。又《上谷旅夜》詩云：「故園千里數行淚。」按，今保定是古上谷，去涿僅二百里，果范陽人，不應有此語也。今房山縣有島墓，當因史僞托耳。

校勘記

〔一〕鄉：原本誤作「歸」，據清華本、《全唐詩》卷五百七十四改。

二九

賈浪仙《送韓湘》詩云：「半没湖波月，初生島草春。」似是送往潮州語。後寄湘云：「過嶺行多少？潮州漲滿川。」可知退之貶潮時，湘便隨去也，可知「知汝此來應有意〔二〕，好收吾骨瘴江邊」乃相隨之詞，非相迎之詞也。小説家載「善造逡巡酒〔三〕，能開頃刻花」一案，可不問而知其誣矣。

校勘記

〔一〕此：《全唐詩》卷三百四十四《左遷至藍關示姪孫湘》詩作「遠」。

〔二〕善：《全唐詩》卷八百六十韓湘《言志》詩作「解」。

三十

朱晦翁論詩，右李而左杜，殊不可解。余嘗謂李仙杜聖，聖可學，仙不可學。學聖縱未必即聖，却一級一級都是正路；學仙不成，則流爲黄白採補之術，如李赤之學太白是也。李太白不可學，白樂天不可學：李以氣勝，白以趣勝；學太白者多流爲粗豪，學樂天多流爲俚俗。太白集中如《笑矣乎》、《悲來乎》及《答王十二寒夜獨酌有懷》諸篇，大要都五代人贋作也〔二〕。黄山谷云：「太白豪放，人中麟鳳。譬如富貴人，雖醉夢嚌囈中作無義語，終不作寒乞聲。」《答王十二》篇中如「騂騮拳跼不能食，蹇驢得志鳴春風」、「與君論心握君手，榮辱於余亦何有」、「達亦不足貴，窮亦不足悲」等語，是以寒乞人作富貴語，愈形其寒乞耳。乃阮亭竟不辨此，闌入《古詩選》中，亦屬可怪。

校勘記

〔一〕要：清華本無。

三一

鳳州三絶，手柳酒；宣城三絶，筆栗蜜。可爲確對。

三二

《六研齋》云：「宋徽宗自畫《漫游化城圖》，人物如半小指，數千人；城郭宫室、麾幢鼓樂、仙賓真宰、雲霞霄漢、禽畜龍馬，凡天地間所有之物，色色備具，觀之令人有神游八極之想，真奇物也。」

又云：「米南宫多游江湖，每卜居，必擇山水明秀、松栢茂鬱處。其初不能作畫，以目所見，日漸摩仿之，遂得天趣。其作戲墨，不專用筆，或以紙筋，或以蔗滓，或以蓮房梗〔一〕，皆可爲畫。紙不用膠礬，不肯寫在絹上，今米畫用絹者皆僞作，米氏父子不如此。米元暉傳其家學，山水清潤有致，然亦稍變父法，自成一家，頗自貴重，不輕與人作。所作《楚山清曉圖》，父元章以進御，蒙賞識，遂授敷文閣待制。」

校勘記

〔一〕梗：原本、清華本無，據《六研齋筆記·二筆》卷四補。

按

此則出《六研齋筆記·二筆》卷四，邊氏有刪節。

三三

《墨客揮犀》云：「李格非善論文章，嘗曰：『諸葛公《出師表》、李令伯《陳情表》、陶淵明《歸去來引》〔一〕，沛然如肝肺流出，殊不見有斧鑿痕。數君子在後漢之末、兩晉之間，未嘗以文章名世，而詞意超邁如此，蓋文章以氣爲主，氣以誠爲主。』故老杜謂之詩史者，其大過人在誠實耳。」此段說得甚好，周珽之評杜也曰：「絕脂粉以堅其骨〔二〕，賤風神以實其髓。」與此正互相發，神韻家被此等話說磕碎矣〔三〕。乃《香祖筆記》亦復引之，蓋躉其言而不能用也。別本於《陳情表》下有「劉伶《酒德頌》」五字。

校勘記

〔一〕去：原本、清華本無，據《墨客揮犀》卷八「文章以氣爲主」條補。

〔二〕脂粉：清華本作「粉脂」。

〔三〕説：原本無，據清華本補。

三四

《輟耕録》言，或題畫曰「特健藥」，不喻其義。王阮亭曰：「昔人如秦少游觀《輞川圖》而愈疾。而黄大癡、曹雲西、沈石田、文衡山輩，皆工畫而享大年，人謂是煙雲供養，則『特健藥』之名，不亦宜乎。」

按

此則出《香祖筆記》卷十二，邊氏有删節。

三五

余嘗與李立軒學禮臨水玩月，立軒出對云：「水底月爲天上月。」余對曰：「眼中人是面前人。」立軒云：「此成對也，公憶之乎？」然余實不知。蓋天然之句，不覺暗合耳。

三六

《六研齋》云：「王江，魏之考城人，常舉《周易》學究不遂，慨然有超世之志。醉則卧衢路，或值雪，邏者戲以雪埋之，其氣蒸然，雪盡消。或值其宴坐，從旁竊聽之，潺潺然如流水之聲，此《仙經》所謂飛精入腦，晝夜水聲潺湲不絶者，是爲金丹第一轉之驗也。」又云：「王重陽未化前十日，謂馬丹陽曰：『學道無他，在養氣而已。心液下降，腎氣上騰至於脾，元氣氤氲不散[一]，則丹聚矣；若肝與肺往來之路也，習静久當自知之。』」

校勘記

〔一〕氣：原本、清華本、《六研齋筆記·二筆》皆無，於意不通，此句原出《丹陽真人語録》，據此補。

按

此則出《六研齋筆記·二筆》卷四，邊氏有删節。

三七

戈芥舟濤乾隆丙子典試雲南，著《滇游草》一卷，其《入滇歌》云：「娥鄉坡㚌雙髻鬟，石虬尾掉江滄煙[一]。一聲長嘯萬山頂，此身真落天南端。玉虚九闕呼吸接，天風泠泠吹晝寒。回首下視雲漫漫，海色滅盡黔中山。鷹崖狼箐稍倔强，蟻蛭破碎中巑岏。青絲轡頭黄金纏[二]，玉踠不惜石子彈。遠山離立如静女，翠螺窕窈剛齊肩。北溟客到南溟天，六月正御扶摇旋。平生壯游差一快，浩歌抵當逍遥篇[三]。我聞四極八度九萬里，日月不到無窮邊。此於天地萬萬一，安得侈語周人寰。夏蟲春秋朝菌朔，委蜕欲往從群仙。浮邱拍手洪崖笑，揮斥六合驂龍鸞。不然弄筆老牖下，俛仰斗室何其寬。」阮亭《登高望山絶頂望峨嵋三江作歌》首段云：「四海復四海，九州還九州。河伯海若更相笑，蟪蛄何足知春秋。」中段云：「峰巒八面簇金碧，下瞰江海如浮漚。八十四盤在衣帶，氣凌五嶽驕公侯。」按，芥舟詩末一段，分明於阮亭此詩特爲下一轉語，較王詩所見更闊大，令人讀之有神游八極之想。至其結句，又進一解，可謂納須彌於芥子。余嘗以老於牖下爲恨，讀此可以釋然矣。二詩工力悉敵。

校勘記

〔一〕江滄：原本、清華本誤作「滄江」，《國朝畿輔詩傳》卷三十八作「江滄」，且注云：「江滄，坡名。」據此改。

〔二〕絲：清華本誤作「徐」。

〔三〕歌：原本、清華本皆誤作「然」，據《國朝畿輔詩傳》卷三十八改。

三八

莊周云，彼爲無畦町，我亦與之無畦町；彼爲無崖，我亦與之無崖。余謂無崖猶可，無畦町則不可。若無崖又無畦町，必須和光同塵，上之則爲莊老，下之則爲鄉原而已，烏乎可？

三九

余詠池魚云：「上下浮沉取次游，也無香餌也無鈎。勸君慎勿思香餌〔一〕，香餌由來鈎上頭。」此俗體也，然而深切著明矣。

校勘記

〔一〕「君」字後，原本衍一「君」字，據清華本、《隨園詩集》卷二十二刪。

四十

徐文長句云：「疲驢狹路愁官長，破帽殘衫拜孝陵。」此自非雅馴一派，然豈得以欠雅馴目之。

四一

録東坡尺牘數則：「僕行年五十，始知作活。大要是慳爾〔一〕，而文以美名，謂之儉素。然吾儕爲之，則不類俗人，真可謂淡而有味者。然自謂長策〔二〕，不敢獨用，故獻之左右。住京師尤宜用此策也〔三〕。」《與李公擇》。「驚聞愛女遽棄左右，痛割難堪，奈何！奈何〔四〕！情愛著人如黐膠油膩，急手解雪，尚爲沾染，若又反覆尋繹，便纏擾人矣〔五〕。區區，願公深照，一付維摩、莊周令處置爲佳也。」右《與蔡景繁》〔六〕。「歲云暮矣〔七〕，風雨淒然。紙窗竹屋，燈火青熒，時於此間，得少佳趣。無由持獻，獨享爲愧，想當一笑也。」《與毛維瞻》。「今日舟中無別事〔八〕，十指如懸槌。適有人致佳酒〔九〕，遂獨飲一杯，醺然徑醉。念賈處士貧甚，無以慰其意，乃爲作怪石古木一紙，每遇飢時，輒以開看〔十〕，還能飽人不〔十一〕？若吴興有好事者，能爲君月致米三石酒三斗終君之世者〔十二〕，便以贈之。不爾者〔十三〕，可令雙荷葉收掌，須添丁長，以付之也。」右《與賈耘老》。語雖戲，可見古人技藝自矜重如此。雙荷葉者，耘老侍婢也。「得罪以來，深自閉塞。扁舟草履，放蕩山水間〔十四〕，與漁樵雜處，往往爲醉人所推罵。輒自喜漸不爲人所識，平生親友無一字見及，有書與之亦不答〔十五〕，自幸庶幾免矣。足下又復創相推與，甚非所望。木有瘿，石有暈，犀有通，以取妍於人，皆物之病也。」《答李端叔》。「偶讀《戰國策》，見處士顔蠋之語『晚食以當肉』，欣然而笑。若蠋者，可謂巧於居貧者也。菜羹菽黍，差飢而食，其味與八珍等；而既飽之餘，芻豢滿前，惟恐其不持去也。美惡在我，何與於物。」《答畢仲舉》。「千乘姪屢言大舅全不作活計，多買書畫奇物，常典錢使，欲老弟苦勸公〔十六〕。卑意亦深以爲然。歸老之計，不可不及今辦治。退居之後，決不能食淡衣粗，杜門絶客，貧親知相干，決不能不應付，此數事豈可無備？不可但言我有好兒子，不消與營産業也。書畫奇物，老弟近年視之，不啻如糞土也。縱不以鄙言爲然，且看公亡甥面，少留意也。」《與蒲傳正》。按，傳正爲人最豪奢，每設客，命子婦數輩點酥，供之不給，故東坡規之如此。足見坡老絕近人情，然不許慳吝齷齪者藉口。余亦頗有書淫畫癖，故書此以自警。

校勘記

〔一〕是：原本、清華本無，據《蘇軾文集》卷五十一補。

〔二〕然：原本、清華本無，據《蘇軾文集》卷五十一補。

〔三〕往：原本、清華本誤作「往」，據《蘇軾文集》卷五十一改。

〔四〕奈何！奈何：原本、清華本誤作「奈奈何何」，據《蘇軾文集》卷五十五改。

〔五〕擾：《蘇軾文集》卷五十五作「繞」。

〔六〕繁：原本、清華本誤作「敏」，據《蘇軾文集》卷五十五改。

〔七〕歲云暮矣：《蘇軾文集》卷五十九作「歲行盡矣」。

〔八〕別：《蘇軾文集》卷五十七作「他」。

〔九〕佳：《蘇軾文集》卷五十七作「嘉」。

〔十〕以：《蘇軾文集》卷五十七作「一」。

〔十一〕不：《蘇軾文集》卷五十七作「否」。

〔十二〕斗：原本、清華本誤作「斛」，據《蘇軾文集》卷五十七改。

〔十三〕者：原本、清華本無，據《蘇軾文集》卷五十七補。

〔十四〕蕩：《蘇軾文集》卷四十九作「浪」。

〔十五〕書與之：原本、清華本無，據《蘇軾文集》卷四十九補。

〔十六〕公：原本、清華本無，據《蘇軾文集》卷六十補。

按

《與李公擇》、《與蔡景繁》、《答李端叔》、《答畢仲舉》諸篇，邊氏皆有删節。

四二

録黄山谷尺牘二則：「所諭家徒四壁〔一〕，應舉蹉跎，貧者士之常，富貴在天，安可以人力計較耶〔二〕！知寸心不與萬物俱盡，則在此不在彼矣。千萬開拓胸次，以天地爲量〔三〕，求舜禹比肩〔四〕，則衡門之下〔五〕，古人不遠。」《與元不伐》。張季鷹有云：「使我有千載名，不如當下一杯酒。」余嘗讀之而慨然曰：「嗚乎！何其言之迂也？余則直謂不如當前一椀飯耳！」今讀山谷此札，不覺瞿然自失，脊骨重新竪起也。方百川云：「快之，須臾而已，與草木同朽矣；忍之，須臾而已，與日月争光矣。」吁！可不勉旃？「青瑣祭文，語意甚工，但用字時有未安處。自作語甚難〔六〕，老杜作詩，退之作文，無一字無來處，蓋後人讀書少〔七〕，故謂韓、杜自作此語耳。古之能爲文章者，真能陶冶萬物，雖取古人陳言入於翰墨，如靈丹一粒，點鐵成金也。」右《與洪駒父》。

校勘記

〔一〕徒：《黄庭堅全集》作「才」。

〔二〕安可以人力計較：原本、清華本無「以」、「計」二字，據《黄庭堅全集》補。

〔三〕以天地爲量：原本、清華本無，據《黄庭堅全集》補。

〔四〕求舜禹比肩：原本、清華本無，據《黄庭堅全集》補。

〔五〕則：原本、清華本無，據《黄庭堅全集》補。

〔六〕甚：《黄庭堅全集》作「最」。

〔七〕蓋：原本、清華本無，據《黄庭堅全集》補。

按

此則所録尺牘，邊氏皆有删節。

四三

宋孫覿，字仲益，《與胡樞密札》云：「邵公玉一去不返，遂以喪歸，便有曲池既平之嘆也[一]。某嘗謂軒冕之樂，造物者視之不甚惜，每於一丘一壑之間，未嘗輒以與人。至公玉，然後益信此言爲不謬也[二]。」

校勘記

〔一〕也：原本、清華本無，據《内簡尺牘》卷一補。

〔二〕然後：原本、清華本無，據《内簡尺牘》卷一補。

四四

《堅瓠集》：「袁伯修云：『蘇子瞻前身是五祖戒，後身爲徑山杲。』董遐周云：『按子瞻辛巳歲殁延陵，而妙喜實以己巳生，豈先十餘年子瞻已托生他所耶？總是一個大蘇，沙門扯他作妙喜老人，道家又道渠是奎宿。』及閱《長公外紀》，云在宋爲蘇軾，逆數前十三世，在漢爲鄒陽。子瞻入壽星寺，語客曰：『某前生是此山僧，山下至懺堂有九十二級。』其薨也，吾郡莫君濛復有紫府押衙之夢。余戲爲語曰：『大蘇死去忙不徹，三教九流争扯拽。』縱好事者爲之，亦詞場好話柄也。」余按，總緣蘇子瞻爲人三教九流都扯得動，至昌黎便教他扯不動矣。乃禪和子有退之參大顛公案，小説家又載「逡巡酒」、「頃刻花」事，而舉「雪擁藍關」句以實之，是直緇黄之流横加污衊以快其私耳。

四五

「川摇秋練白，鴉點暮痕青。」「棗花已過蜂衙静，梅雨欲來蟻市忙。」此余偶得句也，録此俟足成之。

四六

「馬嘶荒草迷寒磧，鴉帶殘陽落斷橋。」此亡友豐潤谷揀廡句也。揀廡爲人，見余詩集。二句乃其族弟廷珍口述者，窺一斑可知全豹矣。

四七

偶於席間向李亦珊表叔述舊句云：「平生到手惟詩句，至死難盈是酒囊。」亦珊曰：「放翁句乎？」余曰：「拙句也。」因論蘇、陸之優劣，亦珊曰：「陸遜蘇處，只緣裏面欠一點子耳。」直是説得透徹，所謂内景不足也。亦珊擫笛度曲，妙絶無雙。書法由唐窺晋，睥睨一世。性豪爽而坦率，兼恢嘲善謔，故白叟黄童並爲傾倒。達夫之年，始學爲詩，雖遜其書法，而論詩每入神解。余有作輒視亦珊，一再閲便得其深處，或有所指摘，無不中臣要害者。

四八

王逸箴應僎婦李，余小姨也。性聰慧，粗知文字。逸箴每得句，輒吟詠不輟〔一〕，自贊曰：「殊勝於唐。」李笑曰：「然則君詩是蜜矣，怪底讀得口津津也。」真堪絶倒。

校勘記

〔一〕輟：原本、清華本誤作「轍」，據文意改。

四九

詩人體物之工，真有入非非想者，然其實只在眼前。如方干句云〔一〕：「鶴盤遠勢投孤嶼，蟬曳殘聲過别枝。」「盤」字固佳，「曳」字尤爲出神入化〔二〕，此真化工之筆也。宋張子野云：「欲圖江色不上筆，静覓鳥聲深在蘆。」而東野則云：「水竹色相洗〔三〕，碧花動軒盈〔四〕。」此乃居然上筆矣。宋僧某云〔五〕：「風蒲獵獵弄輕柔，上立蜻蜓不自由。」妙矣，然不如「蜻蜓立釣絲」五字之尤妙也。又劉夢得云：「階蟻相逢如偶語，園蜂速去恐違程。」林和靖云：「鶴閒臨水久，蜂懶得花疏。」二聯出句都妙絶。大要此等句都由目擊而存，非可懸想而得，須知天地間此種妙景正復不少，不遇明眼細心人便拈不出耳。他如韓、孟《城南詩》中，如「乾穟紛拄地，化蟲枯揖居玉切莖。言化蟲已枯，尚揖持於草木之莖也。」、「囚飛黏網動，盗啄接彈驚。」、「逗翳翅相築，逗，止也。翳，陰也。言鳥止於林陰，其翅相觸也。擺幽尾交搒。搒，擊也。言蛇虺擺於幽僻，其尾相擊也。」等句，並有雕刻萬物之能。又「紅皺棗也曬簷瓦〔六〕，黄團瓜也繫門衡〔七〕」，亦復點綴村景入畫，然與前所引句不一例。至敘美人之聲態，則曰：「嬌應如在寤，頹意若含酲〔八〕。」每讀輒爲心醉，知二老於此興復不淺也。

校勘記

〔一〕方干：原本、清華本無。據《全唐詩》卷六百五十方干《旅次洋州寓居郝氏林亭》詩補。

〔二〕爲：原本無，據清華本補。

〔三〕竹：原本誤作「色」，據清華本、《全唐詩》卷三百七十六《旅次洛城東水亭》詩改。

〔四〕花：原本、清華本誤作「色」，據《全唐詩》卷三百七十六《旅次洛城東水亭》詩改。

〔五〕僧某：清華本作「某僧」。

〔六〕棗也：清華本無。

〔七〕瓜也：清華本無。

〔八〕醒：原本誤作「醒」，據清華本、《全唐詩》卷七百九十一《城南聯句》詩改。

五十

或問東坡云〔一〕：「『一鳩鳴午寂』，内翰句乎？」東坡云：「某焉能辦此？此唐人句也。」須知非東坡不能如此虛谷善下，亦非東坡不能識此等妙句也，其對句云「雙燕話春愁」，也只出句佳。

校勘記

〔一〕門：原本誤作「門」，據清華本改。

五一

先從父健亭汝乾嘗誦句云：「交流争道水，低度壓城雲。」句法大好，蓋亦時賢所爲。健亭公《莫亭懷古》句云：「草荒高郭封侯壘，水浸長桑種藥田。」其全篇已軼失矣。

五二

《震澤紀聞》：邱仲深濬淹博群書，而好爲詭辨。其論宋朝人物，首推秦檜，云：「宋至是也，不得不與和。南宋再造，檜之力也。」論范文正則以爲生事，論岳武穆則以爲未必能恢復，其意見皆類此。後見《西園雜記》載瓊山《弔岳武穆樂府》云：「臣飛死，臣俊喜，臣浚無言世忠靡。臣檜夜報四太子，臣構稱臣自此始。」詞嚴義正，與前論大不相同，允稱史筆。見《堅瓠集》。余和《無雙譜樂府·三字獄》，詠岳武穆事云：「上皇天，下后土，臣心仍在黄龍府。五國城，三字獄，二聖從兹不可復。社稷已安君已定，公何爲者復二聖。二聖不歸我則悲，二聖即歸我奚歸？嗚乎！高宗之心明如畫，檜乎檜乎爾奚咎？」此事府獄高宗，人皆見及，得此鐵筆，遂成鐵案矣。妙在「二聖不歸我則悲」句，在文章是宕筆，在道理是初念，所謂天理常存，人心不死者是也。下句却是轉念，宋高宗、明景帝總不出此二句。

按

此則所引《堅瓠集》内容，出壬集卷一「邱瓊山」條，邊氏有删節。

五三

今婦女裙帶忽解，俗謂之「腰歡喜」，與燈花鵲噪、蜘蛛垂絲墜入衣巾，俱有喜事。唐權德輿詩云：「昨夜裙帶解，今朝蟢子飛。鉛華不可棄，莫是藁砧歸。」則知相傳已久。同前。

按

此則出《堅瓠集·壬集》卷一「喜事」條，邊氏有删節。

五四

《香祖筆記》云：「太倉崔華，字不雕，予門人。常有句云：『丹楓江冷人初去，黄葉聲多酒不辭。』予極愛之，呼爲崔黄葉[一]。歷城族子苹，字秋史，句云：『亂泉聲裏才通屐，黄葉林中自著書[二]。』余亦呼爲王黄葉。予少年，和李清照《漱玉詞》云：『郎似桐花，妾似桐花鳳。』劉公㦷體仁戲呼王桐花，鄒程村祗謨云：『崔黄葉自合作王桐花門生耳。』」按，王秋史又有句云：「黄葉下時驢背晚，青山缺處酒人行」，似勝前聯。附録阮亭《蝶戀花》全詞[三]，云：「涼夜沉沉花漏凍，欹枕無眠，漸聽荒雞動。此際閒愁郎不共，月移窗罅春雲重。　憶共衾裯無半縫，郎似桐花，妾似桐花鳳。往事迢迢徒入夢，銀箏斷絶連珠弄。」又云：「同年祁工部珊洲文友官廬江令，有絶句云：『昨夜東風吹雨過，滿江春水長魚蝦。』予戲之曰：『古人警句，例標美名，欲呼兄作祁魚蝦，必不樂受，奈何？因憶宋人有呼梅聖俞爲梅河豚者，敢援此例。』一座皆笑。」趙倚樓、鄭鷓鴣、崔鴛鴦、袁白燕，古人多以詩句得名。余嘗作《四蟲詩》，邑侯錢容齋孫振先生賞之曰：「是當名『邊四蟲』也。」余辭而不居，與梅聖俞、祁珊洲之事正相類。然余亦有《河豚》詩，似不在梅聖俞之下，兹與梅詩並録於左，待後人以定甲乙，然非與聖俞争河豚之名也。呵呵。

《范饒州座中客語食河豚魚》梅堯臣：「春洲生荻芽，春岸飛楊花。河豚當是時，貴不數魚蝦。其狀已可怪〔四〕，其毒亦莫加。忿腹若封豕，怒目猶吴蛙。庖煎苟失所，入喉爲鏌鋣。若此喪軀體，何須資齒牙。持問南方人，黨護復矜誇〔五〕。皆言美無度，誰謂死如麻。吾語不能屈，自思空咄嗟。退之來潮陽，始憚餐籠蛇〔六〕。子厚居柳州，而甘食蝦蟆。二物雖可憎，性命無舛差。斯味曾不比，中藏禍無涯。甚美惡亦稱，此言誠可嘉。」《河魨歌戲呈元敷五》邊連寶：「東坡哆口誇河魨，謂其一死亦頗直。惟有江瑶與荔枝，神味差可與匹敵。其餘珍錯空紛綸，不數駝峰與熊白。元子爲我特烹鮮，我持匕箸不敢食。恐以口腹微小故，誤中禍機不可測。飯罷逍遥捫腹歸，夜夢藏神來我責。自託君身爲藏府〔七〕，薤菘藜莧日充積。胡兹美味不我嘗，但貯酸虀甕三百。我謂神乃太貪饞，以命餌味了不惜。甘脆肥醲能腐渠，況兹臘毒難抉剔。滋味之中鮮大年，淡成甘壞孰失得。藏神笑我太區區〔八〕，我請爲君細覼析。妹妲褒驪施燕楊〔九〕，不獨傾城兼傾國。傾國傾城豈不知，只爲佳人難再得。兹殊與爾不相關，請從日用稍摭拾。魚有刺兮肉有骨，兩頭纖纖棗有核。倒側鉤爬梗塞間，性命存亡在一息。水可載舟亦覆舟，用火自焚由不戢。錢傍雙戈利有刀，六書要義君應識。人生日日食河魨，奈何受萬而辭一。細思神語非滑稽，中心惕惕不自克。明朝一笑語敷兄，君若再烹我當喫。」

校勘記

〔一〕黄：原本無，據清華本、《香祖筆記》卷十補。

〔二〕中：《香祖筆記》卷十作「間」。

〔三〕全：原本無，據清華本補。

〔四〕狀：清華本誤作「壯」。

〔五〕矜：原本無，據清華本、《梅堯臣集編年校注》卷八補。

〔六〕憚：原本、清華本誤作「憚」，下注「字疑誤」，據《梅堯臣集編年校注》卷八改。

〔七〕藏府：清華本作「府藏」。

〔八〕笑：清華本作「謂」。

〔九〕楊：清華本作「環」。

按

此則所引《香祖筆記》内容，邊氏有删節。

五五

《原化記》云：建中末，書生何諷買得黄紙古書一卷，讀之卷中，得髮捲規，四寸，如環無端。諷因絶之，斷處兩頭滴水升餘，燒之作髮氣。諷言於道者，道者嘆曰：「君固俗骨，遇此不能羽化，命也。《仙經》云：蠹魚三食『神仙』字，則化爲規，名曰脈望。夜以規望當中天，星使立降，可求還丹，取此水和而服之，即時换骨上昇。」因取古書閲之，蠹漏數處[一]，尋義讀之，皆「神仙」字，諷乃嘆服。邑人張述渠，字方予，保德牧仲起重振之子，余猶子婿也。不好帖括業，頗讀綫裝書。辛巳應童子試，詩題《賦得雨過琴書潤》，述渠有句云：「絃裏麴通琴中蟲名古，行間脈望香。」學使者訝其淹博，疑非童軍所辦，屢試以詩，並佳，遂拔入郡學。

校勘記

〔一〕蠹：原本無，據清華本、《堅瓠集·壬集》卷二「脈望」條補。

按

自「原化記」至「諷乃嘆服」句，出《堅瓠集·壬集》卷二「脈望」條。

五六

東坡連守潁、杭二州，皆有西湖。其初得潁也，有潁人在坐，云：「内翰只消游湖中，便可了郡事。」及守杭，秦觀有詩云：「十里薰風菡萏初，我公所至有西湖。却將公事湖中了，見説官閒事也無。」後謫惠州，亦有西湖。《堅瓠集》。

按

此則出《堅瓠集·壬集》卷二「三西湖」條。

五七

宗忠簡澤留守汴京，一日，於艮嶽遺址得定武《褉帖》石刻〔一〕，遣人輦送行在，中途爲斡離不邀截以去〔二〕，後金昌宗以爲寶玩。

校勘記

〔一〕址：原本、清華本誤作「趾」，據《紫桃軒雜綴》卷四改。

〔二〕斡：原本、清華本誤作「幹」，據《金史》卷七十四《完顏宗望傳》改。完顏宗望本名斡魯補，又作斡離不。

按

此則出《紫桃軒雜綴》卷四，邊氏有删節。

五八

昔人詩云：「月明如雪金階上，迸斷玻璃義甲聲。」義甲，護指物也，或以銀爲之。李義山詩云：「十二學彈箏〔二〕，銀甲未曾卸。」甲外有甲曰義，樂部有義嘴笛，婦人有義髻，衣有義領、義袖，凡物之假設者皆曰義，人名假子曰義男、義女是也。項羽之尊義帝，亦即此意。《堅瓠集》。余有《戲贈歌童》句云：「也學女郎裝義袖，好從歌扇送仁風。」

校勘記

〔一〕二：原本誤作「三」，據《堅瓠秘集》卷三「義甲」條改。

按

此則所引《堅瓠集》內容，邊氏有刪改。

五九

古語云：「借書一瓻，還書一瓻。」瓻〔一〕，酒器也，謂借書還書者，皆佐以酒一瓻也。黄山谷《與胡朝請》詩云〔二〕：「願公借我藏書目，時送一瓻開鎖魚。」東坡《和陶詩》云〔三〕：「不持兩瓻酒，肯借一車書。」又按，鴟夷者，盛酒革囊，蓋「鴟」、「瓻」通耳，作「癡」者訛。酒器又有名「經」者，小瓶細頸環口修腹，以酒貽人，則曰酒一經、酒二經。有人餉人酒，柬曰「五經在門」，主人誤爲，束帶出肅之，則酒五瓶耳〔四〕。李君實詩云：「登樓客在傳三雅，問字人來揖五經。」《堅瓠集》。按，後人訛爲「借書一癡，還書一癡」，言借書還書皆迂腐事也，所謂誤字斷句皆可悟禪者，然不免郢書之誚矣！

雅，亦酒器名。

校勘記

〔一〕「甁」字前，原本衍「一甁」二字，據清華本、《堅瓠集》卷三「甁經」條删。

〔二〕請：原本、清華本、《堅瓠集》皆誤作「清」，據《黄庭堅全集》改。

〔三〕云：原本無，據清華本、《堅瓠集》卷三「甁經」條補。

〔四〕耳：清華本作「也」。

按

此則所引《堅瓠集》内容，出《堅瓠秘集》卷三「甁經」條，邊氏有删改。

六十

唐人崇事法書，其治書有四種：曰臨、曰摹、曰硬黄、曰響拓。置紙法書之傍，觀其大小濃淡，形勢而仿爲之，曰臨。籠紙法書之上，隨其曲折婉轉用筆，曰摹。嫌紙性暗澁，置之熱熨斗上，以黄蠟塗勻，則瑩徹透明，儼如魚枕明角，纖毫畢見，曰硬黄。

坐暗室中，穴牖如盎大，以紙覆帖上，映而取之，欲其透射畢見，曰嚮拓；以法書年久，縑色沉暗，非此不澈也[一]。

校勘記

〔一〕澈：原本、清華本誤作「徹」，據《堅瓠秘集》卷三「臨摹硬黄嚮拓」條改。

病餘長語卷四

任邱邊連寶肇畛

一

詩有不必用注脚者，如老杜「驟雨落河魚」之句，却以無注脚爲妙。乃顧修遠摭漢唐及明萬曆間事以實之，殊覺贅疣，恐不善會者以爲老杜引用故實，則此句反不見其奇警矣，須知老杜胸中原不必有此故實也。然亦有必須用注脚者，如余《無雙譜》中詠項羽云：「以大王之英雄而不能得天下，叶下五。以臣之文章而屢躓於有司之舉。吁嗟乎悲哉！是則可哀。」下第後哭項羽廟，此宋人杜默事，余詩正用此，若無此事爲注脚，則余詩又不免傖父氣矣，不可一例論也。凡詠史及題畫詩，插入自己伴説最好，所謂「題外景」也。余每用此法，《項羽》之外，又有詠班定遠云：「虎頭燕頷兮飛而食肉，余獨何爲兮食菜而伏。入虎穴，探虎子，老邊生，烏辦此。此筆欲投不敢投，但能學作書傭耳。」是亦用此法也。解此則局勢寬展，而筆下亦復活脱。杜默哭項羽廟事，尤展成《鈞天樂傳奇》中亦借用之。《鈞天樂》樂府，直是惡甚，前半部乃悍婦罵街，後半部一發拉雜可笑，而曲文亦復不佳。展成今樂府自《黑白衛》四折外，皆不足觀。《鈞天樂》之作，所以洩其不第之恨耳。然以展成之制藝，雖不第不足以蔽其辜，乃敢大爲不平之鳴耶！往與劉嘯谷同閱正定試卷，見有隆平諸生作《五者天下之達道》題，中用「樵夫」、「漁父」、「黃鳥」、「白魚」等語襯貼「達道」，然其語句頗駢麗可誦，正是展成一派。學使者吳眉菴先生大批其尾云：「《西廂記》、《牡丹亭》，高唱亂談，一齊上場，百醜畢集，此文之賊而兼妖者也！」展成之流毒如此，不第烏足以盡其罪哉！曾於正定試卷中見「老爺」二字，蓋校人所以稱子產者，此亦自有制藝以來不經見之怪事也。《明史》梃擊案中有「打死小爺」字，自是史法，不在此例。又見《始舍之圉圉焉三句》文，其自「洋洋」過「攸然」句云：「此時魚蓋樂甚，即小人亦復樂甚。方欲報大夫邀往並觀，孰意大夫念魚，魚不念大夫也，則已攸然而逝矣。」此雖可笑，却似能文者游戲之筆。因憶金聖歎「以杖叩其脛」「闕黨童子將命」中間過遞云：「一杖原壤痛，再杖而原壤死，一陣清風化爲童子。孔子曰：『此故人也。』遂使之將命云。」此等文字最燥脾。

尤展成不但時文惡，即詩古文亦不佳，蓋雖極其藻麗，不足以掩其滑淺也。本朝如尤展成、金聖歎、黃九煙等，總是傍門小道，再降一等則爲李漁《一家言》矣。李漁乃文字中之奴隸，其《十種曲》乃膾炙人口者，亦卑鄙不堪，蓋其處心積慮不過欲搏王公大人之一笑耳。此真文字苦海也！金聖歎乃天生批小説、戲文手，教他批正經文字，便尖頭鋭腦，鼠頭蛇眼，醜態百出，不成模樣。黄九煙乃學金聖歎者，而其才不迨遠甚，所撰《唐詩快》，分「驚天」、「泣鬼」、「移人」三集，不通可笑，評語皆庸劣不中窾竅。九煙，初名周星，後更名人，字略似，尤怪誕，後投水而死。

二

俗謂詩人慣打誑語，信然，且自《三百篇》而已然。如《卷耳》之詩，只「嗟我懷人」四字是實話，其餘如「采卷耳」、「陟崔嵬」、「酌金罍」等，都是誑語。蓋誑語正所以烘托實話，非詩人真打誑語也。只此已增後人多少神智，開後人無數法門。然亦有以專説實話入妙者，又有眼前極瑣屑實事，他人以爲不足寫不屑寫而寫來尤妙者。如老杜《羌村》詩云：「鄰人滿墻頭，感嘆亦欷歔。」又云：「群雞正亂叫，客至雞鬥争。驅雞上樹木，始聞叩柴荆。」《北征》詩云：「學母無不爲，曉粧隨手抹。」「問事競挽鬚，誰能即嗔喝。」《遭田父泥飲》云：「回頭指大男，渠是弓弩手」等。皆眼前之實景實事，他人以爲不足寫不屑寫而寫來入妙者也。李亦珊先生歸自丹徒，攜書畫甚夥，俾余縱觀，最後出一軸，乃其自作，甚佳。余欲有之，亦珊不可，余揖之將許矣，而阿郎十四又固靳之，余終乘間攫之以去。題詩其上，中段云：「我時一展觀，瞪目驚欲死。拍案大叫曰，技乃至於此。欲從公丐得，輒爲頭俛地。公首不爲頷，兩手掖之起。肆我談辨舌，稍稍有意思。躊躕可否間，阿郎又諫止。我乃奮然怒，衝冠髮上指。拔壁所懸劍，撫鐔頻自擬。敢於五步内，血濺大王矣。亦珊懼禍及，棄之如敝屣。攜得問道歸，軒渠大歡喜」云云，乃當下實事也。但所謂「拔劍自擬」者則屬誑語，蓋用加一倍法也。即「頭俛地」亦屬半誑，蓋如米顛之於石丈曰：「吾特揖之耳。」又孟友七嫂李太宜人來自京師繼祖署中，時繼祖官中允。余往謁，見中堂懸一軸，乃宜人蘭陔小照，上有諸皇子題詠。時繼祖供奉上書房。嫂曰：「繼祖欲煩阿叔題一詩。」余遜謝曰：「上有龍章鳳彩，乃敢爲狗尾之續耶！」正談間，念祖之子學海恰自外持京報入，蓋繼祖陞授侍讀矣。余《題照詩》中段敘其事云：「談笑未云已，好事恰輳輻。學海自外來，歡喜浮眉綠。跪向大母前，手捧新除目。叔父又遷官，講讀侍帷幄。阿母飭大兒，開櫝取冠服。斂衽向北闕，九叩儼且肅。老我甘棲遁，廿載空榮辱。世間華膴事，已不縈心曲。盛事今目擊，名心難帖伏」云云。此詩全篇皆古樸可喜，蓋亦得之目覩者。又嘗題《劉嘯谷讀道書小照》云：「憶昔廿年前，購得一册子。凂君寫道德〔一〕，未盡限於紙。謂當續成之，遂攜入京邸〔二〕。寄聲屢索逋，云被人竊取。信公不我給，安之無異議。今觀此畫圖，所持無乃是。流盼矚孤松，松濤寂不起。側耳聆雒誦，耳根浄如洗。大道本希夷，未可形聲擬。不覺恍然曰，此乃真是矣。君其還我來，君曰已舉似。」此詩前面所敘都是實事，後面却將實事點化成幻境，竊恐嚴滄浪之講「透悟」，王貽上之講「神韻」，都未夢見在也。

校勘記

〔一〕浼君寫道德：《隨園詩集》卷二十二作「丐君書道德」。

〔二〕遂攜入京邸：《隨園詩集》卷二十二作「攜歸入京邸」。

三

嚴海珊遂成《梅花詩》，前後十二首，其中可摘之句頗多。如云：「老氣直教無我敵，清風似亦畏人知〔二〕。」「淡碧溪山僧入夢，昏黄煙月鶴知音。」「幾多味在有誰會，忽地香來無處尋。」「古寺春寒雲凍影，空山曉暖月蒸香。」「不應有恨偏疑我，便是無言亦可人。」「自入山來皆雪意，最無人處有煙痕。」「即空是色休疑月，在遠能香不畏風。」「忽飛雙鳥對相語，微礙一雲疑欲無。」「殘笛一聲涼在水，遠峰數點碧於煙。」皆佳句也。余亦有句云：「雲凍空山鶴夢冷，煙凝一水月痕斜。」「偶憑石榻一聲笛，不斷生香四面風。」「應識寒能堅骨節，誰憐老復擅風光。」友人檀維藩亦有句云：「微籠淡月看疑夢，薄羃輕煙望似迷。」「靜移永夜惟孤月，閒倚石床有素琴。」「一簾風雪詩濤壯，半榻茶煙清興孤。」要皆與嚴句相埒，然究不如林君復之「疏影横斜水清淺，暗香浮動月黄昏」也，亦並不如其「雪後園林纔半樹，水邊籬落忽横枝。」「湖水倒窺疏影動，屋簷斜入一枝低」也。若更溯而上之唐人絶句，云：「數萼初含雪，孤標畫本難。香中别有韻，清極不知寒。」以視君復，又爲太羹玄酒矣。總之，詠梅詠菊詩都以本色自然爲佳，愈雕刻而愈失其真耳。余生平菊詩最多，惟兩聯最佳：「寒侵偏弄色，幽極自生香。」「瘦餘偏耐冷，淡極故饒姿。」亦爲不失其本色，故佳耳。戈芥舟云：「淵明『秋菊有佳色』五字，已盡其妙。」

校勘記

〔一〕清風似亦畏人知：《海珊詩鈔》卷一作「清名頗亦畏人知」。

四

鄭研農宣曰：「詩自《三百》以及漢魏，鮮有刻畫山水之作，即間有之，亦不過如『漢之廣矣』、『終南何有』之類。自元嘉間謝康樂出，始創爲刻畫山水之詞，務窮幽極渺，抉山谷水泉之情狀，昔人所云『莊老告退，而山水方滋』者也。宋齊以下，率以康樂爲宗，至唐人王摩詰、孟浩然、杜子美、韓退之、皮日休、陸龜蒙諸公，正變互出，而山水之奇怪靈秘，刻露殆盡。降而宋元，是猶航海者，洪波浩渺而不知所歸矣。」研農，錢塘人。余同年友河間李芳園永書屢宰江左大邑，研農皆在幕中，芳園以上賓禮之，與吾邑李亦珊先生亦相友善。書法種種入妙，可與亦珊分據大江南北，其一種頹放自得之趣，則亦珊所不逮也。論詩宗旨，大要祖述新城，而此段所見甚高，在新城之上，故録之。

研農又云：「東坡謂柳柳州詩在陶彭澤下，韋蘇州上。余竊以爲不然，韋詩當在柳州之上。新城王尚書《論詩絶句》云：『風懷澄澹推韋柳，佳句多從五字求〔一〕。解釋無聲絃指妙〔二〕，柳州那得並蘇州。』可謂篤論。余按，柳州淡而峭，蘇州淡而玄；峭則有墻壁，玄則無聲臭，故柳州不得並蘇州也。然此應非坡公定論，他日之論蘇州也曰：

『寫穠纖於簡古，寓至味於淡泊。』可謂知言矣！柳州應不辦此也。四家之中，余以韋爲最，孟次之，柳又次之，王則殿後，不知識者以爲如何。」

校勘記

〔一〕句：《漁洋山人精華録》卷五《戲仿元遺山論詩絶句》作「處」。

〔二〕釋：《漁洋山人精華録》卷五《戲仿元遺山論詩絶句》作「識」。

五

米元章《西園雅集圖記》：「李伯時效唐小李將軍爲著色泉石〔一〕，雲物草木花竹皆絶妙動人。而人物秀發，各肖其形，自有林下風味，無一點塵埃氣，不爲凡筆也。其烏帽黄道服捉筆而書者〔二〕，爲東坡先生。仙桃巾紫裘而坐觀者〔三〕，爲王晉卿。幅巾青衣據方几而凝竚者，爲丹陽蔡天啓。捉椅而視者，爲李端叔；後有女奴，雲鬟翠飾侍立，自然富貴風味〔四〕，乃晉卿之家姬也。孤松盤鬱，上有淩霄纏絡，紅緑相間；下有大石案，陳設古器瑶琴，芭蕉圍繞。坐於石盤傍，道帽紫衣右手倚石左手執卷而觀書者，爲蘇子由。團巾繭衣手秉蕉箑而熟視者，爲黄魯直。幅巾野褐據横幅畫淵明《歸去來》者〔五〕，爲李伯時。披巾青服撫肩而立者，爲晁無咎。跪而捉石觀畫者，爲張文潛。道巾素服按膝而俯視者〔六〕，爲鄭靖老；後有童子執靈壽杖而立，二人坐於盤根古檜下。幅巾青衣袖手側聽者，爲秦少游。琴尾冠紫道服摘阮者，爲陳碧虚。唐巾深衣昂首而題石者，爲米元章。幅巾袖衣而仰觀者，爲王仲至〔七〕。前有髯頭頑童捧古硯而立，後有錦石橋，竹徑繚繞於清溪深處。翠陰茂密中〔八〕，有袈裟坐蒲團而説《無生論》者，爲圓通大師；傍有幅巾褐衣而諦聽者，爲劉巨濟。二人並坐於怪石之上，下激湍環於大溪之中〔九〕。水石潺湲，風竹相吞，爐煙方裊，草木自馨。人間清曠之樂，不過於此。嗟乎！洶湧於名利之域而不知退者，豈易得此耶！自東坡而下，凡十有六人，以文章議論，博學辨識，英辭妙墨，好古多聞，雄豪絶俗之姿，高僧羽流之傑，卓然高致，名動四夷。後之覽者，不獨圖畫之可觀，亦足彷彿其人耳。」

校勘記

〔一〕小李將軍：原本誤作「李小將軍」，據《文章辨體匯選》卷五百八十四《西園雅集圖記》改。

〔二〕道：原本無，據《文章辨體匯選》卷五百八十四《西園雅集圖記》補。

〔三〕觀：原本無，據《文章辨體匯選》卷五百八十四《西園雅集圖記》補。

〔四〕味：《文章辨體匯選》卷五百八十四《西園雅集圖記》作「韻」。

〔五〕幅：《文章辨體匯選》卷五百八十四《西園雅集圖記》作「卷」。

〔六〕俯：《文章辨體匯選》卷五百八十四《西園雅集圖記》作「撫」。

〔七〕至：原本誤作「玉」，據《文章辨體匯選》卷五百八十四《西園雅集圖記》改。

〔八〕陰：原本誤作「雲」，據《文章辨體匯選》卷五百八十四《西園雅集圖記》改。

〔九〕下激湍環於大溪之中：《文章辨體匯選》卷五百八十四《西園雅集圖記》作「下有激湍潨流於大溪之中」。

六

《春風堂隨筆》云：「宋處州章氏兄弟，長曰生一，次曰生二，主龍泉之琉田窑。生一所陶青器，純粹如美玉，爲世所貴，即官窑之類。生二所陶者淺白斷紋，號百圾碎，名哥窑。」

七

《紫桃軒雜綴》云〔一〕：「趙高擅秦權，設蒲名脯，指鹿爲馬，而陰除言鹿與蒲者。

人但知指鹿事，而不知蒲脯。見潘安仁《西征賦注》。」

校勘記

〔一〕綴：原本誤作「志」，今徑改。

八

《堅瓠集》云：「古人所用，團扇、羽扇。王珉贈嫂婢及王右軍爲蕺山老姥書扇，蘇東坡爲春夢婆書扇，皆團扇也。方𦫼，形如餅而四稜，以木爲之，亦團扇類。《北史》魯漫漢遇楊愔，騎驢不下，以方𦫼障面而過是也。摺疊扇，古名聚頭扇，僕隸所執，取其便於袖藏，以避尊貴者耳。元時東夷以入貢，明永樂間稍效爲之，後則流行浸廣，而團扇幾廢矣。至於名人揮灑翰墨〔一〕，則始於成化間，作僞之徒乃取宋、元、明初名公手跡入扇〔二〕，良可哂也。」

校勘記

〔一〕名人揮灑翰墨：《堅瓠秘集》卷四「扇」條作「揮灑名人翰墨」。

〔二〕名公：原本無，據《堅瓠秘集》卷四「扇」條補。

九

婦人纏足，世謂始於潘妃者，非也。《南史》但云東昏以金爲蓮花貼地，令潘妃行其上耳，未嘗言妃始纏足也。蓋自漢已有之。《漢雜事秘辛》載，梁冀女弟足長八寸，迫縑束襪，略如宮中。按，古尺八寸，只當今尺五寸弱耳，此必已纏者。「迫」、「束」皆纏也，「縑」、「襪」則所以纏者也。曰「略如宮中」者，想爾時惟宮中與巨室則然耳。又，《趙飛燕外傳》云帝病陰緩，每持昭儀足則暴發。此亦必纖小足把玩者，不然何以持之即暴發耶？此又在西漢矣。又按，《周禮》「屨人掌王及后之服屨」，以后之屨而掌於官，若如今之如弓如月者。嗚呼！可知此事不昉於三代也。

十

蠶神號馬頭娘，原於《太古蠶馬記》，蓋魏晉間小說也。其說曰：上古有父在外而女獨居者，家蓄一馬，女戲祝馬曰：「能迎父歸，吾當妻汝。」馬果奔父所，父乘以歸。女每至馬所，馬輒鳴躍，父怪之，女以實告。父殺馬，曝其皮於庭，女過之，皮躍起捲女去，棲桑樹上，遂化爲蠶。其説極可笑，蓋竊《周禮》「禁原蠶」之説而爲之者也。《周禮》注云：「原蠶，再蠶也。蠶與馬同秉精於房星，蠶太盛則馬耗，故禁再蠶也。」按，《本草》：晚蠶，蛾；晚蠶即原蠶也。又按，蠶昂其首，則有馬形，蠶馬同氣，理或然也。

十一

元微之以服秋石死，韓退之以服硫黄死，並見樂天詩。樂天斷不誣微之，豈即誣退之耶？抑好事爲之竄入樂天集耶？存而不論可也。乃人多借爲口實曰：「退之且然，何況我輩。」余戲謂曰〔一〕：「君且上一道《佛骨表》，向八千里外趕走了鱷魚，招安了王廷湊，辦此數事後，再來服硫黄，未爲晚也。」

校勘記

〔一〕「曰」字下，原本衍一「曰」字，今徑刪。

十二

古今書籍汗牛充棟，必欲擇其幽僻者作難，雖博物如張華，可不數問而結其舌也。乃俗人動以此定學問之優劣，真屬可笑。雄縣馬旻徠先生之驌，館於京師某氏家，主人問曰：「禽鳥相交，有以雌乘雄者，何鳥也？」馬曰：「鴿也。」主人大贊曰：「好先生！好學問！」余客河間時，有素不謀面之某，貿然來謁，寒温數語外輒曰：「有一字請教，未審何音，且出何書？」余問何字，曰「陜」字。余曰：「此出《穆天子傳》，西王母歌曰：『白雲在天，山陜自出。』蓋古『陵』字也。」其人嘆服而去。設再更端，未必不結舌，然竟不敢更端矣，可幸亦可笑。《漁洋詩話》：「近日下僚中，往往多文士。江都主簿馬之驦，雄縣人，撰《詩防》。後補壽張簿，又撰《張秋志》。」《居易録》：「雄縣馬之驦，主江都簿，能詩，予禮之。每詫人曰：『吾以屈、宋作衙官矣！』抱關擊柝中莫謂無人，人自不知耳。」按，公爲先君之外叔祖，曾爲先君敘《桂巖草堂詩集》，採入《詩防》，惜其書不傳。凡其遺稿，其曾孫婦緘守之，不輕借人，殊可嘉也。

按 此則所引《漁洋詩話》、《居易録》内容，邊氏有删改。分見《漁洋詩話》卷中及《居易録》卷一。

十三

程先貞字正夫，德州人，工部郎中，有《海右陳人集》。自作一棺，題曰「休息菴」，自作銘刻其上，酒酣便自偃卧。有詩云：「版屋蕭然密四周，愚人息矣聖人休。百年恍惚真疑夢，萬事紛紜已到頭。廣柳何時催去駕，猗蘭此夕詠閒愁。相煩雅客來欣賞，莫待遥憐土一丘。」雄縣梅君汝龍爲余作茗禪小照，裝潢訖，余懸之草堂，令妻孥展拜，妻孥以嫌故不肯。余戲題示之云：「鏡花水月總難分，栩蝶蘧周那認真。禮像嫌同霜露思，稱觴也是影泡身〔一〕。壁懸假面原非我，戲作逢場自可人。渠輩若能達一間，瓣香清茗及兹晨〔二〕。」與程事正相敷，其結句用意亦同。梅汝龍字起雲，一字蟄菴，工畫，無所師授而能傳真，余門人也，己卯舉人。《酬梅起雲爲作茗禪圖即題圖上》〔三〕：「何不寫良相，頭上進賢冠。何不寫猛將，腰間大羽箭〔四〕。袖插一雙曹霸手，但爲窮老開生面。爲憶當年意氣豪，太阿出匣天爲高。翰墨馳聲飛霹靂，蓬萊作賦摩雲霄。爾時面帶桃花色，鬢髮曾無半莖白。安仁金彈果盈箱，叔寶羊車人號璧。六代丰標八尺身〔五〕，北溟鱗鬣南溟翮。不謂生平竟陸沉，蹉跎坎壈日侵尋。榮啓腰中惟有索，蘇秦橐内已無金。老屋荒江殊寂寞，蒼顔華髮尤蕭索。鋒棱瘦骨攢枯竈，艦𧉈長身卓病鶴。金華殿裏已無緣，瞿曇門下應着脚。蒲團趺坐松煙起，棲神只在瓶笙裏。茗中玄味妙尋禪〔六〕，定後神光化作水。維摩詰寫維摩真，骨格神情下筆親。縱隱幾時難喪我，不開奩處亦逢君。多慚不厭窮且醜，鵝溪三尺期傳久。添毫妙技抱膝吟，管取他年並不朽。」此詩前四句冒起「窮老」二字爲通篇綫索，「爲憶當年」四句翻「窮」字，「爾時面帶」四句翻「老」字，「六代」句足上翻「老」字四句，「北溟」句足上翻「窮」字四句，恰轉下「不謂」，此處頗見手法。「不謂生平」四句正寫「窮」字，「老屋荒江」六句正寫「老」字；後二句已過到「茗禪」，「蒲團」四句正寫茗禪，「維摩」四句正寫《茗禪圖》，末四句總收。是題中，「醂」字與起四句相應，仍以「窮老」作結，「醜」字所以代「老」字也。所謂「晚節漸於詩律細」者如此，讀者毋貪看鴛鴦，忘却金鍼也。

校勘記

〔一〕觴：《隨園詩集》卷二十三作「觥」。
〔二〕晨：《隨園詩集》卷二十三作「辰」。
〔三〕酬梅起雲爲作：《隨園詩集》卷二十二作「酬梅蟄菴爲余作」。
〔四〕箭：原本誤作「蒴」，據《隨園詩集》卷二十二改。
〔五〕丰：《隨園詩集》卷二十二作「風」。
〔六〕妙：《隨園詩集》卷二十二作「好」。

十四

劉逢源字津逮，曲周人。《漁洋詩話》：「申鳧盟稱詩廣平，其友劉逢源、殷岳、張蓋、趙湛皆逸民也。」按，津逮詩明白伉爽，故是鳧盟一派。其《詠補鍋匠》云：「高隱昔傳磨鏡客，奇蹤今見補鍋人。若將姓字留天地，雖作巢由亦外臣。」可謂警絕。補鍋匠者，明遜國時亡臣也，往來夔、慶間，以補鍋爲業，人呼爲「老補鍋」。忽於夔州市逢馬公，相顧愕然，已而相持哭。哭已，相率入巖中，坐語竟日，又相持哭别，不知所終。尤西堂《明史樂府》云：「補鍋補鍋，鍋破奈何？鍋破猶可，國破殺我。市上相逢，誰與馬公？相持相泣，月落山空。」此詩名《行邂歌》，凡四解，一解詠一人，此其第二解也。

按

此則所引《漁洋詩話》内容，邊氏有删改。見《漁洋詩話》卷下。

十五

樂天謁鵲巢和尚，和尚云：「何不帶你家小蠻來，舞一回《霓裳羽衣》與老僧看？」樂天即以兩手比作桶勢，復以一拳杵之，作桶脱底勢。和尚大笑曰：「着！着！煩你説與元微之，並帶領雙文來，各喫老僧一棒。」

昌黎在潮州時，一日謁大顛和尚，和尚云：「聞你驅了鱷魚，此時回想《上佛骨表》，也有此悔恨否？」昌黎便叩頭泣下，合掌誦杜句云：「妻孥怪我在，驚定還拭淚。」和尚以禪杖擊昌黎頭，作偈曰：「一棒便死，咄咄怪事。見怪不怪，西來大意。」

東坡參佛印，印正啜茗，坡曰：「請問佛在那裏？」印以指扣茗椀云：「在這裏。」坡曰：「如何便在那裏？」印云：「月點波心一顆珠。」坡默然良久。印曰：「請内翰下一轉語。」坡曰：「殺了人便抵命，還轉甚麽。」印大笑。請問禪和子，此三公案出何經典？必欲參之，也有些道理，可知機鋒家大半信口胡謅耳。

十六

邵子謂程子曰：「子知雷起處乎？」程曰：「某知之，堯夫不知也。」邵愕然曰：「何謂也？」程曰：「既知之，安用數推之？」以其不知，故待推而後知。邵曰：「子以爲起於何處？」程曰：「起於起處。」邵矍然稱善。按，「起於起處〔一〕」，隱而不發，最妙。可知此等事無妨於日用，而不知讖緯術數之家直是無益費精神也。邵子矍然稱善，則技也而進於道矣。乃尤西堂駁程子，以爲三歲孩兒道得，知渠尚未解得在。又云「當曰起於無起處」，亦欺人口頭禪也。

校勘記

〔一〕處：原本無，據上文補。

十七

尤西堂云：「佛氏有三戒，曰貪、嗔、癡，又曰淫、殺、盜。然非佛氏之戒，而吾夫子之戒也。子曰：『君子有三戒：少之時，血氣未定，戒之在色；及其壯也，血氣方剛，戒之在鬥；及其老也，血氣既衰，戒之在得。』色始於癡，極於淫；鬥始於嗔，極於殺；得始於貪，極於盜。人能受孔子戒，便可立地成佛矣。」按，此段説得極警切，並非援儒入墨，亦非推墨於儒。蓋三教並稱聖人，其不同只在精深處，若此粗淺者而有不同，則不得謂之聖人矣。

十八

趙母嫁女，敕之曰：「慎毋爲好女。」女曰：「不爲好，可爲惡乎？」母曰：「好尚不可爲，況惡乎？」尤西堂云：「此母學問，大似老子。」余謂此正「無非無儀」之義，蓋婦人之職也。而唐荆川亦有句云：「善亦懶爲況是惡[二]。」此却是猶龍之學。或曰：「慎毋爲好女者，不可打乖賣俏，以己之長形人之短耳。」此意亦好。

校勘記

〔一〕善亦懶爲況是惡：此非唐荆川句，乃出自唐寅《言懷二首詩》，原句作「善亦懶爲何況惡」。

十九

輪回之説，信或有之。河間友人于南溟大崑，授讀於城南之九吉村。村有僧，俗姓劉，其前生姓王，去九吉數里，僧頗能憶之。適前生子以失田劵與人訟，僧遣人致語曰：「汝，「劵在某屋梁上壁穴間。」其子探取，果得之，訟遂息。乃遣其母舅來視僧，僧曰：「汝，吾妻弟也。某年月日，汝來吾家視姊，爲吾牛所牴，吾以靳擊牛幾斃，猶憶之乎？」舅笑而頷之。歸語其前子，子遂以叔父之禮事之。南溟爲余言如此。後余客雄邑之西樓村，有馬媪者，九吉人也，而僑寓西樓，余問之，曰：「信。」

二十

滄州亡友王詩字希陶，訓字庭素，兄弟孿生，形貌酷似，惟希陶目微赤，庭素左額下有一小疤，爲稍異耳。二人並記前生事：一爲明經，一爲諸生，其神結伴閒游，而投胎於王氏。少時頗向人言，及余與訂交，則已秘而不道矣。家有供養龍眠大士，希陶四歲時便解躭玩，稍長遂工畫，庭素亦能畫，而不逮希陶。希陶畫高淡，有倪迂遺意。余尚藏一紙，蓋康熙己亥所作，迄今四十餘年矣。雍正己酉，以應郡試在瀛邸，吴橋方儕鶴言：「家製素屏，欲訪一善畫者。」余舉希陶。儕鶴託張晴嵐穎訪希陶於豐兒莊之館舍，二人素不相識，性並孤傲。晴嵐假稱游學者，貌爲恭謹，希陶易視之，不以賓禮待。談間及余，希陶曰：「識此公乎？」晴嵐曰：「然。」因誦與予素相唱和詩。希陶曰：「君乃晴嵐兄耶？何滑稽乃爾！」遂訂交。希陶爲儕鶴畫竹十二幅，仿其鄉先生戴尚書明説筆也。雍正乙卯，晴嵐持一箑示余，乃希陶畫，屬余題詩。余爲作長歌，煩劉嘯谷以換鵝體書之，晴嵐目爲三絶，什襲藏之。鄭研農臨《黄庭》數行，題後云：「陶穀《跋黄庭》云：『山陰道士劉君，以群鵝獻右軍，乞書《黄庭經》，則此也〔一〕。』《晉史》載，爲寫《道德經》，當以群鵝相贈。陶説蓋因太白《贈賀監》有『山陰道士如相見，爲寫黄庭换白鵝〔二〕』，世人遂以《黄庭》爲『换鵝經』耳。頃偶因背臨數行，而並記其誤。」據此，則余前所引用亦誤。蓋嘯谷未第時，撫《黄庭》甚工，書晴嵐扇正用此體，非《道德》也。

校勘記

〔一〕則此也：《唐文拾遺》正文卷四十七《右軍書黄庭經跋》作「此是也」。

〔二〕爲：《全唐詩》卷一百七十六《送賀賓客歸越》詩作「應」。

二一

獻縣東，周姓家奴有女狐忽降之，配爲夫婦，爲主人服役。凡井臼操作，以及鍼縷烹飪之事，無不精辦。自其夫外，無有見其形者。狐性故淫，不旬月間，奴即狼狽不支，然不日即復，如是者屢矣。或疑而問之，曰：「當吾狼狽時，渠即吐一紅丸入吾口，含片時，覺有氣一縷自丹田蒸然上騰，俄即遍體充實矣。」或曰：「此渠所練丹也，此後如再吐時，汝努力下咽，則汝可仙而渠僵死矣。」奴後如其言試之，狐笑曰：「我待君不薄，奈何誤聽人言欲禍我？且我以數百年研鍊之功，僅致此物，君乃血肉凡體，豈得下咽？即咽下亦當立刻焚死。此後應念伉儷情，帖心向我，不可受愚妄人譺問。」奴慚謝。居十二年，生一子。狐忽曰：「緣分已盡，當別矣。善視吾子，毋以我爲念。」遂去不復知。余向客獻東之周村，主人紀萬周智爲言如此。紀與周故姻黨，周常遣狐所生子至紀家，萬周少時猶及見之。其人誠篤，言應不謬。

二二

改字之例，取其音同而點畫意義俱異者，前無所考，大要昉自近人。高郵李必恒，字北岳，又字百藥。北岳，恒也；又竊取古人而字百藥者，年以藥恒也，於義亦通。金壇王汝驤，字雲衢，以久不第，改云劬，言其已勞也。後棄舉子業，又改耘渠，言耕耘於溝渠而已。王步青，字漢階，改罕皆，於義未詳。或曰王操選政，「罕」取「罕言」之意，「皆」取「雅言」之意，蓋以大喻小也。余字趙珍，自丁卯後亦屏科舉業，改字肇畛。肇，始也，開也；畛，田畔也。蓋用耘渠先生例，余寄宋蒙泉彌庶常詩，所謂「珍易作畛趙作肇，如雲衢爲耘渠焉」者也。景州友人李基塙，字露園，改蕗原，義未詳。吾邑李嶧山，改亦珊，蓋取「鄴侯骨節珊然」之意。余姪世英，字陶軒，改逃喧，蓋厭城居而遷村落也。其一時興會如此。

二三

老杜《豎子至》詩云：「山風猶滿把，野露及新嘗。」蓋言豎子所攜之熟柰也。評者謂二語有仙靈氣。余屢竊其意而用之：《東高璞完索花》云：「膽瓶已貯水，好待插春風。」《趙北口竹枝》云：「千畝秋菘繞舍香，秋風秋露趁新嘗。」《題馬江香畫豔敷苗花南方名喇叭花》云：「家有挑菜奴，偷覷乃解認。昨日提頃筐，春風上蓬髩。」屢見而不嫌其不鮮，則本文之妙可知。

二四

《毛詩》云：「聊與子爲一兮〔一〕。」趙文敏《戲贈管夫人仲姬》云：「我儂兩個，忒煞情多。好似一塊泥，捏了一個你，塑了一個我。却將你我都打破，再捏再塑。那時節，我裏頭有了你也，你裏頭有了我。」佛書云：「我則非我，我則是汝；汝則非汝，汝則是我。」劉希夷詩云：「與君雙棲共一身。」《牡丹亭》云：「恨不能肉兒般團成片〔二〕。」都是一種意思，而各極其妙。

校勘記

〔一〕爲：《毛詩正義》卷七作「如」。

〔二〕能：《牡丹亭》第十齣《驚夢》作「得」。

二五

徐文長《詠美人纖趾・菩薩蠻》云[一]：「千嬌更是羅鞵淺，有時立在鞦韆板。板已窄稜稜，尚餘三四分[二]。紅絨只半索[三]，繡滿幫兒雀。莫去踏香堤，游人量印泥。」可謂妙絶，然句句都從側面寫。亦有從正面寫者，如「顫巍巍，一尋玉弓兒，把芳心生拽」是也。句亦警，然太狠而無賴矣。畫人物者，正面難工，側面易好，惟文亦然；古來文字，大要寫側面者多也。以時文論，正、嘉以前，大半都從正面寫；天、崇以後以及國初，大要都從側面寫。後來低庸墨卷，却有從正面寫者，上下兩頭相似而實懸絶，中間與上頭雖不同而實可一致也。推之天下事物，莫不皆然，不獨時文。

校勘記

〔一〕詠美人纖趾・菩薩蠻：《徐渭集》作「閨人纖趾調菩薩蠻」。

〔二〕尚：《徐渭集》作「猶」。

〔三〕只：《徐渭集》作「止」。

二六

滄州劉師退果實、益都趙秋谷執信〔一〕，年未弱冠而並入詞垣，恃才淩物，人厭苦之。一日，攜手閒游，見館中一老宿門首佇立，見二人至，入避門内。師退前拉之，云：「有事請教！我二人被一戚故相延，爲其兄弟析産，拈鬮析畢，至立契時，我等俱寫『鬮』字不出，敢問如何寫？」老宿喜而微笑曰：「二公俱識奇字者，故應不識此尋常字也。『鬮』乃『門』内放一『龜』耳。」二人拱謝而去。老宿悵然曰：「又被輕薄子侮弄矣！」其後，二人俱以國忌觀劇得罪去官，秋谷詩所謂「可憐一夜長生殿，壓得功名到白頭」是也。師退三十而鰥，終身不娶。有鹽賈欲妻以女，且以萬金爲奩資，不從。晚年貧困日甚，而專事禪悦。秋谷則爲天津鹽豎貨取，日與諸妓狎，晚節頽唐矣。

校勘記

〔一〕益都：原本空。趙執信乃山東益都人，法式善《陶廬雜録》卷二有「益都趙執信」之謂，據此補。

二七

毛大可奇齡性腐而獃，失一裘，屬劉師退爲偵竊者。劉曰：「公但出鈔三千飲啖我，當爲公言，且裘可立獲。」毛許之。飲啖訖，問劉究係何人？劉曰：「竊裘者非他，乃任邱龐雪崖塏也。」毛搖首曰：「雪崖何當至此！」劉曰：「公故不知，渠本有竊疾，自筮仕以來，力爲晚蓋，想今忍之不禁耳。且韋應物本一竊姬惡少，蘇渙本一白弩巨賊，後並折節讀書而致通顯，公不憶乎？雪崖亦復如是。」毛信之，且問作何討取。劉曰：「是可直索，但曰：『天正寒，家無長物，公無戲我。』與以可受，則立獲矣。」毛如其言以往，劉尾之竊聽於窗外。二人大閧，幾至相毆。劉乃搴簾入，鼓掌大笑，爲龐道故且謝毛，擾乃解。

二八

世傳嚴分宜詩絶似韋蘇州，余未之見。偶檢《宋詩鈔》，得呂惠卿《答王逢源》一首，却絶似韓吏部、元道州也，亦復可怪。録而存之，以見文之不足以觀人也如此。「晨出趨長司，跪坐與之言。偶然脱齟齬，相送顔色温。歸舍未休鞍，簿書隨滿門。相仍賓客過，欹午僅朝餐。平生性懶惰，應接非吾真。況乃重戕賊，良氣更幾存。就夜甫得息，閲我几上文。開卷未及讀，睡思已昏昏。自知小人歸，昭昭復何云。每於清夜夢，多見夫子魂。側耳聽高議，如飲黄金樽。覺來不得往，欲飛無羽翰。昨日得子詩，我心子先論。怪我書苦遲，友道宜所敦。豈不旦夕思，實苦案牘繁。豈無同官賢，未免走與奔。相見鞅掌間，有言無暇陳。嗟嗟兹世上，無食同所患。念我力難任，聞子謀更艱。久知爲之天，焉能怨窶貧。吾聞君子仕，行義而已焉。亦將達吾義，肯遂爲利牽。東海有滄溟，西極有崑崙。古來到者誰，不過數子尊。子已具車航，吾亦爲楫輪，欲一從子游，不知何時然。」

二九

陳後山《蠅虎》詩云：「物微趨下世不數〔一〕，隨力捕生得稱虎。匿形注目摇兩股，卒然一擊勢莫禦。十中失一八九取，脂間流血腹如鼓。却行奮臂吾甚武，明日淮南作端午。」按，蠅虎乃蜥蜴之别名，又名守宫，東方朔射覆所謂「跂跂脈脈善緣壁，若非守宫定蜥蜴」者也〔二〕。端午日，以蜥蜴血漬豆，用以擊蠅，百不失一。見《淮南子》。此詩可以爲强梁者之炯戒矣！余亦有詩云：「守宫壁上捕青蠅〔三〕，以漸湊泊令不驚〔四〕。醜物豈惜供渠飽，但嫌機械相軋傾〔五〕。」然蠅之爲物，可憎殊甚。余又有詩云：「納污藏疾生成事〔六〕，並及寧馨理亦奇〔七〕。豈是我偏多厭惡〔八〕，能教佛也不慈悲。」合三詩而觀之，則兩邊情罪各得平允矣。

校勘記

〔一〕趣：《後山詩注補箋》卷五作「趣」。

〔二〕若非守宫定蜥蜴：《漢書》卷六十五《東方朔傳》作「是非守宫即蜥蜴」。

〔三〕捕：《隨園詩集》卷八《雜述十絶句》作「覷」。

〔四〕以漸：《隨園詩集》卷八《雜述十絶句》作「徐徐」。

〔五〕但：《隨園詩集》卷八《雜述十絶句》作「尚」。

〔六〕事：《隨園詩集》卷二十三《蠅》詩作「職」。

〔七〕並：《隨園詩集》卷二十三《蠅》詩作「波」。

〔八〕豈是我偏：《隨園詩集》卷二十三《蠅》詩作「謾怪人偏」。

三十

冥府逮人魂魄，例用鬼卒，鬼卒不給，則代以生人。人往往有卒然仆跌似死而氣未殊者，昏迷瞶亂，每至一兩夜或三四日乃甦。問其所爲，多充是役，且言其所逮者里居姓氏，驗之皆不謬。當其昏瞶時，或譎譎作唫囈，諦聽之，皆冥中事。又每挽衣帶作結，一結係一人；或爲解一結，則逸一人，冥中必受譴罰。北方謂之「活犄角」，南方謂之「走無常」，其在蜀之酆都者尤多。明祝允明《語怪集》敘走無常攝江西尤睦事甚詳，可知事非荒唐，而儒家恒理不足以測之也。

三一

亡婦李，歸余時粗識字畫，唐詩百餘篇略能上口而已。從余學年餘，乃能爲短詩小詞，後以家貧而食指夥，日從事於井臼，遂不卒業。且曰：「人不幸而爲名士婦，縱或稍有著述，勢如爝火之光掩於日月；且人多疑其夫君看香火情代爲捉刀，余又奚以僕僕爲也？」此語殊足解頤。其所爲故不多，亦半散失。昨檢舊奩，得詩餘數闋，不禁老淚盈眶，泫然承睫也。爰録於左。《春暮・如夢令》：「簾外桃紅滿樹，風裏楊花飛絮。睡起日初長，雨帶斜陽欲暮。好雨，好雨，可惜春光不住。」《夏景・浣溪沙》：「冉冉薰風透碧窗。小園芳徑蝶飛忙。羅帷寶枕夢初長。　雨後簟紋渾去暑，静中茗椀倍生香。閒敲棋子送斜陽。」《題畫・清平樂》：「亂山無數，一帶斜陽暮。遠樹蒼蒼籠薄霧，宿鳥迷却歸路。小橋流水西東，橋邊罷釣漁翁。日晚欲投何處，柴門只在雲中。」

《和夏景原韻》隨園附：「隔院槐陰上小窗。蟬聲底事晚來忙。夢回羅帳日方長。寶椀細傾魚蟹眼，繡簾輕護麝龍香。閒看歸燕帶斜陽。」

三一

《白鬚・卜算子》有敘：「余自去年得白鬚一莖，鑷而復生者屢矣。今歲四月又倍之，臨鏡顧影，不勝瞿然。鑷後戲爲此詞，雖語近詼諧，而髀肉之感深矣。時乾隆戊午，身以年三十九歲也。」「去年白一莖，今歲一莖白。但使年年照例行，到老還餘黑。生爲客，白乃髮之宅。一歲一莖始則然，此例難拘得。」余鬚故不多，今則白已殆盡，所餘之黑者不敵始白之數。蓋去戊午又二十四年，余已六十三歲矣。壬午五月，隨園記。

病餘長語卷五

任邱邊連寶肇畛

一

明三衢葉秉敬云：「友人聚坐，有談及功名之際，羨早登而恨淹滯者。余應之曰：『糠粃在前，不過爲輕薄子；瓦礫在後，不失爲厚重士。』友人曰：『吾輩非所謂瓦礫在後耶？』余曰：『彼所謂糠粃在前耳。』余曰：『況瓦礫不朽而糠粃立敗，吾寧爲瓦礫，毋願爲糠粃也！』一座鼓掌。」余按，葉先生之言，金石也！蓋鑽刺遷官，寅緣得第，古人之所深羞，比於桑中之醜。乃或家庭目之爲肖子，鄉里傳以爲聞人，顛倒失常，真堪痛悼。願吾子孫雖貧爲傭匄，賤作輿儓，不可蹈此轍也。況功令森嚴，有誅無赦，可不懼哉！東野詩云：「卑静身後老，高動物先摧。」真得老氏之旨。余嘗自命爲「卑静道人」，且以圖其石，然不以示人，但盟幽獨而已。

葉又云：「人有被横逆而欲報復者，問於余，余應之曰：『天方助桀，胡可與争？

人自吠堯[一]，吾則何與？急而擊之，在我多費博浪之椎；徐以制焉，在渠自有烏江之劍。況彼之叫跳，有識者已驚其猛[二]；而我以安閒，無知者亦服其量。使丙夜而深思乎，彼之含羞其將何解？即終身而不報乎，我之得勝亦已多矣！此一時曉解之語，可以銷世人許多不平之氣。」

校勘記

〔一〕人：《書肆說鈴》「解報復語」條亦作「人」。疑爲「犬」字之誤。

〔二〕有識者已驚其猛：《書肆說鈴》「解報復語」條作「有識者已鄙其狂」。

二

鄭公孫黑肱將卒，戒其子曰：「貴而能貧，可以後亡。生在敬戒，不在富也。」

按

此則出《春秋左傳》襄公二十二年，邊氏有删節。

三

楚令尹子南有罪，王謂其子棄疾曰：「令尹之不能，爾所知也。國將討焉，爾其居乎？」對曰：「父戮子居，君焉用之？洩命重刑，臣亦不爲。」王遂殺子南。其徒謂棄疾曰：「行乎？」曰：「吾與殺吾父，行將焉入？」曰：「然則臣王乎？」曰：「棄父事讎，吾不忍也〔一〕。」遂縊而死。韓友一范曰：「棄疾處君臣父子之間，只是申生之輩耳。棄疾聞命，當諫其父，諫而不聽，死未晚也；奈何一言不出，父子受戮，以小忠而忘大孝也。」儲仝人欣曰：「棄疾君父之際，可謂窮矣。君子不幸處此，可若之何？曰：洩命而逃其父，身死司寇可也。」余謂合兩家之説，其義始備。蓋聞命當諫，諫而不聽，然後洩命逸父，而以身抵法耳。

校勘記

〔一〕不：《春秋左傳》襄公二十二年作「弗」。

四

以乩降仙者，其符有二：一曰請，直指某神某仙而請之也；一曰抓，無論仙神鬼魅以及生人魂魄之夢寐而游衍者，隨其所遇而抓之也。雄邑馬子攀先生，常晝寢夢至一處，有數學人，案設香茗二事，問馬何姓，又問近日時藝當以何者爲宗。馬爲大書云：「典雅韓元少，博大翁寶林。」乃醒。已而應院試，入上谷書肆間，翁、韓二稿價忽騰貴。轟傳新城人扶鸞降馬仙，教讀兩家，但不知馬仙何代人也。蓋新、雄相距僅七十里，因寐而魂游於外，爲扶鸞者抓去耳。

又，族兄某應河間郡試，寓北城之火神廟，爲扶鸞之戲。符焚即降，但據紙混塗不成字，細察之，似笊籬形。已而廟僧至，曰：「竟捉渠至耶！」問之，曰：「此丐也，以編笊籬爲業，死葬廟後。」乃焚符送之。已而又焚抓符，但聞窗牖震動，大書云：「吾乃火帝真君，諸生不得囉唣，速送！速送！」衆乃戰慄叩頭〔一〕，焚符送之。

校勘記

〔一〕慄：原本誤作「慓」，今徑改。

五

市井俗語之恢奇可以解頤者，要皆有所本，如云「隔四十里見蜜蜂撒屎」、「出門着癩象絆了一脚」、「原來覷遠不覷近」，此本「秋毫輿薪」之喻，夫人而知之者也。又一小話云：「人有溺一目妓者，視天下婦人皆多一目。」此却本之《莊子》，云：「甕盎大癭説齊桓公，桓公悦之；而視常人〔一〕，其脰肩肩。細貌。」又云：「有人常夢拾布一疋，他日趁墟果得布，喜甚，曰：『吾夢驗矣！』既而曰：『焉知非夢？吾試以頭觸壁，果夢當醒。』觸力過猛昏倒，布爲他人所得，甦已失布，曰：『非夢而何？』」此極奇幻，當奪胎於「蕉鹿」者。

校勘記

〔一〕常：《莊子集釋》卷二作「全」。

六

宋王嘉叟與王龜齡别，曰：「吾輩會合不可常，惟常留面目，異時可復相見。」龜齡每誦其言。明金一所賁亨、應容菴大猷相友善，金既謝事家居，應復起用，詣金言别。金曰：「君此出，他日回來，要將一照樣應容菴還我。」二人皆保晚節。前壬申、癸酉間，京都輕薄子有爲打油歌嘲翰苑諸名士者，其於吾邑李子敬中簡目之爲「醋裏酸梅」。余爲解以詩云：「酸是吾儕真面目，雖酸不較勝甜哉。他年記取如調鼎，還我一枚酸秀才。」蓋與前二事同旨，吾友其勉之矣！

七

棲鳥左翼掩右者雄，右掩左者雌。雀矢名白丁香，入藥，其文左旋者雄，右旋者雌。置蝦蟆於地，東南行者雄，西北行者雌。婦人懷妊，自後呼之，頸左轉者爲男，右轉者爲女。

八

余蓄郭詡畫一卷，蓋得之河間表弟門人郭伊人在湄者，畫及字並佳絶，但未詳其人。嘗出示姪婿張方予，方予讀褚稼軒《堅瓠集》，特録一條寄余，云：「清狂道人郭詡，畫有天趣，詩有風刺。王陽明初以尋常畫史待之，後見其畫《雪樵圖》題詩云：『两束樵薪僅十錢，雪深泥滑自堪憐。市城誰念青山瘦，盡日厨頭不斷煙。』又畫《牧牛晚歸圖》題詩云：『雨脚風聲滿樹頭，隨身簑笠勝羊裘。柴門尤道牛歸晚，江上風波未泊舟。』陽明稱賞，以賓禮優之」云云。蓋其人品與技藝相稱，洵高士也。余所蓄畫凡八幅，其前大署四字，曰「無聲詩意」，其後總題一詩曰：「畫山亦模糊，畫水亦模糊。意足不求似，此乃真畫圖。」款識云：「正德戊辰冬十月，泰和清狂郭詡並作前數圖。」其前後圖記有三：一曰「法性」，一曰「夢徐亭」，一曰「清狂道人」。每兩幅接縫處鈐以小印，其文曰「合同」，蓋裝潢成卷而後爲之者耳。其第一幅曰《松壑觀泉》，老松怪石，石用大斧劈皴；瀑布不盈尺而有萬丈之勢，一人據橋闌昂首觀之，真大手筆也。次曰《雪漁》，一人釣罷歸，蓑笠傴僂而負笱；一人仍釣，綸竿繫舟上，蓑笠袖手，形縮縮然淩兢之態可掬，四望迷茫，柳柳州「千山」、「萬徑」之詠宛然在目。余題詩云：「舟上者似阿兄，岸上者似阿弟。敝笱之中僵寒鯉，阿弟傴僂持入市。阿兄縮頸披短蓑，蕭條獨釣寒江水。大雪洋洋風交加，胡不返棹歸其家。衝寒冒雪匪爲我，公家漁税急如火。」次曰《雲林清話》，松檜杉栢，白雲繞以上下，二客對談，一平頭攜琴捧酒而至。余題云：「流雲飛敗絮，飄渺無滯跡。繚繞桐栢間，下覆談玄客。裊裊塵尾風，聆之了無獲。大道本希夷，難從聲響索。」次曰《九蟹圖》，橫斜散亂，諦聽之如聞郭索聲也。自識云：

「《九蟹圖》，因值人惠蟹，失於防，散於滿地，揮筆而肖之。使畢吏部見之，未必不動杯棬之意。」呵呵，余亦有作，不具録。次曰《二瑞圖》，蓋雙白兔也，一雌一雄，依奇石芳草間，長鬚缺口，神致如生，使韓盧見之，定當搏噬。次曰《漁村暮雨》，凡五舟，一舟漁用罾；其二舟相向，二人立船頭曳長繩，繩浸水，一人立水中用罩，殆俗所謂「摸綆」者；餘二舟將泊，而帆仍未卸；一人倚杖立籬笆門外，遥望嵐光乍暝。山翠欲流，濃煙□雨〔一〕，皆以灰堆茄葉爲之，雖米癲不是過也。其一幅寫游波作洶湧狀，上圖宣尼臨之，而題其目曰「子在川上」。吾邑劉炘文以爲畫水奇絶，真有繪聲之巧也。其最後一幅亦雨景，較前稍淡，然獨無題目，未審何故。戈芥舟總題七古一篇於後曰：「青山破裂洪濛開，飛泉砯訇萬壑雷。獨立五月寒欲戰，餘聲入松生晝哀。風雪冥冥四山静，十里寒溪見漁艇。白雲窈窕山之涯，雲林坐對者爲誰。作者意思忽莫測，九蟹二兔圖何爲〔二〕。從來説畫家，最愛倪與米。倪生高潔絶塵氛，顛老蒼茫無涯涘。雲林頗似雲林作，筆墨清妍神寂莫。漁舟暮雨煙迷離，惝恍令人思海嶽。浩浩陰陽自終古，乾端坤倪自呈露。須知大道會川流，秋水濠梁等閒悟。模糊水，模糊圖，盡意意，不盡圖。無聲詩意止於此，我情由來在山水。」此詩筆力極大，而敘題處離奇變化，往復回環，直以古文之法行之，所謂杜甫似司馬遷也，讀者毋忽。

校勘記

〔一〕□：原本空。

〔二〕兔：原本誤作「免」，今徑改。

九

畫癡書淫，亦學者之病。余不幸而中之，但既無購買之資，復少豪奪之勢，惟巧偷在所不免，用滋愧焉。然唐太宗以帝王之尊，因《蘭亭》之故，至遣其臣蕭翼爲盜竊，毋亦如嗜聲好色情之所鍾不能自禁乎？特記一事於此，爲翰墨場中添一話柄，觀者應爲胡盧也。余向於丁未、戊申間客高陽之東鄙，有陳生者延余飲，壁懸印板畫一軸，座客評論工拙，余默然而已。陳又出一軸相示，乃唐六如所作，余見之暗驚。陳問：「孰與壁懸者優劣？」余佯應曰：「都不大佳。」又問：「唐寅何時人？今尚在否？」余佯曰：「不知。」久之，余託一魏生者致意於陳，借觀唐畫，許之。又久之，更託魏致陳：「此畫可以乞我？」陳已漸知此畫之佳，然已到余手，無可奈何，因向余曰：「貴縣嶧山李公書，如得一紙見貽，當以易畫。」時嶧山書初有名，故自佳，然去今日之佳遠甚；

且今日尚不難求，則當日可知。余乃故靳之曰：「大難！大難！但當爲君力求耳。」歸語嶧山爲我書，且備紙用單款。嶧山問故，余笑曰：「久當自知。」既得書以貽陳，陳欣然，此畫遂爲我有。余《題畫詩》所謂「只此廣袤數尺之畫圖，構求多方始見獲」者，中間實有如許情事也。後語嶧山，且示以畫，嶧山曰：「此余書所易者，當留玩以償直。」遂懸洗花居壁一年，後歸趙。其畫茂密蒼秀，蔚然而深。自題云：「緑樹幽亭繞青山白雲亂。寂寂少人行，斜陽隔夕岸。」後署「晉昌唐寅」，印文曰「唐伯虎」。

十

家藏董字一卷，書謝無逸、僧仲殊、秦少游小詞三闋，自識云：「己未秋日，西郭堂書此，頗得藏鋒之法。」印首用「玄賞齋」，後印一名一銜，銜曰「宗伯學士」。余跋其後云：「當仁廟時，最重董華亭書，其佳者半歸大内。散落人間者〔二〕，因前有『玄賞齋』，後有『玄宰氏』二印，有犯聖諱，故不敢進呈耳。此卷乃雍正壬子秋客京師得之逆旅主人者，迄今近三十年矣。觀其自識，蓋亦華亭得意筆也。珍重！珍重！乾隆戊寅重陽後二日某題。」

校勘記

〔一〕間：原本誤作「聞」，今徑改。

十一

宋趙千里畫《九成宫圖》一軸，泥金點翠，巨麗輝煌，而了無匠氣；寸人豆馬，以至芙蕖點點，如星如香頭火，並奕奕如生。上有明雅宜山人王寵書《九成宫醴泉銘》，楷法遒逸，蓋學鍾太傅者。此余乙卯客京師，於護國寺廟市以白金四星得之者。蓋當時士大夫不甚好此，今則價增十倍矣。時家兄識珍司京學鐸，所購名書畫甚多。嘗以一金得趙吴興《梅花詩》一册，精絶，海涵百、戴通乾並請償利五倍取之，弗與也。余又以制錢四十枚得梅花道人《竹》一幅，雖爲價甚廉，而決知非贋。

十二

家識珍分訓任縣，於謝氏家得趙千里《天保九如圖》一卷，蓋用以祝宋高宗壽者。

上有高宗御書《天保詩》全篇，畫亦用金翠，較余所藏《九成宫》敷色稍淡，而氣倍古。蓋彼圖樓臺殿閣，此畫山川松栢也。但以高宗故非英主，而詩文内又有「崩」字，故自散落人間，以後不知凡幾百年不得重入大内耳。

十三

高識文嘗得人所棄衣券，以五十金贖衣一篋，其下藉以大册頁二本，自唐初以至元末，凡以繪事名家者無不具備，以閻立本冠其首，而以倪元鎮終之。嘗出以示余，余曰：「只此已獲利數倍，真寶物也。」後數年，再索一觀，則已爲人攫取矣。識文又得東坡墨跡一卷，自書七律二首，字大如酒盃，亦精絶。後餉安州陳按察珠海德正，此爲得其所。蓋法書名畫惟恐施於所不當受耳，原不必定爲我有也。

十四

前癸酉，余館雄邑李軼修斯邁家，嘗出仇十洲《萬仙圖》見示，蓋其質庫中所得王中丞宓遠企埥家舊物也。其上爲南極老人，爲西王母，左右旋繞而拱向之者，雖不滿萬，要有數千。凡仙之所乘，於川陸山澤之産，奇形譎狀，無不具備，其可識者，麟鳳龜龍而已。余謂軼修曰：「此希世之珍也，恐不能終爲君家有。」至辛巳，其縣尹李聞而索之，以獻大府，大要已歸大内，用祝慈寧萬壽矣。

十五

天津周七峰同年，家貧而篤於嗜古，所蓄名書畫及秦漢法物甚富，大概皆以傭筆資購之者。戊辰、己巳間，鹺使某公嗜黄大癡畫，諸鹽賈逐處遍覓而得於七峰，償以百金以刻其詩。故余寄周詩有「雄文圖壽考，名畫割關荆」之句。

十六

向客静海元氏，見其家藏懷素真《自敘》墨跡一卷〔一〕，所謂古瘦淋漓無定則者，真神物也。前闕五行，爲蘇子美所補。蓋此卷曾在杜祁公家，子美爲祁公婿，故得而補之耳。雖非着糞佛頭，亦只具體而已。

校勘記

〔一〕真：疑爲「藏真」，脱「藏」字。按，懷素字藏真。

十七

高陽韓塄仲芳，曾攜右軍墨跡求售於吾邑，蓋李相國家藏舊物，仲芳以二金得之者。所書爲「十七日得謝司馬書」一段。余取宋拓較之，其肥瘦不甚相符，雖非真本，亦唐賢雙鈎也。價索百金，有西賈杜姓者頗好之，而慳於解囊，留一宿取去，今不知歸何所矣。

十八

天津周七峰，余同年友也。素未相識，客静海時，陳立甫績爲介紹，遂以詩文相往還。周寄詩刻二集，閱之，得通州李徵士鍇所爲《周處士詩傳》，録於下。

周處士焯，字月東，天津人。縱心古處，樸淳亡雕，幾不易與人交，交輒完初終。雅嗜詩，鈎索深入，窮神遺形，不得不已。嘗構思所親舍，出門不自覺，遂陷淖中，援之而後出，乃囅然笑曰：「我頃得新句〔二〕。」衣涴弗顧也。勝日與客游城東郊，衆方把酒高吟，茫忽失處士所在，既而得之於夕陽林薄間，顧且指點蒼茫，憺然忘歸。又嘗吟《蟲豸詩》，會將之長安，車脂牽，馬首已西鄉，忽思得之，便徒步走汪徵君齋，商搉未安字。僕夫懆疾肆譙讓，亦弗顧也。昔君家朴見樵父，忽走抱之曰：「得之矣！」或以爲獲盜，朴曰：「我得句耳。」客嘗跨快驢摩肩過，故吟其《董嶺水》詩而訛其句，朴大憾，追趨叫呼曰：「君誤我詩，胡乃爲『河聲流向東〔二〕』也？」處士詩癡大類此。每自謂「癡絶」，又曰「嶔崎歷落可笑人」，知者以爲不誣也。晚得「七峰」小銅印，又自號七峰，遠近咸稱「七峰先生」云。按，周朴《董嶺水》原句云：「禹跡不到處，河聲流向西〔三〕。」

錢唐汪沆敘其詩云：「嘗聞其夜歸，待渡河涘，煙昏人定，徘徊躑躅，擁鼻獨吟，忽得句云：『呼船人不應，水應兩三聲。』不覺狂叫，且行且誦，後有同渡者見之匿笑〔四〕，七峰傲兀自喜，夷然不顧也。」

按，七峰詩溫麗無叫囂氣，兹録其四言者四章。《防刺四章章四句》：「蜂飛攘攘，言采其芳。非芳而采，莫告我王。」「招招同室，出莫我忌。我心非甘，我口則蜜。」「風雨凄兮，摧我翼兮。援我誰子，防我刺兮。」「援我誰子，動手螯指。豈不懷德〔五〕，其如毒尾。」

校勘記

〔一〕頃：原本誤作「須」，據《卜硯山房詩鈔》改。

〔二〕河：原本作「水」，據《卜硯山房詩鈔》改。
〔三〕河：原本作「水」，據《全唐詩》卷六百七十三改。
〔四〕後：原本無，據《卜硯山房詩鈔》補。
〔五〕懷：《卜硯山房詩鈔》作「女」。

十九

芥舟典試雲南歸，向余言：「去省城之南八百里，見南斗不見北斗，水流皆西向。」余因得句云：「恒星失北極，滇水向西流。」與周朴句同工，而氣格獨勝。水西流，故曰滇，「滇」之爲言「顛」也。

二十

李鍇字鐵君，號廌青山人，通州人。占籍漢軍，丙辰以博學鴻詞徵，己巳以經學徵，不就。隱於盤山之薌村，諸賢王競式其廬。其詩澹而奥，似王昌齡，録其尤古者三章。《無可奈何歌三章》：「蟬翼鳴而口鳴，無可奈何。淵淵是主，誰爲之病，無可奈何。陽紓陰薄，雷怒濤湧，無可奈何。莊嚴照臨，而無射有命，無可奈何。戒口過也。」「制之實勤，布之不敷，無可奈何。厚增其兩，而薄削其銖，無可奈何。輕重既均，矢則調矣。肉好既平，璧則酬矣。有岐在阻，而莫此之繇，無可奈何。傷家貧也。」「黄河之水，不可以西流，無可奈何。琴鐘滿堂，華腴未收，無可奈何。仙人在虛無，難可與訂期，難可與訂期。百歲之後，急汝鬼謀，無可奈何。悲壽命之不長也。」鐵君自敘其《睫巢後集》，文甚簡古，録於左：「野人居草澤，甚無事，遇物而孚，輒行歌以遣興。然老眊，得便隨手棄，所記録者，歲不過四五千言。初誦之若可喜，經時自惡其惡，又削其三之二焉。所存既寡，其造詣且不逮疇昔之我。古人無論已，胥臣云：『學如川，然必卬浦而後大。』予之卬浦也久矣，轉就隘焉，悲夫！」

二一

楊州彦字倩公，號宣樓，一字淡園，楚當陽人。己亥進士，康熙初，尹吾邑，政尚寬簡，以詩酒自高。暇則乘款段以一力持之，徑造李性符先生經垓之東園，與龐雪崖先生塏、殷擴四先生四端、先叔祖四重先生之鎮相酬唱，雖簿領填委，視之蔑如也。學使者蔣虎臣先生超至縣，先生被酒失郊迎，蔣怒召之，坐廳事盛氣以待。先生衷其詩以入，一揖而獻，蔣讀不數篇，下座攜手入，遂訂交。後以劾歸，貧不能具行李。雍正己酉、庚戌間，家兄識珍分訓任縣[二]，順德别駕楊某，實先生姪孫，詢先生歸田後事，云：「晚年辟穀，嘗旬日不食，後無疾而化，或疑其尸解」云。先生書法查牙癯瘦，如蒼松怪石，大要奪胎於朱晦翁。詩幽冷孤峭，於東野、浪仙外别樹一幟，録數首於左，以見其概。《稺女夜號其母，詩以慰之》：「汝啼誰復禁，汝勿深夜啼。峽静堪猿叫，邊秋怯馬嘶。孤兒原賦命，萬事總難齊。取譬何須遠，如余老喪妻。」《張賓三、羅羽聖書來，皆嘲予懶，寄此》：「萬事乖初願，誰能不廢然。向燈搔短髮，背手立霜天。垂老兼多病，他鄉又一年。莫須嗔我懶，似覺可人憐。」《集杜送别王潤山、程漳水還楚》：「楚隔乾坤遠，空聞二妙歸。神仙才有數，墨客興無違。莫怪啼痕數，其如儔侶稀。雙雙新燕子，一一背人飛。」《興福寺》：「古寺槐陰裏，兀然坐老慳。撲蠅椶拂禿，罷酒葛巾閒。暑過吟初月，秋來憶舊山。阿誰移我性，漸漸覺低顔。」《野望》：「北雁飛飛盡，人生有故鄉。出門誰偶語，有國可聊行。駐眼當歸路，渾身受夕陽，萋萋緣岸草，一度一年芳。」《别李性符》：「衰柳不可折，困梅猶待春。難將摇落景，相贈别離人。斗酒依依話，孤琴去去身。東園分韻處，一憶一沾巾。」《别邊四重》：「行路難如此，人生空自嗟。朔風欲作雪，歲盡却還家。咽水孤飛雁，驚風無定鴉。幾年知己淚，撩亂逐燈花。」《舟發鄭城》句云：「佐酒就鐺劈蟹甲，卷書垂手得雞頭。」《冬夜》：「朔氣侵凝烏鵲知，北枝未穩踏南枝。雞聲澁澁開喉嚨，鄉夢遥遥到枕遲。木老已甘無葉下，冰寒何苦更風吹。玄冥太盡司冬令，一任愁人兩鬢絲。」《種竹》：「種就篔簹一畝寒，此君摇落耐人看。笋根寧佐山村酒，不借磻溪作釣竿。」《詠劉步鳴初學琴》：「山人學琴指欲然，十指近絃羞上絃。旁人令彈不肯彈，拂絃一笑復正冠。指上無琴胸中有，天地大文字句否，醉翁之意不在酒。」《某氏索詠畫扇雙美人，一持書漫讀，幅巾男子背覷之；一踞石獨坐，蒼蒼淡淡，若有所思。余憐踞石者孤，賞踞石者傲，以渠主詩》：「他儂讀他書，他歡暗蹤跡，儂獨介介踞儂石。書可卷，石不轉。」《贈歌兒》七古句云：「四座爲之罷酒巵，主人不勸客不持。」《送别郢上兄之沔》：「老人念遠道，夜半忽然醒。枕上難爲夢，簷前起看星。無家强飲食，有弟任零丁。孤艇歌將去，鬱陶未可聽。」《别方開姪余時貧甚，命開寄食老奴，哭而别之》：「離亭樹杪曙光浮，腸斷車輪一萬周。蕞爾故園偏念亂，别余孤姪況臨秋。藐諸有辱言猶熱，涕出無從夢亦羞。分手何須呼叔父，飢寒聽汝問蒼頭。」《九月十日移菊》句云：「帶誰籬下重陽土，就我園中半夜霜。」《投湖上人家》：「茅屋參差傍水湄，野尨吠客繞疏籬，老翁指我石頭坐，自去溪邊理釣絲。」《雪夜還家》：「結廬舊傍萬山斜，滑路衝寒夜抵家。下馬呼童燒竹葉，開門隨我照梅花。」《澹園詩》自敘云：「鶴之聲聞於天，蚓之聲不離階砌間，均聲也。大造不以鶴故禁蚓不鳴，趣在各適而已，爰是有澹園詩。」文亦峭冷，録存之。

李氏東園有先生手書一聯一額，並極古峭。額曰「煙鬟」，曰「讀書秋樹根」，聯曰「花數春秋，直韻手爲園，何必鑒水輞川始稱別業；詩過晨夕，看詞宗落句，不許楚騷漢史獨著奇書」。其後園荒，而聯額俱失。惟「讀書秋樹根」尚懸李仙李蟠根齋。仙李，性符先生曾孫，余内弟也。園已歸高氏矣。東園又有一額，曰「豔雪居」，乃本邑徐先生四象書，圓勁似董華亭。有一聯曰：「道成此日真無掛，客住名山自可招。」乃回道人以西瓜皮書某山石上，從石上雙鈎者，飄飄然有淩雲之氣，洵仙筆也。今亦俱亡。

校勘記

〔一〕家兄：原本誤作「家家」，據文意改。

二三

祭祀焚楮錢，始於唐王璵，見《唐書》本傳。周世宗發引，用金銀楮錠，見陶穀《清異録》。

二三

丁丑初冬，芥舟訪余於雄邑之東村，余得詩三首，芥舟依韻和，録一紙見寄，爲薛甥天麟持去，録於此以備遺忘。「落日暝煙合，疏林耿燭光。到村山犬吠，問舍水塍長。仄徑車無路，衡門夜有霜。登堂成一笑，握手丈人行。」「信宿追前夢，琴樽憶昔游。蘿軒花嶼静，茗舍竹煙流。一涉風塵跡，相看歲月遒。論詩仍矍鑠，清瞭舊雙眸。」「苦執花溪役，甘爲玉局傭。自注：時先生注蘇、杜二家詩，有句云：「花溪玉局作廝役」。有文仍虎豹，吾道自蛇龍。素履何由易，明時豈不逢。吾邱臺畔宅，風雪老長松。」

二四

明吴郡楊循吉云：「武功在章秋治水，久未就功，後得水源，百計塞之皆莫效，下以土石若無者。聞一僧有道，武功謁之問術，僧不肯言，强之，但曰『聖人無欲』。武功歸，思而不得。數日，忽悟曰：『此下殆有龍窟，龍所欲者珠也，吾能使之去。』於是鑄長鐵柱，洞釜底貫而下焉，水始受塞。蓋鐵能蝕珠，龍愛珠故去也。」余按，《詩·豳風·狼跋篇》朱子引范氏曰：「神龍或潛或飛，能大能小，其變化不測，然得而蓄之，若犬羊然，有欲故也。惟其可以蓄之，是以亦得醢而食之。凡有欲之類，莫不可制焉〔一〕。惟聖人無欲，故天地萬物不能易也。富貴貧賤死生，如寒暑晝夜相代乎前〔二〕，吾豈有二其心乎哉〔三〕？亦順受之而已矣〔四〕」云云。蓋老僧與武功並記得此段説話，故僧微啓其端，武功遂能竟其委耳。不然，只「聖人無欲」四字，何以便悟出是龍也？

校勘記

〔一〕焉：原本無，據《朱注〈詩經〉》卷三補。
〔二〕乎：原本誤作「於」，據《朱注〈詩經〉》卷三改。
〔三〕哉：原本無，據《朱注〈詩經〉》卷三補。
〔四〕矣：原本無，據《朱注〈詩經〉》卷三補。

按

此則所引楊循吉語，出明楊循吉《蘇談》，邊氏有删節。

二五

余嘗題《雪蕉雙鶴圖》云：「蕉葉半青黄，雙鶴下蹀躞。同雲色黯慘〔一〕，天氣釀飛雪。雪蕉不同時，畫師奚解說。師曰非我然，昉自維摩詰。竊謂雪中蕉，如鏡花水月。摩詰佛理深，聊用供禪悦。試聽丁令威，似説堯時節。」後讀明陸深《豫章漫鈔》云：「予往歲謫延平，北歸宿建陽公館，時薛宗鎧作令，與小酌堂後軒〔二〕。是歲閩中大雪，四山皓白，而芭蕉一株横映粉墻，盛開紅花，名美人蕉。世稱王維《雪蕉》畫爲奇格，而不知冒雪着花乃實境也〔三〕。」讀此乃知余見聞之不廣，故曰「江南不信有千人帳，塞北不信有萬斛船」，蓋囿於所習覩也。

校勘記

〔一〕雲色：《隨園詩集》卷二十二作「色雲」。

〔二〕堂：原本無，據《豫章漫鈔》第三補。

〔三〕而不知冒雪着花乃實境也：原本無「而」字，「着」誤作「看」，據《豫章漫鈔》第三補改。

二六

余丁卯曾作《秋燕》四首，一時遠近屬和者數十家，而以芥舟爲領袖，其卒章尤爲寄託深遠，讀「白屋紅樓」一聯，可以想見其人矣。全録於左：「鷇子成巢事已休，倏倏羈羽更難留。差池欄檻雙飛影，浩蕩風煙萬里秋。昨夜聲喧村社鼓，誰家人倚夕陽樓。相看白露淒清下，又動關河一段愁。」「雲盡瀟湘征路賒，含情重擬入盧家。華胥夢裏人偏去，王謝堂前日又斜。幸不凋零攜舊侶，敢辭飄落向天涯。同行好趁西風急，莫待梁園雪作花。」「簾外樓頭絮語頻，微軀從此傍風塵。歸期杳渺知何日，故壘存亡任主人。影落江湖秋水遠，夢回天地畫堂春。離情都付江郎恨，蔓草平原正愴神。」「年去年來物候移，涼暄閲盡不勝悲。飄摇身世應憐我，辛苦平生欲訴誰。白屋紅樓俱暫住，庭烏簷雀莫輕疑。從今不受泥塗累，海水天風信所之。」

二七

《池北偶談》：「紀映鍾字伯紫，負詩名。女弟映淮，字阿男，亦工詩，有絶句云：『棲鴉流水點秋光，愛此蕭疏樹幾行。不與行人綰離别，吟成謝女雪飛香〔二〕。』嫁莒州杜氏，早寡，年五十餘，以節終。予昔在秦淮賦詩云：『十里清淮水蔚藍，板橋斜日柳毿毿。棲鴉流水空蕭瑟，不見題詩紀阿男。』伯紫見之，殊不喜。」蓋阮亭《秦淮雜詩》十首，其前頗及板橋優伎，而以阿男綴其後，伯紫以其不倫。且目未亡人以小字，詞近於狎，故不喜也。余《爲高咸一題惲清於冰花卉畫册·水仙》云：「誰倩解佩手，爲寫淩波襪。微染湘江煙，淡籠寒霄月。匪惟泠韻生，兼遺幽芬發。想渠受生時，故秉水仙骨。披對神與俱，閒情逗一髮。」《山丹》云：「丹筆寫山丹，山丹丹的的。疑是吮毫時，染得猩脣色。」《梔子》云：「幾許慇懃意，圖將薝蔔林。東風且莫歇，好爲結同心。」《木芙蓉》云：「木末搴來也自紅，文君臉際得無同。美人寫罷應相校，兩朵芙蓉落鏡中。」《天竹》云：「纍纍火齊珠，綴枝如輻輳。莫爲出香閨，錯認相思豆。」余意不過欲切題，而已犯綺語戒，雖於「無邪」之旨未嘗顯背，而口過亦當懺悔。書此以誌余愆，且以見婦人多藝適足爲累也。

校勘記

〔一〕吟：《池北偶談》卷十一作「賦」。

按

此則所引《池北偶談》内容，邊氏有删節。

二八

《竹枝》起於巴蜀，只如今《寄生草》、《銀紐絲》之類，所以歌詠其風土也。詩人愛其聲，而嫌其詞之俚，故爲易之。然太俗不得，太雅亦不得，必半俗半雅綴以土語方言，始符體制。余《趙北口二十首》庶爲近之。又《竹枝》者，乃《子夜》、《讀曲》之遺也。晉人如「石闕生口中，啣悲不得語」，「歡欲見蓮時，安湖讀作吾入屋裏〔一〕」，「飛龍落藥店，骨出只爲汝」，「圍棋燒敗襖，着子故依然」等，皆於不通可笑之中而有奇雋之趣。後來如温庭筠之〔二〕「玲瓏骰子安紅豆，入骨相思知不知」，劉夢得之「東邊日出西邊雨，莫道無情却有情〔三〕」，猶得其遺意，餘無問焉。余嘗擬作《閨詞》四首，一云：「楚館秦樓二八姝，可憐到處掌中珠。如何四角芙蓉滿，不向湖心種一株。」又云：「鴛鴦帶緩裙腰解，蟢子絲飛酒盞濃。檢點香奩取鍼綫，衣衫已綻可重縫。」餘二首不録。

校勘記

〔一〕安湖入屋裏：《樂府詩集》卷四十九《楊叛兒》詩作「移湖安屋裏」。

〔二〕温庭筠：原本誤作「元微之」，據《全唐詩》卷五百八十三《南歌子詞二首》徑改。

〔三〕莫道無情却有情：《全唐詩》三百六十五《竹枝詞二首》一作「道是無情却有情」，一作「道是無晴却有晴」。

二九

君子之交淡如水，小人之交醲於醴。厚貌深情，指天誓日，不待他日下石，即安常處順之時，而知其不足恃也。近聞宦場中，凡同寅寮宷其相與稠密者，往來手版改「寅弟」而稱「愚弟」，謂之「換帖」。博野馬素含元文爲滇令時，曾聞某郡同官十數人共迓大憲於郊，蓋皆換帖稱「愚弟」者。一人性獨迂僻，正詣佛刹尋古碣，坐卧其下，徘徊不忍去。已而探騎云：「大憲將至！」衆皆倉皇以往，不復相聞。尋碣者嘆曰：「此謂『弟兄本是同林鳥，大憲來時各自飛』也！」聞者絶倒。

三十

晉人尺牘多不可曉，其有句讀而可曉者，便皆古質可愛。蘇、黄尚矣，前明王百穀穉登《謀野集》頗峭豔，可以爲法，然皆近日書札幕友所未曾夢見者。總之，此事容不得一點時文氣，用不着許多「之乎者也〔一〕」作波折，一犯筆端，必致噴飯。先大父爲汝寧别駕時，一醫者貽先君子札，索馬一匹，其略曰：「某，醫也，醫四方身也，有人千里來呼，能無況瘁乎？伏祈老世臺如何賜馬一匹」云。其下又作一轉云：「雖然馬有牝牡之分，性有馴劣之別，而某之所欲則牝而且馴者也。」每當會飲，出以示客，讀而笑者罰酒，無不被罰者。又吾邑有雋秋闈而祀墓者，用其族人羊一隻，與以直，不受，回札云：「賢弟所用之羊，固兄之羊，所祭之祖，獨非兄之祖乎？」又清苑郭快圃菜官京師時，屬其内弟賃一乳媪，内弟與郭書：承命代僱乳母，弟喚媒婆至，吩咐曰如何云云。媒婆次日領乳母至，乳母曰如何云云，乳母之舅曰如何云云，姑曰如何云云，其父母曰如何云云，吾曰如何云云，媒婆從中作合曰如何云云，其父母曰如何云云。纍纍凡數千言，而迄於無成。郭覽書爲之捧腹，乃覆以札，以十紙襲之甚厚，中一紅刺，大署三字「我曰罷」。此謂以少許勝多許者。

校勘記

〔一〕「者」字後，原本衍一「者」字，今徑刪。

三一

《篷軒別記》云：「有人泊舟采石，夜聞鬼哭，既而若謳吟者。達旦，大書一詩沙上，云：『長鯨吹浪海天昏，兄弟同時弔屈原。千古不消魚腹恨，一家誰識雁行冤。紅粧少婦空臨鏡，白髮慈親尚倚門。采石江邊腸斷處，一輪明月照雙魂。』」

三二

李巨來先生紱《贈墨工曹素功二絶》云：「不興落筆能爲畫，子建揮毫解作詩。信是曹家多韻事，素功功又在隃麋。」其二云：「黃山故國枌榆社，萬樹松煙素所知。總與高人成絶技，當年易水未爲奇。」按，先生蓋本徽人而遷於臨川者，故有「黃山故國」之句。又按，徽墨推素功爲第一，然素功之没已久，子孫繩武，仍用乃祖字號耳。余藏素功墨，上署「康熙丁未」，而乾隆丙辰余謁巨來先生於京邸，時先生年近七十上下，去康熙丁未已七十年，疑先生《贈素功》亦於素功没後貽其子孫耳。素功墨以「金壺液」爲第一，「青麟髓」次之，「文露」又次之。余有「青麟髓」一丸，乃高喻旃質義所餉者。又静海門人元玉擎饋「文露」一匣，共八丸。

三三

《簷曝偶談》云：「今人以夜半雞鳴爲不祥，其來遠矣。唐來鵬《曉雞》詩云：『黯黯嚴城罷鼓鼙，數聲相續出寒棲。不嫌驚破紗窗夢，却怕爲妖半夜啼。』」余按，晉時苻堅欲舉兵入寇，其妾張氏諫曰：「雞夜啼者不利行師，邇來群雞夜啼。」堅不聽，遂有合肥之敗，則又在唐以前矣。或謂寒雞至冬每見月即鳴，蓋誤以爲東方既白也，殊不爲妖。是蓋不然，雞腹内有物，長可七八分，如人形，謂之「雞尸」，所以主雞鳴者，尸不動，雞不自鳴也。《國策》云：「寧爲雞口，毋爲牛後。」誤，蓋「雞尸」、「牛從」也。從，牛子也，見《顔氏家訓》。

三四

明敖英曰〔一〕：「士大夫守官之廉，猶處子守身之潔，分内事也。若處子自多其潔，恒自矜曰：『我於庶士也，絶無桑中之約。』則人將賤之矣。士大夫之能文章，猶處子之能女紅，亦分内事也。若處子自多其女紅，恒自矜曰：『我之織紝組紃，諸姑伯姊皆莫能及。』則人將鄙之矣。」

校勘記

〔一〕「明」字後，原本衍一「清」字，今徑删。

三五

邵泉齋曰：「《易》設虚以待天下無窮之變，《春秋》據實以究天下難隱之情。」

病餘長語卷六

任邱邊連寶肇畛

一

《獻縣志·雜志》：「乾隆庚辰五月，乩仙降戈御史濤家，自稱唐人張紫鸞，友劉長卿，將訪之瀛洲島，偕往游天姥。或問以事，不答，書詩云：『身從異域來，時見瀛洲島。日落晚風涼，一雁入雲渺。』遂與戈聯句三篇，竟去不復至。」芥舟姪某，能爲扶鸞之戲，芥舟初不信，及與仙聯句，凡仙之所爲，皆姪某架乩所書，知非姪所能辨，遂深信之。詩三篇：一曰《破石崖》，一曰《天姥峰》，一曰《廬山》，三題皆乩所命。於《破石崖》自注云：「崖在滇境。」今録《廬山》一首：「九十九峰壓九江，戈 煙波沉沉濯紫色。却看高處插青冥，仙 割斷東南天半壁。吴章歃嶺山股脚，戈 磴道迂回向山發。長松大櫟都合抱，仙 嵐氣朝光互出没。鐘魚流響亂風鐸，戈 茅廬舊在廬山結。瀑布垂天勢若龍，仙 掉尾崩崖八千尺。海風不斷江月空，奇句峥嵘留太白。我聞開先寺，戈 在雙劍峰側。水向絶壑流，群山抱千百。仙 漱玉琤瑽鳴，書臺倚松石。谷轉谽谺三峽門，戈 驚指山腰飛霹靂。懸嶺豁中斷，仙 危橋時陡折。熊虎叫嘯狨狖啼，戈 蛟虬怒蟠赴深穴。遠樹疊遠巒，仙 遠巒乍明滅。五老蒼顔聳肩立，戈 岌岌峩冠拱揖客。大笑風來飄翠帶，仙 影落鄱陽半湖碧。林端亭亭香爐出，戈 此峰何以天下傑。豈非襄陽泊舟句，頓令人眼生突兀。雲飛風起向廬山，仙 問君廬山何時還。白鶴觀前松影間，東林明月開禪關。戈 此行不復久留滯，歸來與君相盤桓。仙」按，襄陽詩「掛席幾千里，名山都未逢。泊舟潯陽郭，始見香爐峰」云云，余嘗謂孟浩然兩《掛席篇》直是奇絶，不惟壓卷本集，直可領袖四家。今讀「豈非襄陽泊舟句，頓令人眼生突兀」，知其爲仙人服膺者久矣。

二

吴橋方儕鶴鳴皐，每與回道人唱和。中元日，爲儕鶴太翁攬揆之辰，回道人爲介，延八仙畢至，各贈詩一首，裝潢爲八幅屏。儕鶴嘗爲余誦之，中有句云：「待我今宵明月下，從容爲爾講黄庭。」蓋藍仙作也。

三

《雅》、《頌》之體多直，《國風》之體多曲，而用意之最深者莫如《碩人》一篇。蓋莊公惑於嬖妾，莊姜以静正不善淫失寵，詩人刺之。合應向他論正經道理，今却閣起道理不論，一味專講俗情。其首章意謂：「你難道嫌他境地卑微？他却族類貴盛如此。」次章意謂：「難道嫌他醜惡？他又其美如此。」三章意謂：「索性初來時便已反目，却也無怪，你當初何嘗不親近他？則後來之疏遠，其故可知。」卒章意云：「或者嫌他母家貧而粧資薄？乃其國之饒富如此，妾媵之美盛如此。」即以俗情而論，莊姜亦萬無可棄之理；乃竟棄之，則莊公之邪妄回惑，不但出於天理之外，且出於俗情之外矣。此是以退步爲加倍法，故其用意常在語言文字之外，自有此詩以來，此意從未經人拈出也。

四

趙文子成室，張老曰：「美哉輪焉，美哉奂焉。歌於斯，哭於斯，聚國族於斯。」「輪奂」二句屬頌，「歌哭」三句屬禱，故結句曰：「君子謂之善頌善禱。」蓋祈福亦謂之禱，不必禳禍而後爲禱也。舊注以張老之言專屬頌，以下文文子拜受之辭屬禱者非是。

《斯干》之首章，前四句屬頌，後三句屬禱；次章至五章，贊其堂室之美，屬頌，應首章之前四句；六章至九章，祝其孕育之繁，屬禱，應首章之後三句。但前禱禱兄弟也，後禱禱男女也，前後似不相符；蓋必兄弟和好，然後男女繁盛，一言以貫之曰：「和氣致祥而已。」

五

「季子臯葬其妻，犯人之禾。申祥以告，曰：『請庚之。』子臯曰：『孟氏不以是罪予〔一〕，朋友不以是棄予，以吾爲邑長於斯也。買道而葬，後難繼也。』」鄭氏謂其恃寵虐民，方氏譏其不仁不恕；劉氏兩非之，似矣，又謂其愚而過慮之一端。余謂皆非也，這却是他識大體不愚處。

校勘記

〔一〕予：原本作「余」，據《禮記》卷十一《檀弓》改。下同。

六

亡友劉司州先生牧曰：歐公《醉翁亭記》全仿《采蘋》詩。《采蘋》通篇用「于」以行文，後乃結之曰：「誰其尸之？有齊季女。」《醉翁亭記》通篇用「也」字行文，後乃結之曰：「太守爲誰？廬陵歐陽修也。」其格法絶相似。

七

「魯道有蕩，齊子豈弟。」「豈弟」不料竟作如此用法，真取心肝劊子手也。

八

《大雅·綿》詩以「綿綿瓜瓞」四字興起下文九章五十四句，《焦仲卿詩》以「孔雀東南飛」十字興起全篇一千七百餘言，此等處可見古人筆力不可及。「綿綿瓜瓞」句，《集傳》作比，看來似誤。蓋不説出正意者是比，説出正意者是興，乃文公釋《詩》之通例。「綿綿」句，言瓜先小而後大，自此以下，迤迤邐邐以至卒章，然後説明周之先小而後大，故當屬興。但他詩之興只興本章，此句直興全篇，尤奇變耳。《焦仲卿詩》亦當從此例。

九

明吴郡錢希言《遼邸記聞》云〔一〕：「遼王晚抱異疾，不能親女色，後宫中往往有抑鬱致死者。今沙橋門外宫人斜，即群姬埋香處。近有少年乘醉踏月，經素香亭下，覩一美人霓裳練裙，倚闌而歌曰：『明月滿空階，梧桐落如雨。涼颸襲人衣，不知秋幾許。』歌竟，杳然不見。」按，此遼王蓋自成祖時由遼而徙於荆者，實荆王而襲故號耳。希言又載：「張江陵未第時，遼王遇之甚厚，及後秉鈞樞，日夜思齮齕王而未有間。嘗以書抵所知云：『荆國主終不可留。』尋禍作。」蓋遼王以讒下請室而死，而江陵與有力焉。江陵其爲中山狼哉！

校勘記

〔一〕記：原本誤作「舊」，今徑改。

按

此則所引《遼邸記聞》内容，邊氏有删節。

十

《獻縣志·物産類》云：「世以蘋果爲蘋婆者，誤也。蘋婆與林檎爲近，質稍酸而澁，蘋果實大味甘[一]，不可同日語矣。《類函》：『林檎，一名來禽，又曰文林郎果，俗所謂『蘋婆』也。北土所珍，而古不經見，惟《楞嚴》諸經有之。或云元時通中國。』愚按，『來禽』之名甚古，王右軍有書索來禽青李子[二]，不得謂古不經見。《群芳譜》云：『蘋果出北地，燕趙爲佳，接用林檎，實大如梨。』又：『柰一名蘋婆，與林檎一類而二種。』是蘋婆、林檎固且有殊，若蘋果之非蘋婆，章章明矣。然則所謂古不經見，元時入中國者，其即蘋果也與？予舊有《蘋果詩》，録於後：『百産鬥精華，世鮮能知味。昔人寵荔支，謬以江瑶配。荔支雖佳實，奇醲豈足貴。北方果曰蘋，種與林檎類。蘋婆名斯近，厥質實殊異。輕紅韞香雪，著齒鐃鬆脆。哀梨嫌粗濁，蕡桃羞肥膩。清馨無與讓，淡絶乃孤詣。於植爲簹筤，於花爲蘭蕙。於詩韋蘇州，於人林處士。叶。古也不經見，云由西方致。奈何稀世珍，落落鮮品第。吾欲爲之譜，百果群屏辟。荔支放南荒，兹爲上林最。』」李漁《閒情偶記》品第果實，封爲五等爵：公曰荔支，侯曰楊梅，伯曰甘橘，子曰蘋婆，蓋亦以蘋婆爲蘋果也。男曰瀛梨。余竊嫌其不的。今讀芥舟此詩，乃知雖口之於味，其清濁雅俗亦必存乎其人也。静海元敷五克寬，常隨其叔父中丞公展成宦游西粤並甘肅。敷五云：「天下果品，當以哈蜜瓜爲第一，視荔支夐乎遠矣。」蓋哈蜜壤接甘肅，每歲進貢之外，便及督撫，故敷五得啖其鮮者。若瓜乾之流傳内地者，殆如北人食笋，只是煮竹簀耳。

校勘記

〔一〕果：原本、《獻縣志》、《坳堂文集》皆無，於文義不通，疑有脱，據上文補。

〔二〕索：原本、《獻縣志》皆無，據《坳堂文集》卷四補。

十一

朱文公與劉恭父論書法，各言其宗派，且争時代之遠近。劉戲曰：「吾所學者，唐之忠臣；公所學者，乃漢之賊臣耳。」向嘗聞晦翁書法學魏武帝，每苦其説無可考，今觀此，信然。但魏武書不少概見，即晦翁之摹勒上石者亦復寥寥。向曾見「易有太極」一段〔二〕，字大如酒盃，奇崛古奥，真出尋常蹊徑之外。近又於《寶賢堂帖》中得一段，疏散清勁而有逸氣，其辭曰：「富貴有餘樂，貧賤不堪憂。誰知天路幽險，倚伏互相酬。

請看東門黄犬，更聽華亭清唳，千古恨難收。何如鴟夷子，散髮弄扁舟。鴟夷子，成霸業，有餘謀。收身千乘卿相，歸把釣魚鈎。春晝五湖煙浪，秋夜一天雲月，此外儘悠悠。永棄人間事，疑當作「世」。吾道付滄洲。」又嘗見一聯，曰：「存忠孝心，行仁義事。」筆法甚莊重。龐雪崖先生家，又有一小匾，其文曰「寒竹松風」，則怪僻特甚，幾似蝌籀矣。余嘗謂書之體格不一，文之品類亦不一，善書者必求其相稱，觀晦翁書，洵不誣也。晦翁學魏武書，當與取李易安文作一例看。

校勘記

〔一〕「段」字後，原本衍一「段」字，今徑删。

十二

明人《訪某駙馬不遇》詩云：「踏青駙馬未還家，公主傳宣坐待茶。十二闌干春似海，隔窗閒煞海棠花。」可謂大雅卓爾不群。又某落第歸，至某關，關吏欲摧之，獻詩云：「獻策君門不見收，歸心日夜向東流。扁舟載得愁千斛，幸有明王不税愁。」亦佳。

十三

有所愛憎於其人，並以其物色目之，美惡不妨同辭，亦《春秋》之義也。如「澤門之皙，實興我役。邑中之黔，實慰我心」是已。呂布目玄德曰「大耳兒」。武侯與雲長書曰：「馬孟起當與翼德並驅争先，然不若髯之絶倫超群也〔一〕。」世人之於東坡亦曰「髯蘇」。别子夏於小冠者不妨曰「盲」，東野於張文昌亦目之曰「窮瞎張太祝」。白樂天詩云：「苦被老元偷格調，更教短李服歌行。」短李，謂李紳也〔二〕。余向客獻縣之東村，偶入郡城，與芥舟唱酬於石蘿軒，同年夏西村廷梅遣人送酒至，流連數日。歸至沙河橋，於驢背口占一律寄二子，中有句云：「長鬚送酒思麻夏，小閣聯吟憶短戈。」二子見之大譁。蓋「麻」固夏所諱，而戈亦不肯以「短」自居，然卒無以易也。

校勘記

〔一〕馬孟起當與翼德並驅争先，然不若髯之絶倫超群也：《三國志》卷三十六《關羽傳》作「孟起兼資文武，雄烈過人，一世之傑，黥、彭之徒，當與翼德並驅争先，猶未及髯之絶倫逸群也。」

〔二〕紳：原本無。按，唐詩人李紳身材矮小，人稱短李。據此補。

十四

王百穀與馬姬湘蘭尺牘數則，其情事有不可盡曉者，然其詞頗麗，並録於後。至稱姬爲「湘君」，太無忌憚，余前已言之矣。又或稱「湘娥」，亦不可。杜詩「湘娥倚暮花」，即湘君也。今並易之。

廿七日發秦淮，殘月在馬首，思君尚未離巫峽也。夜宿長巷，聞雨聲旦起不休，輿夫泥没骭，良苦〔一〕。見道傍雨中花，彷彿湘卿面上啼痕耳。陸先生大有俠骨，故以君屬之〔二〕，必能出君於險。幸無過自摧殘，使王生乞茅山道士藥，恐無益千金軀，千萬自愛。

步出都城，憇悦公竹下，緑陰黄鳥，怡目悦耳〔三〕，頓忘塵土之因。此地宛似維摩丈室，惜無天女散花耳。夜來薌澤微沾，已盡淳于一石。足下之意，非不綢繆，但老頭陀心如槁木，恐一念墮落，累劫難修〔四〕，不得不以慧劍割之。卿用卿法於我教中，便同風馬牛矣。裙扇香囊，悉出纖手所成，敢不佩服明眎？其他珍寶纍纍，皆非半偈所需，却歸粧閣。僕且東矣，湘卿自愛。

楚少年風度，得當湘卿否？闔扉謝客，雖如海侯門〔五〕，亦令諸君嘆「蕭郎是路人」也。僕今年五十，衲衣持鉢，號半偈頭陀，無復當時俠骨氣。即使見湘卿，便作維摩觀，不知湘卿心似柳絮沾泥無耳？借陸先生使者爲崑崙，致以牋素。何郎爲纂佳集，已授劂未？王生雖老，猶能作春蠶吐絲，序君首簡。

馬卿一薄蹏，可當南金千，安得輕投半偈乎！十七年不過維揚，頃者以送邢使君再歷其地，維揚酒如蜜，醯如雪，裹蹄如峿嶁，水如斥鹵，大可揶揄者〔六〕，美人皆作江西木偶粧。雖終歲軒渠，安得傾人城乎？於此念湘卿，真天上散花人也。兩兒並爲博士弟子，小者應秋試，當偕入冶城。念少時每應京兆試，攢眉數日不休，纔一下第，又向隅歸對妻子泣牛衣中。今方得離苦海，當與湘卿促膝醉長板橋頭明月，聽「玉樹歌殘未肯歸」，豈不大快事哉！徐司理談足下尚未出見客，繫臂守宮，何不擲之桃葉暮潮〔七〕？桑中之期，硜硜如金石，足下髽而效尾生也何故？

湘卿髽而俠，舉天下無足當卿者，獨昵昵一老王生也，何故？王生支離臃腫，向風則僵，不記月下君爲簪茉莉，髻乃小於花，揶揄不已。然則奚取於僕？以僕有心如王家古押衙、千牛家崑崙乎？僕已作劣頭陀相，何敢復談少年伎倆。君亦方將魂夢惱襄王，安所事此？丹陽道上，塵高於馬首，馬矢與吳大帝陵齊〔八〕。有卿畫蘭在握，便覺清芬灑然，不知行旅之困。還家送兒子都試極倉忙〔九〕，作此紙簾帷送納；昔賀懷智彈琵琶，太真妃子飄巾微拂之，龍腦之氣，經年不滅，今僕坐此車，五體皆香矣。

馬姬名守真，字月嬌，以善畫蘭，故湘蘭之名獨著。姿首如常人，而神情開滌，濯濯如春柳早鶯，吐辭流盼，巧伺人意，見之者無不人人自失也。所居在秦淮勝處，池館清疏，花石幽潔，曲廊便房，迷不可出。教諸小鬟學梨園子弟，日供張燕客，羯鼓琵琶聲與金縷紅牙聲相間。性喜輕俠，時時揮金以贈少年，步摇條脱每在子錢家，弗顧也。嘗爲墨祠郎所窘，王先生百穀脱其阨，欲委身於王，王不可。萬曆甲辰秋，百穀七十初度，湘蘭自金陵往，置酒爲壽，燕飲累月，歌舞達旦，爲金閶數十年盛事。歸未幾而病，然燈禮佛，沐浴更衣，端坐而逝，年五十七矣。有詩二卷，百穀爲其序。

鈔百穀尺牘竟，檢錢牧齋《列朝詩集·閏集》〔十〕，得《湘蘭小傳》，録之前。所謂情事未曉者盡明，但不知窘之者姓名爲誰？蓋祠郎其職，而墨其行耳。

《板橋雜志》：「南都鄭應尼，公車下第，游金陵。時曲中馬湘蘭有盛名，日與王百穀爲文字飲，遇應尼不以禮。應尼爲作《白練裙》雜劇，極其嘲謔，召湘蘭觀之，微笑而已。」

校勘記

〔一〕良苦：原本無，據《王百穀集·謀野集》卷二補。

〔二〕故：《王百穀集·謀野集》卷二作「遂」。

〔三〕怡目悦耳：《王百穀集·謀野集》卷三作「駘目娱耳」。

〔四〕「累」字後，原本衍一「累」字，據《王百穀集·謀野集》卷三删。

〔五〕雖：《王百穀集·謀野集》卷四作「縱之」。

〔六〕維揚酒如蜜，醯如雪，裹蹄如峿嶁，水如斥鹵，大可揶揄者：原本無，據《王百穀集·謀野集》卷四補。

〔七〕不：原本無，據《王百穀集·謀野集》卷四補。

〔八〕馬矢：原本無「馬」字，據《王百穀集·謀野集》卷四補。

〔九〕忙：原本誤作「茫」，據《王百穀集·謀野集》卷四補。

〔十〕詩集：原本誤作「詩選」，今徑改。

按

此則所引《湘蘭小傳》内容，邊氏有删節。

十五

王百穀有寵姬爲强暴所劫，其子某以計復之，但姬與强暴者姓氏皆無所考，蓋此事亦於其尺牘中得之也。《與曹子念》云：「趙璧幾碎秦人殿柱間，今幸獲還，直作葑菲視之耳。蘇卿陷虜，生二胡雛，視其漢節可已，歸而作老祭酒，不更索其瘢。」《與安茂卿》云：「李少卿降虜，袒且左矣。太史公廷争其冤，遭腐刑之辱而不悔，誠諒其心。彼固欲得當以報漢也。即僕今日之事，不幸乃類之矣。繫臂守宫奚足問，直謂其心可剖耳。」《與胡原荆侍御》云：「兒子無賴，黄口孱稺而强作古押衙，敗乃公事甚，帷而召合浦還者使前，顔色黯淡不可復識，服茅山道士藥後，想當然耳。僕擁之泣，非煙非霧，若見李夫人帳中魂也。」《與王元方》云：「少卿歸自虜中，把余袂烏烏。談餐氊時狀，分且死群羝間，何意馬之角哉？」《答吴幼安》云：「一馬得失，不能禍福塞翁，而足下附麗其事，比於合鏡還珠也者，過矣！過矣！群口紛紛類牛鳴，介葛盧來朝尚不省，王生耳中聽松風瀑布且無暇，而暇及汝南兒月旦哉？」以上數則，並謂此事。其姬污於强暴而不能死，已乃曲爲之解，蓋情不能割，故爲此掩耳盗鈴之計耳。又檢《百穀集》，得《無題》五首，其次章云：「昔日吹簫鳳下來，如今鳳去只荒臺。劍分那得重歸匣[一]，水覆難教再上盃。倩酒禁愁何日醉，待花消恨幾時開。無情最是窗間雨，吹入空床生緑苔。」三章云：「自從抱瑟入朱門，新寵安能易舊恩。明裏開顔暗流淚，面前行樂背消魂。梅花見説渾無色，鸚鵡傳來不肯言。知在闌干第幾曲，青天何處覓崑崙。」亦指此事。蓋其被劫未還時作也。

校勘記

〔一〕那：《王百穀集·金昌集》卷一作「安」。

按

此則所引王百穀尺牘四篇，出《王百穀集·謀野集》卷一，邊氏俱有删節。

十六

百穀《答巍甫佳甫二皇孫》尺牘云：「不佞環堵蕭然無長物，君侯伯仲以兩明月投之，遂令偷兒執兵夜覘其室，奈何新聲變而詭隨者靡然虛有其表，函牛之鼎而烹荳羹〔一〕，何味哉？不如瓦鐺烹伏雌可飽也。君侯走使者而詢不佞，不佞何以報乎？欲事吹竽，今老矣！有當時之瑟在，欲爲君侯鼓再行，又恐君侯卧也。」余按，所謂「虛有其表」如「函牛之鼎烹荳羹」者，殆謂弇洲、滄溟輩也。迨其後一變而爲公安，真如瓦鼎烹伏雌矣；再變而爲竟陵，則以瓦鼎烹荳羹而自謂太羹玄酒也，不亦惜乎？余有《正始詩》二首，其一云：「先聖流傳正始音〔二〕，不惭聾昧苦推尋。風瀟雨晦雕雙鬌，石泐泉枯誓寸心。偏是亂真多近似，豈其裁僞必哇淫。竟陵未息新城起，極目荒塗横古今。」其二云：「獨張僞幟標神韻，只是空拈鏡裏花。無志何從辨工拙[三]，有情然後論貞邪[四]。蘭苕碧海猶其末，紫色鼃聲謾自誇。但得披雲覩天日，蒼蠅大笑任讙譁。」又《寄芥舟二首》，其二云：「一自新城張僞幟，紛紛壇坫走滕邾[五]。定知感慨今猶昔，敢道英雄君與孤。大力自堪斡溟漲，小匡竊願效微軀。廓清直是吾儕責[六]，休遣江河更下趨[七]。」夫黨枯讐朽，文人習氣，余所不取。乃自喋喋不已者，誠以風雅一道所關於世道人心者爲甚鉅，不敢謂無與己事，一委諸泛泛悠悠之口也，有心人當自鑒之！

校勘記

〔二〕烹：《王百穀集・謀野集》卷一作「中」。
〔二〕先：《隨園詩集》卷二十二作「古」。
〔三〕無志何從辨工拙：《隨園詩集》卷二十二作「無志何憑論工拙」。
〔四〕論：《隨園詩集》卷二十二作「辯」。
〔五〕紛紛：《隨園詩集》卷二十六作「百年」。
〔六〕廓：原本誤作「廊」，據《隨園詩集》卷二十四《寄呈芥舟》改。
〔七〕休：《隨園詩集》卷二十六作「莫」。

十七

芥舟敍余詩，前幅極言何信陽之弊，其後乃云：「近日新城之學遍天下，余以爲一信陽而已。信陽畫自唐以上，新城則兼泛濫宋元以下，故每作一詩，胸中先據有一成詩，而後下筆追之，必求其肖而止。所作具在，可一一按也。余非敢瑕疵前人，然恐詩道坐敝於此，則明七子不獨任咎。」余敍芥舟詩，其首段云：「自嚴滄浪以禪喻詩，創爲『不落言詮，不墮理障』、『如空中相，如鏡中花』之説，其爲風雅之禍者甚烈。而近世之劫持文柄者，復宗其説而改其面目，謂詩當以神韻爲主。於是天下學者靡然趨風，社稷而尸祝之；下者循臍希聲，高者摹神追象，務爲無所歸存不着痛癢之言以相高，以爲不如此不足以爲神韻也，於是乎詩道至此而大敝。夫詩以性情爲主，所謂老生常談，正不可易者。不主性情而主神韻，得無影之掠而風之撲乎？杜甫氏千秋宗仰，求其所設神韻者，不過曰『浣花溪裏花含笑，肯信吾兼吏隱名』而已，再則曰『巡簷索共梅花笑，冷蕊疏枝半不禁』而已，外此無有也。善乎周珽氏之評杜也曰：『絶脂粉以堅其骨，賤風神以實其髓。』神韻家不磕自碎矣！」

十八

芥舟爲余作生傳云：「君於詩怪變特甚。」又云：「君之詩踵韓肩孟，其縱恣跳蕩，時出入老白〔一〕、玉川子間。而予方踽踽學右丞、左司，偶屬和，竊效君體，則蹣跚失步。君涉筆爲予所爲，沖如寂如，忽不知才氣之焉冥也〔二〕。余驚嘆戲謂曰：『君可謂釋刀成佛子矣！』」己未、庚申間，余客獻邑東之周村，後芥舟撰《邑志》，載余《流寓傳》，曰：「徵君詩有奇情，多跌宕於昌黎、玉川子間，其或斂氣約神，則與東野爲近。近世詩宗新城學，多務修飾婉麗，徵君痛斥之，以爲弊將與王、李等〔三〕。故往往粗頭亂服，直達其胸臆，然惟徵君天才能爲之，餘子不敢效也。」及爲余作詩敘，則曰：「余嘗論隨園詩以韓、孟爲宗，七言歌行兼有李青蓮、盧玉川子；今更讀之，以爲不然，隨園之詩自成爲隨園而已矣！」又云：「隨園詩縱橫排奡，不可方物，而各有一隨園者存。即其晚年深造自得，其剛果之氣不能自没於沖夷淡寂中，此隨園之真也。其骨近韓，其神近孟，其氣近李，其情思近盧；惟其近之，是以似而有之，至謂某篇學某某篇，則斷斷無有。」按，芥舟論余詩凡三段，大同小異，前後互發。其中不無稱許過當之詞，余所深愧。獨後段所謂「隨園之詩自成其爲隨園而已」，又曰「各有一隨園者存」，則非知余之深者不能道也，故余酬芥舟有云：「敬取一語敢拜受，行間字裏皆隨園。」

校勘記

〔一〕老：《坳堂雜著》之《隨園徵士生傳》作「太」。

〔二〕忽：原本無，據《坳堂雜著》之《隨園徵士生傳》補。

〔三〕王：《獻縣志》卷十作「何」。

十九

王、李而後，一變而爲袁公安，再變而爲鍾竟陵。竟陵從鬼窟蛇穴中尋覓活計，斷斷不可爲訓。至公安一派，雖未爲風雅之極則，然皆從一點性靈中疏瀹披剔而出，自未可厚非。乃論者欲與竟陵同類而共譏之，且謂竟陵之謬兆自公安，不知兩家分道揚鑣，各不相涉，以竟陵之獄府於公安，可乎？本朝沈歸愚德潛撰《古詩源》、《唐詩別裁》二書，並平正有準則，至《明詩別裁》則極貶公安、竟陵，而力扶王、李。余謂竟陵可貶，而公安必不可貶，王、李更必不可扶也。歸愚所病於公安者，以其諧耳。余謂白、蘇、陸三家皆不免於諧，太諧故傷雅，諧而不甚，反有以助其天趣。《公安集》中如「菌耳懸枯木，燒痕入古城」、「卷簾山放入，打果雀驚飛」、「戲水鷗雛分浪出，趁巢烏母曳枝行」、「春塘雨過波紋亂，花塢風回蝶翅香」、「官況易消如暴水，癡兒難長似黄楊」、「殘帙有芸猶被蠹，空蘭無蕋亦招蜂」、「花前屢泛擯愁酒，架上聊存引睡書」、「鶴有累心犹被斥，梅無高韻也遭删」、「柳態美如新櫛髮，山容親似遠歸人」、「久乘下澤無官韻，乍着紅衫有摺痕」二句《元日》。等句，皆清新警快，脱盡王、李膚廓之習，然亦未见其谐也。《公安集》有《妾薄命》一篇，极有佳致，余亦有一篇可以相配，并録於後。「落花去故條，尚有根可依。婦人失夫心，含情欲告誰。燈光不到明，寵極心還變。只此雙蛾眉，供得幾回盼。看多自成故，未必真衰老。譬彼數開花，不若初生草。織髮爲君衣，君看不如紙；割膚爲君餐，君啖不如水。舊人百宛轉，不若新人罵。死若可回君，待君以長夜。」袁宏道「水覆不可收，瓶墜不可復。新人顔色嬌於花，春風一夜蘼蕪緑。新人頭上插儂釵，儂釵此日生光輝。新人面上傅妾粉，妾自傅時郎見哂。爲郎擣麝薰衣裳，郎道不如通矢香。爲郎對鏡御鉛華，郎道不如鳩盤茶。新人誇妾歌新曲，分明蒿里相催促。儂骨已飛藥店龍，郎心真似彈棋局。吁嗟乎！非關郎寵衰，自是妾命薄。却將舊事戒新人，當日覷儂亦不惡。」邊連寶

二十

偶檢《徐文長集》，得七古一篇，新奇可喜，蓋學盧仝者，録於左。《四張歌壽張六丈七十》：「開元之唐有張果，乃云生長陶之唐。師漢帝者張子房，子房之後有張蒼。張蒼之齡百餘許，老夫牙齒只喫乳[一]，夜夜枕前羅十女。子房辟穀祈不死，先師黄石公，後約赤松子。張果騎驢驢是紙，明皇藥果酒杯裏[二]。果齒焦黑如漆米，起取如意敲落之，新牙排玉光如洗。三郎驚倒謂玉環，我欲别爾渡海尋三山。玉環淚落君之前，梨花春雨不得乾。緊彼三仙人，是君之祖君是孫。今年己丑臘嘉平，正君七十之生辰。三祖消息雖寥寥，桃仁傳種還生桃。況君作詩句多警，又如爾祖張三影。三影詩翁八十餘，此時特取如花姝，正宜七十張公子，夜夜香衾比目魚。」

校勘記

〔一〕夫：原本誤作「失」，據《徐文長三集》卷五改。

〔二〕酒杯：《徐文長三集》卷五作「杯酒」。

二一

杜子美《寄韋有夏郎中》云：「省郎憂病士，書信有柴胡。飲子頻通汗，懷君想報珠。」蓋杜病寒症，韋寄柴胡，飲子汗之，故杜欲報之也。東坡題沈佺期《回波辭》云：「姓名雖蒙齒録，袍笏未復牙緋。」子美以「飲子」對「懷君」，亦「齒録」、「牙緋」之比也。余按，不但「齒」對「牙」爲假，以「録」對「緋」亦爲假對，蓋「録」與「緑」同音也。又《古今詩話》云：「古之文章，自應律度，未以音韻爲主。自沈約增崇韻學之後，詩之體製漸多，始有雙聲、疊韻、蹉對、假對之類。如『自朱耶之狼狽，致赤子之流離』，不惟『赤』對『朱』、『耶』對『子』，兼『狼狽』、『流離』乃獸名對鳥名。又如『厨人具雞黍，穉子摘楊梅。』以『雞』對『楊』之類，皆爲假對。」子美以「飲子」對「懷君」，及《惡樹》詩「枸杞固吾有，雞棲奈爾何」，殆亦所謂假對也。余謂假對乃詩家小小伎倆，專務此則不必，偶一涉筆，未爲不可。如歸震川《鄭家口夜泊感懷》云：「爲憶含桃催物候，尚淹行李未春歸。」以「行李」對「含桃」，極工。戈芥舟寄余云：「青雲滿知己，白髪老徵君。」「知己」、「徵君」亦屬略假，而别有風趣。余寄家識珍云：「事業無終新稗史，功名不改舊寒氊。」蓋家兄時修《遵化志》。遵化，古無終國，以「不改」對「無終」，是以虚對實而兼假對也。余嘗與李立軒燈節夜游，見燈聯中有「金吾」字，立軒云：「以『玉汝』對『金吾』，極工，但難運用耳。」余曰：「假如送人謁某金吾，可云：『知誰能玉汝，算只有金吾。』」立軒鼓掌稱妙。又，五代時何承裕，閱某舉人詩有「日暮猿啼旅思悽」之句，遽曰：「足下此句甚佳，但上句屬對未切。」請爲改之。「何不云：『曉來犬吠張三婦，日暮猿啼旅思悽。』」舉人大慚而去，是又於詼諧中寓假對也。

二三

裴廷裕，乾寧中在内庭，文書頗捷，號爲「下水船」。梁太祖受禪，姚洎爲學士[一]，嘗從容。問及廷裕曰：「頗知其人構思甚捷。」洎對曰：「向在翰林號爲『下水船』。」太祖應聲謂洎曰：「卿便是『上水船』也。」洎有慚色。議者謂洎爲「急灘頭上水船」也。以上節録《摭言》。黄魯直詩曰：「花氣薰人欲破禪，心情其奈過中年[二]。春來詩思何所似，八節灘頭上水船。」山谷點化前人語，其妙如此，詩中三昧手也。以上《竹坡詩話》。

校勘記

〔一〕姚洎：原本誤作「姚泊」。據《唐摭言》卷十三改。

〔二〕奈：《竹坡詩話》作「實」。

二三

杜荀鶴詩有「舉鞭揮柳色，隨手失蟬聲」之句，此亦實景實事卒然而得者，非可以憑虚强索也。

二四

五代時劉昭禹〔一〕，論五言詩云：「如四十個賢人，着一字屠沽輩不得。」語極警策。然余謂屠沽市儈若遇妙手點化，都成文人學士，千古擅此長者，惟一蘇子瞻耳。然亦施之古體則易，近體終難。昭禹有句云：「句向夜深得，心從天外歸。」極佳。後人改「夜深」爲「眼前」，更妙。

校勘記

〔一〕劉昭禹：原本脱一「昭」字，據下文補。

二五

《青箱雜記》：「晏元獻覽李慶孫《富貴曲》云〔一〕：『軸裝曲譜金書字〔二〕，樹記花名玉篆牌。』曰：『此乃乞兒相，未嘗諳富貴者。』公每言富貴，不及金玉錦繡，惟説其氣象。若『樓臺側畔楊花過，簾幕中間燕子飛』，『梨花院落溶溶月，柳絮池塘淡淡風』，窮人家有此景否？」《韻語陽秋》：「人言居富貴之中者，能道富貴語，亦猶居貧賤者工於説飢寒也。王岐公被遇四朝，目擩耳染，莫非富貴，則其詩章雖欲不富貴得乎？故當時有『至寶丹』之喻。如『寶藏發函金作界，仙醪傳羽玉爲臺』、『夢回金殿風光別，吟到銀河月影低』等句甚多。晏元獻云：『太乞兒相。』元獻詩有『梨花院落溶溶月，柳絮池塘淡淡風』，此自然有富貴氣。吾曾伯祖侍郎諱宫，有詩云：『翩翻燕子朱門静，狼藉梨花小院閒〔三〕。』又云：『西樓月上簾簾静，後圃花開院院香〔四〕。』其視晏公真不愧矣。」《夢溪筆談》：「韋楚老《蚊詩》云〔五〕：『十幅紅綃圍夜玉。』十幅綃爲帳，方不過四五尺，不知如何伸脚？此所謂不曾近富兒家〔六〕。」統觀三論，可悟文章家「死活」、「雅俗」之辨。然如唐人云：「金鈴犬吠梧桐月，玉勒馬嘶楊柳風。」「騕褭似龍隨日换，輕盈如燕逐年新。」雖不離金玉、名馬、美人等，而其氣象自别。至於敘述貧賤飢寒，則非實拈不足以盡其致。先君子漁山公有句云：「三餐十指秃，八口五更啼。」蓋先母韓太宜人鬻指以食，故有上句。又云：「八口曾無三日米，百年剩有一床書。」余小子亦有句云：「衣券高標真疥壁，里胥洞喝爲催租。」又云：「芽從豆茁餐瓊蕋，菜爲名高啖雪花。」蓋豆腐之滓渣，俗目爲「雪花菜」也。又《贈内》云：「土銼晨炊煤暈重，蒲團夜坐緯聲寒。」都爲實拈。

校勘記

〔一〕孫：原本無，據《青箱雜記》卷五補。
〔二〕裝：原本誤作「傳」，據《青箱雜記》卷五改。
〔三〕閒：原本誤作「間」，據《韻語陽秋》卷一改。
〔四〕圃：《韻語陽秋》卷一作「苑」。
〔五〕韋楚老《蚊詩》：原本誤作「貫休富貴曲」，據《夢溪筆談》卷十四改。
〔六〕富兒家：原本誤作「富家兒」，據《夢溪筆談》卷十四改。

按

此則所引《青箱雜記》、《韻語陽秋》、《夢溪筆談》内容，邊氏皆有删節。

二六

《唐音癸籤》云：「白樂天《茶詩》：『紅紙一封書後信，緑芽十片火前春。』齊己詩：『高人愛惜藏巖裏，白甀封題寄火前。』火前者，寒食禁火之前也。今世俗多用穀雨前茶，稱爲『雨前』。《學林新編》云茶之佳者，造在社前，其次火前，其下則雨前。」余按，盧玉川詩云：「聞道新年入山裏，蟄蟲初動春風起〔一〕。天子未嘗陽羨茶〔二〕，百草不敢先開花。仁風暗結珠琲瓃，先春抽出黄金芽。」據此，則「雨前」當是雨水之前，但節令先雨水而後驚蟄，不當云「蟄蟲初動」，當是避下句「未」字，故作「初」字耳，不如改「欲」字爲妥。若作穀雨前，則旗槍盡展，爲粗枝大葉矣，何以誇高品者必曰「雨前」乎？

校勘記

〔一〕初：《全唐詩》卷三百八十八《走筆謝孟諫議寄新茶》詩作「驚」。

〔二〕木：《全唐詩》卷三百八十八《走筆謝孟諫議寄新茶》詩作「須」。

二七

柳如京《塞上詩》云：「鳴骹直上一千丈〔一〕，天静無風聲更乾。碧眼胡兒三百騎，盡提金勒向雲看。」

校勘記

〔一〕一：原本誤作「二」，據《倦游録》改。

二八

唐武后造字：𠡦年、𡔈初、囙日、囝月、〇星、𠰮君、𢘑臣、𤯔人、𠑺天、埊地、𠙺正、圀國、曌照、𡕀載。按，「囝」本音簡，閩人謂子曰囝，謂父曰郎罷。

二九

《詞統》云，莊宗後唐喜音聲、歌舞、俳優之戲，自度曲云：「曾宴桃源深洞，一曲舞鸞歌鳳。長記別伊時，和淚出門相送。如夢，如夢，殘月落花煙重。」或曰莊宗修內苑，掘得斷碑，有此三十三字。余按，詩餘之體始見於《太白集》中《菩薩蠻》、《憶秦娥》二首，前此無有，不應莊宗時已有。刊詞之斷碑，其説妄也。蓋此詞即《如夢令》所自昉耳。

三十

景焕《野人閒話》云：「蜀後主孟昶能文章，常爲箴戒頒諸司〔一〕，令各刊刻座隅，謂之頒令箴〔二〕。」今州縣戒牌「爾俸爾禄，民膏民脂」云云，即節録箴中語。

校勘記

〔一〕諸司：《野人閒話》作「諸子」。

〔二〕頒令箴：《野人閒話》作「頒令」。

三一

羅昭諫《中秋不見月》詩云：「只恐異時開霽後，玉輪依舊養蟾蜍。」二句中包括史事無限，如漢之外戚，唐之藩鎮、女謁，明之宦官。殷鑒在前，覆轍踵後，無非「開霽後」，依舊「養蟾蜍」也。此爲言之有物。

二二

景州亡友李露園基塙《中秋月食後》詩云：「依舊玉輪明，何曾滓太清。階前一瀟灑，風露浩三更。不速皆同好，無何且慢傾。悠然念昭氏，底物是虧成。」余《中秋》句云：「坐令大界同清照，不放微雲點太虛。」表兄劉松雪先生琴極贊之，以爲直是人欲静盡、天理流行氣象。

二三

《湘山野録》云：「韓熙載字叔言，事江南三主，時謂之神仙中人。風采照物，每縱轡春城秋苑，人皆隨觀。審音能舞，善八分及畫筆皆冠絶。制誥典雅，有元和之風。拜中書侍郎，卒謚文靖。嚴僕射續位高寡學，爲時所鄙。以熙載有才名，請撰其父神道碑，欲苟稱譽取信於人〔一〕。以珍貨幾萬緡〔二〕，仍綴未勝衣一歌鬟質冠洞房者，爲濡毫之贈。熙載文既成，但敘譜系品秩及薨葬褒贈之典而已。續嫌之，封還，尚冀改竄。熙載悉以向所贈及歌姬還之。臨登車，止寫一絶於泥金雙帶〔三〕，云：『風柳摇摇無定枝，陽臺雲雨夢中歸〔四〕。他年蓬島音塵絶〔五〕，留取樽前舊舞衣。』」按，熙載謚文靖，故亦稱文公。世傳韓文公畫像風裁儁雅，遂誤以爲昌黎。後人徵以《鄭群贈簟》詩有「腰腹空大何能爲」之句，乃知昌黎豐肥，畫像乃熙載，非昌黎也。然寧還金而不肯諛墓，熙載之品概如此，可以免劉叉之譏矣！昌黎或有愧色焉。

校勘記

〔一〕譽：原本誤作「舉」，據《湘山野録》卷下改。

〔二〕幾：原本無，據《湘山野録》卷下補。

〔三〕絶：《湘山野録》卷下作「闋」。

〔四〕「陽」字後，原本衍一「陽」字，據《湘山野録》卷下删。

〔五〕絶：《湘山野録》卷下作「斷」。

按

此則所引《湘山野録》内容，邊氏有删節。

三四

許彥周《詩話》：「韓熙載仕江南，每得俸給，盡散後房歌姬。熙載披衲衣持鉢，就諸姬乞食，率以爲常。東坡以玉帶贈寶覺，寶覺酬以舊衲，東坡謝以詩云：『欲教乞食歌姬院，故與雲山舊衲衣。』」

按 此則出許顗《彥周詩話》，邊氏有删節。

三五

明成化二年，長樂士人陳豐獨坐山齋，梁上二鼠相鬥，忽墜爲二老翁，長可五六寸，對坐劇飲，聲如小兒。既而有二女子歌舞勸酬，歌曰：「天地小如喉，紅輪自吞吐。多少世間人，都被紅輪誤。」又云：「去去去此間，不是留儂處。儂住三十三天天外天，玉皇爲儂養男女。」酒既闌，乃合爲一大鼠，向士人作揖狀而去。錢牧齋《列朝詩集》〔一〕。

大梁山貨店養鸚鵡甚慧，東關口有料哥亦能言。兩店攜二鳥相較，鸚鵡歌一詩，料哥隨和，音清越不相下。料哥再挑與言，不答。人問其故，曰：「彼音劣我，而黠勝我，開口便爲所竊矣。」臬司有愛子病篤，購以娱之。賈人籠之以獻，鸚鵡悲愁不食，自歌云：「我本山貨店中鳥，不識臺司衙内尊。最是傷心懷舊主，難將巧語博新恩。」留之五日，苦口求歸，乃返之山貨店，垂頸氣盡，人稱爲「首陽鸚鵡」。萬曆間事也。仝上。

余丙辰客京師，有肅寧曲里村周姓者，爲東粤郡司馬，攜紅鸚鵡入京，徉鬻於廟市，價三百金，有償六十金者。時同年李芳園永書與周有舊，同人托李借一觀。一僕攜之至，導之語，不應。僕曰：「公等避屋内，某與之言則應矣。」果然，官話之外兼能廣東鄉談，無不娓娓可聽。

校勘記

〔一〕「列朝詩集」後，原本衍一「傳」字，今徑删。

按

此則所引《列朝詩集·閏集》内容，邊氏有删節。

病餘長語卷七

任邱邊連寶肇畛

一

陳希夷，仙而儒者也；邵康節，儒而仙者也。仙而儒，故無鉛汞氣；儒而仙，故無頭巾氣。

二

乾隆壬午，余題龐雪崖先生《種竹圖小照》，去先生之歿已五十餘年矣。「小子生也晚，溯洄無由從〔一〕。夙昔緬高節，展拜忽清風。肅肅竹數個，結根幽人宮。對此歌勿諼，願言無始終。」此詩三四句「高節」、「清風」以人言，妙在已映起「竹」字；五六句正寫題面；結用「淇澳」之詩，暗藏「竹」字，妙與起句相應。結構極綿密，氣味音節俱好。

凡自評己詩，皆爲兒子、門人輩講解，偶筆於此，非用千金享敝帚而以誇示後人也。餘仿此。

校勘記

〔一〕無：《隨園詩集》卷二十六作「何」。

三

門人李蘊剛思誾詩云：「鳥鳴高枕後，花落捲簾時。」佳句也，但「落」字不如「放」字爲有興會耳。

四

余爲坦居姪廷獻題趙成穆指頭畫云：「門人李引長斯詠，能以爪畫字。所畫雖今文，殊具蝌斗勢〔一〕。因思蒙將軍，造筆殊多事。吾以心運手，即以手落紙。中間無隔閡，乃得其神理。心手紙爲三，益以筆乃四。得心應之手，數以少爲貴。不獨字畫然，繪染亦如是。竊聞古人中，南宮老顛米。生平作圖畫，不盡以筆耳。或以紙之筋，或以帚之尾。或以蓮之房，或以蔗之滓。信手塗抹間，盡得煙霞氣。雖然更有進，蓮蔗與帚紙。用以代兔毫，仍與筆無二。何如都屏却，索性用吾指。指頭畫何昉，前無所考據。聞之鈕玉樵，有王秋山氏。能以手孿畫，妙較筆加倍〔二〕。王畫不概見，且園乃繼起。高侍郎其佩，號且園。向於杜氏宅，新安。曾見且園技。活虎兼生龍，山水並花卉。畫屏十二幅，幅幅有生趣。今觀趙君作，頗得高遺意。春柳枝婀娜，春蘆叢蔚薈。略彴横道周，人跨一蹇衛。鞭絲帽影間，如有吟聲出。寥寥只數筆，瀟灑見姿制。吾家阮仲容，持此乞詩句。亂頭而粗服，詩可與畫配。獨慚字體俗，空復趁姿媚。引長不在側，二美難可致。尋思乍豁然，總緣筆爲累。」爲將帥者，將客兵最難。蓋客兵與主帥不相習，恐其頑梗而難制〔三〕；又與本國之主兵不相習〔四〕，難於整齊而畫一。故唐借回紇之兵，以平安史之亂，老杜諷之曰：「此輩少爲貴〔五〕。」亦以將客兵之難而已。此詩之妙，只是善將客兵耳。如畫是主也，却以書爲客兵；指頭是主也〔六〕，却以筆爲客兵〔七〕；中間又用紙筋、帚尾、蓮房、蔗滓等陪起筆來，爲客兵之客兵。趙成穆是主也，却以王秋山、高且園爲客兵；又以米元章之用紙、帚、蓮、蔗而不用指者陪起高、王來，爲客兵之客兵；前後却以李引長之用指寫字者，烘托起趙成穆之用指作畫來，爲恰可對面作陪之客兵。如許客兵或在前茅，或在中權，或在後勁，順條縷就〔八〕，按部就班〔九〕，拉拉雜雜，却自清清楚楚，故能成此五花八門之妙，更何患其頑梗而難制，不能整齊而畫一哉？如此，則如淮陰之多多益善矣〔十〕，又豈以少爲貴耶？此法總從左、莊、馬三家中來，通篇讀去，却只如一火鑄成，一氣吹成，絶不見安排經營之跡，此爲文成而法立。李引長是客中之主，故用以作起，用以作結。詩之體格，在韓昌黎、盧玉川之間。須知我是主將，「吾以心運手」八句，自是以强詞奪弱理，然在篇中最爲警策，無此數語，便撑支不住。葉訒菴佞王阮亭，謂「公古詩只是讀得《史記》、《漢書》熟耳」，不知曾夢見此等境界在否？

校勘記

〔一〕斗：清華本作「蚪」。

〔二〕較：《隨園詩集》卷二十六作「視」。

〔三〕恐其頑梗而難制：清華本無。

〔四〕又與本國之主兵不相習：清華本無。

〔五〕輩：原本、清華本皆誤作「物」，據《全唐詩》卷二百十七《北征》詩改。

〔六〕指頭是主也：原本無，據清華本補。

〔七〕却以筆爲客兵：原本無，據清華本補。

〔八〕縷就：清華本作「就縷」。

〔九〕就：清華本作「歸」。

〔十〕如：清華本無。

五

諺語謂：「彭祖觀井，縛己於樹，更以車輪覆井，而後觀之。」故東坡《代張方平諫用兵書》云：「願陛下之用兵，如彭祖之觀井可也。」余謂人之涉世，亦當用此法。

六

「巖居秉貞操，所慕在玄虛。清夜眠齋宇，終朝觀道書。形忘氣自充，性達理不餘。於道雖未庶，已超名跡拘。至樂在襟懷，山水非所娛。寄語狂馳子，營營竟焉如。」「失志墮塵網，浩思屬滄洲。靈芝不可得，歲月逐江流。碧草晚未凋，悲風颯已秋。仰首鸞鶴期〔一〕，白雲但悠悠。」「白露墜秋節，碧陰生夕涼。起步廣庭内，仰見天蒼蒼。東華緑髮翁，授我不死方。願言勤修學，接影三元鄉。」「四山起秋雲，白日照長道。西風何蕭條〔二〕，極目但煙草。不學飛仙術，日日成醜老。空瞻王子喬，吹笙碧天杪。」「鬱蘿聳空上，青冥風露淒。聊乘白玉鸞，上與九霄期。激烈玉簫聲，夭矯餐霞姿。一回流星盼，千載空相思。」「王喬吹笙去，列子御風還。至人絶華念，出入有無間〔三〕。千載但聞名，不見冰玉顔。長嘯空宇碧，何處蓬萊山〔四〕。」「乾道元年缺二字，當是「□□〔五〕」。仲秋既望，寓南嶽，讀道書有感成六首。晦菴朱熹書。」其印文曰「與木石居」、「晦翁」、「朱熹之印」，外有印文曰「希之」、「檇李項氏寶玩」、「新安朱氏家藏圖書記」、「楚郡吴偉似『次』字。翁書畫記」、以上並在卷尾。「袁氏鑒賞圖書」、「子京之印」、「墨林」、「墨林秘玩」、「魏國夫人趙管」、「天籟閣」、「純菴」。以上或在卷前，或在卷之接縫處。籤上題曰「朱文公先生真跡，項子京世藏」。

右朱文公墨跡一卷，古瘦而有逸氣，殊具仙風道骨。余嘗論文公書，能屢變其體以隨文體，觀此愈自信其不謬。壬午冬暮，有客持此求售，索價甚昂，余不能辨。已而以錢三千質之，然客特假之他人質錢以度歲者，非其家藏物也。余心知其不能終爲我有，特幾倖於萬一耳。果不兩月輒贖去，悵悵者累日。文公也讀道書，也欲學仙，吾故曰晦翁在宋儒中規模獨大，然特其一時寄興耳，恐癡人前不得説夢也，故其卒章云云。但神仙未嘗無有，即晦翁亦未嘗以爲必無，特渠自不肯學耳。

校勘記

〔一〕仰：原本誤作「叩」，據《晦菴集》卷一改。

〔二〕條：《晦菴集》卷一作「索」。

〔三〕千載空相思。王喬吹笙去，列子御風還。至人絶華念，出入有無間：原本無，據清華本、《晦菴集》卷一補。

〔四〕處：《晦菴集》卷一作「許」。

〔五〕當是「□□」：清華本無。

七

家兄字識珍〔一〕，爲遵化州學正，癸未告歸，改曰適畛，從新例也。說見前。

校勘記

〔一〕字：原本無，據清華本補。

八

文徵仲以庚寅生，圖其石曰「惟庚寅吾以降」。見《離騷》。太白、玉溪並行十二，吾邑李亦珊適與之同，圖其石曰「李十二」。阜城杜先生念先，行二，其詩文之印曰「杜二之所爲」。見任華寄杜甫詩。德州宋編修蒙泉名弼，圖其石曰「以弼爲名」。見某史，曾見而忘矣，俟查。此皆有典據，若强欲效顰，或曰惟某甲子吾以降，或曰张三李四，或曰張三李四之所爲，或曰以某爲名，便成傖父，徒資笑柄而已。

九

《經》曰：「趙盾弒其君。」弒君者，自然便是趙盾。曰：「許世子止弒其君〔一〕。」自是許世子實弒其父。後人墨守左氏之説，謂趙盾以不討賊之故，許世子以不嘗藥之故，並受弒君之大惡。由於信《傳》而不信《經》，歐陽氏論之詳矣。「宣公四年，鄭公子歸生弒其君夷。」以歐陽氏斷晉、許二獄之例斷之，則此案之爲首惡者〔二〕，自然便是歸生，確然無疑。乃《傳》謂歸生受公子宋之脅而不能御之以權，故獨膺首惡，誣已甚矣。吾邑向有甲邀乙爲盜而乙不從者，甲曰：「吾獨爲之，倘發覺，若亦不免。」乙懼而從之。

事覺各吐實，甲爲首，乙爲從，去〔三〕。各按律抵罪。如左氏之説，則是主謀者反蒙開釋，脅從者獨府大獄，亦殊拂萬世之通義矣。聖人作《經》，必不如是。《胡傳》從《左》。

校勘記

〔一〕君：原本作「父」，據《春秋左傳》卷四十八改。

〔二〕此：清華本無。

〔三〕去：清華本無。

十

乾隆壬午科，友人檀梅峰鑑遠試卷氣味淵永，有金壇王氏之風，然卒薦而不售。梅峰謂余曰：「二場時，夜半睡起，聞隣號有高聲朗吟者，諦聽之，則吾兄《落第十首》也。聽時恰誦至『歡譙未終飛騎過，兒童報道秀才康』之句，余心惡之。今果失第，是君詩爲我讖矣。詢之號軍，誦詩者豐潤人，不得其姓氏。」先是，姪廷掄曾館豐潤谷甥廷珍家，曾攜余詩以往，因爲人所傳誦。而此詩體類優俳，尤易膾炙人口也。

十一

「米芾《書史》：『隋唐藏書，皆金題玉躞，錦贉繡褫。』金題，押頭也；玉躞，軸心也。贉，卷首帖綾，又謂之玉池，又謂之贉；有球路錦贉，有樓臺錦贉，有樗蒲錦贉。有引首二色者，曰雙引首。標外加竹界，而打擫其覆首〔一〕，曰褾褫〔二〕。」按，古者書皆卷而不帙，今則裝訂成册，加之以帙矣，而仍名曰卷，所謂「觚不觚」也。惟卷而不帙，故聰慧者一日能讀等身之書，言引卷而伸之，其長與身等也。若如今之册而帙者，積之等身，雖聖者不能一日遍也。今則惟書畫或用卷，而書籍則皆帙矣。

校勘記

〔一〕而：原本誤作「曰」，據《丹鉛餘録·摘録》卷十二改。

〔二〕曰：原本無，據《丹鉛餘録·摘録》卷十二補

按

此則所引内容，出明楊慎《丹鉛餘録·摘録》卷十二。

十二

俞成《螢雪叢說》[一]：「徽宗政和中，建設畫學，用太學法試四方畫工，以古人詩句命題，不知掄選幾許人也。」

校勘記

〔一〕成螢：清華本誤作「螢成」。

十三

鄧椿《畫繼》：「徽宗始建五嶽觀，大集天下名手。自此之後，益興畫學，教育衆工。進士科下題取士，復立博士，考其藝能。」

按

此則出《畫繼》卷一「聖藝」條，邊氏有删改。

十四

趙希鵠《洞天帖録》：「《淳化閣帖》真跡，皆藏御府。至徽宗朝，奉旨以御府所藏真跡重刊於太清樓，其中有《蘭亭》，名曰《太清樓帖》。」按，此特自注云「其中有《蘭亭》」，以明閣帖之本無《蘭亭》也。但閣帖真跡不必皆真，右軍書中多王著贋作也。

按

此則所引《帖録》内容，出《洞天清録》，邊氏有删節。

十五

陶宗儀《輟耕録》：「唐玨，字玉潛，山陰人。歲戊寅，有總統江南浮屠楊璉真珈，於蕭山發趙氏諸陵寢，至斷殘支體，攫珠襦玉匣，焚其胔，棄骨草莽間。唐時年二十二，不勝痛憤，邀里中少年共瘞之。乃斲文木爲匱，複黄絹爲囊，各署其表，曰某陵某陵，藴地以藏，爲文而告。又於宋常朝殿掘冬青樹，植於所函土堆上，作《冬青行》二首。又《夢中》詩三首，一云：『一抔自築珠宫土[一]，雙匣親傳竺國經。只有春風知此意，年年杜宇哭冬青。』[一]」按，瞿宗吉《歸田詩話》所載，以爲收骨之事出於林義士塾。王新城《池北偶談》以爲唐、林二公同時友善，同爲義舉，考證甚詳，不能具載。《通鑒》元至正二十二年，詔發宋會稽諸陵，從西僧嗣占妙高之請也。按，據此則發陵之舉雖出於楊璉真珈，而實奉元主之命。嗚乎慘矣！我聖祖仁皇帝南巡日，屢幸江寧謁明孝陵，入門即下馬步甬道，群臣以至陵尚遠請上馬，不聽。至陵行跪拜禮，陵外聚觀者數萬人，皆感激泣下。雍正間，正定守朱之璉者，勝國裔也。保撫某欲陷之於危，具疏以聞，世宗憲皇帝降旨云：「朱之璉既係先明之後，禮應作賓王家，朕不得而臣焉，其封三等公，令守十三陵之祀。」嗚呼！小人之腹烏足以測大聖人之心哉！我朝列聖相承[二]，惻怛忠厚，直軼漢唐而追三代，宜乎福祚綿綿享萬年之有道之長也。

校勘記

〔一〕一抔：原本誤作「一杯」。此詩乃林景熙作，見林景熙《霽山文集》卷三。

〔二〕朝：原本無，據清華本補。

十六

東坡《秦穆公墓》詩云：「橐泉在城東，墓在城中無百步。乃知昔未有此城，秦人以泉識公墓[一]。昔公生不誅孟明，豈有死之日而忍用其良。乃知三子殉公意，亦如齊之二子從田横。古人感一飯，尚能殺其身。今人不復見此等，乃以所見疑古人。古人不可望[二]，今人益可傷。」子由詩云：「泉上秦伯墳，下埋三良士。三良百夫特，豈爲無益死。當年不幸見迫脅，詩人尚記臨穴惴。豈如田横海中客，中原皆漢無報所。秦國吞西周，康公穆公子。盡力事康公，穆公不爲負。豈必殺身從之游，夫子乃以侯嬴所爲疑三子。王澤既未竭，君子不爲詭。三良殉秦穆，要自不得已。」余於三十年前讀坡詩，便嫌其義之不確，批云：「穆公之死，與田横異，三良烏得與横客同日語耶？特取其詞之古健耳。」今讀子由作，實獲我心，蓋已先我而駁之矣。理有未安，雖兄説亦不敢苟同，於此見古人學問之誠篤。

校勘記

〔一〕墓：原本無，據清華本、《蘇軾詩集》卷三補。

〔二〕望：原本誤作「忘」，據《蘇軾詩集》卷三改。

十七

老子曰：「知其雄，守其雌。知其白，守其黑。」莊子曰：「滑疑之耀，聖人之所圖也。」一鼻孔出氣人，說話無不脗合如此。

佛氏一面說空以掃有，便一面說無空以掃空。莊子作《齊物論》，一面說物論多事，一面便說自己《齊物論》也是多事。總是自己一面說，便一面自己掌嘴，妙！妙！吾將更爲佛氏作一轉說：「無無空以掃無空。」更爲莊子作一轉說：「《齊物論》也是多事的尤爲多事。」如此轉轉相因，將於何處作究竟？曰：「此事原無究竟，即以無究竟爲究竟。」

十八

癸未春，芥舟寄文三首，其一爲《河間左孺人傳》，人與文皆不可不傳，具録之。

左孺人姓王氏，字淑昭，雄縣人。贈刑部侍郎炘女，適河間副都御史敬祖子印奇。明末，炘避亂江左，生孺人於六合。三藩之變，此再考。所在土氛搶攘，孺人從父間關轉徙於兵戈寇盜間。一日，走山中，將托宿居人家，孺人曰：「是非吾親故，雖顛沛造次，不可不遠嫌。」竟挽父止破廟中。母孫卒，兄又繼卒，孺人孱然弱息，事老父、撫兩弟一妹，十指衣食而猶手不釋卷。蓋孺人七八歲時，即酷嗜書，至是盡通經史、唐宋諸大家古文，尤嫻於詩。詩出入元和、長慶體。已而寇亂平，道路無梗，孺人將父北歸。歸十餘年，始適左爲繼室，年已三十有二矣。其未字也，父擇才配不得，因循久之。一日〔一〕，孺人賦詩，有「久抛玉殿辭王母，未侍金門作漢臣」之句，父見之乃亟許字。夫宰廣東恩平，又宰河南涉縣，先後二十年不置幕客，凡一切簿書訟牘，皆付孺人治之〔二〕，敏決無留者。夫卒於官，孺人歸。而弟企埥官刑部侍郎，孺人所提攜教授者也。迓至京，適有大獄，九卿會勘不決。孺人惎音忌，教也弟，弟如其指，果立判。獄上，聖祖嘉嘆，企埥遽以實啓。聖祖大驚曰：「婦人中有此特識乎？」已知孺人卓於學，將召爲宫中師，遣官禮聘。孺人語弟曰：「我老寡婦，出入宫掖非宜。」手表以疾辭。上省覽良久，竟允其請。當是時，孺人名動京師，群以「曹大家」推之。其惎弟決獄也，或又比之辛憲英，識者以爲皆無愧云。弟出撫江右，迎孺人往。孺人素遇弟嚴，雖貴不稍假。企埥喪妻，有以少君術見者，企埥惑之。方布幃召魄，孺人至，斥弟曰：「若大臣，乃爲此曹所弄耶！」弟赧而罷。後弟不盡用其教〔三〕，遽命駕歸，既歸而企埥果敗。子方焕，令確山，數月罷，家日貧困，孺人怡然安之，以教諸孫及曾孫爲娱，卒年八十七〔四〕。將卒，盡焚其所作詩古文。曾孫元鉢，遍索諸親戚，得詩數百首〔五〕，録藏於家。系曰：予少時猶及見孺人，狀貌類村媪，語質樸無文〔六〕，隤然若未嘗有學者。跡其生平臨大難，決大疑，辭大寵，一皆出於學問之氣，蓋非尋常雕文繢藻女子也。詩莫難於能怨，不當怨而怨，畔；當怨而不怨，慢。孺人三十未字，顯然形之辭章，此真得風人之旨，蓋非流俗所能知者〔七〕。若孺人可謂善怨矣。

余四十年前與孺人之孫丹書璽、丹崖壎游，每入郡輒抵其家，談讌累日。請謁孺人〔八〕，並請讀其詩古文，皆不可得，而芥舟獨得瞻仰之。蓋戈、左爲姻婭至親，而孺人在時，芥舟毁齒未盡故耳。其禮法之嚴如此。余嘗得其一聯云：「言歸言告空成夢，何有何亡只自忙。」又聞宓遠公企埥字在臺中時，孺人寄以詩，有「應將白簡達楓宸」之句；而傳中所云「元鉢於親戚間得詩數百首」者，余皆見之，而前二詩並亡，則知孺人著述散軼者多矣，惜哉！然先慈韓太孺人實與孺人爲中表兄弟，因與其孫游，嫌以尊輩自處，故請謁時不便舉此也。「久抛玉殿」一聯，非芥舟不敢書；「可謂善怨」一結，非芥舟不能斷。

丹書極忠厚，而性好客，吾友如滄州王希陶詩、庭素訓，吾邑李東山法孔、嶧山法孟皆與之游。每郡試日，即座上常滿也，然皆以稱貸爲供億。太翁性嚴厲，客京師，每歲暮歸，則逋負纍纍無以償，輒受夏楚。康熙庚子、辛丑間，交河王公蘭生視浙江學政〔九〕，丹書隨往閱卷，幕中捉刀者絶少，試卷半委丹書，以勞瘵死客中。丹崖人亦誠篤，芥舟並爲之《傳》。

校勘記

〔一〕一日：原本、清華本無，據《坳堂雜著》補。

〔二〕付：清華本無。

〔三〕弟：《坳堂雜著》作「企埥」。

〔四〕卒年八十七：《坳堂雜著》作「年八十七卒」。

〔五〕首：《坳堂雜著》作「篇」。

〔六〕無文：清華本無。

〔七〕蓋非流俗所能知者：原本、清華本無「蓋」、「者」二字，據《坳堂雜著》補。

〔八〕請謁：原本誤作「謁謁」，據清華本改。

〔九〕江：清華本作「東」。

按　此則末尾「康熙庚子、辛丑間，交河王公蘭生視浙江學政」句，時間記載有誤。據《清秘述聞》載，王蘭生乃康熙辛丑年進士，雍正五年以國子監司業任浙江學政，八年卸任。

十九

秦以代周，故《書》終以「秦誓」；秦之亡以坑焚，故《詩》終於「夏屋」。聖人前知，於斯可見。前説由來舊矣，後説見望溪先生《讀經記》。

二十

齧缺問於王倪曰：「子知物之所同是乎？」曰：「吾惡乎知之！」「子知子之所不知邪？」曰：「吾惡乎知之！」「然則物無知邪？」曰：「吾惡乎知之！」龐德公在荆州，知劉表之暗，不欲臧否人物，有問輒曰佳。其妻諫曰：「人以君爲人倫之鑒，故相諮詢，而君輒曰佳，豈人所以相諮之意乎？」德公笑曰：「卿言亦復佳。」與此正相類。蓋得莊子之意，而粗用之以涉亂世耳。焦孝然終身不語，亦同此意。古來高隱者流，無不深於二氏者。

二一

《周官》有六夢，曰正夢、噩夢、思夢、寤夢、喜夢、懼夢。晉樂廣言夢有二，曰想，曰因。想夢即思夢也，但因亦不同，有前因後因，前因者朕兆於前，後因者徵驗於後〔一〕。余生平所夢，奇驗者三，而尤奇者三之中有一。雍正戊申春，余晝寢，夢一蛇自外蜿蜒而入，余持物撲之〔二〕，至床下一躍而上，驚醒。時亡婦郭方娠，余謂郭曰：「必女也。」至五月果生女。又於是年冬，夢至一宅，云李姓。一青衣導入中堂，見一媪，拜之，媪中坐，余旁坐。談良久〔三〕，媪呼青衣令女出見，久之而後出，澹粧素服，向余萬福，坐余之右，以釵搔髮，其態可掬。移時女退而醒，以語婦郭，郭曰：「是必我死後，君續李姓耳。」蓋其時郭已病矣。越三年辛亥正月，郭卒，六月娶李氏，其形貌舉止，彷彿夢中人也。先是，丙午秋試歸，夢於月下立大門階上，有朱衣者二人自東來，前各導以燭籠。將至余舍，余急避之，則趨而入，視之，一爲新安魏智宜臨，家兄識珍拔貢同年友也；其一瘠而短，不相識，詢之魏，魏曰：「余女弟夫也。」亦不言其姓氏，遂醒。舉以語人，咸曰：「朱衣入門者二，此崑玉聯芳兆也。」然余兄弟皆不第。已而閱《題名録》，則智宜售矣。覆閲之，見第六名高岱者亦籍新安，心竊疑之。後見新安人問之，高與魏果爲郎舅，更問其狀，亦與夢符。後三十年，新安杜映庚金、弟鐵菴鐄並從余學，問之益信。吁！此則奇之尤者矣。豐年之兆，見夢於牧人，以年之豐歉，於牧人非無與也，猶可説也。至余與高君不惟目不識其人，且耳並不聞其姓氏，其窮通得失與我有何關涉？而必兆夢於絶無關涉之人而使之奇驗？此則因、想所不到，六夢所不載，雖聖者不能測矣。余時爲偈三首，其一云：「莊周夢蝶知有蝶，蝶不知周亦夢周。玄之又玄測不得，余與高君風馬牛。」餘二首不録。

校勘記

〔一〕徵：清華本誤作「懲」。

〔二〕物：原本無，據清華本補。

〔三〕談：原本無，據清華本補。

一二三

乾隆己卯秋闈，未撤棘以前〔一〕，吾邑有衙胥賈蘭阡者，夢人持盤一，盛鼈一、蝦蟆一，令賈報解元。賈以未喻其義辭，其人怒以鞭，鞭之者六。榜既發，吾邑得解者十人，吾族有其六，則六鞭之説也。領首解者，爲吾弟東旭方晉。蓋俗目蝦蟆爲疥蝦蟆，疥，解也；目鼈爲黿，黿，元也。越明年庚辰恩科，吾邑又雋十人，吾族二。越二年壬午，吾邑售八人，吾族亦二人，郝村李君步青，又裒然爲首。蓋吾邑自有明迄今，未有如此三科之盛者也。吾族自明嘉靖壬辰成進士者三人，以後未有如己卯之盛者也。俗諺以黿、鼈、黿、兔等爲侮駡人之具，不知昉於何時。《周禮》以「鼈人」名官，上古蜀相有名鼈靈者，宋楊時稱黿山先生，王十朋字黿齡，有自矜博洽號五總黿者。杜甫《寄鄭虔》詩云：「昔如水上鷗，今似罝中兔。」蘇子由生於卯年，號卯君，方今亦有張卯君、戴卯君，並效子由而爲之者。子由之子遠，小字虎兒，東坡以詩戲子由曰：「但聞蚌蛤生明珠，不聞老兔生於菟。」余據數典以紀前事，恐讀者仍惑於俗諺也，故録其説於後。

校勘記

〔一〕撤：原本、清華本誤作「撒」，今徑改。

二三

戲場上，丑末科諢不必盡爲本文所有，或扮角色人隨意增添，其中惡濫者固多，然亦頗有可以解頤者。如《周羽充配》一齣，解役引羽宿山神廟中，夜半，山神命鬼卒將羽項上鋃鐺移鎖解役[一]。役醒，急摸羽項，已失鋃鐺，驚喊曰：「毛音模，北人謂無爲毛。了周羽了！」再摸己項，却有鋃鐺，又喊云：「有了周羽，卻毛了我了！」妙！妙！因讀《齊物論》「吾喪我」語而戲及之。

校勘記

〔一〕鋃：原本誤作「銀」，據清華本改。

二四

陸魯望《白蓮》詩云：「無情有恨何人見[二]，月曉風清欲墮時。」王阮亭曰：「恰是白蓮，移用不得。余《過露筋祠》云：『行人繫纜月初墮，門外野風開白蓮。』正擬此意。」今按，某亦有詠《白蓮》句云：「孤影乍迷殘月夜[二]，無言獨裊晚風時。」亦是此種意境。

「紅蕖彌望千萬頃，素藕斜飄兩三枝〔三〕。孤影乍迷殘月處，無言獨裊晚風時；已拋塵世碧波外，獨伴幽人秋水湄〔四〕。此境可望平難可即〔五〕，悠然爲詠蒹葭詩。」此余《白蓮》詩全首，第三句之尾，本是「處」字，芥舟改作「夜」字。余用「處」字、「時」字，語意不住，與下二連讀，言此處此時已拋塵世、獨伴幽人云云也。芥舟或不得其意，故改作「夜」字，然究竟改本爲勝。蓋連下二句一氣讀，反不見本句之妙矣。作「夜」字，則讀上二句自當頓住，便見其妙耳。余又有《看山》詩云：「萬物樂危動，擾擾名利間。我緣身抱瘵，兼以老思閒；獨愛静中趣，時看雲外山。明朝更如此，且去掩松關〔六〕。」又《十里荷花》任邑六景之一云〔七〕：「芙蕖亘十里〔八〕，秋影何扶疏〔九〕。時於風定後，或值雨浥初；香氣浩如海，餘芬襲人裾。欲攬不可結〔十〕，斜陽空踟躕。」都是三四與五六連讀，語意雖不停頓，音節仍自和緩，若急讀之，便不得其味。然此法亦有所本，如老杜《月》詩云：「天上秋期近，人間月影清。入河蟾不没，擣藥兔常生〔十一〕；只益丹心苦，能添白髮明。干戈知滿地，休照國西營。」亦是三四連五六讀，言其「不没」、「常生」者但作如此用而已，蓋怨詞也，不然則蟾之不没，兔之常生，又何消説得，豈非贅語耶？他如右丞《終南别業》云：「中歲頗好道，晚家南山陲。興來每獨往，勝事空自知；行到水窮處，坐看雲起時。偶然值林叟，談笑無還期。」此詩五六之尾「處」字、「時」字，亦可與下連讀？然斷乎不可。蓋此二句自是承上句「勝事」來，若連下作讀，則於上文爲離母，並下文爲脈弛矣。此固不可一概論也。

校勘記

〔一〕見：《全唐詩》卷六百二十八作「覺」。

〔二〕夜：清華本作「處」。

〔三〕藹：《隨園詩集》卷二十作「艷」。

〔四〕獨：《隨園詩集》卷二十作「静」。

〔五〕境：《隨園詩集》卷二十作「際」。平：原本無，據清華本補。

〔六〕松：《隨園詩集》卷十七作「柴」。

〔七〕十里荷花任邑六景之一：《隨園詩集》卷二十五「花」作「香」。「任邑六景之一」，原本無，據清華本補。

〔八〕芙蕖：《隨園詩集》卷二十五作「菡萏」。

〔九〕何：《隨園詩集》卷二十五作「散」。

〔十〕結：《隨園詩集》卷二十五作「掬」。

〔十一〕常：《全唐詩》卷二百二十五作「長」。

二五

科目之設，所以網羅英賢以儲國家之用，不獨朝庭重之，造物者亦復秘惜而不肯輕予〔一〕，故非所應有而倖得者，往往償以夭札。蓋此贏則彼絀，理難兼得，造化小兒其間自有調劑也。康熙庚子、辛丑間，余與家兄識珍並授讀於雄邑之東，有應童試者十餘人會課，丏兄秉筆定甲乙。某姓者，每課必瞠焉，兄批其文尾云：「衆皆先奔，君獨後殿，亦余心所大不安也。奈何！奈何〔二〕！」曾記其《沛然下雨文》有「下之於雨」之句，其對比則云「又下之於雨」，蓋其時年近三十矣。已而余兄弟並解館歸，無何聞某已爲諸生矣，大駭。越雍正壬子，閱《題名録》，則又居然闌入解額矣，駭愈甚。後訪雄人，皆遇師宿構也。近俗之延師者，但以科第之甲乙有無，定學問之優絀，而因以高下其直。於是有以百金聘某者，某遂利其饒而往，至則辨難解惑之事不能應付其粗，欲迫以求通，而其道無由，遂以憂鬱成疾而死。吁！欲奪其算，而故予一第以促之，禍福倚伏之機，不可窺尋如此，可不懼乎！

校勘記

〔一〕者：清華本無。

〔二〕奈何！奈何：原本誤作「奈奈何何」，據清華本改。

二六

余嘗取菊四種，各爲評贊詩，目爲「東籬四妙」，其詩已入《東籬小詠》百首中矣，評贊亦小有意趣，附録於此。老僧衣格勝評云：「蒼勁森嚴，令人不敢褻視，欺霜傲雪之姿，真可父松兄竹而姊梅也。」贊云：「歲寒之友，梅與松竹。三足鼎峙，不參以菊。兹號老僧，儼然尊宿。不爲低眉，但作努目。庶幾四之，以續芳躅。」萬花魁氣勝評云：「粗疏豪放，夷然不屑，雖乏藴藉風流，而氣概自可籠罩群英，石徂徠、陳同甫一流人物也。錫以佳名，洵無所忝。」贊云：「花品有四，格韻色態。余評此花，獨偉其氣。以氣目花，難於舉似。余於此間，得少佳趣。東坡有言，獨享有愧。」黄鶴翎韻勝評云：「蕭蕭灑灑，散散疏疏，姿態非不嫣然，而以淡遠掩之，所謂謝夫人自有林下風致者。」贊云：「相彼鳴鶴，差池其羽。爰止爰集，於秋之圃。孤影亭亭，飄然欲舉。以梅爲母，以林爲父。金雀杜鵑，奚足相侶。」宫娃黄態勝評云：「風韻雖欠蕭疏，而麗服靚粧，柔媚自喜，意態頗甚矜重。當其嬌黄初綻，令人想見道家裝束時也。」贊云：「肌理細膩，骨肉停勻。斂不作態，而態甚矜。憨似無情，而情難勝。名曰倩倩，字以盈盈。應易柴桑，作温柔稱。」

二七

望溪先生《書朱注〈楚辭〉後》云：「朱子定《楚辭》，删《七諫》、《九懷》、《九嘆》、《九思》，以爲類無疾而呻吟者，卓矣；而極詆《反騷》，則於其詞旨若未詳也〔一〕。弔屈子之文，無如《反騷》之工者〔二〕；其隱痛幽憤〔三〕，微獨東方、劉、王不及也，視嚴、賈猶若過焉〔四〕。今人遘疾罹禍殃，其泛交相慰勞，必曰：『此無妄之災也。』戚屬至，則將咎其平時起居之無節，作事之失中，所謂垂涕而道之也。雄之斯文，亦若是而已矣。知《七諫》、《九懷》、《九嘆》、《九思》之雖正而不悲，則知雄之言雖反而實痛也。然雄之末路譸張苟免，未必非痛屈子之心所伏積而成，文雖工，其所以爲文之意則悖矣。豈朱子惡其爲文之意，於詞旨遂忽焉而未暇以詳與？」按，此文中段足與余《題椒山祠》詩意相發，故録之。蓋余詩原有二義：一則反言以見其忠也，一則咎其過於忠以賈禍也。然以子雲之文，朱子且不能詳其詞旨，余詩雖不敢與子雲之《反騷》比，然以傖之夫與朱子較，又不可以道里計矣！其不會余詩之詞旨而塗乙之也，亦其所哉。

校勘記

〔一〕旨：《方苞集》卷五作「指」。

〔二〕如：《方苞集》卷五作「若」。

〔三〕痡：《方苞集》卷五作「病」。

〔四〕嚴賈：《方苞集》卷五作「賈嚴」。

二八

曲沃秦武域，號紫峰，庚辰孝廉。辛巳偶寓任邑，衷其詩來訪，遂訂交。癸未，自徐州計諧，再訪余於邑東村館，投新刻數紙，中有《春郊雜興效二樹山人摘〈世〉説體》絶佳，録其尤佳者八首。「去郭數十里，明浄無纖翳。山川相映發，遂使人忘疲。實有濟勝具，故須酒澆之。了了解人意，左思招隱詩。應是我輩語，外人那得知。」「引人著勝地，山陰道上行。留連不能已，其水淡而清。累心處都盡，一往有深情。隗然吾醉矣，不爲身後名。」「常集竹林下，自有濠濮想。一手持酒杯，稜稜露其爽。諸人以爲佳，亦覺神明朗。欣然話彌日，醉幘墮几上。」「連嶺帶長川，語佳則佳矣。時有入心處，都不關山水。〔一〕」「濯濯春月柳，亹亹來逼人。淹伊多姿態，與僕有何親〔二〕。故復自佳耳，高徹如瑶林。遇酒則酣暢，時人以爲神。」「萬形來入眼，正賴絲竹寫。既坐傲然嘯，何爲乃爾也。有意無意間，莫能有言者。當與君共飲，黄公酒壚下。」「美日輒相邀，可與林澤游。不了麴蘖事，百錢掛杖頭。人言我憒憒，頗復賞此不。」「友人王眉子，有一日之長。鼓琴作數曲，不識其音響。目送歸鴻難〔二〕，惟脚委几上。軒軒朝霞舉，天際真人想。」「曩者羈棲多暇，狡獪及此，蓋因弇州老人有五言絶句，予特優孟耳。今得孝廉秦君所作，覺古人妙語無不探喉而出，恍如集諸名士於一堂，聆麈談而傾玉屑，不特形似，且神肖矣。若云此子必敝吾名，作衛夫人涕泣狀，吾則何敢？山陰童鈺跋。」即二樹山人。紫峰所貽詩上鈐一印，曰「卓犖觀群書」，篆刻極工。别後，予以札索之，更寄《南嶽志》詩三首、一《岣嶁碑》，一《壽藤杖歌》，一《南嶽圖》，皆友人高識文宰衡山刻入《南嶽志》者。《題趙成穆指頭畫》五古一首。回札云：「寄來鴻章《南嶽志》三首，神味追蹤老杜，直可與韓、蘇《石鼓》相伯仲。題畫作則玉局之超逸者〔三〕，示我典型，獲益多多矣。域自南北飄零，所遇賢豪，願爲執鞭，而尤醉心於先生與二樹山人。二樹五言有韋、柳之風，其他古作，不離南派。先生則以杜爲主，韓、蘇爲輔，斯道未墜，必有英絶領袖之，舍先生其誰與！空同云：『古不漢魏，非古也；律不盛唐，非律也。』域以爲歌行不李、杜、韓、蘇，非歌行也。竊有志焉，不敢以語人，恐爲所嗤。讀先生作，深幸予言之有合也。先生詩必傳，望善自收藏，毋致散逸爲禱。『卓犖觀群書』圖章奉去，以博一笑，此係敝友布衣李墨耘名蕙者所鐫，乞先生以一詩爲償，使域與墨耘借一言以不朽〔四〕。前與葉先生所作《龍虎行》，域欲載入《聞見瓣香録》中〔五〕，一切擲我是望。古體數首呈政，壽陵匍匐，真堪噴飯也，乞加郢削。立雪有期，先此肅覆，不戩。」紫峰稱許有過情處，余不敢堪，然其論詩之旨，頗與余合，故録之〔六〕。余《酬惠圖章》詩云：「性嗜篆刻入骨裏，問余何味難舉似。昌歜芰棗不自知，事關游藝應難已。吾友秦紫峰〔七〕，投我詩一卷。上鈐太沖句，鐫以籀斯篆。初觀似滿白，諦視乃鐵綫。陰陽乍離合，使我眼花亂。綫以言其細，鐵以言其堅。堅難屈爲蠆之尾，細如鏤以棘之端。既細且堅能事畢，走筆相索一笑擲。連朝觀玩且摩挲，什襲而藏同拱璧。張卯君，櫟下老，下逌松巖聶姓，山左人。與練江，吴姓，江南人。所作往往並娟好。墨耘鐵筆大如椽，一時盡被渠壓倒。惟有吾友宋仲良，名弼，德州人。伯仲差堪稱二妙。亡婦之弟李仙李，向來曾爲余鐫此。即太沖句。今應懊惱泣前魚，如小巫見大巫矣。近得壽山雜黄紅，細膩瑩徹勝芙蓉〔八〕。更煩墨耘爲一刻〔九〕，介紹還應倩紫峰。」此詩有天馬行空不可羈紲之勢也。有許多陪客，妙在安插得好；稍下者安在前面，極下者安在後面，差可頡頏者安在中間，便有抑揚頓挫之妙。《題指頭畫》詩，陪客都在題前，此首都在題後。

校勘記

〔一〕僕：清華本作「我」。

〔二〕難：原本、清華本空，據《聞見瓣香録》癸卷「集世説詩」條補。

〔三〕作：原本無，據清華本補。

〔四〕名薁者所鐫，乞先生以一詩爲償，使域與墨耘：清華本無。

〔五〕中：清華本無。

〔六〕余不敢堪，然其論詩之旨，頗與余合，故録之：原本無，據清華本補。

〔七〕秦：原本無，據清華本、《隨園詩集》卷二十六補。

〔八〕細膩瑩徹：《隨園詩集》卷二十六作「肌理細膩」。

〔九〕更煩墨耘爲一刻：清華本作「更煩墨耘爲一作」，《隨園詩集》卷二十六作「更乞墨耘爲一刻」。

二九

古人得力處，不可以跡循而意揣。永叔每欲作文，必先取《史記·日者傳》朗誦數過，然後構思下筆。余嘗取《日者傳》求永叔之文之所從出[一]，而不可得也。張長史觀公孫大娘舞《劍器》、《渾脱》，而得草書之神；又見擔夫與公主争道[二]，而得草書之氣。今學長史草書而必欲求舞與争道之事觀之，不比於待兔者株之守乎？昔之禪和子有見桃花而悟道者，有聞鐘聲磬聲而悟者，蓋真積力久，偶於不相涉者乍遭之，可以神會，不可以言傳也。按，《劍器》、《渾脱》，一舞曲名，後人誤讀杜詩序，以「見公孫大娘舞劍器」爲句，以「渾脱瀏漓頓挫」爲句，失其旨矣；更有删去「器」字，謂「公孫大娘舞劍」者，尤可笑，蓋緣不知《劍器》之爲曲名耳。余向來亦沿此誤。

校勘記

〔一〕「者」字後，原本衍一「者」字。

〔二〕見：原本作「觀」，據清華本改。

三十

明時官三品者，其妻始得稱太太。有某遷副憲，戲作云：「且喜荆妻稱太太，爲持杯酒樂陶陶。」近則不論秩之崇卑，凡品官之妻皆稱太太矣；繼則無爵秩而饒於財者，與輩行之獨尊於其家者，其妻並一例稱太太矣。妻稱太太，夫之稱自準是而加隆。己卯冬，余賃一婢，時余鰥居，家人議余稱，皆曰：「姪爲部郎，而己之稱反下於姪，不稱去，且無以爲姪孫輩之已授室者地。」於是隆吾之稱與太太之夫等。然所賃婢乃鄉里兒，其聲曼而長，其意親而不尊，似孫男女之稱其大父者，巨室子聞之竊笑，殊不似其僕婢聲口也。嗚呼！文章家内景不足，而苟作炳烺以爲光寵者，得不爲巨室子笑哉？

病餘長語卷八

任邱邊連寶肇畛

一

敖陶孫《詩評》曰[一]：「魏武帝如幽燕老將，氣韻沉雄；曹子建如三河少年，風流自賞；鮑明遠如飢鷹獨出，奇矯無前；謝康樂如東海揚帆，風日流麗；陶淵明如絳雲在霄，舒卷自如；王右丞如芙蓉出水，姿制天然；孟襄陽如洞庭微波，木葉初下；李太白如劉安雞犬，遺響白雲，核其歸存，恍無定處；韋蘇州如園客獨繭，暗合音徽；劉夢得如刻冰鏤瓊，流光自照；白樂天如山東父老説農事，言言着實；韓退之如囊沙背水，惟韓信獨能；孟東野如埋泉斷劍，卧壑孤松；惟杜公部如周公制作，後世不敢擬議。」按，此段説得甚好，形似之言，無不酷肖，所見在鍾嶸《詩品》之上。余嘗效顰爲之，落落偶拈數家，不但有掛漏，恐亦未必盡確也。「楊鐵崖如石曼卿主芙蓉城，究竟只是鬼仙；劉誠意如建章宫千門萬户，未審於古明堂何如，規模自是宏敞；徐文長如回道人以石榴皮畫沈東老壁，東塗西抹，無非仙靈氣；沈石田如桃源父老不識外間衣冠，淡然自足；文待詔如寶鼎齋香爐，銅汁稍佳，便不肯贋作『宣德』字樣；李滄溟如盜入王獻之室，只剩得一條青氈子；鍾伯敬如乘車入鼠穴，據爲第一無上洞天；吴梅村如弋陽佳子弟演武劇，亦復奕奕生動；王阮亭如南部名工，蒼鶻鴇狚，色色畢肖，粉墨之外，故具有雋氣。」平原董曲江元度與獻陵紀曉嵐昀向在京邸，亦嘗擬此體評近人詩，於余云：「邊肇畛如千年老栢僵卧路旁，雖不無剥蝕之痕而體魄自大。」後曲江主瀛州書院，余見之索其全，曲江曰：「逆旅中偶作戲劇耳，已毁之矣。」蓋恐以雌黄招物忌也。

校勘記

〔一〕敖陶孫：原本誤作「孫敖陶」，據清華本改。

按

此則所引《詩評》内容，見敖陶孫《臞翁詩集》所附《詩評》，邊氏有删改。

二

男女床笫之事，稗家目爲雲雨，或謂用巫山神女事，非也。蓋神女但自言「朝爲行雲，暮爲行雨」耳，下雖有「王幸之」之文，未嘗以「幸之」爲「雲雨」也。按，《莊子・天運篇》云：「雲者爲雨乎？雲解而爲雨。雨者爲雲乎？雨升而爲雲。孰隆施是？隆，興也，指雲。施，指雨。孰居無事淫樂而勸是？雲雨乃陰陽交合之氣所成，故以爲造化之淫樂。」此當是「雲雨」二字所本。然唐人詩云：「爲雲爲雨楚襄王。」又云：「雲雨巫山枉斷腸。」則固兼神女事而用之也。

三

醫家診脈，謂六脈皆須有胃氣，始爲無病。蓋胃屬土，胃氣乃土中沖和之氣，故六脈皆須有之，不但右關爲然也。此即土分「王於四時」之義。四時之運：春而夏，秋而冬，冬而春，皆以相生而代；惟夏秋爲相尅，雖六月爲土之正位，由火而土，由土而金，亦屬相生。然土之分「王於四時」者，在六月止得十八日，以十八日之土，其力甚微，不足以護所生之金。而使火之不尅，故金遇庚輒伏以避火，伏之至三，然後火力漸微，金氣漸達而爲秋，此五行之氣。稍有隔閡，必稍加斡旋而後通，無非自然之運也。五行之性，皆生子而尅孫。

四

佛氏云：「戒生定，定生慧。」莊子云：「宇泰定者，發乎天光。」此與定而後能静，安慮以得道理何異？故知此等處無三教之分。

五

格物之説，原求其切於身心意知家國天下者而格之耳，至於「飛潛動植」之倫，千狀萬態，不可紀極。若必求其所以如此如彼〔一〕，彼此不可相易之故，雖聖者不能盡悉也。《莊子·則陽篇》：「太公調曰：『雞鳴狗吠，是人之所知；雖有大知，不能以言讀其所自化，若究其一鳴一吠天然之故〔二〕，雖智者不能以言語解讀其自化之妙。又不能以意其所將爲。又不能億度其將鳴吠之機。』」歐陽公《怪竹辨》云，以竹爲有知不可，以竹爲無知不可，必以竹爲有知無知皆不可，知而後可。此真通人之論也。乃王伯安格亭前竹子，七日致病，遂以格物之説爲支離，其亦不達於朱子之本旨矣。

或曰：「公冶長之通鳥語，介葛盧之通牛語，劉三復之通馬語〔三〕，佛圖澄且通塔上鈴語，胡爲者耶？」曰：「此好怪者所倡，而民聽之濫也。鳥獸雖或有語，人亦豈得通之哉？縱天地古今之大，不可格以耳目之近，理之所無，或爲事之所有，然亦出於天授之非常，決不得以人力與。鳥獸之語，必不可以格而後通也明矣。所謂『格物』者，固人人可格而通者也。至佛圖澄本能預知勝敗之數，特假鈴語以示幻耳，鈴又烏能語哉？」

校勘記

〔一〕如此如彼：原本無「此」字，據清華本補。

〔二〕一鳴一吠：清華本作「一吠一鳴」。

〔三〕劉三復：原本無，據清華本補。

六

《莊子·外物篇》云：「物之有知者恃息，息，所以通一身之氣。其不殷和也非天之罪。天之穿之，日夜無降，竅以通息，天之穿於人身，無止歇時。人則顧塞其竇。人反以嗜欲塞其通天之竇耳。胞有重閬，閬，空曠也，胞膜中有重重空曠之處。心有天游，再進而心，必有間處以適天機，此見天穿之妙也。室無空虛，則婦姑勃溪；勃，争也。溪，空也。室無餘地，則尊卑相争也。心無天游，則六鑿相攘。六鑿，六根之鑿性者也。大林丘山之善於人也，亦神者不勝。心有天游，則方寸之内逍遥無際，何假消曠之境而後適哉？今見丘林之清曠而喜者，由平日胸次逼窄、神明不勝故也。」按，此段説得最精切明透，深中古今人之通病。蓋游有天有人，游於人者擇地而蹈，游於天者無境不恬〔一〕。性真中之優游泮涣，自不與萬物相易也〔二〕。「大林丘山」二語，足令向平、禽慶輩廢然反矣。屠緯真曰：「風清月朗，便生瀟灑之懷；黄霧黑霾，即起炎囂之念。只是心隨境轉，總於學道無當。必也月隨雲走，月竟不移；岸逐舟行，岸終自若。」白樂天詩云：「若不坐禪却妄想〔三〕，也須縱飲發狂歌〔四〕。不然明月松風下〔五〕，其奈閒思往事何〔六〕。」皆與莊旨相發，故並録之。余有《掃地》詩云：「好潔而惡污，中虚假外境。發憤痛掃除，心地一時浄。啜茗剛覺馨，觀書稍辨徑〔七〕。因念無垢人，趺坐學入定〔八〕。」此則所謂神者不勝也。

校勘記

〔一〕境：清華本作「地」。

〔二〕也：原本無，據清華本補。

〔三〕却：《全唐詩》卷四百三十八《强酒》詩作「銷」。

〔四〕也須縱飲發狂歌：《全唐詩》卷四百三十八《强酒》詩作「即須行醉放狂歌」。

〔五〕明月松風下：《全唐詩》卷四百三十八《强酒》詩作「秋月春風夜」。

〔六〕其奈：《全唐詩》卷四百三十八《强酒》詩作「争那」。

〔七〕稍：《隨園詩集》卷二十二作「始」。

〔八〕趺坐：《隨園詩集》卷二十二作「跏趺」。

七

望溪先生《示兄子道希書》云：「古者，大功同財異宫。不異宫，不能各致養於其親；不同財，則戚屬而飢寒之不恤矣。桐俗，子壯則出分，先君始命余兄弟循《禮經》。憶亡妻與嫂有違言，先兄命之曰：『汝輩日十反脣披髮搏膺無害，但欲吾兄弟分居異財〔一〕，終不可得耳』云云。按，兄弟分財異爨，乃惡薄之大者，其隙多起於婦人。蓋「刑於之化」不講久矣，但能不聽婦言而薄骨肉，庶不失爲鄉黨自好之士耳。至余兄弟本無産可析，自授室以後，各攜家授讀，其勢雖欲復合而不能。然未嘗不内歉於心，而黽勉於緩急有無之際也。兄弟五人，而存者三，今皆年踰花甲矣。静憶生平，庶無鬩墻之禍，然不敢自弛於末路也，故録望溪先生語以自勗厲，且以飭後世子孫。吾邑東關徐氏，同居者五世矣。其宗子曰岱，家長曰闇然，闇然業讀，岱耕而兼賈，男女大小七十餘人，而從無間言。二人德化，行於孩穉。每得果餌，聚群童於室，命之曰：某某長，應得幾枚，某某幼，應得幾枚。命畢而出，各取其所命之數無争者。闇然曾受學於先君子，其子价又受學於余。闇然心貌俱古，從不入城，余每造其家，熙熙然有太古之風，未嘗不肅然起敬也。

校勘記

〔一〕異財：原本無，據《方苞集》卷十七補。

八

《示道希書》云：「凡恩之賊，多由婦人志不相得；禮之敗，多由與私親男子時相見。聞之長老：桐俗淳厚時，家僕終世給事，未嘗見主母。近則稍有連者〔一〕，皆以相見爲渥洽。金陵亦然。先生桐城人，遷於金陵，故兼言之。吾母疾篤，天子加恩賜醫〔二〕。醫者曰：『定法：必視面按脈，乃復命。』余白之母。曰：『我雖老婦人，可使醫者面乎？』余曰：『君命也。』母閉目，命搴帷，顔變者久之。既而曰：『雖聖恩高厚，然繼自今，勿更使吾疾上聞矣。』今與子姓約：凡來婦者，父母歿，不得歸寧。非遠道、還母家，毋過信宿。其親伯叔父、同父兄弟、兄弟之子至吾家，相見於堂，食飲於外。從兄弟、母之兄弟，相見於外。嫂叔禮見，惟吉凶大節，同室相糾察〔三〕，有失則者，男婦不得與於祭。」按，先生家教一準《禮經》，行之於今人，必以爲迂怪而不情。蓋亦難矣，然不可不存此意。總之，聖人之制禮甚寬，獨至於男女嫌疑之地則甚嚴而且刻，幾乎防人以鳥獸行矣。乃防之如此其嚴，而瀆倫亂常者仍復接跡於後世，則聖人豈得已哉！吾家當極盛時，屋宇寬敞，内外斬斬有條。先王母馬太安人，佐王父治家甚嚴：僮僕十歲以上，不入寢室；汲者不入中門，門旁穴壁置筒，汲者注水於筒，而内以盎甕承之〔四〕；先君與庶祖母王孺人，非除夕正旦不相見。其後，舊第屬他姓，市居今宅，迫仄湫隘，而先君仍與子婦相避。今則丁口日繁，而屋不加多，勢必難仍其舊矣，然而體統猶在，界限自清。願吾子孫守此不食之碩果，更祈力復其初而已。吕新吾先生《語録》云：「閨門中缺了一個『禮』字，便是天翻地覆。」真金玉之言，當銘座右。余嘗有感作詩示子弟云：「禮字在閨闥，用以杜亂源。短垣如可踰，中冓豈堪論。聞見令人怖，幾希無復存。先人遺訓在，憑借固籬藩。」可謂深切著明矣，小子念之哉！

校勘記

〔一〕連：《方苞集》卷十七作「連」。

〔二〕天子：清華本作「上」。

〔三〕相：清華本無。

〔四〕而：原本無，據清華本補。

按

所引《示道希書》，出《方苞集》卷十七，題目爲《己亥四月示道希兄弟》。

九

《示道希書》云：「古無奴婢，事父兄者，子弟也；事舅姑者，子婦也；事長官者，屬吏也。惟盜賊之子女，乃爲罪隸，而役於官。九職：『臣妾，聚斂疏財。』質人，掌人民之質劑。蓋士大夫之家始有之，如後世官賜奴婢，亦以罪没耳。戰國、秦、漢以後，平民始得相買爲奴。然寒素儒生，必父母篤老，子婦多事，然後傭僕賃嫗，以助奉養。金陵之俗，中家以上[一]，婦不主中饋、事舅姑，而飲食必鑿，燕游惟便，縫紝補綴，皆取辦於工；仍坐役僕婦及婢女數人，少者亦一二人。婦安焉，子順焉，蓋以母之道奉其妻而有過矣。余每見農家婦耕耘樵蘇，佐男子力作，時雨降，脱履就功，形骸若鳥獸；然遭亂離焚剽，則常泰然無虞。蓋其色不足貪也，家無積貨可羨也。雖盜賊姦凶，不能不留農夫野婦耕織以供戰士，而劫辱繫虜斬刈無遺者，則皆通都大邑縉紳富室之子女也。人事之感召，天道之乘除，蓋有確然而不可易者矣。吾家寒素，敝衣粗食，頗能外内共之，而婦人必求婢女，猶染金陵積習，吾甚懼焉。道希兄弟，其與二三婦共勉之！恐余不幸而言之中也。」又云：「古者自王后以及列士之妻，皆躬織紝，而庶人以下，則衣其夫。王后之禮職，女史糾之，而監以王之師傅。民家之女工[二]，鄰長稽之，而達於鄉遂之長。一日廢其職，怠其事，則過愆集之。如是，則貴者安得恣睢以適己，賤者尚敢勃溪於舅姑之側乎？今之士，古之庶人也。繼自今，凡來婦者，縱不能衣其夫，衣裳必自製；以屬工人者，值勿給。」

以上二條，言治家者以勤儉爲要也。所論南方敝俗，吾邑犯者尚少。至吾家累世寒素，雖欲犯之而不能，又不必言矣。先君子有句云：「三餐十指禿，時先母鬻指佐食。八口五更啼。」余有《荒年》詩云：「食指擬從疏賤減，家惟賃一老嫗，擬欲遣之。研田亦以旱乾荒。」

又《贈老妻》云：「土銼晨炊煤暈重，蒲團夜坐緯聲寒。」皆實録也。晏安鴆毒，吾知免矣。子孫他日倘或粗給衣食，當奉先生之言爲炯戒也。

校勘記

〔一〕家：清華本誤作「年」。

〔二〕工：《方苞集》卷十七作「功」。

十

吏役之傲睨尊大而無所忌憚者，隣邑中河間爲甚，而吾邑次之。然非盡其人之過也，半由紳士之不自重者，或囑託情面，或包攬詞訟，日與之相狎，有以招其慢易而輕侮，漸積日久，遂一概而量之耳。别黑白而判涇渭，豈所望於若曹哉？先曾王父安慶公，以名德重望養高林下，縣令或遣人有所咨稟，必於廳事之中設公座，胥役則跪於階下，房吏則於階上倚簾櫳以立，稟訖鵠退而出。縣令每過門必辟鑼，公或坐，必肅衣冠而起，拱立以待，聞鑼鳴然後就坐。蓋先輩之敦古處而不惰於冥冥如此，故其德威所著，雖皂隸輿臺無不仰望而畏憚之也。今則其道已古矣。

十一

七出之内，惟「無子」、「惡疾」二條似乎可疑，以二者皆天之所命，非其人之罪也，似不得與淫、盜、不孝者同科。蓋有惡疾亦必無子，無子則無後，欲置媵以圖後。而三代之法，「支子不祭」，庶子不可以承宗祧，又無兩嫡並立之禮，其勢雖欲不出而不得耳。由是以推：或爲人繼室，已雖不育而前室有子者，或已生子而後有惡疾者，皆可以不出。此固可以義起也。

十二

字義有以相反爲用者，如治亂之爲亂，度荒之爲荒，滌污之爲污，補綻之爲綻，彌釁之爲釁是也。至於苟既爲苟且矣，而又爲誠僅〔一〕，既爲少辭矣，而又爲多辭，是一字二義而顯然相背，又别是一例。

校勘記

〔一〕僅：疑爲「謹」字之誤。

十三

詩家韻押虛字「之乎者也」等，其易焉者耳。如韓、孟《鬥雞》聯句：「一噴一醒然，再接再礪乃。」如此押纔奇。余《冬夜讀書》云：「尺尋無已而[一]，寸進又豈但。」「但」字押得好，「而」字配得亦好。又嘗取趙壹「文字雖滿腹，不如一囊錢」爲韻，作詩十首，其第三首云：「理勢未盡慊，轉語乃用雖。但可加文字，難可加貝龜[二]。」「雖」字押得尤有思致。

校勘記

〔一〕無：清華本、《隨園詩集》卷九作「勿」。

〔二〕難：《隨園詩集》卷二十四作「未」。

十四

余當年五十時，鬚髮已盡皓然，有問余年者曰：「尊齒已古稀乎？」然其意實謂不止古稀也。余以實告，舉座皆咄嗟曰：「何乃至是！」其稍通世故者，以甘言慰之曰：

「減壽詢猶長，去聲。諺云：「逢人減壽。」得情嘆已僉〔一〕。哀矜嫌語樸〔二〕，解釋愛言甜。」余以示李立軒，立軒不解，余告以前事。立軒鼓掌稱妙，且曰：「詠白髮，壓『甜』字，真爲人夢想所不到。」故知所謂險韻者，只是眼前字耳，非奇字也。

校勘記

〔一〕得情：《隨園詩集》卷二十作「驚衰」。

〔二〕嫌：《隨園詩集》卷二十作「憎」。

十五

詩家官字樣，如：將之義如與、爭之義如怎、遮莫之爲一任、只今之爲至今、取次之爲按次、賸欲之爲欲想。又如：若爲情、若爲通、太癡生、太憨生、太瘦生、可憐生之類。有可解者，亦有不可盡解者，有有來歷者，亦有不可考其來歷者。正如官場中文移稿案「該府該縣」、「蒙此等因」、「右仰通知」、「須至呈者」、「須至稟者」等類，不能究其所自始，不惟天下通行，且將終古不易也。

十六

蘇氏父子之文，絶似曹家父子之詩：老泉沉雄猛厲似孟德，東坡閎深涵衍而出，以健達似陳思；潁濱才氣稍弱，而有淡泊汪洋之趣，却又絶似五官中郎也。金、陳之時文似李、杜：大士似太白，正希似子美；一以才勝，一以學勝。人定者能勝天，故李不如杜，陳不如金。

十七

盥槃以銅爲之，俗謂之銅盆，後因禁銅而易以錫，因謂之錫銅盆。袍内襯以短衫，京師人謂之布衫〔一〕，或以紬爲之，謂之紬子布衫。長柄短舌，以木爲之，用以掀土，謂之木掀，或仿其制而易以鐵，又謂之鐵木掀。如此則不惟觚不觚，而且名之爲圓觚矣，豈不可笑？

校勘記

〔一〕人：原本無，據清華本補。

十八

《與孫以寧書》望溪先生：「昔歸震川嘗自恨足跡不出里閈，所見聞無奇節偉行可紀。承命爲徵君作傳，此吾文所托以增重也，敢不竭其愚心。所示群賢論述，皆未得體要。蓋其大致不越三端：或詳講學宗旨及師友淵源，或條舉平生義俠之跡，或盛稱門墻廣大，海内嚮仰者多，此三者皆徵君之末跡也；三者詳而徵君之志事隱矣。古之晰於文律者，所載之事，必與其人之規模相稱[一]。太史公傳陸賈，其分奴婢裝資，瑣瑣者皆載焉。若蕭、曹《世家》而條舉其治績，則文字雖增十倍，不可得而備矣。故嘗見義於《留侯世家》曰：『留侯所從容與上言天下事甚衆[二]，非天下所以存亡，故不著。』此明示後世綴文之士以虛實詳略之權度也[三]。宋元諸史，若市肆簿籍，使覽者不能終篇，坐此義不講耳。徵君義俠，舍楊、左之事，皆鄉曲自好者所能勉也；其門墻廣大，乃度時揣己，不敢如孔、孟之拒孺悲[四]、夷之，非得已也；至論學，則爲書甚具，故並弗採著於傳上[五]，而虛言其大略。昔歐陽公作《尹師魯墓誌》，至以文自辨，而退之之誌李元賓，至今有疑其太略者。夫元賓年不及三十，其德未成，業未著，而銘辭有曰：「才高乎當世，而行出乎古人。」則外此尚安有可言者乎？僕此傳出，必有病其太略者。不知往者群賢所述，惟務徵實，故事愈詳，而義愈陋；今詳者略，實者虛，而徵君所蘊蓄，轉似可得之意言之外；他日載之家乘，達於史官〔六〕，慎毋以彼而易此。惟足下的然昭晰，無惑於群言，是徵君之所賴也，於僕之文無加損焉。如別有欲商論者，則明以喻之。」

《與程若韓書》前人：「來示欲於誌有所增，此未達於文之義法也。昔王介甫誌錢公輔母〔七〕，以公輔登甲科爲不足道，況瑣瑣者乎？此文乃用歐公法，若參以退之、介甫法，尚可損三之一，假而周、秦人爲之，則存者十二三耳。此中出入離合，足下當能辨之。足下喜誦歐公文，試思所熟者，王武恭〔八〕、杜祁公諸誌乎？抑黃夢升、張子野諸誌乎？然則在文言文，雖功德之崇，不若情辭之動人心目也，而況職事族姻之纖悉乎？夫文未有繁而能工者，如煎金錫，粗礦去，然後黑濁之氣竭而光潤生。《史記》、《漢書》長篇，乃事之體本大，非按節而分寸之不遺也。前文曾更削減，所謂參用介甫法者，以通體近北宋人，不能更進於古。今並附覽，幸以解其蔽。必欲增之，則置此而別求能者可也。」

《書〈蕭相國世家〉後》前人〔九〕：「《蕭相國世家》所敘實績僅四事，其定漢家律令及受遺命輔惠帝皆略焉。蓋收秦律令圖書，舉韓信，鎮撫關中，三者乃鄂君所謂萬世之功也。其終也，舉曹參以自代而無少芥蔕，則至忠體國可見矣。至其所以自免，皆自他人發之，非智不足也，使何自覺之，則於至忠體國之道有傷矣。故終載請上林空地，械繫廷尉，明何用諸客之謀，非得已也〔十〕。若定律令，則別見曹參、張蒼傳。何之終，惠帝臨問而舉參，則受遺命不待言矣。蓋是二者，於何爲順且易，非萬世之功之比也。班史承用是篇，獨增漢王謀攻項羽，何諫止，勸入漢中一事，在固亦自謂識其大者，然其事有無未可知，信有之，亦謀臣策士所能及也。且語甚鄙淺，與何傳氣象規模不類。柳子厚稱太史公書曰潔，非謂辭無蕪累也，蓋明於體要，而所載之事不雜，其氣體爲最潔耳。以固之才識，猶未足與於此，故韓、柳列數文章家，皆不及班氏。噫，嚴矣哉！」按，漢王欲攻項羽，此時楚鋒正强盛而未可挫，故何勸入漢中，養晦觀變，待釁而動。然迨鴻溝既割之後，一鼓而羽就禽。向使不用何策，則勝負未可知，不知鹿死誰手矣。然則入漢中之謀，正楚漢所以興亡之大機，太史公釋此不載，未必非其疏漏，而先生轉以此譏班氏，恐非班氏所敢受也。

《書〈王莽傳〉後》望溪：「此傳，尤班史所用心。其鉤抉幽隱，雕繪衆形，信可肩隨子長，而備載莽之事與言，則義焉取哉？莽之亂名改作，不必有徵於後也。其姦言雖依於典誥，猶唾溺耳，雖用文者無取也。徒以著其譸張爲幻，則舉其尤者以見義可矣；而喋喋不休以爲後人詼嘲之資，何異小説家駁雜之戲乎？漢之朝儀禮器一切闕焉，而具詳莽所易職官、地域之號名，不亦舛乎？馮道事四姓十君，竊位固寵於篡弒武人之朝，其醜行穢言必多矣。歐公無一及焉，而轉載其直言美行及所自述，與『當時士無賢愚皆喜爲稱譽〔十二〕，至擬之於孔子』，是之謂妙遠而不測也！」

右録望溪先生文四首，其論爲文之義法甚詳，凡爲碑版傳誌者，可以取則矣。乃今之倩人諛墓者，率皆買菜求益，擇瓜取肥，則古道不行於今也。維文亦然，可勝慨哉！程若韓者，未詳何人〔十二〕，然於先生制義評語中曾識其姓氏，則亦必能文之士也。以能文之士而不能無蔽，以先生之文不能定其心而通其蔽，況其散焉者乎？先生所論義法，余亦心知之，然爲人作誌傳而不能用，職此故耳。或曰：「今之誌表，不過殯葬時緣飾耳目之具耳，又何以古之義法爲。」

校勘記

〔一〕必：原本、清華本無，據《方苞集》卷六補。

〔二〕俟：原本、清華本誤作「候」，據《方苞集》卷六改。

〔三〕綴：原本空，清華本誤作「繳」，據《方苞集》卷六改。

〔四〕拒：原本、清華本誤作「距」，據《方苞集》卷六改。

〔五〕上：原本、清華本皆無，據《方苞集》卷六補。

〔六〕於：原本誤作「之」，據清華本、《方苞集》卷二改。

〔七〕公輔：原本、清華本誤作「思公」，據《方苞集》卷六改。下同。
〔八〕武恭：原本、清華本誤作「恭武」，據《方苞集》卷二改。
〔九〕後：清華本無。
〔十〕也：《方苞集》卷二作「耳」。
〔十一〕時：原本、清華本誤作「世」，據《方苞集》卷二改。
〔十二〕何：原本、清華本誤作「者」，今徑改。

十九

《書孝婦魏氏詩後》前人：「古者，婦於舅姑服期。先王稱情以立文，所以責其實也。古婦之愛舅姑，不若子之愛其父母，天也。苟致愛之實，婦常得子之半，不失爲孝婦。古之時，女教修明，婦於舅姑，内誠則存乎其人，而無敢顯爲悖者。蓋入室而盥饋，以明婦順；三月而後反焉，示不當於舅姑而遂逐也。終其身榮辱去留，皆視其事舅姑之善否，而夫之宜不宜不與焉。惟大爲之防，此其所以犯者少也。近世大夫百行不怍，而獨以出妻爲醜，閭閻化之，由是婦行放軼而無所忌，其於舅姑以貌相承而無勃溪之聲者〔一〕，十室無二三焉，况責以誠孝與？婦以類己者多而自證，子以習非者衆而相安，百行之衰，人道之所以不立，皆由於此。廣昌何某妻魏氏封肱求療其姑〔二〕，幾死。其事雖人子爲之，亦爲過禮，而非篤於愛者不能。以天下婦順之不修，非絶特之行不足以振之，則魏氏之事豈可使無傳歟？抑吾觀節孝之過中者，自漢以降始有之，三代之盛未之前聞也。豈至性反不若後人之篤與？蓋道教明而人皆知夫義之所止也。後世人道衰薄，天地之性有所壅遏不流，其鬱而鍾於一二人者，往往發爲絶特之行而不必軌於中道，然用以矯枉扶衰，則固不可得而議也。魏氏之舅官京師，士大夫多爲詩歌以美之，余因發此義以質後之人。」扶樹道教之文！「道教明而人皆知義之所止」一語，淺儒尤道不出。

校勘記

〔一〕其於：原本誤作「於其」，據《方苞集》卷五改。

〔二〕肱：原本誤作「股」，據《方苞集》卷五改。

二十

《轅馬説》前人：「余行塞上，乘任載之車，見馬之負轅者而感焉。古之車，獨輈加衡而服兩馬。今則一馬夾轅而駕，領局於梔〔一〕，背承乎韅，靷前而靽後。其登阤也，氣盡喘汗，而後能引其輪之却也。其下阤也，股蹷蹄攢，而後能抗其轅之伏也。鞭策以勸其登，梔棘以起其陷[一]，乘危而顛，折筋絶骨，無所避之，而衆馬之旁驅而前導者不與焉[二]。其渴飲於溪，脱駕而就槽櫪，則常在衆馬之後。噫！馬之任孰有艱於此者乎？然其德與力，非試之轅下不可辨。其或所服之不稱，則雖善御者不能調也。駑蹇者力不能勝，狡憤者易懼而變，有行坦途驚蹶而僨其車者矣。其登也若跛，其下也若崩，濘旋淖陷，常自頓於轅中，而衆馬皆爲所掣。嗚呼！將車者，其慎哉！」通篇以轅馬喻相，結句歸重人生。

校勘記

〔一〕梔：原本誤作「扼」，據《方苞集》卷三改。

〔二〕棘：原本無，據《方苞集》卷三補。

〔三〕旁驅而前導者：《方苞集》卷三作「前導而旁驅者」。

二一

《左忠毅公逸事》前人：「先君子嘗言：鄉先輩左忠毅公視學京畿，一日風雪嚴寒，從數騎出，微行入古寺，廡下一生伏案卧，文方成稿[一]。公閲畢，即解貂覆生，爲掩户。叩之寺僧，則史公可法也。及試，吏呼名至史公，公瞿然注視；呈卷，即面署第一，召入使拜夫人，曰：『吾諸兒碌碌，他日繼吾志事，惟此生耳。』及左公下廠獄，史朝夕獄門外。逆閹防伺甚嚴，雖家僕不得近。久之，聞左公被炮烙〔二〕，旦夕且死。持五十金，涕泣謀於禁卒，卒感焉。一日，使史更敝衣草屨，背筐，手長鑱，爲除不潔者。引入，微指左公處，則席地倚墻而坐，面額焦爛不可辨，左膝以下筋骨盡脱矣。史前跪抱公膝而嗚咽。公辨其聲而目不可開，乃奮臂以指撥眥〔三〕，目光如炬，怒曰：『庸奴！此何地也，而汝來前。國家之事，糜爛至此。老夫已矣！汝復輕身而昧大義，天下事誰可支拄者？不速去，無俟姦人構陷，吾今即撲殺汝！』因摸地上刑械，作投擊狀〔四〕。史噤不敢發聲，趨而出。後常流涕述其事以語人曰：『吾師肺肝〔五〕，皆鐵石所鑄造也。』崇禎末，流賊張獻忠出没蘄、黄、潛、桐間，史公以鳳廬道奉檄守禦。每有警，輒數月不就寢，使將士更休，而自坐幃幕外〔六〕。擇健卒十人，令二人蹲踞而背倚之，漏鼓移則番代。每寒夜起立，振衣裳，甲上冰霜迸落，鏗然有聲〔七〕。或勸以少休，公曰：『吾上恐負朝廷，下恐愧吾師也。』史公治兵，往來桐城，必躬造左公第，候太公太母起居，拜夫人於堂上。余宗老塗山，左公甥也，與先君子善，謂獄中語乃親得之於史公云。」左公忠肝烈膽，非此不足以傳之。《張中丞傳後敘》、《段太尉逸事狀》，此可與之鼎峙矣。歸太僕恨足跡不出里閈，不得奇節偉行可以傳述者，某亦云。按，史閣部可法、刁蒙吉先生包，一以節義顯，一以理學著，與先曾大父安慶公舉同舉天啓丁卯鄉薦，相友善。安慶公司馬徽州時，能以方略禦寇，其後奉身而退，優游林下者四十餘年，卒以保其晚節，可以無忝於二公矣。

校勘記

〔一〕稿：《方苞集》卷九作「草」。
〔二〕聞：原本無，據《方苞集》卷九補。
〔三〕眥：原本誤作「眵」，據《方苞集》卷九改。
〔四〕狀：《方苞集》卷九作「勢」。
〔五〕肝：原本誤作「膽」，據《方苞集》卷九改。
〔六〕幃：《方苞集》卷九作「幄」。
〔七〕鏗：原本誤作「鑑」，據《方苞集》卷九改。

一三

《石齋黃公逸事》前人：「黃岡杜蒼略先生客金陵，習明季諸前輩逸事，嘗言：崇禎某年，余中丞集生與譚友夏結社金陵，適石齋黄公來游，與訂交，意頗洽。黄公造次必於禮法，諸公心嚮之而苦其拘也，思試之。妓顧氏，國色也，聰慧通書史，撫節安歌，見者莫不心醉〔一〕。一日大雨雪，觴黄公於余氏園，使顧佐酒，公意色無忤，諸公更勸酬，劇飲大醉，送公臥特室；榻上枕衾茵各一，使顧盡弛褻衣，遂鍵户〔二〕，諸公伺焉。公驚起，索衣不得，因引衾自覆薦而命顧以茵臥；茵厚且狹，不可轉，乃使就寢。顧遂暱近公，公徐曰：『無用爾！』側身内向，息數十轉，即酣寢，漏下四鼓覺，轉面向外；顧佯寐無覺，而以體傍公，俄頃，公酣寢如初。詰旦顧出，具言其狀，且曰：『公等爲名士，賦詩飲酒，是樂而已矣！爲聖爲佛，成忠成孝，終歸黄公。』及明亡，公縶於金陵，在獄日誦《尚書》、《周易》，數月貌加豐。正命之前夕，有老僕持鍼綫向公而泣曰：『是我侍主之終事也。』公曰：『吾正而斃，是爲考終，汝何哀？』故人持酒肉與訣，飲啖如平時。酣寢達旦，起盥漱更衣，謂僕某曰：『曩某以卷索書〔三〕，吾既許之，言不可曠也。』和墨伸紙作小楷，次行書，幅甚長，乃以大字竟之，加印章，始出就刑。其卷藏金陵某家。顧氏自接公，時自懟。無何，歸某官。李自成破京師，謂其夫：『能死，我先就縊。』夫不能用。語在搢紳間，一時以爲美談焉。」康熙末年，文體卑靡，余時應童子試，所習率皆輕滑惡劣，心頗厭之。於時購得《望溪先生稿》，讀之雖未盡解，而心竊向企。其後誦習日久，而悉得其藴蓄。竊以爲自有制義以來，先生一人而已，震川不足與之抗也。故余文所以稍稍異於流俗者，其得力實由於此。越乾隆壬申，客郡城，晤山陰胡稺威天游，以先生《古文偶鈔》見餉，讀之卒業，又以爲自曾子固後一人而已。先生嘗論震川古文，以爲言有序矣，而未能有物，若先生者可謂有物矣。又嘗與王崑繩言志，以爲所企仰者：「學行繼程朱之後，文章介韓歐之間。」先生庶幾不愧其言矣。前乙卯、丙辰間，家兄適畛分訓京邑，余亦在都中。時有族兄俊亭者客先生家，先生亦頗知余兄弟，但時余以將應制科，不敢干謁權要，而先生跡與權要者等，故屢欲贄謁，卒以引嫌而止。企慕而私淑之者數十年，因區區拘咫尺之義而不得親炙其輝光，至今猶悵悵也。聞先生爲人坦率而戇直，其於士類好北而惡南，故多不理於南人之口。余所聞於南人者，不但毁其人，而且訾議其文。噫！「瞽者無以與乎文章之觀，聾者無以與乎鐘鼓之聲」，豈不信哉！

校勘記

〔一〕聰慧通書史，撫節安歌，見者莫不心醉：原本無，據《方苞集》卷九補。

〔二〕遂：《方苞集》卷九作「隨」。

〔三〕曩：原本誤作「囊」，據《方苞集》卷九改。

二三

詩人未有不煉字者[一]，如「關關」爲雌雄相應之和聲，並非《爾雅》現成訓詁，《爾雅》固有此訓，然《爾雅》即所以解《詩》，蓋先有《詩》而後有《爾雅》，非先有《爾雅》而「關關」之詩用《爾雅》也。這便是詩人自己造得。石曼卿詩云：「樂意相關禽對語，生香不斷樹交花。」其出句便從此脱胎。又如「窈窕」二字都從穴，並非婦人身上字面，詩人却以形容淑女，妙！「幽閒貞静」四字，注得亦妙，蓋「窈窕」本有幽静之義，加以「閒」字、「貞」字，則切淑女矣。後人如「窈窕青瑣闥」之類，却是用其本義，乃或反謂其借用《毛詩》，所謂秀才不識字也。詩人未有不煉句者，如「莫赤匪狐，莫黑匪烏」，語甚奇崛，若作「莫匪赤狐，莫匪黑烏」，或作「赤莫匪狐，黑莫匪烏」，成何句法？又後來詩人用韻之變，大要亦皆本於《三百》。如《葛覃》之首章用雙韻，「谷」、「木」爲一韻，「淒」、「喈」爲一韻。《兔罝》全篇都用雙韻，罝，叶，子余反，與「夫」應。韓退之《張徹銘辭》亦用雙韻，朱子以爲用《葛覃》、《兔罝》之例是也。大要文字之法，備於《六經》，後人只在義理上講求，便忘其文字之妙耳。如「君子不器」、「有教無類」，只以四字爲篇，「觚不觚」以七字成篇，中却連用四「觚」字，此等處只因讀滑不覺，一經拈出，便覺耳目一新。

校勘記

〔一〕人：原本無，據文意補。

二四

荆卿傳《易水歌》，漢高傳《大風歌》，項羽傳《垓下歌》，三人未嘗以詩名世，然後人選古詩未有遺之者，可見著述何必在多。唐人如劉昚虚，亦只傳得十四首，後人轉恨其少，其得失孰與夫令人嫌多者？

二五

曾子固守齊州，《冬夜即事》詩云：「香清一榻氍毹暖，月淡千門霧凇寒〔二〕。」自注云：「齊寒甚，夜氣如霧，凝於木上。旦起視之如雪，日出飄滿階庭，尤爲可愛，齊人謂之霧凇。諺曰：『霧凇重霧凇〔三〕，窮漢置飯甕。』以爲豐年之兆。」余按，此即《漢書·五行志》所謂「木稼」者也，一名木介，又名木甲，又名木冰，燕趙間俗名樹掛。《唐書》寧王卧病，引諺語曰：「『樹若稼，達官怕』，二語亦見《漢書·五行志》。吾其死矣。」

果然。此與齊諺吉凶相反，然此乃燕齊間歲歲有之，殊無關災祥也。

校勘記

〔一〕淞：原本誤作「淞」，據《曾鞏集》卷七改。下同。

〔二〕霧：原本第一個「霧」誤作「霧」，據《曾鞏集》卷七改。

二六

《莊子》中《讓王》、《盗跖》、《説劍》、《漁父》四篇之爲贋鼎，蓋不待明者而後決矣，其尤醜怪可笑者，莫如《盗跖》一篇。其篇首云：「盗跖從卒九千人，横行天下，侵暴諸侯，穴室樞户，驅人牛馬。」世有聚衆幾至萬人，而仍爲剜墻挖壁竊牛偷馬之盗者乎？真堪令人噴飯也。《莊子》之文，本多無謂之科諢，《盗跖》效尤，更加醜怪。其最可笑者，孔子稱盗跖爲將軍；最可恨者，盗跖罵孔子曰：「吾將以子肝益晝餔之膳！」作者至今仍在拔舌地獄。其中段云：「吾告子以人之情，目欲視色，耳欲聽聲，口欲察味，志氣欲盈。人上壽百歲，中壽八十，下壽六十，除病瘐死喪憂患，其中開口而笑者，一月之中不過四五日而已矣。天與地無窮，人死者有時，操有時之具而托於無窮之間，忽然無異騏驥之馳過隙也〔一〕。不能説其志意，養其壽命者，皆非通道者也。」此段中數語，却説得警策。然晉之達人，今之匪人，無非聞跖之言而興起者矣。然則當奈何？杜牧不云乎：「塵世難逢開口笑，菊花须插滿頭歸。」「好樂無荒」，不失《蟋蟀》之旨可也。

校勘記

〔一〕忽然：原本無，據《莊子集釋》卷九補。

二七

亡婦李從弟立軒學禮，幼工駢體，其詩文都帶駢氣，余弗善也。然其才本無所不可，特習於駢而駢耳。戊辰，余以詩一册屬其點定，閱畢跋詩一首於後，乃仿余體而爲之。余戲曰：「君此作竟似玉溪之韓碑矣。」蓋立軒素學崑體也。今録其詩於後。《閱〈隨園詩稿〉畢，戲成短句，即代總評兼索潤筆》：「隨園之詩文，其富不可數。吾愛其二種，文時詩之古。時文無堅城，先登螯弧舉。又如衆髖髀，釋芒運利斧。不但可驚人，實可驚風雨。天崇諸子中，遍檢無其侣。古詩漢魏唐，讀者隨所取。綺靡六朝衰，當求深厚處。深厚於何驗，不在五雜俎。杜韓霸詩家，究以理爲主。隨園之古詩，兄弟互甫愈。我叱韓杜名，君聞將無怒。後世傳君名，如今傳韓杜。二種余所愛，曩以二絶許。曩苦無刻資〔一〕，今閱幾寒暑〔二〕。刻資非所急，糊口且終窶。日鎖子雲居〔三〕，歲易伯通廡。至戚莫如君，易散而艱聚。或偶一聚時，揖罷袖吞吐。如范文正文，先視尹師魯。句中有滋味，字字可嚼咀。狐腋君所長，獺祭吾亦努〔四〕。疑義相講明，新得或互賈。意匠所經營，一一如目覩。王筠得我心，沈約手之舞。大凡圈詩文，必作者肺腑〔五〕。入閱者心目，乃墨墨不在五。雖然有説焉，善圈莫如予。君乃申以謙，若厚將薄補。顧我於此道，可免於瞽。得意密加圈，沛然不可禦。圈畢個個圓，中規不中矩。若不索潤筆，無乃便宜汝。唱善欲若魚，千古同饞肚。古事不必徵，嘗聞之先祖。昔訪龐雪崖，晨出常過午。出其所爲詩，讀之中律吕。此似某某家，余皆爲之譜。余口不停贊〔六〕，龐鬚不停縷。出其所蓄茗〔七〕，呼僮敬謹煮。一物未酬勞，副之以粔籹。予方甜口時，乃弟信公甫。背後字余曰，渠今又喫苦〔八〕。吾邑前輩事，君豈未聞歟。君性嗜飲酒，歲所得脩脯。縱復極不多，必釀數斗黍。餘糟不作粥，倩人蒸之釜。其名曰燒刀，味亦勝於沽。白酒緣初斷，君詩非虚語。然則此酒存，不過漱齒齲。余性乃嗜燒，與君正齟齬。聖人於萬物，置之貴得所。惠我不必多，可傾其甀甒。索酒如不來，再求圈詩拒。詩內有方言，行遠須訓詁。」

校勘記

〔一〕囊：原本誤作「囊」，據《隨園詩集》卷二十一所附李立軒詩改。

〔二〕幾：《隨園詩集》卷二十一所附李立軒詩作「數」。

〔三〕日：原本誤作「目」，據《隨園詩集》卷二十一所附李立軒詩改。

〔四〕祭：《隨園詩集》卷二十一所附李立軒詩作「魚」。

〔五〕肺：《隨園詩集》卷二十一所附李立軒詩作「腎」。

〔六〕停：《隨園詩集》卷二十一所附李立軒詩作「置」。

〔七〕蓄茗：《隨園詩集》卷二十一所附李立軒詩作「藏茶」。

〔八〕喫：《隨園詩集》卷二十一所附李立軒詩作「受」。

病餘長語卷九

任邱邊連寶肇畛

一

世人目富饒而刻吝者爲財奴，蓋謂如守財奴也。然富饒而刻吝者爲財奴，富饒而侈汰者亦不免爲財奴意氣。生於醉飽，爲財所役，而不克自主，非奴而何？由是推之，則有才而驕者亦當爲才奴，豈獨有貝之財始有奴哉？韓退之云：「驕雖惡德，而必有所恃。」余爲下一轉語曰：「驕雖有所恃，而終爲惡德。」才果如周公，必無驕吝之理，蓋不驕吝之才，始爲真才。天而生真才也，必並其不驕吝者而付之矣。

二

《莊子·天下篇》載惠施與當時辯士相辯之語，曰：「卵有毛，卵無毛則鳥何自有毛？雞三足，有足足者。郢有天下，稱王自大。犬可以爲羊，犬羊之名，皆人所命，若先名犬爲羊，則爲羊矣。馬有卵，無卵，馬何自生？丁子有尾，據筆畫，不有尾乎？火不熱，人皆火食，是不熱。山出口，空谷傳聲。輪不蹍地，蹍地則何以轉？目不見，見則何以不自照？指不至，至則不須指矣。至不絕，以爲既至，不知此外無窮。龜長於蛇，形短命長。矩不方，天下自有方，非以矩也。規不可以爲圓，天下自有圓，非以規也。鑿不圍枘，枘自入之耳，鑿未嘗圍之。飛鳥之景同影未嘗動也，鳥動耳，非景動。鏃矢之疾而有不行不止之時，審際。狗非犬，既以懸蹄者爲犬，則狗不得爲犬。黃馬驪牛三，二色與體爲三。白狗黑，黑白，人所名耳，烏知白之不當名爲黑乎？孤駒未嘗有母，謂之孤，則無母矣。一尺之捶，日取其半，萬世不竭。不盡取，則日日半焉而已，何竭之有？辯者以此與惠施相應，終身無窮。」按，此段説話，乃隱語迷語之無味而可笑者。當時所謂辯士者，伎倆止於此耶？如此則「人喫屎」、「狗喫飯」皆可以闌入其中矣。而尤害道者，莫如「犬可以爲羊」、「白狗黑」二語，如此則堯舜桀紂無定名，文武幽厲無定謚矣！豈非大亂之道乎？中惟「飛鳥之影未嘗動也」一語，差有雋味，然以「罔兩問景」之義推之，飛鳥亦未嘗動耳。

三

唐韓偓句云：「窗裏日光飛野馬，案頭筠管長蒲盧。」蒲盧，土蜂也，一名蜾蠃，《詩》所謂「螟蛉有子，蜾蠃負之」者也。《中庸》古注有用以解「哀公問政」章之「蒲蘆」者，太僻，亦與「地道敏樹」句不貫，故朱子《章句》云：「沈括以爲蒲葦是也。」所以明古注之不是也。余昨親見其入筆管中，乃知唐句之工，而棲筠管乃其性也。然《莊子》云：「野馬也，塵壒也。」「野馬」乃野外游氣之奔騰者，若窗隙中日光之所映，乃是塵壒，作者特以平仄不合而借用「野馬」耳，不可不知。

四

《戰國策》一書，乃不得志於當時憤世嫉俗者所作也。如以「連横説秦」篇，明是痛罵蘇秦簡練揣摩。後曰：「安有説人主而不能出其金玉錦繡〔二〕，取卿相之尊者乎？」此時蘇秦已坐就鄙夫根子矣。及得志，乃以驕其妻嫂並及其父母，且嘆息於富位勢厚之不可忽，則鄙夫不足以盡之也。又如「江乙説安陵君從死」一篇，將江乙罵得尤酷。安陵本楚王同卧起之弄臣，而其固寵之計乃出於江乙，則當世縱横捭闔之流，概可知矣。其卒篇云：「江乙可謂善謀，安陵君可謂知時矣。」以贊爲罵，尤不可堪，故曰《戰國策》乃憤世嫉俗者所作也。此即詩人敘其事以爲刺之例，誠以詩人「無邪」之旨，讀之，則機深變詐之跡無非我之藥石矣。故稼書先生《國策去毒》一書可以不作，且《十七史》中其爲毒也夥矣，安得盡去？

校勘記

〔一〕而：《戰國策》卷三無。

五

「秦宣太后愛魏醜夫。太后病，將死，出令曰：『我死〔一〕，必以魏子爲殉。』魏子患之。庸芮爲魏子説太后曰：『以死者爲有知乎？』太后曰：『無知也。』曰：『若太后之神靈，明知死者之無知矣，何爲空以生所愛葬於無知之死人哉？若死者有知，先王積怒之日久矣，太后救過不贍，何暇乃私魏醜夫乎？』太后曰：『善。』乃止。」醜穢至此，較嫪毒之事爲尤甚。昔人以《國策》爲惡秦之書，信然。

校勘記

〔一〕我死：《戰國策》卷四作「爲我葬」。

六

蘇秦讀《陰符》，簡練以爲揣摩。及觀其游説六國之詞，求其所以出於《陰符》者而不得也，季子真善讀書人哉！今之讀墨卷者，亦曰「簡練揣摩」矣，乃生摘瓜，硬請客，活剥衣，雖亦可以取卿相之尊，然又出蘇季子下矣。

七

漢文帝患癰，鄧通吮之。太子視疾，帝命吮之，太子有難色，帝遂以通爲愛我而太子惡之。及帝崩，太子即位，通下獄餓死。是通以吮癰而見寵於文帝，即以吮癰而得罪於景帝，而因以致死。禍福倚伏之機如此，其可畏也，小人枉得爲小人耳！余《詠史》詩有云：「吮癰舐痔靦無羞，誰識翻爲取禍由。寄語後人着冷眼，銅山不救鄧黄頭。」可謂深切著明矣。

八

薛文清公曰：「噬嗑、賁、豐、旅，四卦論用刑，皆離火之用，以是見用法貴乎明。

噬、豐以火雷，雷火交互爲體，貴乎威明共濟；賁、旅以山火，火山交互爲體，貴乎明慎並用。」

按

此則出薛瑄《讀書録》卷四，邊氏有删節。

九

《鹿忠節公祠堂記》望溪先生：「定興鹿忠節公致命於城西北隅，邑人就其地爲祠。曾孫某葺之，列樹增舍，俾子孫暨鄉人志公之學者，得就而講習焉。余嘗謂：自陽明氏作，程、朱相傳之統緒，幾爲所奪。然竊怪親及其門者，多猖狂無忌，而自明之季以至於今，燕南、河北、關西之學者，能自豎立而以志節事功振拔於一時，大抵聞陽明氏之風而興起者也。昔孔子以學之不講爲憂，蓋匪是則無以自治其身心，而遷奪於外物。陽明氏所自別於程、朱者，特從入之徑塗耳。至忠孝之大原，與自持其身心而不敢苟者，則豈有二哉？方其志節事功，赫然震動乎宇宙，一時急名譽者多依托焉以自炫，故末流之失，重累所師承。迨其身既歿，世既遠，則依托以爲名者無所取之矣。凡讀其書，慕其志節事功而興起者，乃病俗學之陋，而誠以治其身心者也。故其所成就，皆卓然不類於恒人。吾聞忠節公之少也，即以聖賢爲必可企，而所從入則自陽明氏。觀其佐孫高陽及急楊、左諸公之難，其於陽明氏之志節事功，信可無愧矣。終則致命遂志，成孝與忠，雖程、朱處此，亦無以易公之義也〔一〕。用此知學者果以學之講，爲自事其身心，即由陽明氏以入，不害爲聖賢之徒。若夫用程、朱之緒言，以取名致科，而行則背之，其大敗程、朱之學，視相詆訾者而有甚也。公之生平，耿著於天壤，蓋無俟於余言。故獨著其所以爲學之指意，使學者知所事而用自循省焉〔二〕。是則公之志也夫！」按，此篇説得最平允，然絶非調停之見。余謂陽明與朱子分别處，大要在頓漸二義。朱子以漸至者。陽明以頓得者也，故近於禪，且以己之頓而得也，遂謂漸者之支離，則陽明氏之謬耳。譬之萬仞之峰，羽仙化人可以聳身而上，乃謂拾級而登者之爲擾擾多事也，其亦不達於理矣。故朱子之學人人可勉，而陽明之學非躬大賢之姿者不可以妄希也。自有陽明以來，有附之者，亦有攻之者，然攻之亦必視乎其人。禦兒呂氏，其於陽明不知夢見在否，亦復嘵嘵不休，且儼然以道統自任。嘗見其所選時文，鈐以圖記，一曰「知我者謂我心憂，不知我者謂我何求」，一曰「天下陽明病醫」，可謂不自量之甚者矣。且所謂攻異端者，非有所讐於其人也，不過求其理之至是者而已，所謂非君家事，亦非我家事也。如稼書先生未嘗不辯陽明之謬，却只是平心静氣説將去。吕氏則暴戾怒張，如有所競，而惟恐其不勝者。然余嘗謂學問以變化氣質爲第一義，渠於此尚理會不得，却講甚道統。李梅溪先生聞余説，以爲知言。蓋其時在己酉、庚戌間，吕案猶未起也。本朝容城徵君孫鍾元先生、睢州湯文正公，其學亦皆本於陽明，而其志節事功亦復不愧於陽明。可知望溪先生之言爲允，而陽明之學亦何惡於天下哉？然雍正初年，議從祀孔廟者獨陸清獻一人，而睢州以近陽明見黜，又知學術不可不規於至是也。

校勘記

〔一〕亦：原本無，據《方苞集》卷十四補。

〔二〕用：原本無，據《方苞集》卷十四補。

十

《顔氏家訓》載後漢薛包事曰：「弟子求分財異居，包不能止，乃中分其財：奴婢引其老者，曰：『與我共事久，若不能使也。』田廬取其荒頓者，曰：『吾少時所理，意所戀也。』器物取其朽敗者，曰：『我素所服食，身口所安也。』弟子數破其産，還復賑給。」李燁然評曰：「許武先達乃自取肥田、强奴婢，以彰二弟能讓分。二弟既舉，乃取田宅奴婢各還之。自損其聲，以遺弟令名，此尤人所難。」余按，二事皆爲朱子所取，故並録於《小學》。然包事無可議，而許武之行恐爲賢者之過。此所謂不可無一，不可有二者，若效之不已，將有兄弟相商以售姦欺而盗名譽者矣，則過中之行有以啓之也。

十一

《顔氏家訓》云：「江東婦女，略無交游，其婚姻之家，或十數年間，未相識者，唯以信命贈遺，致殷勤焉。」余按，此風甚好，蓋以婦人無外事也。吾邑中凡有吉凶慶弔之事，必男女内外並行，凡有瓜葛之親者必往，且死者爲男，而女亦必往，不如是則彼此俱不安。遣奠之前一夕，謂之「辭靈」，傾國畢赴，雜遝填委，屋宇稍狹者遂有人滿之患。向來猶多老年人，近則耑遣少婦，濃粧豔抹，炫飾綺服，以相誇鬥，至爲惡薄。文、雄二邑亦復如是，且行禮於靈帳之外，與男子無異。吾邑則於帳内，孝子喪次則隔之以屏，稍勝於二邑。然二邑則必至親而後往，又不似吾邑之濫也。吁！有風化之責者，當思有以移易之矣。

十二

《家訓》論諱名云：「凡避諱者，皆須得其同訓以代换之：桓公名白，博有五皓之稱；厲王名長，琴有修短之目。不聞謂布帛爲布皓，呼腎腸爲腎修也。梁武小名阿練，子孫皆呼練爲絹；乃謂銷鍊物爲銷絹物，恐乖其義。或有諱雲者，呼紛紜爲紛煙；有諱桐疑當作「銅」者，呼梧桐爲白鐵樹，便似戲笑耳。」按，此段乃昌黎《諱辯》藍本。又云：「名子者，當爲孫地。」按，此即「不以國，不以官，不以山川，不以畜牲，不以器幣」之義。

十三

《家訓》云：「昔侯霸之子孫，稱其祖父曰家公；陳思王稱其父爲家父，母爲家母；潘尼稱其祖曰家祖。古人之所行，今人之所笑也。及南北似當有一「朝」字風俗，言其祖及二親，無云家者；田里猥人〔二〕，方有此言耳。」按，此似無可笑，今則衣冠搢紳都作此稱，田里猥人或質言之耳。又云：「子孫不得稱家者，輕略之也。蔡邕書集，呼其姑女爲家姑姊；「女」當作「姊」，然姑姊俱不應在輕略之列。班固書集，亦云家孫。今並不行也。」

按，「家弟」、「家姪」古人多有稱之者，而「家孫」則固之外無聞。今則於己以上者稱「家」，己以下者稱「舍」。應「舍」者或可以通「家」，應「家」者斷不可以通「舍」，又不知何昉也。總之，久則爲例，雖易之而於義無害，人則以爲大駭。如贈饋之刺，吉事用「奉申」，凶事用「奉引」；「申」、「引」之義，本無所分，若以「奉引」者用之生人，必以似詛咒而成仇怨，故曰禮從俗。《家訓》又云：「凡與人言，稱彼祖父母、世父母、父母及長姑，皆加『尊』字，自叔父以下，則加『賢』字，尊卑之差也。」按，今之稱彼親者，無論尊卑，皆加「令」字矣，間有加「尊」字者，從無用「賢」字者。

校勘記

〔一〕猥：原本誤作「偎」，據《顔氏家訓》卷二改。下同。

十四

《家訓》云：「昔者，王侯自稱孤、寡、不穀，自兹以降，雖孔子聖師，與門人言皆稱名也。後雖有臣、僕之稱行者，蓋亦寡焉。」按，自稱爲僕，稱人爲足下，此古人通行之例，今則惟老師於門生，或大尊長於卑幼，或老前輩大名公之於後進，間用此稱；倘加於平等之人，則必以傲大目之矣；或莫逆至交，不論一切世法，亦可用。亡友張五兄晴嵐顥與余書，每用此稱，蓋以古道自處，知余不以腫背目之也。聞前明有稱「不佞」者，有稱「牛馬走」者，亦不必。至署名刺有稱「眷不佞」、「眷牛馬走」者，尤不通可笑。投刺於分宜、江陵諸權門，有稱「渺渺小學生」者，有稱「門下沐恩小廝」者，尤爲無恥。吾家舊家有藏分宜名刺者〔一〕，曰「生嵩拜」，只三字，其大如椀。阮亭亦嘗得奉聖夫人刺，三字曰「客氏拜」，字亦甚大。

校勘記

〔一〕吾家：疑爲「吾邑」之誤。

十五

《家訓》云：「兄弟之子已孤，與他人言，對孤者前，呼爲兄子、弟子，頗爲不忍，北土多呼爲姪。按，《爾雅》、《喪服經》、《左傳》姪名雖通男女，並是對姑之稱。晉世已來，始呼叔姪；今呼爲姪，於理爲勝也。」按，此段文義，謂兄弟已亡，則不忍呼其孤爲兄子、弟子，呼之爲姪，以避兄弟之名，庶爲少安耳，未免大沾滯矣。然以姪爲對姑之稱，其説甚是。如姪從其姑，是以男對姑也。諸侯之女嫁於諸侯，以姪娣爲媵，是以女對姑也。余謂「姪」字從女傍，本是兄弟之女之專稱，後乃借用於兄弟之子，今乃久假不歸，轉爲兄弟之子之專稱，而於兄弟之女又加一字，曰姪女，屋上架屋，床下安床，亦所謂秀才不識字也。

又云：「王子侯，梁武帝弟，出爲東郡，與武帝别，帝曰：『我年已老，與汝分張，甚心惻愴。』數行淚下。侯遂密雲，赧然而出，坐此被責。」按，「密雲」二字用得雋，蓋歇下語也。

十六

立軒又戲題余詩稿一律云：「獨愛蕉姜與萃姬，不辭謡諑自蛾眉。文章已過陳三婢，詩法將追杜十姨。誰向碑陰驚幼婦，好憑簫響泣孤嫠。乾坤悦己人偏少〔一〕，怪底年來尚伏雌。」此雖詼謔之詞，然足見其才之狡獪矣。歐陽公《歸田録》云，世俗之訛，莫過於祠廟，如澎浪磯訛而爲彭郎〔二〕，大孤山、小孤山訛而爲小姑、大姑，因各立祠，後且合而爲一，曰二姑嫁彭郎。少陵曾客湖南，故楚地有杜拾遺廟，廟既燬，久之訛爲杜十姨。再建遂塑女像，旁有伍子胥廟，亦合而爲一，曰杜十姨嫁伍子胥也。此立軒之所本。立軒能集俗語爲詩，極工。子弟中有作文遲鈍而苦澁者，贈以詩，中四句云：「學問常吞囫圇棗，文章日拔窟礲蛇。鼠頭枉自鑽牛角，狗嘴何曾吐象牙。」頗爲人所傳誦。因憶唐人有工俗語詩者，曰：「栗爆燒氈破，貓跳觸鼎翻。」曰：「狐衝官道過，狗觸店門開。」後以此四語得官，曰：「生平作詩，却得力於狗子貓兒。」又憶明人有工集俗語爲對聯者，曰：「老手舊肩臂，窮嘴餓舌頭。」余謂用此二語批文之假先輩者極切。又曰：「死尸身傍有活鬼，强將手下無弱兵。」俱極工。立軒堪與之敵也。《詩》曰：「善戲謔兮，不爲虐兮。」《記》曰：「張而不弛，文武不能也〔三〕。」韓退之一代大儒，尚不免駁雜無定之論，況其下焉者乎？然稍有關係妨礙者，則斷乎不可。至於作爲詩歌，以訐人之隱私，發人之閨閫，不工其害猶淺，工則傳之數十百年而猶未艾，所損於陰中之隲者尤大，不可不深戒也。

校勘記

〔一〕偏：《隨園詩集》卷二十一所附李立軒《因讀尊稿戲成一律即書卷端以爲歡笑》詩作「應」。

〔二〕礲：原本誤作「湖」，據《歸田録》卷二改。

〔三〕不：《禮記》卷四十三作「弗」。

十七

故事，凡中甲乙科者，其於房師座師之父，及房師座師之房師座師，皆稱曰太老師，自稱曰小門生，刺曰門下晚學生。而於房師座師之業師則否，不知例昉何人，而自明迄今，數百年不廢。昨同人偶言及此，有疑其故者，余曰：「無他，只緣作業師者多是教書窮秀才耳！」舉座鬨然。

十八

《家訓》云：「江南風俗，兒生一期，爲製新衣，盥浴裝飾；男則用弓矢紙筆，女則刀尺鍼縷，並加飲食之物，及珍寶服玩，置之兒前，觀其發意所取，以驗貪廉愚智，名之爲試兒。親表聚集，致讌享焉。」按，此俗至今有之，北方謂之抓周。抓，攫也。言既周年，觀其所攫以驗之也。然不如「試兒」之雅且有出，初卷所載吴君《試兒行》，當本於此，故書不可不多讀。

十九

《家訓》云：「四海之人，結爲兄弟，亦何容易。必有志均義敵，令終如始者，方可議之。一爾之後，命子拜伏，呼爲丈人，申父友之敬；身事彼親，亦宜加禮。比見北人甚輕此節，行路相逢，便定昆季，望年觀貌，不擇是非，至有結父爲兄，托子爲弟者。」按，此風至今未息，謂之同盟兄弟，其來往通刺亦曰盟兄弟。後以聯社結盟爲功令所禁，遂改曰愚兄、愚弟而係之以姓，大要皆如醴之交也。昌黎所謂指天日泣涕，誓生死不相背負，一旦落陷阱，不一引手救，反擠之，又下石焉者，大要足以盡其情態。

二十

又云：「梁孝元前在荆州，有丁覘者，洪亭民耳，頗善屬文，殊工草隸；孝元書記，一皆使之。軍府輕賤，多未之重，恥令子弟以爲楷法，時云：『丁君十紙，不敵王褒數字。』吾雅愛其手跡，常所寶持。孝元嘗遣典籤惠編送文章示蕭祭酒，祭酒問云：『君王比賜書翰，及寫詩筆，殊爲佳手，姓名爲誰？那得都無聲問？』編以實告[一]。子雲嘆曰：『此人後生無比，遂不爲世所稱，亦是奇事。』於是聞者稍復刮目。」嗚乎！道以位隆，學因人賤，天下之掩於庸耳俗目，因以湮没無傳於後者豈鮮哉？技藝其小者也。余《題王希陶詩畫》末段云：「繪畫雖爲技之微，我於此事有所痛。楊素王維趙伯駒，畫家輻輳隋唐宋。自是升堂更入室，盛名或以位增重。我友何必讓古人，牢落名不出里閈。被褐懷瑾空復絶，低昂高下誰折衷。吁嗟乎！游藝原求自悦怡，衆口讙呶何所用。」相傳，明時有以徐文長文示茅鹿門而隱其姓名者，鹿門讀竟曰：「非吾荆川不能。」其人笑曰：「鹿門向師荆川，今師文長矣！」鹿門又讀數過，曰：「惜後路稍弱耳。」以鹿門而不免此陋，何況其他。

校勘記

〔一〕告：《顔氏家訓》卷二作「答」。

二一

又云：「偏傍之書，死有歸煞。子孫逃竄，莫肯在家；畫瓦書符，作諸厭勝；喪出之日，門前然火，户外列灰〔一〕，被送家鬼，章斷注連；凡如此比，不近有情，乃儒雅之罪人，彈議所當加也。」按，此二事至今猶然，雖士夫之家，亦復信奉不違，殊可怪。

按，陰陽家又有「五七犯火」之説，以死之日爲始數，自一七以至五七，其七日恰亦逢七，死者必發三昧真火，不救則焚其棺。其救之之法：令死者子孫一持火，繞棺而燎；一持水，自後潑之，且呼籲以告死者。余謂身後焚骸，乃死者之大劫，人子之至痛，果有其理有其事，而且有其救之之法，則古先聖王當筆之於書，以安天下萬世人子之心矣，不待後世之陰陽家也，必不可信。又有喪者之家，於五七之内封磑碓不用，曰用之則死者受冥府研擣之刑。吾邑有拗者必欲用之，曰：「吾親無罪。」家人固争之，不聽，似亦可以不必。蓋吾之力既不足以矯俗，則亦姑從之耳。從之而無所害，與不從等也，且此等事，君子不忌其實而忌其名。又，人之有伯父者，正月不得薙髮，薙則妨之，此尤不通可笑，然不從則骨肉間有因以致嫌隙者。

校勘記

〔一〕列：原本誤作「烈」，據《顔氏家訓》卷二改。

一二

《家訓·勉學篇》云：「人生在世，會當有業：農民則計量耕稼，商賈則計論貨賄，工巧則致精器用，伎藝則深思法術，武夫則慣習弓馬，文士則講議經書。多見士大夫恥涉農商，羞務工伎。射既不能穿札，筆則纔記姓名，飽食醉酒，忽忽無事，以此銷日，以此終年。或因家世餘緒，得一階半級，便謂爲足，安能自若〔一〕？及有吉凶大事，議論得失，蒙然張口，如坐雲霧；公私宴集，談古賦詩，塞默低頭，欠伸而已。有識傍觀，代其入地。何惜數年勤學，長受一生愧辱哉！」按，此段説得極其痛切，後數語尤畫出白丁喫苦様子。凡爲子弟者，宜各録一通，置之座右。又云：「有學藝者，觸地而安。」又云：「古之學者爲己，以補不足也；今之學者爲人，但能悦之也。古之學者爲人，行道以利世也；今之學者爲己，修身以求進也。」居然爲孔子轉語，妙！妙！然求進而必修身，則其道已古矣。余亦爲之增二語曰：「古之教者爲人，今之教者爲己。」又云：「田里間人〔二〕，音辭鄙陋，風操蚩拙，相與專固，無所堪能〔三〕。問一言輒酬數百，責其指歸，或無要會。鄴下諺云：『博士買驢，書券三紙，未有驢字。』使汝以此爲師，令人氣塞。」按，近墨之顢頇者，皆博士之買驢也。

校勘記

〔一〕若：原本誤作「苦」，據《顏氏家訓》卷三改。

〔二〕里：《顏氏家訓》卷三作「野」。

〔三〕相與專固，無所堪能：原本無，據《顏氏家訓》卷三補。

二三

秀水曹秋岳溶《跋唐摹十七帖》云：「貞觀中，盛購右軍墨跡，裴業進士以草書來上，首有『十七日』字，遂呼《十七帖》。今石刻傳世有二本，唐刻尾有『敕』字及『解勒』、『褚校』者，即此本也。南唐後主得賀知章所臨，散刻《澄心堂帖》中，王著再摹，入《淳化帖》。賀本也，不及『敕』字本遠甚。右軍真跡，存者幾絶，得此足以豪矣。」爲姜西溟宸英跋。

二四

阮亭先生《居易録》云：「柘城王益仲培官新河知縣。宋布衣登春號鵝池生者，縣人也。益仲爲置祠立碑，爲文祭之。祭之日，有雙天鵝來立碑上，人皆異之，栢鄉魏相國以下，賦詩者數十人。登春居江陵之天鵝池，因以自號，所産故里曰六户鄉，今改天鵝聚云。益仲又刻其雜文一卷、詩古今體二卷，爲《宋布衣集》。」按，登春嘗語人曰：

「吾決不作四周版中人。」謂棺也。其後果蹈海而死，蓋亦狂誕之士。祭祠感鵜，吾邑龐雪崖先生亦爲賦詩，見《叢碧山房集》。家兄叢有，近爲新河訓導，當寄聲索所謂《布衣集》者觀之。

二五

宋廬山僧可和王銍性之詩云：「空中千尺墮柳絮，溪上一旗開茗芽。絶愛晴泥翻燕子，未須風雨落梨花。重江碧樹遠連雁，刺水緑蒲深映沙。想見方舟端取醉，酒酣風帽任欹斜。」按，此詩格致清新，但前四句犯疊尾之病。

二六

山陰吴修字徑一，雍正初來主吾縣簿，詩及書法粗有可觀，所著《太平閒話》頗有可採者，録於左。「山頂泉輕而清，山下泉清而重，石中泉清而甘，沙中泉清而冽，土中泉清而厚。昔張又新《煎茶小記》云：『揚子江南零水爲第一。』而陸鴻漸又以康王谷水簾水爲第一，以南零水爲第七，至無錫惠山泉，並稱第二，不知誰爲定評。吾越名泉極多，其最妙者莫如乳泉，頗似人乳，恐張〔一〕、陸二公俱未嘗着也。」按，乳泉者，山下静泉也。向與戴通乾、海涵百等同游香山，下有乳泉二口，大如井，其深不可測。嘗夜半同人攜茶具試之，味甚甘洌。余《憶西山舊游》詩云：「雙乳石泉甘似乳，映月澄鮮静不流。夜半酒酣消渴甚，爲攜竹竈試茶甌。」《太平閒話》云：「庾亮以馬不利主而不肯鬻，明山賓賣牛告以蹄漏，陳元方賣屋告以無出水處，王恭自坐薦而與人簟，司馬徽棄蠶而與人箔，阮裕聞人不敢借車而自焚其車。此數賢者，非世所爲癡人與！」又云：「貧字類貪，切莫貪中結想；怒字近恕，還須恕裏平心。」語頗警策。又云：「善惡各有報應，天道如放債，然遲償者利重，總要乘除折算。」余嘗題城隍神祠一聯云：「不上天堂，定下地獄，中間無安放你處；非在自己，便着兒孫，古時曾饒恕誰來。」可與吴語相發，故並録之。邑侯錢容齋先生（孫振）亦題一聯云：「雪逞風威，白占田園能幾日；雲乘雨勢，黑瞞天地不多時。」又一聯云：「莫胡爲，幻夢虚花，算算眼前實不實，徒勞機巧；休大膽，熔銅熟鐵，拍拍心頭怕不怕，仔細思量。」不知何人作也，亦警切。余題關廟一聯云：「整三綱，飭九法，扶持萬古倫常，只在封金秉燭；褫姦魂，攝賊魄，伏盪人心魔寇，非關偃月追風。」又云：「稟氣厚而日事斲削者，如持長燭於風前，其消也易；稟氣薄而日事調養者，如護短燭於籠内，其滅也難。人之年壽短長，勿歸之命。」按，此所謂老生常談，正不可易者。嵇叔夜《養生論》所謂爲稼於湯世者，雖同歸於盡，而偏有一溉之功者後枯是也。乃白樂天詩舉顏子簞瓢陋巷，乃三十二而亡；張蒼耄年近女，乃壽享百三十歲，以爲理不可解，不知顏、張苟易其所爲，則其修短之數又不止於此而已也。

校勘記

〔一〕「張」字後，原本衍一「張」字，今徑删。

二七

中酒之「中」，似應作去，却是平聲；中興之「中」，似應作平，却是去聲，殊不可曉。唐人詩云：「氣味如中酒，情懷似别人。」東坡云：「公獨未知其趣耳，臣今仍復一中之。」是作平用也。杜云：「萬里傷心嚴譴日，百年垂死中興時。」又云：「今朝漢社稷，新數中興年。」是作去用也。

二八

《太平閒話》云：「鱟魚、鱉魚被蚊嘬輒死，而鱟尾、鱉甲薰之俱殺蚊。蛇食蝦蟆，蛇死而蝦蟆溺其骨，皆化爲水。物類之相報如此。」

二九

「聊隨碧溪轉，忽與白鷗逢。」「寒沙梅影路，微雪酒香村。」元何中太虛句。

三十

「《所安遺集》一卷，元長沙進士陳泰志同著。歌行馳騁，筆力有太白之風。在元人諸名家中，當居道園之下，諸公之上，而名不甚著，豈名位卑耶？」此條亦出《居易録》，録之爲余「盛名或以位增重」句作注脚。

三一

元牟巘獻之《九日》詩敘云：「陶公再爲建威參軍劉裕幕府也，忽棄去爲彭澤令，未幾又棄去。裕是時已有異志，劉穆之寧死不與九錫。王弘自江北來，首以此議風朝廷，遂移晉祚。而弘爲吏部尚書，爲江州刺史，遂被心腹之寄。既來江州，柴桑近在境内，於陶公時惓惓焉。豈非内懷前愧，欲附高人勝士以自湔祓耶？陶公未易致，則使人中路具酒食，候其出，醉而要之，庶幾一見。斯已甚迫，則亦可以見我胸懷本趣固有在，豈端爲一王弘哉！適乘籃輿，足以自返，其視華軒爲何物？而弘欲以此榮其歸，此又可一笑也」云云。阮亭云：「此論發前人所未發。」余謂陶公爲人亦和亦介，一身而兼夷惠之術，此段足以見其概。

按　此則所引「元牟巘《九日》詩序」至「此可一笑」句，出《居易録》卷一，邊氏有删節。

三二

淵明《和劉柴桑》云：「弱女雖非男，慰情良勝無。」龐雪崖先生云：「陶公《命子詩》：『顧慚華鬢，負影隻立。三千之罪，無後爲急。』其生子之晚可知。『弱女』云云，是儼等未生而先有女耳。趙泉山謂『以女譬酒之醨薄』者，謬妄可笑。酒分聖賢，見《徐邈傳》，分男女，當據何書？」

三三

左軍羊長史銜使秦川，陶公作詩贈之，中云：「路若經商山，爲我少躑躇[一]。多謝綺與角[二]，精爽今何如。紫芝誰復採，深谷久應蕪。」云其所以諷之者至矣。昌黎《送董邵南序》「爲我弔望諸君之墓」，似脱胎於此。蓋陶公譏長史之奔命於新朝也，故以「綺」、「角」諷之。昌黎恐邵南之折節於强藩也，故以望諸譬之，以望諸仕趙不背燕故也。

校勘記

〔一〕躑：《陶淵明集箋校》卷二《贈羊長史一首》作「蹢」。

〔二〕角：原本誤作「角」，據《陶淵明集箋校》卷二《贈羊長史一首》改。

三四

《癸卯十二月中作》云：「蕭索空宇中，了無一可悦。歷覽千載書，時時見遺烈。高操不可攀[一]，深得固窮節。」吁！公惟能固窮也，其操已高不可攀矣。固窮之外，烏有所謂「高操」哉？其卒也，紫陽大書特書曰：「晉處士陶潛卒。」柴桑一抔土，直與首陽並峙千古可耳！

校勘記

〔一〕不：《陶淵明集箋校》卷二作「非」。

三五

龐雪崖先生評陶公《桃花源》詩云：「此詩章法嚴整，字句融練，當常誦口頭，以爲長篇記敘之式可也。後人多事，必欲徵考事實，紛紛聚訟，大爲可笑。」又云：「今京師西山深處，其人尚服元時衣裝，自耕而食，彼亦不出，人亦不入。有負罪逋逃者，偶入其鄉，留數月，歸以語人，與桃源事相類，東坡所謂天壤間如此者甚衆。後人作詩，故爲神奇以動人觀聽，王摩詰、韓退之並以桃源爲仙地。而無識小輩，争口弄舌，曾何與於風雅哉？」

三六

陶《乞食》篇結句云：「銜戢知何謝？冥報以相貽。」東坡云：「淵明得一食，至欲以冥謝主人，此大類丐者口頰也[一]。哀哉！哀哉[二]！非獨余哀之，舉世莫不哀之也。」雪崖云：「主人無嗟來之聲，陶公有冥報之感，仁風厚道，兩見其美。」余謂以一飯之德，欲貽冥報，説得如許淒楚可憐，此正是他玩世不恭處，東坡、雪崖未免都爲所瞞。杜少陵云：「朝扣富兒門，夕隨肥馬塵[三]。殘盃與冷炙，到處潛悲辛。」亦玩世不恭之意，與此正同。

校勘記

〔一〕頰：原本誤作「角」，據《蘇軾文集》卷六十七《書淵明乞食詩後》改。

〔二〕哀哉哀哉：原本誤置於「此大類丐者口頰也」句前，據《蘇軾文集》卷六十七《書淵明乞食詩後》改。

〔三〕夕：《全唐詩》卷二百十六《奉贈韋左丞丈二十二韻》詩作「暮」。

三七

陶詩云：「民生在勤，勤則不匱。」又云：「人生歸有道，衣食固其端。孰是都不營，而以求自安。」説得越平實，地步却越高，陶公所以遠出晉人者以此，然不得爲營生作家者藉口。蓋此以衣食爲端倪，彼以衣食爲究竟也。

三八

余嘗集陶作一對聯，欲得八分書揭於屋壁，惜目下無工此者。曰：稱心固爲好，苟得非所欽。

三九

陶《飲酒》詩云：「栖栖失群鳥，日暮猶獨飛。徘徊無定止，夜夜聲轉悲。厲響思清遠，去來何依依。自植孤生松[一]，斂翮遥來歸。勁風無榮木，此蔭獨不衰。托身已得所，千載不相違。」按，此詩乃陶公自爲寫照耳。趙泉山以爲譏切殷景仁、顔延年輩附麗於宋，於理説不去，劉裕烏可比以「孤生松」哉！且如泉山説，則「托身已得所」句，爲反言以譏之矣，陶公不應如此尖酸刻薄。失群鳥，自喻也；孤生松，喻己所守之節也；勁風，喻劉裕也；無榮木，喻殷、顔輩也，語意甚明。

校勘記

〔一〕自：《陶淵明集》卷三作「因」。

四十

「採菊東籬下，悠然見南山。」東坡云：「採菊之次，偶然見山。初不用意，而景與意會，故可喜也。」蔡寬夫云：「俗本多以『見』作『望』，如此便有搴裳濡足之態矣。一字之誤，害理不淺。」余謂若作「望」字，便非悠然矣。

四一

山谷跋陶《責子》詩云：「讀淵明此詩〔一〕，想見其人，徜徉戲謔可觀也〔二〕。俗人便謂淵明諸子皆不肖，而淵明怨嘆見於詩耳〔三〕，所謂癡人前不得説夢也〔四〕。」余謂老杜詩云：「陶潛避俗翁，未必能達道。有子賢與愚，何其掛懷抱。」此亦一時意興所寄耳，非果譏切淵明也，若一認錯，則杜老又是説夢矣。然觀其《示宗文宗武》詩，渠又何嘗不掛懷抱來？余《贈戈童棠官》七古一篇，其卒章云：「吾家龍駒空婢娟，但索棗栗真癡頑〔五〕。方渠珷玞與璵璠，餘者可遣此際難，歸來懊惱加朴鞭。」戲耶？真耶？必有能辨之者。因知山谷之説，亦未可盡信。棠官者，戈芥舟之弟仙舟源也，年十七成進士，今爲户部主事。

校勘記

〔一〕讀淵明此詩：《黄庭堅全集》作「觀淵明之詩」。

〔二〕徜徉：《黄庭堅全集》作「豈第慈祥」。

〔三〕而淵明怨嘆見於詩耳：《黄庭堅全集》作「而淵明愁嘆見於詩」。

〔四〕所：《黄庭堅全集》作「可」。

〔五〕索棗栗：《隨園詩集》卷十四作「覓梨棗」。

四二

詩有似呼應而實非呼應者，如張中丞《軍中聞笛》云：「不辨風塵色，安知天地心。」向來求之數年，不得其解，蓋誤以爲呼應也。一旦豁然，曰：「此各自開説耳。」余《秋日》詩云：「獨鳥悵何事，秋風淒以清。」此二句若作呼應，却説得去，然各自開説，轉覺意遠而韻長。

四三

杜句云：「醉舞拓秋窗〔一〕。」東坡《茶》詩云〔二〕：「大瓢貯月歸春甕，小杓分江入夜瓶。」余六言詩云：「響送柴肩野調，風摇油擔秋鈴。」「窗」上加「秋」字，「甕」上加「春」字，「瓶」上加「夜」字，「鈴」上加「秋」字，都硬派得妙；然秋日鈴聲，倍爲淒楚，則尤以理勝也。

校勘記

〔一〕醉：《全唐詩》卷二百三十一《季秋蘇五弟纓江樓夜宴崔十三評事韋少府姪三首》作「笑」。

〔二〕茶：《蘇軾詩集》卷四十三題目作「汲江煎茶」。

四四

「一年風物倉庚報，萬里鄉心杜宇知。」「萬里艱難炊劍首，十年流落夢刀頭。」「望中白鳥忽飛去，落日丹楓相映紅。」「折得寒香日暮歸，銅瓶添水養横枝。書窗一夜月初滿，却似小溪清淺時。」《瓶中梅》。「不見罘罳闕，於今已十春。素衣不忍棄，爲有洛陽塵。」《有感》。以上宋晁公遡《子西稿》。

四五

《居易録》云：「賈似道鑒賞畫，有『悦生』小印，往往於士大夫家見之。《癸辛雜識》載，其與門客廖瑩中刊書甚多，聊誌其目：《全唐詩話》、《悦生堂隨鈔》一百卷、所援引多奇書。《九經》、以撫州萆鈔紙〔一〕、油煙墨印造，最精。《韓柳文集》、《三禮節》、《左傳節》、《諸史要略》、《文選》。《研北雜志》：韓侂胄閲古堂圖書〔二〕，皆向若水鑒定。又，秦檜子熺，亦好聚書。」

又云：「潁川同年劉吏部公戭，在京師與余輩爲詩社，每自託曰〔一〕：『吾詩文片段，柴窑也。』予笑應之曰：『良，然兄畫乃兔毛褐耳。』座客俱軒渠。唐時宣州以兔毛爲褐，亞於錦綺，復有染絲織者尤妙，時人以爲兔毛褐真不如假。見《國史補》。公戭喜作畫，而不甚工，家常蓄畫師爲捉刀人。予每索畫，輒束之云：『勿煩真作。』故以此戲之。」

四六

按

此則出《居易録》卷二，邊氏有删節。

校勘記

〔一〕草：原本誤作「草」，據《居易録》卷二改。

〔二〕侘：原本誤作「侂」，據《居易録》卷二改。

校勘記

〔一〕託：原本誤作「詫」，據《居易録》卷二改。

按

此則出《居易録》卷二。

病餘長語卷十

任邱邊連寶肇畛

一

作詩不可襲舊，能於古人舊作中翻進一層更妙。賈島《劍客》云〔一〕：「十年磨一劍，雙刃未曾試〔二〕。今日把示君，誰有不平事。」劉叉詩則云：「一條古時水，向我手心流。臨行瀉贈君，莫摶細碎仇〔三〕。」賈但云報仇而已〔四〕，劉則云「莫摶細碎仇」，是較賈進一層也。余詩又云：「贈君一古劍，兩刃明霜雪。休將龍虎精〔五〕，輕染庸夫血〔六〕。」則較劉又進一層也。然劉前兩句尤爲警絶。

校勘記

〔一〕賈島《劍客》：原本誤作「孟郊俠客行」，據《全唐詩》卷五百七十一改。

〔二〕雙：《全唐詩》卷五百七十一作「霜」。

〔三〕莫搏：《全唐詩》卷三百九十六《姚秀才愛予小劍因贈》作「勿薄」。下同。

〔四〕賈：原本誤作「孟」，據上文改。下同。

〔五〕休：《隨園詩集》卷十一作「莫」。

〔六〕夫：《隨園詩集》卷十一作「人」。

二

詩中用文章語尤難，用得妙，覺分外奇崛，用得不妙，便成笑柄。如太白《蜀道難》云：「其難也如此〔一〕，嗟爾遠道之人胡爲乎來哉。」奇矣！又《戰城南》云：「乃知兵者是凶器，聖人不得已而用之。」用作煞句，尤奇。戴通乾亨《八古詠》中《古劍》云：「惟其驚北斗〔二〕，所以在豐城〔三〕。」蓋其被劾時，曾受拘繫，故反其事而用之也。「惟其」、「所以」，直是奇絶。每見吾邑後生學此句法，輒爲噴飯。余作《八古詠·古鼎》前四句云：「九鼎真神物，爐錘天地初。自非神聖德，何以克當諸。」語亦老健，然有所本。平原董曲江元度曾言，向在山左書院，山長爲傅公王露，乙未探花〔四〕。每教諸生作詩，皆不聽，乃命作《詠懷》詩，曰：「此題甚寬展，可任意爲之。」有獻七絶者，起句云：

「吾人從事於修途，豈可苟焉而已乎。」聞者無不捧腹。

校勘記

〔一〕難：《全唐詩》卷一百六十二作「險」。

〔二〕惟其：《慶芝堂詩集》卷十作「只因」。

〔三〕所以：《慶芝堂詩集》卷十作「遂使」。

〔四〕乙未：原本誤作「辛丑」，據《清秘述聞》卷四改。

三

李太白詩云：「玳瑁筵中懷裏醉，芙蓉帳底奈君何。」元微之詩云：「依稀似覺雙鬟動，潛被蕭郎卸玉釵。」一種情事，但覺李豪快而元淫豔，何也？

四

李長吉《高軒過》詩云：「二十八宿羅心胸，元精耿耿貫當中。」二語精極，非昌黎不足以當此也。二十八宿而無元精以貫之，皆不免隕墜爲石；胸羅二十八宿，而無元精以貫之，亦不免爲瓦礫之堆而已。今人動誇腹笥，吾恐其櫝存而珠亡也。

五

放翁句云：「名心未盡更詩字[一]。」鄙哉其言之也！詩字之更，豈爲名哉？余有句云：「一字未安芒在背。」蓋一字不安，則於理有所未盡，其心不能已耳，豈爲名哉！

校勘記

〔一〕名心未盡更詩字：《劍南詩稿》卷四十九《自責》作「凡心未免更詩字」。

六

陸魯望云：「淫畋漁者，謂之暴天物。天物且不可暴[一]，又可抉擿刻削[二]，露其情狀乎？天能不致罪耶？長吉夭，東野窮，玉溪生官不掛朝籍而死，正坐是哉！」余《題長吉》詩[三]：「紹述淹蹇魁紀公，孫樵潦倒大明宫。癖王身與甘露變，不合雕刻蝦蟆蟲」云云，正與魯望之言相發。又，元、白俱無子，微之《寄樂天》云：「天遣兩家無嗣子，欲將文字付誰人？」白答曰：「由來才命相磨折，天遣無兒欲怨誰。」亦一證也。

校勘記

〔一〕且：《李賀詩集注》卷首作「既」。

〔二〕抉摘刻削：原本無「刻」字，據《李賀詩集注》卷首補。

〔三〕題長吉：《隨園詩集》卷十六作「讀長吉」。

七

杜云：「風急天高猿嘯哀，渚清沙白鳥飛回。」兩句凡十四字，共言六事，而每句三事，又各自相承，是何等力量。温飛卿詩云：「繡羽花冠碧樹雞〔一〕，未明先向短墻啼。」二句只衍得「雞叫」二字耳，此之謂詞費。

校勘記

〔一〕繡：《全唐詩》卷五百七十八《贈知音》作「翠」。

八

董子云：「詩無達詁。」此言害道不淺。詁而不達，非詁也；詩而不可以達詁，非詩也。孟子曰：「以意逆志，是爲得之。」既可以得其志，何不可達之於詁哉？後世「不落言筌，不墮理障」、「詩之妙在可解不可解之間」種種妄説，皆從此出，甚矣，其害道也！

九

「此日敢論仙被謫，他年應取放名翁。」此余三十年前句也，全篇已逸，附識於此。

十

放翁句云：「好風時卷市聲來。」「卷市聲來」者，焉得謂之好風？先生其有市心乎？然此實藍於樂天。

十一

樂天《春草》句云：「野火燒不盡，春風吹又生。」能寫出造化之妙，此即是「碩果不食」義也，宜讀者旋其面目矣。至司空曙又以五字括之，曰「春入燒痕青」，尤妙。白以韻勝，司空以格勝。

十二

楊鐵翁樂府，專學長吉，頗亦瓌奇，終入惡道。故余謂：「如石曼卿主芙蓉城，不免只是鬼仙耳。」至其諸豔體，尤爲惡濫，其《鞵杯》一篇，更屬無賴。不謂後世惡少年行徑，竟以鐵翁爲之作俑也，可笑可怪。

十三

或問溈山云：「如此暑熱，向何處避？」溈山云：「向鑊湯裏避。」曰：「如何却向鑊湯裏避？」曰：「衆苦所不到。」余謂此預爲之極也，得其意而粗用之，堅苦卓絶，可以禦窮矣。先豫章兄梃家貧甚，冬日讀書，至夜半欲寢，床無火氣，布衾生稜冷如鐵，不可入，乃解衣裸立簷下，風霜刮肌骨，至不可耐，乃急入被取微暖，此溈山之説也。豫章爲人直戇骨鯁，丁酉舉於鄉，辛丑赴公車，謁房師康某，康與吾邑陳令有舊，而憫豫章之貧困，作書付豫章達陳，屬其照拂。豫章不便面阻，藏之篋衍三年，至癸卯會試，雍正元年。持以還康，而陳已以受賕劾矣，康爲嘆服。丁未成進士，即以是年冬卒。

十四

清苑王璞，工寫人物，而美人尤精妙，雖周昉不過也。曾在某王府與衆畫師角藝，主人命題曰：「萬緑叢中紅一點。」他手思路率皆凡近，璞獨畫一採桑美人，桑蔭四垂，宛然緑天。美人亦着緑衣，惟抹胸前猩紅一點，的然呈露，真動人春色也，遂爲第一。其後每自摹仿。余嘗於清苑同年朱太常世勳家見一幅，蓋摹本也，太常以四金購之者。太常亦工畫，家藏名畫及鼎彝古器甚夥，時延余飲，觀玩摩挲者竟日〔一〕。太常早卒，子岐，庚辰進士，刑部主事。

校勘記

〔一〕玩：原本誤作「現」字，今徑改。

十五

禽獸對言，則禽飛而獸走，若散言之，則獸不可以兼禽，禽自可以該獸。《記》曰：「鸚鵡能言，不離乎飛鳥；猩猩能言，不離乎禽獸是也〔一〕。」《孟子》曰：「一朝而獲十禽。」《易》曰：「田有禽。」又曰：「王用三驅，失前禽。」原不必盡是飛禽耳。獸曰牝牡，鳥曰雌雄，然《書》曰：「牝雞之晨。」《詩》曰：「雉鳴求其牡。」是鳥亦可言牝牡矣。《詩》曰：「雄狐綏綏。」《木蘭行》云：「雄兔脚撲朔，雌兔眼迷離。」王阮亭又謂《高麗史》有某獻雄馬若干匹之文，是獸亦可稱雌雄矣。又，《爾雅·釋畜》：「牡曰騭，牝曰騇。」注：「草馬也，草亦作騲。」然今未聞以草目馬者，或以目牝驢，且以目牝雞。至騭之名，尤所未聞。

校勘記

〔一〕鸚鵡能言，不離乎飛鳥；猩猩能言，不離乎禽獸是也：《禮記·曲禮上》無兩「乎」字。

十六

東坡偶向文忠公誦文與可句云：「美人却扇坐，羞落庭下花。」文忠曰：「此非與可詩，世間原有此詩，被與可拾得耳。」後東坡《和曇秀道人》句云：「夢回拾得吹來句，十里南風草木香。」放翁詩云：「文章本天成，妙手偶得之。粹然無疵瑕，豈復須人爲。」余亦有詩云：「乃知天地間，合有此文詞。特借我手腕，爲渠抒寫之。」都是一種意思。

十七

放翁《與兒輩泛舟游西湖，一日間晴陰屢易》中聯云：「楊花正與人争路，鳩語還催雨點衣。」出句晴也，對句陰也，「正與」、「還催」四字，作轉換「晴陰屢易」也。蓋偶得此聯，恐人嫌其不符，故自下注脚耳。此詩家活變之法。

十八

放翁《示友》詩云：「道向虚中得，文從實處工。淩空一鶚上，赴海百川東。氣骨真當勉，規模不必同。人生易衰老，君等勿悤悤。」「文從實處工」一語，嚴滄浪、王阮亭諸家都被此磕碎矣。至有明前後七子，必求同古人之規模，故終爲優孟衣冠耳。五句中，「氣」字頂「赴海」句，「骨」字頂「淩空」句。

十九

放翁《讀前輩詩文有感》後四句云：「鸞旂廣殿晨排仗，鐵騎黄河夜踏冰[一]。此事要須推大手，蟬嘶分付與吴僧。」余謂「鸞旂」、「鐵騎」二語，當此者惟一工部而已，北地、歷下諸公，徒竊其近似，反不如蟬之嘶耳。芥舟有云：「與爲王、李，寧爲鍾、譚。」蓋有激而云爾也。

校勘記

〔一〕騎：《劍南詩稿》卷三十九《讀前輩詩有感》作「馬」。

二十

放翁句云：「鼎鼎百年如電速，寥寥一笑抵河清。」余亦有句云：「鎮守空齋同面壁，真開笑口比河清。」蓋向來所閲惟《劍南詩鈔》耳，未覩其《全集》，故誤犯之也。

二二

放翁云：「造物有乘除，貧悴博無恙。」余嘗爲家約齋兄作一聯云：「因貧得壽，頭上天公自有乘除加減；制外養中，眼前世態任他喧寂温涼。」又嘗贈老妻云：「居賤吾相累，勃溪汝故無。孝慈本天性，禮法學先姑。婦德無容健，賢聲在彼姝。皇天工劑和，斟酌報窮儒。」此理自是懸鍼不錯，而庸愚之人動欲享全福，何也？故劉克猷子壯云：「觀理不深，每欲求多於造物。」

二三

三良之事，是諸侯殺人以殉葬也。《左氏》所載魏顆「不從亂命」，《檀弓》所載陳子車死，「其妻與其家大夫謀以殉葬」，是大夫之家亦欲殺人以殉葬也。至陳乾昔欲大其棺，「使二婢子夾我」，則士庶之家亦效尤矣。雖魏顆以下三家皆不果殺，然非有所禁而不敢殺也，不知成何世界。

二三

《郊特牲》蜡祭祝辭曰：「土反其宅，水歸其壑，昆蟲毋作，草木歸其澤。」余按，「土反其宅」，不欲其濡也；「水歸其壑」，欲其沍也；「昆蟲毋作」，欲其蟄也；「草木歸其澤」，謂收斂其膏澤，不使冬榮也。陳澔舊注非是。蓋當收斂閉藏之時，欲其歸根復命，以爲來歲發生之地也。余嘗作《然後知生於憂患》題，云：「大冬妍暖，嗣歲之生殖必薄，故其甲坼勾萌，皆胎於寒沍冰堅之會。」正是此意。李鐵君鍇《甲子長至》詩後半云：「當此而雷雨，解作草木甲坼。皂物皂，核物核，自無之有元化闢。是來妖沴與淫慝，容成將迷大撓惑。氣交辰會各有時，不剥而復權安施。静以養正維綱維，聖人於此真無爲。剥彼陰木取竹箭，扶陽抑陰理可見。殺機未殺生意生，環中底藴天心善。」與此義可以互參。

二四

放翁句云：「山於拄杖横時看，行到芒鞵破處休。」夫策杖游山，正當看山時拄之，以紓腰脚之力，奈何反横之而看也？某嘗謂作詩須細窮理，豈必天人性命而後謂之理哉！

二五

放翁《西郊尋梅》云：「餘花豈無好顏色，病在一俗無由砭。朱欄玉砌渠有命，斷橋流水君何欠。」又《故蜀苑梅龍》云[一]：「精神最遇雪月見，氣力苦戰冰霜開。覊臣放士耿獨立，淑姬静女知誰媒。摧傷雖多意愈厲，直與天地争春回。」前段是雖窮居不損也，後段是若要熟須打這裏過也，足以盡梅之品格矣，讀之實獲我心。

校勘記

〔一〕故蜀苑梅龍：《劍南詩稿》卷九原題作「故蜀别苑在成都西南十五六里，梅至多有兩大樹，夭矯若龍，相傳謂之梅龍。予初至蜀，嘗爲作詩，自此歲常訪之，今復賦一首，丁酉十一月也」。

二六

放翁《自雲門之陶山過隱者茅舍》云[一]：「陂池幽處有茅堂，井臼蕭條草樹荒。小鴨怯波時聚散，病蔬傷蠹半青黄。童兒銜雨收漁網，婢子聞鐘上佛香。我亦暮年思屏跡，數椽何計得連墻。」此詩頗清新，第六句尤爲創獲，但「聞鐘上香」乃夜間事，與上三句殊屬不合，且其全題「求見主人不可，意其隱者也」，則並未入其門登其堂，行道之人何由知内裏瑣事也？

校勘記

〔一〕自雲門之陶山過隱者茅舍：《劍南詩稿》卷九原題作「自雲門之陶山，肩輿者失道，行亂山中，有茅舍小塘極幽邃，求見主人，不可，意其隱者也」。

二七

文與可《詠鷺鷥》六言詩曰：「細頸銀鈎淺曲，高脚緑玉深翹。岸上水禽無數，誰能似汝風標。」余亦有詩云：「獨拳一脚立，照影寒潭裏。延佇忽移時，一片雪花起。蠢爾鴉鶻群，渠是佳公子。」前四句勝與可前二句，後二句與之同意，但以「鴉鶻」爲襯稍疏遠，不如渠「岸上水禽」爲親切耳。

二八

放翁《月夕》詩云：「開户滿庭雪，徐看知月明。微風入叢竹，復作雪來聲。俗塵不待掃，凜然肝肺清。村深無漏鼓，鶴唳報三更。」《詩醇》評云：「以雋語寫幽致，列子御風，泠然善也。」信然！但前四後二平仄都恊，頗似律體，中二句雜以古體，於律似覺未合也。

二九

放翁《暮冬夜宴》云：「官機錦茵金蹙鳳，舞娃釵墮雙鬟重。寶爐三尺香吐霧，畫燭如椽風不動。主人愛客情無已，箏聲未斷歌聲起。亦知百歲等朝露，便恐一歡成覆水。爐紅酒緑春爲回，坐上梅花連夜開。堂前只尺異氣候，冰合平池霜壓階。」後四句可謂善於諷諭，蓋即老杜「朱門粱肉臭〔一〕，路有凍死骨」之意，但彼顯而此隱耳。

校勘記

〔一〕粱：《全唐詩》卷二百十六《自京赴奉先縣詠懷五百字》詩作「酒」。

三十

元微之《陽城驛》詩云：「商有陽城驛，名同陽道州。陽公没已久，感我淚交流。」「祠曹諱羊祜，此驛何不侔。我欲避公諱[一]，名爲避賢郵[二]。」放翁《以石芥送劉韶美禮部》詩云[三]：「古人重改陽城驛，吾輩欣聞石芥名。風味可人終骨鯁，尊前真見魯諸生。」自注：劉比釀酒勁甚，因以爲戲。按，「石芥」指徂徠先生也，先生魯人，故以漢魯諸生比之耳。

校勘記

〔一〕欲：《全唐詩》卷三百九十七作「願」。

〔二〕郵：原本誤作「驛」，據《全唐詩》卷三百九十七改。

〔三〕韶：原本誤作「紹」，據《劍南詩稿》卷一改。

三一

放翁《聞猿》詩云：「瘦盡腰圍不爲詩，良辰流落自成衰。也知客裏偏多感，誰料天涯有許悲。漢塞角殘人不寐，渭城歌罷客將離。故應未抵聞猿恨，況是巫山廟裏時。」《詩醇》評云：「排宕開闔，波瀾無限，格調自李商隱得之，故自青出於藍。」按，義山《詠淚》詩云：「永巷長年怨綺羅，離情終日思風波。湘江竹上痕無限，峴首碑前灑幾多。人去紫臺秋入塞，兵殘楚帳夜聞歌。朝來灞水橋邊問，未抵青袍送玉珂。」此放翁後四句藍本也。然其首句云「瘦盡腰圍不爲詩」，爲猿也；四句云「誰料天涯有許悲」，亦指猿也；然皆暗藏不露，至七句始明點聞猿，其格法又似兼用老杜《野老送朱櫻》詩也〔一〕，此所謂排宕開闔，波瀾無限者。又按，東野《聞砧》云：「杜鵑聲不哀，嶺猿啼不切〔二〕。月下誰家砧，一聞腸一絶〔三〕。」亦同此作法，但筆路各别耳。又唐人《詠柳》云：「不分錢塘蘇小小，引郎松下結同心。」論者謂抑松扶柳，乃唐人尊題之法。以上所引三詩，亦尊題法也。

校勘記

〔一〕野老：《全唐詩》卷二百二十六作「野人」。

〔二〕嶺：《全唐詩》卷三百七十四作「斷」。

〔三〕聞：《全唐詩》卷三百七十四作「聲」。

三二

「凍瓶粘柱礎，宿火陷爐灰。」鄭綮句也[一]。放翁云：「瓶花力盡無風墮，爐火灰深到曉温。」此皆眼前景事，非喫閒飯人搜尋不到者。

校勘記

〔一〕綮：原本誤作「肇」，據《全唐詩》卷八百八《老僧》改。

三三

放翁《風雨中望峽口諸山奇甚戲作短歌》云：「白鹽赤甲天下雄，拔地突兀摩蒼穹。凜然猛士撫長劍，空有豪健無雍容。不令氣象稍渟滀[一]，常恨天地無全功。今朝忽悟始嘆息，妙處元在煙雨中。太陰殺氣横慘澹，元化變態含空濛。正如奇材遇事見，平日乃與常人同。安得朱樓高百尺，看此疾雨吹横風。」詩固奇矣，但前云「空有豪健無雍容」，又云「不令氣象稍渟滀[二]」，則後面當寫其雍容渟滀矣，乃「太陰殺氣」四句，又絶非雍容渟滀氣象，未免前後不貫穿也。

校勘記

〔一〕稍：《劍南詩稿》卷二作「少」。

〔二〕渟：原本誤作「停」，據上文改。

三四

放翁《游修覺寺》云：「山從飛鳥行邊出，天向平蕪盡處低。」祖應世曰：「曲江有『一水雲際飛』之句，竟陵評云：若入俗手，定作『一雲水際飛』矣。此聯若作『鳥從山邊出』，更有何味？」

三五

放翁《聽琴》云：「疏簾曲檻蘋風涼，細腰美人藕絲裳。緑藤水紋穿矮床，玉指纖纖彈履霜。高林鶯囀日初長〔二〕，幽澗泉鳴夜未央。哀思不怨和而莊，有齊淑女禮自防。世人但惑青樓倡，琵琶箜篌雜胡羌。試聽一曲醒汝狂，文姬指法傳中郎。」「高林鶯囀」四句，形容琴聲亦佳，然決知其非《履霜操》也，識者當自辨之。「履霜」字，當是趁韻耳。

校勘記

〔一〕初：《劍南詩稿》卷五作「正」。

三六

放翁《感秋》句云：「畫堂蟋蟀怨清夜，金井梧桐辭故枝。」小説載此詩「畫堂」作「玉階」，「怨」作「鬧」。「鬧」字不如「怨」字，「玉階」字勝「畫堂」。

三七

《倦游録》：「范鎮以給事謫蜀，數年始歸。濟南張寺丞聰園亭甲於歷下，邀范公飲，范作詩云：『園林再到身猶健，官職全抛夢乍醒。惟有南山與君眼，相逢不改舊時青。』」按，此詩全在「南山」、「君眼」兩件湊泊得妙，若但云謫官以來，惟君仍以青眼待我，便人人能道矣。

按

此則所引《倦游録》内容，邊氏有删節。

三八

瞿佑曰：「陳簡齋詩云：『客子光陰詩卷裏，杏花消息雨聲中。』陸放翁詩云：『小樓一夜聽春雨，深巷明朝賣杏花。』皆佳句也。葉靖逸詩云：『春色滿園關不住，一枝紅杏出墻來。』戴石屏詩云：『一冬天氣如春暖，昨日街頭賣杏花。』句意亦佳，可以追及之。」

按

此則出《歸田詩話》卷中「杏花二聯」，邊氏有删節。

三九

司空表聖《過道觀》句云：「棋聲花院閉，幡影石壇高。」放翁《晨過天慶》云：「孤燈經院曉，殘雪醮壇寒。」余《游雲居寺》亦有句云：「晚鐘禪院静，孤月戒壇高。」

要皆藍於表聖者。本朝尚茶洋句云[一]：「高旌后稷廟，深雪段千閭。」

校勘記

〔一〕尚：原本誤作「向」，今徑改。

四十

周密曰：「放翁娶唐氏，於其母爲姑姪，而不相得，出之。後改適趙士程。嘗以春日出游，相遇於禹跡寺南之沈氏園。唐以語趙，遣致酒肴。放翁悵然久之，爲賦《釵頭鳳》詞，題園壁間。」集中「紅酥手，黄縢酒」一闋是也，唐氏見而和之，未幾下世。後四十餘年，放翁重過沈園，題詩云：「楓葉初丹槲葉黄，河陽愁鬢怯新霜。林亭感舊空回首，泉路憑誰説斷腸。壞壁醉題塵漠漠，斷雲幽夢事茫茫。年來妄念消除盡，回向禪龕一炷香。」又《沈園》詩云：「城上斜陽畫角哀，沈園非復舊池臺。傷心橋下春波緑，曾是驚鴻照影來。」「夢斷香銷四十年，沈園柳老不吹綿。此身行作稽山土，猶弔遺蹤一泫然。」紹興郡刻本題下注云：「此放翁憶其前妻作也。」又絶句二首，題云：「余年二十時，曾作《菊枕》詩，頗傳於人。今秋偶復採菊縫枕囊[一]，悽然有感。」詩云：「採得黄花作枕囊，曲屏深幌閟幽香。喚回四十三年夢，燈暗無人説斷腸。」「少日曾題菊枕詩，蠹編殘稿鎖蛛絲。人間萬事消磨盡，只有清香似舊時。」蓋亦爲唐作也。

校勘記

〔一〕囊：原本無，據《劍南詩稿》卷十九補。

按

此則所引周密語，出《齊東野語》卷一「放翁鍾情前室」條，邊氏有删節。

四一

夫婦合寢，滿人異被而駢頭，漢人同衾而抵足。沈石田《悼亡》詩云：「老脚冬寒怯夜冰。」蓋其由來舊矣。

四二

東坡《壽星院寒碧軒》詩云：「清風肅肅摇窗扉，窗前修竹一尺圍。紛紛蒼雪落夏簟，冉冉緑霧沾人衣。日高山蟬抱葉響，人静翠羽穿林飛。道人絶粒對寒碧，爲問鶴骨何緣肥？」《二老堂詩話》曰：「蘇文忠公詩，初若豪邁天成，其實關鍵甚密。再來杭州壽星院寒碧軒詩，句句切題，而未嘗拘。『清風肅肅』四句，寒碧各在其中。第五句『日高山蟬抱葉響』，頗似無意，而杜詩云：『抱葉寒蟬静。』並葉言之，寒亦在其中矣。『人静翠羽穿林飛』，固不待言。末句却説破：『道人絶粒對寒碧，爲問鶴骨何緣肥。』其妙如此。」余謂此詩起聯渾含寒碧，結聯明點寒碧，中二聯句句分拈寒碧。《二老堂詩話》謂「『清風肅肅』四句，寒碧各在其中」，誤也，惟第三句「蒼」字屬碧，「雪」字屬寒，稍夾雜，自當以「雪」字爲主。

按

此則所引《二老堂詩話》内容，邊氏有删改。

四三

或問：「留侯之從赤松子游也，爲高祖之不可共功名，故效范少伯之去越乎？」曰：「非也。高祖雖好殺戮功臣，烏能殺留侯哉？韓、彭、英布之流，徒以爲高祖所用，故不免爲其所殺耳。至留侯、鄼侯皆不爲高祖用，而能用高祖，高祖又烏得而殺之耶？況留侯之行藏出處，尤如神龍之變化，而兼之以無欲者乎！其去也，特以明其報韓之初志而已。使至此而不去，則是利漢之功名禄位，而報韓之初志隱矣。故其去也，無所利也，非有所畏也。」

四四

「乖崖公在蜀，有録曹參軍老病廢事，公責之曰：『胡不歸？』明日，參軍求去，且以詩留别。其略曰：『秋光都似宦情薄，山色不如歸意濃。』公驚謝，因留而慰薦之。」余謂二語固佳，但合掌耳，出句應作「宦情都似秋光薄」，則上下回環有致矣。

按

此則所引，出《蘇軾詩集》卷三十四之《送路都曹》詩引，邊氏有删節。

四五

坡云：「長生未暇學〔一〕，且學長不死。」或問：「不死與生有别乎？」曰：「不死以心言，生以身言。大聖大賢、大忠大孝，長不死者也；神仙，長生者也。能盡忠孝，則可以死，亦可以無死，故曰：『神仙中多忠孝人也。』」此中確有至理，非援儒入墨如釋氏以至聖先師爲「儒童菩薩」，亦非如《真靈位業圖》以「孔子爲太極上真公，顔子爲明晨侍郎，帝舜以服九轉神丹入九疑山得道，夏禹受鍾山真人靈寶九跡法治水，周公爲西明公，召公爲南明公，武王爲鬼官北斗君」諸妄説也。故王弇州力駁此書，以爲非陶貞白所作。王阮亭曰：「何物道流，敢於舞文侮聖如此？當墮泥犁地獄。或是林靈素、劉煉一輩所造作耳。」

校勘記

〔一〕生：原本無，據《蘇軾詩集》卷二十六《金山妙高臺》詩補。

四六

《韻語陽秋》：「梅聖俞《送蔡駰下第》詩云：『爾持金錯刀，不入鵝眼貫。懷之歸河朔，慎勿輕熔煉〔二〕。』蓋士人切於得失，一不得意，則必變所學，以求媚於有司，此學者之大病也，故聖俞以是戒之〔三〕。」又昔人詩云：「從來剽竊爲場屋，直是無由識古書。屈指罕能官顯達，到頭剩得腹空虛。」余亦有詩云：「顑頷雖曾慣，脂韋那得能。只如帖括業，誓死不摸棱。」吁！非豪傑有意之士，孰足與於此？乃世俗目科舉之文爲敲門瓦，嗚呼，此文品之所以日低，而士風之所以不振也歟！

校勘記

〔一〕煉：《韻語陽秋》卷十八作「鍛」。

〔二〕俞：原本誤作「喻」，據《韻語陽秋》卷十八改。

四七

東坡《書鄢陵王主簿所畫折枝》云：「論畫以形似，見與兒童隣。賦詩必此詩，定非知詩人。詩畫本一律，天工與清新。邊鸞雀寫生，趙昌花傳神。如何此兩幅，疏淡含精匀。誰言一點紅，解寄無邊春。」其二云：「瘦竹如幽人，幽花如處女。低昂枝上雀，摇蕩花間雨。雙翎決將起，衆葉紛自舉。可憐采花蜂，清蜜寄兩股。若人富天巧〔一〕，春色入毫楮。懸知君能詩，寄聲求妙語。」余按，此詩所謂「形似」者，以摸擬古人而言也。賦詩作畫，必欲摸擬古人而求其形似，皆兒童之見耳。所謂「此詩」者，乃古人之詩也。邊鸞、趙昌固能寫生而傳神矣，如何主簿兩作不必摸擬邊、趙而求其形似，亦能於疏淡之中含精匀乎？可知清新必與自天工，而不在摹擬其形似矣。後一首「若人富天巧」[一]，正與此意相應。後人解此詩，並作「遺貌得神」之説，遂使前後都不貫串。「遺貌得神」之説，於理本自不確，如畫美人而作羅刹、夜叉，於美人之貌可謂遺之無可遺矣，但不知美人之神何在？蓋貌者神之所棲，有得貌而遺神者矣，未聞有遺貌而得神者也。至「杜甫似司馬遷」，「荔支似江瑶柱」，又不在此例。

校勘記

〔一〕巧：原本誤作「功」，據《蘇軾詩集》卷二十九改。

四八

東坡與李廌方叔相知甚久，坡領貢舉事，而李不得第，作詩送之，云：「與君相從非一日，筆勢翩翩疑可識。平生謾説古戰場，過眼終迷日五色〔一〕。我慚不出君大笑，行止皆天子何責。青袍白紵五千人，知子無怨亦無德。買羊沽酒謝玉川，爲我醉倒春風前。歸家但草淩云賦，我相夫子非臞仙。」《養痾漫筆》云：「元祐中，東坡知貢舉，李方叔就試。將鎖院，坡緘封一簡，令叔黨持與方叔。值方叔出，其僕受簡置几上。有頃，章子厚二子，曰持曰援者來，取簡竊觀，乃《揚雄優於劉向論》一篇。二章驚喜，攜之以去。方叔歸，求簡不得，知爲二章所得，悵惋不敢言。已而果出此題，二章皆摸仿坡作，方叔幾於閣筆。及拆號，坡意魁必方叔也，乃章援。第十名文意與魁相似，乃章持。坡失色。方叔竟下第。坡出院聞其故，大嘆恨，作詩送其歸，所謂『平生謾説古戰場，過眼終迷日五色』者是也。」余謂神宗欲驟用東坡，爲韓魏公所阻，東坡聞之，嘆服魏公，以爲君子愛人以德。豈有今日知貢舉，而反陷其友於不義者乎？《養疴漫筆》所記，可不辨而知其妄也。乾隆乙丑會試，錢香樹夫子爲總裁，李廉衣中簡入試，或謂廉衣得矣，蓋以香樹主試之故。余因言余與廉衣之所以受知於先生，與先生之所以素期於余二人者，以見其必不可干以私。或笑余之迂，余轉恐其不幸而得，使心跡皆不得以自明。既而下第，余爲文以賀之。

校勘記

〔一〕日：原本誤作「目」，據《蘇軾詩集》卷三十《余與李廌方叔相知久矣，領貢舉事而李不得第，愧甚，作詩送之》改。下同。

按

此則所引《養痾漫筆》内容，邊氏有删節。

四九

東坡《鶴嘆》詩云：「園中有鶴馴可呼，我欲呼之立坐隅。鶴有難色側睨予，豈欲臆對如鵩乎〔一〕？我生如寄良畸孤，三尺長脛閣瘦軀。俯啄少許便有餘，何至以身爲子娱。驅之上堂立斯須，投以餅餌視若無。戛然長鳴乃下趨，難進易退我不如。」《唐子西文録》云〔二〕：「東坡作《病鶴》詩，嘗寫『三尺長脛瘦軀』，闕其一字，使任德翁輩下之，凡數字〔三〕。東坡徐出其稿，蓋『閣』字也。此字既出，儼然如見病鶴矣〔四〕。」此所謂詩人一字費冥搜也。余嘗作詩餘，有「金縷弓鞵初試，慢騰騰篤速送纖腰」之句〔五〕，自以爲「送」字摹寫極工，如見珊珊細步也，與此「閣」字是一種神理。余有《賦得老鶴萬里心》一首，頗能寫其品格，附識於此。「老却青田種，丹砂頂漸深〔六〕。樊籠徒寄跡〔七〕，霄漢自盟心。逸翮霑宵露〔八〕，閒情警月砧〔九〕。緱山笙渺渺，遼海夢愔愔。懶作婆娑舞，時爲嘹唳吟。隆情蒙豢養，䩦羽默思尋。蓬閬應相待，喧卑不易任。階前貪啄粒，豈是九皐禽。」芥舟極其賞鑒，評云：「此豈得以鎖院目之。」

校勘記

〔一〕臆：原本無，據《蘇軾詩集》卷三十七補。

〔二〕文：原本誤作「語」，今徑改。

〔三〕凡數字：原本誤作「數十字」，據《唐子西文録》改。

〔四〕見：原本無，據《唐子西文録》補。

〔五〕慢：原本誤作「漫」，據本書卷一《秋閨·木蘭花慢》詞改。

〔六〕漸深：《隨園詩集》卷二十二作「已深」。

〔七〕寄跡：《隨園詩集》卷二十二作「繫跡」。

〔八〕逸翮：《隨園詩集》卷二十二作「短翮」。

〔九〕閒情：《隨園詩集》卷二十二作「逸情」。

五十

《唐子西文録》〔一〕：「東坡詩，敘事言簡而意盡。忠州有潭〔二〕，潭有潛蛟，人未之信也。虎飲水其側〔三〕，蛟尾而食之，俄而浮骨水上，人方知之。東坡以十字道盡云：

『潛鱗有饑蛟，掉尾取渴虎。』言『渴』則知虎以飲水而召災，言『饑』則蛟食其肉矣。」

校勘記

〔一〕文：原本誤作「語」，今徑改。

〔二〕忠州：原本誤作「惠州」，據《唐子西文録》改。

〔三〕側：《唐子西文録》作「上」。

五一

《珸溪詩話》曰：「用自己詩爲故事，須作詩多者乃有之。太白云：『滄浪吾有曲，相子棹歌聲〔一〕。』樂天云：『須知菊酒登高會，從此多無二十場。』明年云：『去秋共數登高會，又被今年減一場。』東坡赴黄州，過春風嶺有絶句，後詩云：『去年今日關山路，細雨梅花正斷魂。』至海外又云：『春風嶺上淮南村，昔年梅花曾斷魂。』」

校勘記

〔一〕相子：《李太白全集》卷十八《送儲邕之武昌》作「寄入」。

按

此則出《苕溪詩話》卷四，邊氏有删節。

五二

東坡《新釀桂酒》詩云：「收拾小山藏社甕，招呼明月到芳樽。」二句都暗藏「桂」字，上句顯，下句人多不覺。

五三

「天籟虚徐，風篇冷徹[一]。」紫陽真人山玄卿《新宫銘》語也。

校勘記

[一] 風：原本誤作「鳳」，據《容齋隨筆》卷十三「東坡羅浮詩」條改。

五四

東坡《游博羅香積寺》詩云：「豈惟牢九薦古味，要使真一流天漿。」自注云：「束晳《餅賦》：饅頭、薄持、起捜、牢九。」李必恒曰：「按，束晳《餅賦》有饅頭、薄壯、起溲、牢丸之名，而先生詩用作『牢九』，又自注中『薄壯』作『薄持』，『起溲』作『起捜』，又《真一酒歌》亦用『起捜』字，想别有所據。」《顔氏家訓》：「江南有一權貴，讀誤本《蜀都賦》注，解『蹲鴟』芋也乃爲『羊』字。人饋羊肉，答書云〔一〕：『損惠蹲鴟〔二〕。』舉朝驚駭，不解事義，久後尋跡，方知如此。元氏之世，在京洛時，有一才學重臣新得《史記音》，而頗紕繆，誤反『顓頊』字，『頊』當爲許録反，錯作許緣反，遂一一謂言：從來謬音『專旭』，當音『顓翾』耳。此人先有高名，翕然信行；期年之後，更有碩儒，苦相究討，方知誤焉。」據此二事，則「牢丸」作「牢九」之類，焉知非東坡誤記？不然亦是誤讀錯本，然人便以爲或别有所據，此存乎其人之素日體面耳。

校勘記

〔一〕云：原本無，據《顔氏家訓》卷第三《勉學篇》補。

〔二〕損：原本誤作「捐」，據《顏氏家訓》卷第三《勉學篇》補。

五五

「『須眉誰不具，品則天與淵。或爲物所惡，或受物所憐。見惡斷人情，乞憐看人面。人情何必聯，人面何忍看。是故烈丈夫，可殺不可玩。萬靈貴間氣，大道去僞善。姑舍聖之和，效法狂與狷。顛倒醉夢中，誓不步鄉願。挺身聽百折，立意扨一便。涕笑皆至理，衾影亦光欽。燒書薄腐儒，求昏入酒伴。嘔心進知己，覓頭養寶劍。景已迫桑榆，肯作瞌睡漢。縱滅床頭色，豈以家爲念。國手非不奇，良方未經驗。風靡巾幗尊，道喪男兒賤。雄心雖甚熱，市道安足羨。高官衆所矜，厲鬼吾之願。一任嗤者嗤，兼憑嘆者嘆。聲名死後多，放逐生前欠。駱駝腫背馬，多怪由少見。』醉後書壁，亦察其意志所在而已。句之工拙，韻之是否，不必問也。癸亥閏月，磨蠍居士鄒德基書於廣陵寓中。」此從《賞奇軒四種》中鈔出者。鄒，字公履，梁溪人。蓋明末狂士也，詩雖粗，然頗有奇氣，書法亦奇。所載又有顧子方者，名臯，亦梁溪人，書法亦奇。鄒似〔一〕。

校勘記

〔一〕「鄒似」二字後，原本當有脱漏。

五六

東坡《六月十二日酒醒步月理髮而寢》詩云：「羽蟲見月争翾翻，我亦散髮虚明軒。千梳冷快肌骨醒，風露氣入霜蓬根。」余《夏夜玩月》詩亦云：「煙流衫袂濕，露漬髮根寒。」蓋亦偶與之合也。

五七

乾隆丁卯，余與戈芥舟濤分題李芳園永書《無雙譜》畫屏，余得六人。其題太白云：「欲贊公從何處説，真同十七史堆疊。摭拾䩄縷徒紛綸〔一〕，惟有坡公語妙絶。生平不識高將軍，手污吾足乃敢嗔。此已置公華嶽頂，下視人間蠓蠛群。一拳搥碎黄鶴樓，一脚踢翻鸚鵡洲〔二〕。滅竈更炊謝不敏，敬題坡語在上頭。」後明年戊辰，追和金古良全譜，又詠太白云：「命我進履我不辭，命我結襪我結之。不得爲公執斷役，去公千年我心悲。

何物高力士，獨能脱其靴。公靴爲爾脱，乃顧不重耶？奈何翻以此爲辱，咄哉庸奴真薄福。」此二詩並從東坡二語脱出，一是明偷，一是暗竊，然總非鈍賊也。

校勘記

〔一〕綸：《隨園詩集》卷十八作「紛」。

〔二〕一拳搥碎黄鶴樓，一脚踢翻鸚鵡洲：《隨園詩集》卷十八作「一脚踢翻鸚鵡洲，一拳搥碎黄鶴樓。」

五八

《容齋三筆》云：「東坡初赴惠州，過峽山寺，不值主人，故其詩云：『山僧本幽獨，乞食況未還。云碓水自春，松門誰爲關〔一〕。石泉解娱客，琴筑鳴空山。』既至惠州，殘臘獨出，至栖禪寺，亦不逢一僧，故其詩云：『江邊有微行，詰曲背城市。平湖春草合，步到栖禪寺。堂空不見人，老稺掩關睡。』後在儋耳作《觀棋》詩，記游廬山白鶴觀，觀中人皆闔户晝寢，獨聞棋聲，云：『我時獨游，不逢一士。誰與棋者，户外屨二。不聞人聲，惟聞落子〔二〕。』其寂寞冷落之味可以想見，句語之妙一至於此。」

校勘記

〔一〕誰：《容齋三筆》卷十一、《蘇軾詩集》卷三十八《峽山寺》作「風」。

〔二〕惟：《容齋三筆》卷十一作「時」。

按

此則出《容齋三筆》卷十一「東坡三詩」條，邊氏有删節。

五九

《風月堂詩話》曰：「東坡南遷，參寥居西湖智果院，交游無復曩時之盛。作湖上絶句云：『去歲春風上苑行，爛窺紅紫厭平生。而今眼底無姚魏，浪蕊浮花懶問名。』『城隈野水緑透迤，裊裊輕舟掠岸過。欲采芸蘭無處覓，野花汀草占春多。』詩既出，遂坐譏刺得罪，返初服。」

六十

東坡《惠州答參寥書》云：「專人遠來，辱手書，並示近詩，如獲一笑之樂，數日喜慰忘味也。某到貶所半年，凡百粗適[一]，更不能細説[二]，大要只似靈隱天竺和尚退院後[三]，却在一個小村院子[四]，折足鐺中，罨糙米飯喫，便過一生也得。」

校勘記

〔一〕適：《蘇軾文集》卷六十一作「遣」。

〔二〕能：原本無，據《蘇軾文集》卷六十一補。

〔三〕要：《蘇軾文集》卷六十一作「略」。

〔四〕在：《蘇軾文集》卷六十一作「住」。

六一

《鶴林玉露》曰：「子瞻謫儋州，子由謫雷州，皆章惇取其字之偏旁而謔之。當時有術士曰：『儋』字，從立人，子瞻其北歸乎！『雷』字，『雨』在『田』上，承天之澤，子由其未艾乎！」後皆驗。

按

此則所引《鶴林玉露》卷五「蘇黄遷謫」條，邊氏有删節。

六二

東坡《倦夜》詩云：「倦枕厭長夜，小窗終未明。孤村一犬吠，殘月幾人行。衰鬢久已白，旅懷空自清。荒園有絡緯，虛織竟何成。」此詩音節意致，純乎唐人，不似東坡本色，乃集中僅見之作。

六三

《容齋五筆》云：「樂天詩云：『醉貌如霜葉，雖紅不是春。』坡則曰：『小兒誤喜朱顔在，一笑那知是酒紅。』采舊公案，而機杼一新，前無古人，於是爲至。」余有《對鏡戲成》詩云：「昨照似差肥，今看人較羸。不知造物者，將以我奚爲。發憤抛銅鏡，幡然命酒巵。桃花忽上面，一笑向妻兒。」又句云：「丑雞催鬌白，卯酒借顔紅。」

按

此則所引《容齋五筆》内容，出卷七「東坡不隨人後」條，邊氏有删節。

六四

東坡《十二月十七日夜坐達曉寄子由》云：「清風欲發鴉翻樹，缺月初升犬吠雲。」將曉而缺月初升，此必二十七日，非十七日也，題有脱誤。

六五

《困學紀聞》曰：「『浮雲世事改，孤月此心明。』坡公晚年所造深矣。」自嶺外歸，次江晦叔韻。又曰：「『更無柳絮隨風起，惟有葵花向日傾。』見司馬公之心。『浮雲世事改，孤月此心明』，見東坡公之心。」

六六

東坡《贈詩僧道通》云：「語帶煙霞從古少，自注：李太白云：「他人之文，如山無煙霞，春無草木。」氣含蔬筍到公無。自注：謂無酸餡氣也。」二語蓋先生自道耳。昌黎云：「惟陳言之務去。」浮而不切，便是陳言，蓋即蔬筍氣也。

六七

《居易録》云：「稗官小説，不盡鑿空，必有所本。如施耐菴《水滸傳》，不獨三十六人姓名見於龔聖予《贊》，而首篇敘高俅出身，與《揮麈後録》所載一一脗合[一]。俅本東坡先生小史，工筆札，坡出帥中山，留以予曾子宣，辭之，以屬王晉卿。晉卿一日遣俅送篦刀子於端王邸，值王在園中蹴鞠，俅睥睨之。王呼來前，詢曰：『汝亦解此耶？』曰：『能之。』令對蹴，大喜，呼隸云：『傳語都尉，謝篦刀之貺，並送人皆輟留矣。』踰月，王登大寶，眷渥日厚，不次遷拜，數年間持節至使相。父敦復，復爲節度使[二]，兄伸亦登八座，子姪皆爲郎。《傳》所云『小蘇學士[三]』，即東坡，而稍變其文耳。都尉，即詵也。俅富貴不忘蘇氏[四]，子弟每入都[五]，問恤甚厚，亦有可取。時梁師成自詭東坡之子，二人皆嬖倖擅權勢，而叔黨卒終於小官，可以知其賢矣。或謂二蘇黨禁方嚴，李公麟遇蘇氏子弟，至以扇障面而過之。坡族孫元老《上時相啓》乃至云：『念與黨人偶同高祖。』此輩愧俅、師成不亦多乎！」

校勘記

〔一〕 塵：原本誤作「麈」，今徑改。

〔二〕 復：原本無，據《居易録》卷七補。

〔三〕 士：原本無，據《居易録》卷七補。

〔四〕 「俅」字後，原本衍一「當」字，據《居易録》卷七删。

〔五〕 子弟：原本誤作「弟子」，據《居易録》卷七改。

六八

又云：「米海岳研山，是南唐寶石，其圖及得失始末，具陶南村《輟耕録》第六卷中。初爲寶晉齋物，薛紹彭易之。元章詩云：『研山不復見，哦詩徒嘆息。惟有玉蟾蜍，向余頻淚滴。』因筆想爲之圖。此句似有脱誤。元梅花道人吴仲圭又畫《硯山圖》。《癸辛雜識》云，米氏研山後歸宣和御府，流落台州戴氏家。此石今在朱竹垞太史所。所謂華蓋峰、月巖、翠巒、方壇、玉筍、上洞、下洞、下洞三折通上洞。龍池諸勝，宛然皆具，上有『寶晉齋』三篆字及『襄陽米氏世珍』印。」

按

此則出《居易録》卷七。

六九

《詩眼》曰：「孫莘老嘗謂老杜《北征》詩勝退之《南山》詩，王平甫以謂《南山》勝《北征》，終不能相服。時山谷尚少，曰：『若論工巧，則《北征》不及《南山》，若書一代之事，以與《國風》、《雅》、《頌》相爲表裏，則《北征》不可無，而《南山》雖不作無害也。』二公之論遂定。」余謂《北征》、《南山》之高下，何待山谷而後定？此非關山谷了了，自是諸公憒憒耳。至於以「雪後園林纔半樹，水邊籬落忽横枝」爲勝於「疏影横斜水清淺，暗香浮動月黄昏」，則山谷苟異之見，强作解事耳。

七十

蘇叔黨句云：「葉隨流水歸何處，牛載寒鴉過别村。」

病餘長語卷十一

任邱邊連寶肇畛

一

《御選唐宋詩醇》總評昌黎詩云：「韓愈文起八代之衰，而其詩亦卓絶千古，論者常以文掩其詩，甚或謂於詩本無解處。夫唐人以詩名家者多，以文名家者少，謂韓文重於韓詩可也，直斥其詩爲不工，則群兒之愚也。大抵議韓詩者，謂詩自有體，此押韻之文，格不近詩，又豪放有餘，深婉不足，常苦意與語俱盡。蓋自劉攽、沈括，時有異同，而黄魯直、陳師道輩，遂群相訾謷，歷宋、元、明，議論間出；此實昧於昌黎得力之所在，未嘗沿波以討其源，則真不辨詩體者也。夫六義肇興，體裁斯别，言簡而意該，節短而韻長，含吐抑揚，雖重複其詞，而彌有不盡之味，此風人之旨也。至於二《雅》三《頌》，鋪陳終始，竭情盡致，義存乎揚厲而不病其誇情，迫於呼號而不嫌其激；其爲體迥異於《風》，非特詞有繁簡，其意之隱顯固殊焉。千古以來，寧有以少含蓄爲《雅》、

《頌》之病者乎？然則唐詩如王、孟一派，源出於《風》，而愈則本之《雅》、《頌》，以大暢厥詞者也。其生平論詩，專主李、杜，而於治水之航，磨天之刃，慷慨追慕，誠欲效其震蕩乾坤、陵暴萬類，而後得盡吐其奇傑之氣。其視清微淡遠，雅詠温恭，殊不足以盡吾才，然偶一爲之，餘力亦足以相及。如《琴操》及《南溪》諸作具在，特性所不近，不多作耳。而仰攻者顧執多少之數，以判優絀之數乎？擬桃源爲樂土而輒謂洪河太華之駴人，求仙佛之玄虛而反以聖賢經天緯地爲多事，此其説固不待智者而決也[一]！今試取韓詩讀之，其壯浪縱恣，擺去拘束，誠不減於李；其渾涵汪茫，千匯萬狀，誠不減於杜。而風骨崚嶒，腕力矯變，得李、杜之神而不襲其貌，則又拔奇於二子之外而自成一家。夫詩至足與李、杜鼎立，而論定猶有待於千載之後。甚矣，詩道之難言也！然元積固嘗推杜而抑李，歐陽修又主退之不主子美；李、杜已然，在愈故應不免，彼自鳴自息者，又烏足與深辨哉！」謹按，論韓詩者多矣，未有如此段之明確者，且其推衍詩派，以爲王、孟主《風》，韓主《雅》《頌》，又謂千古以來，未有以少含蓄爲《雅》、《頌》之病者，旨哉言乎，其所以開示來學者至矣！然則嚴滄浪之專尚妙悟，王阮亭之專主神韻，殆所謂擬桃源爲樂土而輒謂洪河太華之駴人，求仙佛之玄虛而反以聖賢經天緯地爲多事者乎？真方隅之見也！《詩醇》之選，今大學士梁公詩正及吾師錢香樹先生陳群實爲總裁。未知梁公詩主何派，至錢師則以昌黎爲圭臬，《香樹齋全集》可覆按也。向者追隨京邸，聆其談詩，宗旨率皆與此相符，此段文字定出吾師手也。

校勘記

〔一〕此：原本無，據《唐宋詩醇》卷二十七補。

二

荆公之譏昌黎也，曰：「力去陳言誇末俗，可憐無益費精神〔一〕。」旨哉！余生平詩筆，凡得意之作，其當日締造經營之艱苦，在於何地何時，作何情狀，迄今思之，一一如在目前也。憶前丁卯，客於城東之張各莊，秋間偶作《雁字》詩，於第三首得頷聯云：「忽作崩騰疾取勢，旋看容與緩爲妍。」其下思之不屬，至廢午餐。午後步村南李氏塋中，徘徊者久之，忽得頸聯，云：「鳥官雲紀知何日，抹月删風又一年。」不覺手舞足蹈，幾欲伐鼓撞鐘，以鳴得意。越十六年癸未，復來客此，爲門人輩解此詩，因言其事，且指點其地，不禁淚潸潸下也。丁卯之明年戊辰，客靜海，冬夜獨處，愁悶無聊，一月内得詩五十首，精疲力盡，遂成心疾。怔忡不寐，驚悸狐疑，種種具足，至今凡十五六年不瘳，其間瀕於死者且屢矣。當大病時，但視白紙上有墨跡，此心便築築然動；及其小痊，偶爾構思，即恍惚瞀亂，强加排遣，又欲罷不能，如馬之驚逸奔潰而不得自止，殆醫家所謂「心淫」者。嗟乎！相如含筆而腐毫，楊雄輟翰而驚夢，桓譚疾感於苦思，王充氣竭於思慮，苟不力爲節制，其爲吾身之累者豈淺尠哉！

校勘記

〔一〕益：《王文公文集》卷七十三《韓子》作「補」。

三

阮亭《雪後懷家兄西樵》詩云：「竹林上斜照，陋巷無車轍。千里暮相思，獨對空庭雪。」其意境之蕭疏，風懷之淡遠，不待言矣。但人人可懷，不必其爲西樵也；人人可懷西樵，不必其爲阮亭也。以兄弟至親，遠在千里之外，欲以一言問訊，應作貼皮靠骨之語，乃復爲此不着墻壁不關痛癢者耶？昔人以不切者爲陳言，然則此亦陳言而已矣。又《真州懷西樵》云：「依然山郭與江樓，長夏蕭條只似秋。十里香生芰荷水，亂蟬聲送木蘭舟。試尋戰壘連京口，無數雲山指石頭。曾與坡公吟賞地，對床風雨戀真州。」此詩通首健旺，前伏後應，律法亦極渾成，但除却「坡公」字，人人亦皆可借用；至「對床風雨」，雖兄弟事，而朋友亦可通融也。

四

吴徑一修《太平閒話》云：「陶器以舜窑爲冠，其次柴窑。吴越時，柴姓所製，謂之秘色；或云柴世宗時燒造，所司請其色，御批云：『雨過青天雲破處，這般顔色做將來。』此二種最古，得其碎片，可以裝飾玩具，與金璧同價。外此有定、汝、官、哥四種。宋以定州白磁器有芒不堪，遂命汝州造青窑器，差勝之。政和間，京師置窑燒造，曰官窑，文色亞於汝。又，宋時處州章生兄弟皆作窑，兄製色稍白而斷紋多，號曰圾碎，故曰哥窑。又中興渡江時，有邵成章於修内司造青器，名内窑，模範極精，油色瑩徹，爲世所珍。明時，永窑、宣窑、成窑皆純白，或回青、石青畫之，或加彩色；宣與汝敵，永、成次之，嘉窑又次之。」按，昔人論色：柴色青以淡，其理膩以滋，其文細，其足黄以質；定有劃花、繡花、素質之不同，紫、黑、白三種各異；汝窑文如蟹爪，色淡以青；處窑細薄，有翠青者、粉青者；官窑質細以潤，其色青紺，其文蟹爪，其口紫，其足鐵色；内窑質緻而色青；哥窑紫口鐵足，其色白，其文斷碎若拆。今本朝陶器，精妙絶倫，各色俱備，甲於往古，但覺太薄耳。

五

《林間録》：「高僧懶瓚《甘澤謡》作「嬾殘」隱衡山，德宗遣使召之，方撥牛糞煨芋，寒涕垂膺，未嘗答一言。使者勸拭涕，瓚曰：『豈有功夫爲俗人拭涕耶。』」阮亭先生作頌曰：「煨火傍群牛，謫來幾千歲。懶殘亦俗人，誰能爲拭涕。」伊戒平應鼎解云：「懶殘撥糞煨芋，雖係謫降，原自不俗。忽然而致天子之召，則真一俗人矣。俗人是誰？不肯破工夫爲俗人拭涕者又是誰？須知撥糞煨芋者是一不俗的懶殘，能致德宗之召者是一極俗的懶殘，不俗的懶殘自然没有工夫爲極俗的懶殘拭涕，若認作一個人，則大錯矣。詩中『誰』字，真是不可思議。」懶殘語妙，阮亭頌妙，戒平解亦妙。《莊子·徐無鬼》篇云：「卷婁者，舜也。羊肉不慕蟻，蟻慕羊肉，羊肉羶也。舜有羶行，百姓悦之，故三徙成都，至鄧之虚仝墟而十有萬家。堯聞舜之賢，舉之童土不毛之地之地，曰冀得其來之澤。冀人來歸舜，則瘠土成沃。舜舉乎童土之地〔二〕，年齒長矣，聰明衰矣，而不得休歸，所謂『卷婁』者也。」此段與懶殘語正好互參，故録之。

校勘記

〔一〕「舜」字後，原本衍一「舜」字，據《莊子集釋》卷八删。

按

此則所引懶殘事，出《林間録》卷下，邊氏有删改。

六

樂天《贈談客》云：「請君休説長安事，膝上清風琴正調。」東坡亦云：「若對青山談世事，我應舉白便浮君〔一〕。」蓋當茗甌麈尾之間，談古賦詩之際，偏遇長安道上熱客，侈談邸報中陞遷除拜之事，真所謂俗子敗人意也。

校勘記

〔一〕我應：《蘇軾詩集》卷八《贈孫莘老七絶》作「當須」。

七

趙杜餐飯之「飯」，吾邑士大夫都讀作去聲，而農間不識字者却讀作上聲，士夫轉笑之，以爲鄉落間音，此真可笑也。然亦必如曰姓趙的、姓杜的「喫飯去」，三字連讀，然後作上聲耳；若使之單讀「趙」、「杜」、「飯」字，亦作去聲也，此蓋雜以土音而轉合也。又如有子曰之「有」字，小米子之「小」字，吾邑都讀作平聲；豈有此理，吾邑都讀作「豈有慈理」，蓋以數上聲相連，故不能不聱牙耳。而文安人皆能如其本音讀之，是亦因土音而合也。喫飯着衣之「着」，本音灼，近人並讀如字，惟譏人之誇耀鮮衣者則曰「又着上了」，纔讀作「灼」，蓋僅以之作諧謔耳。此大誤也。俗以舉火向竈内者謂之前火，此却最古，蓋即爲王前馬之「前」也。供人役使者，自稱曰小的，此却有所本。《晉公談録》云：「皇城使劉承規，在太祖朝爲黄門小底。」今特訛「底」作「的」耳。

八

謂子曰囝，謂父曰郎罷，此閩人土語也，見《顧況集》。黄山谷《送秦少章從東坡之餘杭》云[二]：「斑衣兒啼真自樂，從師學道也不惡。但使新年勝故年，即如常在郎罷前。」秦，高郵人，而贈以閩語，殊屬不合，此山谷好奇嗜癖之過也。余同年李綬遠永書曾宰閩之晉江，紳士爲作《勸農桑圖》，余爲題詩一首，凡十八解，其第三解云：「穲稏復穲稏，阿囝隨郎罷。郎罷足沾泥，阿囝水没胯。」以閩語道閩事，如此始妙耳。

校勘記

〔一〕送秦少章從東坡之餘杭：《黄庭堅全集》作「送少章從翰林蘇公餘杭」。

九

獺肝一月一葉，月滿而退。鱖脊十二骨，每月一骨，有毒。梧葉按月生。鳳尾十二翎，遇閏則增一。藕每月一節，閏益一節。棕櫚應月生片，閏則半片；歲長十二節，閏則半節。茈菰一莖十二實，閏則十三。牡丹遇閏則花。小蟬遇閏則少鳴。鶺鴒飛數隨月，正月則一而止。雀乳雛，四月四子，五月五子，六月六子。蛤蚧之鳴，大月三聲，小月二聲。鳩飼子，朝從上下，暮從下上。貓捕鼠，上半月咬上身，下半月咬下身。虎每月望前，耳能聽而目不能視，望後反是。蝌斗月大盡先生前足，小盡先生後足。驢馬駒月初生者行母前，月半生者與母並，月末生者行母後。罌粟九月九日及中秋種之，花必大而滿。象膽隨四時，春在前左膊，夏在腹，秋在左足，冬右足。蚺蛇膽上旬近頭，中旬近心，下旬近尾。雞子日中則正，日昃則偏。貓睛旦暮圓，及午豎斂如綫，其鼻端冷，惟夏至暖。

故甑書「契」字置墻上，則聞梟鳴，投之則止。胡桃樹東南枝劈之〔一〕，書「契」字置雞栖下〔二〕，則夜鳴不止。胡燕巢置艾葉，則不復來。順風撒芝麻末，可止蛙鳴。羊脂柔銀，翡翠屑金，蟾肪劈玉，辰砂碎鐵，死貓引竹，木賊軟牙，羚羊角碎金剛石，耳塞可粉石青，駝糞可殺壁蝨，猴皮可辟馬疫。栗木爲關，可遠盜。青楊木爲床，可祛蚤。玳瑁得醯而甲脱，雞卵聞磨聲則贕，伯勞血塗金則昏，鸊鷉膏塗刀不銹〔三〕。木炭畫路，螻蟻不過。槐樹生蟲，擂鼓其下則盡落。肥皂淹鐵索，過時而斷。珍珠近栢木，尸氣而碎。牛骨置池中，則水不涸。鹽蟹加皂莢、蒜瓣，不沙。黑犬血灌蟹，燒煙三日，可以集鼠。螳螂所執之葉，可以蔽形。生人髮掛樹上，鳥雀不敢食其實。鑿果樹，納少鍾乳粉，則子多且美。玳瑁甲帶左臂上，若飲饌中有毒，則甲自摇動。社祭餘酒噴屋四壁，可除蚊。黿腸爲燈置水中，見諸物。按，黿解人語，擬刀欲殺之，則能泣而求活。吾邑劉炘文在粤中親見之。象胸前小横骨，灰之酒服，可浮水出没。狒狒血飲之見鬼。猢猻毛置網四角，則多得魚。鹿胎香懸餌下網，則萬魚畢集。鸊鷉頸血塗雞頭〔四〕，則雞不能起。殭蠶末塗馬口，即不囓人。魚遭鴿糞則泛。蛇以桑柴燒之，則足見。牛踐瓠苗，則瓠苦。桐花飼豬，肥大三倍。桃李蛀者，以豬頭汁澆之即不蛀。園圃四旁種決明草，則蛇不敢入。竹木刺入肉，羊糞燒灰和豬脂塗之即出。蟹黃塗久疽，立瘥。井泉調蚯蚓糞，塗蜂螫立止。熊食鹽而死，獺飲酒而斃。琉璃、瑪瑙得南海自然灰，則軟而可刻。芭蕉以鐵釘其根則盛，海棠於冬至日以糖水澆其根則盛，種藕以酒糟塗之則花盛。

蛇盤向壬，鵲巢向歲，狐潛上伏，狼識孤虚，燕伏戊巳，虎奮衝破〔五〕。蝙蝠伏庚申，夜鼠伏甲子。啄木以嘴畫字成符，而蠹蟲自出。

花果樹經孝子孕婦手折，則數年不着花。蜻蜓五月五日埋於户下，則化爲青珠。積艾草三年後燒，津液下流成鉛錫。新造屋柱下四隅以敗扇埋其下，則蚊不入屋。吸北方之氣噴筆端，書「欽深淵默漆」五字置床帳間，則蝨盡除。元旦雞鳴，以火照桑樹則無蟲。

象妬，麝忌，虎䶄，猬鈍，狐疑。楝蜜苦，鱧膽甘，鱉膽辛。鱟血碧，龜目黃，蛟骨青，鳳骨黑。雀夕瞽，鴟晝盲。牛耳無竅而聽以鼻，龍無耳而以角聽，蛇與鱉以目聽，魚無耳而能聽，黿有鼻而息以耳。象以鼻取，蠐螬以背行，水母以蝦視，狽以狼走，駏驉以蛩走〔六〕。蟬無口而能鳴，蛇無足而能行，蚓無肋而能縮，菟絲無根而能活。水有温泉，火有涼燄，石有浮石，木有沉木。菱花背日，芡花向日。蟬飲而不食，蠶食而不飲，蜉蝣不食不飲。子規啼必北向，鷓鴣飛必南去。貓以薄荷爲酒，雞以蜈蚣爲酒，鳩以桑椹爲酒，虎以犬爲酒，蛇以茱萸爲酒。

大腰無雄，鱉類也；細腰無雌，蜂類也。或云蜂尾岐者雌，銳者雄。又，猬毛順者雄，逆者雌。鳥翼右掩左者雌，左掩右者雄。燒毛入水，沉者雄，浮者雌。鹿初生，鼻邊有缺者雄。鶴生，眼旁别有紅點者雄。鴛雄者斑，雌者褐。猿雄者黑，雌者黄。

猬使虎伸，蛇令豹止，鹿制於犬，象伏於鼠。

蟬近陽，以陰爲聲，故鳴在腹板，此息而彼作，陽性也。蛩近陰，以陽爲聲，故鳴在背翅，相遇必相争，陰性也。又，馬屬乾，陽也，故蹄圓；陽病則陰盛，故病則卧；起先前足，卧先後足。牛屬坤，陰也，故蹄拆；陰病則陽勝，故病則立；起先後足，卧先前足。又，牛乘順風，馬遡逆風，魚逆水而上，鳥向風而立，蝨行必北首，蟹行必東向。物類交感，有可異者：白鵲、鵁鶄、鷺鷥目視成孕，鸛影接成孕，兔望月而孕，孔雀聞雷而孕。鶴以聲交，鵪鴿以足交，螣蛇以聽交。野鵲傳枝，老鴉傳涎。鴛鴦交頸，蝴蝶、絡緯、蟋蟀皆以鬚爲鼻，其交亦在鬚。龍鵽、沙雞皆雄鳴上風，雌鳴下風，自然成孕。又按，鴿雌乘雄，蚩雌負雄。鴛鴦、雀、鶉之交，皆以雌求雄。

螻螘以鬚爲眼，去其鬚，必憒而鬬。

獸以吐而生者兔也，禽以吐而生者鸕鷀也，蟲以吐而生者蟾也。逐月有子者鴿也，四時有子者雀也。雞二十日而化，鶩三十日而化。胎生者：鼠一月，貓二月，犬三月，彘四月，猿、兔五月，鹿六月，虎七月，馬十二月。瑶光之鳥，千歲而孕。象三歲而一生，羊一歲而三生。

人順生，草木倒生，禽獸横生。卵生繫於背，胎生繫於腹。胎生者，嚼咽而九竅，卵生者齕食而八竅。水居者腥，肉食者臊，草食者善走而愚，水食者耐寒而善浮，土食者無心而不慧，桑食者有緒，肉食者勇敢而悍，食氣者神明而壽，食穀者智慧而夭，不食者不死而神。

人不見風，魚不見水，鬼不見地，羊不見雨，狗不見星。冰蠶不知寒，火鼠不知熱，蓼蟲不知苦，糞蛆不知臭。

蛇化雉，雉化蜃，魚化龍，田鼠化鴽，雀化蛤，原作「鴿」，誤。鳩化鷹，鶉化鸇。伯勞爲鼢，鼢爲鴽，鯤爲鵬。老韭爲莧，柳絮化萍，茯苓化龜，亦但有龜形耳。橘化枳，莧化鱉，樹化牛，稻化蠶，蔬化蝶。又，敗葉爲蝶，紺葉爲青蝦，腐菌化蜂，腐草化螢，腐麥化蛾，朽木化蟬，狐化人。雌雞爲雄㹠，㹠化黿，星化肉，雨化血，杖化龍，舄化梟，人化羊、化鶴，文星化豕，井化酒。

以上數條，並從吳徑一《太平閒話》中鈔録〔七〕，存之以俟博物者考焉。按，物之化有常有變，其常者如田鼠化鴽，雀化蛤，鳩化鷹，柳絮化萍，橘化枳，腐草化螢之屬是也。若向來所無，一旦而化，則爲變矣。至杖化龍，舄化鳧，人化羊、化鶴，則仙家之幻術耳，又不在此例。庚午大水，明年春，淀中魚多化爲田鼠，其化而未成有捕得者，則鼠頭而魚尾，此亦不可以恒理測也。按，《莊子·至樂》篇末一段，爲《閒話》中所未及摭拾者，録於後以廣異聞：「得水則爲㡭，繼。得水土之際則爲鼃蠙蛙也之衣，生於陵屯則爲陵舄，陵舄得鬱棲糞壤則爲烏足，草名。烏足之根爲蠐螬，其葉爲蝴蝶。蝴蝶胥也，解一句。化而爲蟲，生於竈下，其狀若脱，無皮殼。其名爲鴝掇。鴝掇千日爲鳥，其名爲乾餘骨。乾餘骨之沫爲斯彌，斯彌爲食醯。頤輅生乎食醯〔八〕，倒句。黄軦音況生乎九猷，頤輅生九猷，九猷生黄軦也。瞀芮生乎腐蠸。音權，黄軦生腐蠸，腐蠸生瞀芮也。倒句中又忽用二脱句。羊奚比合也乎不箰，即笋。久竹生青寧；青寧生程，程生馬，馬生人，人又反入於機。萬物皆出於機，皆入於機。」注云：「大地塵壒，爲息所吹，浮游水上，塵塵相牽，如絲如縷，其名爲㡭。蓋水苔欲生河中，先有此朕，其在水土相交之際，水得土氣，凝爲體質，則爲蛙蠙之衣，即水舄也；生於水，爲水舄，《詩》所云『言采其藚』是也。蛙與蚌依其下，以爲衣焉。生於陵屯，則爲陵舄，即《詩》所云『芣苡』一物，而有水陸之異也。陵舄而得鬱棲，化爲烏足；烏足亦草名，其根化蠐螬，而葉化蝴蝶；蝴蝶亦名胥，又化而爲蟲也。蓋草化爲蟲，質多蠕弱，又生田夫野竈之下者，得人之氣，無皮無殼，其狀如剥脱，名爲鴝掇。鴝掇伏土千日，化而爲鳥，名乾餘骨。乾餘骨吐沫，化爲斯彌。斯彌化爲食醯，蠛蠓也，喜酸而聚食夫醯，故名之。食醯生頤輅，頤輅生九猷，九猷生黄蚟，生腐蠸，腐蠸生瞀芮，迭迭相生，皆蟲類也。『羊奚比乎不箰，久竹生青寧』爲一句，羊奚，草名，根如蕪菁，其根連合於久不生笋之竹，則生青寧。青寧，竹根蟲也。《循本》言：『萬載有老人曾見一蟲，長五寸，後尚有寸許是竹根未變，得非所謂青寧者乎？』程，豹之别名，《筆談》言：『延州人至今呼虎豹爲程。』青寧生程，程生馬，馬生人，世間自有此事，不可以耳目所限而斷之。一云青寧形似刺猬，俗云敗竹，園多刺猬是也，並存俟考。」按，此文分兩段看：自䵷至於瞀芮，凡十五變，而皆根於一塵；青寧、程、馬、人，凡四化而皆出於羊奚，乃《莊子》文中之尤奇者。

校勘記

〔一〕之：原本無，據《感應類從志》補。

〔二〕契：《感應類從志》作「券」。

〔三〕銹：原本誤作「繡」，今徑改。

〔四〕鸕：原本無，據《物理小識》「雞首塗鸕鷀血，即伏不能起」句補。

〔五〕「破」字後，原本衍「玳瑁」二字，今徑删。

〔六〕「蛩」字後，原本衍一「蛩」字，據《玉芝堂談薈》卷三十二「駏驉以蛩走」句删。

〔七〕徑：此處誤作「經」，據本書卷九改。

〔八〕乎：原本誤作「於」，據《莊子集釋》卷六改。

按

此則所録《天平閒話》内容，多出自《感應類從志》、《物理小識》、《玉芝堂談薈》等書。

十

《居易録》云：「偶與學子言詩：用字不可臆爲杜撰。如古人名字，司馬長卿『長』字無平聲，相如『相』字無仄聲，『如』字或作上聲，馬援『援』字無平聲，曹操『操』字無平聲之類，今人率通融以就己便，非也。又如樂毅稱樂生，賈誼稱賈生，司馬長卿稱馬卿，李膺稱李君，阮籍稱阮公，嵇康稱嵇生，山濤稱山公，王導稱王公，郗愔稱郗公[二]，謝安石、謝靈運、謝朓皆稱謝公，庾亮稱庾公，王凝之稱王郎，袁粲稱袁公，江淹稱江郎，徐陵自稱徐君，杜甫稱杜公，李白稱李生，孟浩然稱孟公，韓愈稱韓公，韋應物稱韋公，白居易稱白公，歐陽修稱歐公，蘇軾稱蘇公。又謝惠連、謝朓皆稱小謝，宋祁稱小宋，蘇轍稱小蘇，杜牧稱小杜之類，皆有所本，即是出處，不可假借。若杜甫稱杜生，李白稱李公，知復爲誰耶？地名亦各有所宜，故友陳允衡伯璣嘗語予：『姑蘇城外寒山寺，夜半鐘聲到客船』，若作『金陵城外報恩寺』，有何意味？此雖謔語，可悟詩家三昧。予因廣之云：『流將春夢過杭州』、『滿天梅雨是蘇州』、『白日澹幽州』、『黄雲畫角見并州』之類，皆不可移易。余二十年前在廣陵有句云：『綠楊城郭是揚州。』好事者至取爲圖畫。若云『白日澹蘇州』、『流將春夢過幽州』，有不捧腹絶倒者耶？宋人謂『五月臨平山下路，藕花無數滿汀洲』改『六月』便不佳，亦此意也。」余按，樂天《杭州》詩云：「濤聲夜入伍胥廟，柳色春藏蘇小家。」其中便無故實，柳色亦必不可入伍胥廟，濤聲亦必不可入蘇小家也。乃老杜《武侯祠》云：「映階碧草自春色，隔葉黄鸝空好音。」絶不似武侯廟中景色，不謂老杜一時智出樂天下也。

校勘記

〔一〕惜：原本誤作「音」，據《居易録》卷四改。

十一

《居易録》云：「右軍《黄庭經》真跡，今藏内府，康熙某年曾賜閣臣、學士同觀。《樂毅論》真跡，原藏涿州馮氏，後歸衍聖公孔翊宸毓圻，康熙二十四年進入内府。孔，馮氏甥也。」按，《樂毅論》刻本，惟馮氏快雪堂較他本獨優，以從真跡摹勒故也。今馮氏之後甚微，聞快雪堂石刻已歸一賈人矣。

十二

倪雲林畫一幅，朱竹垞題云：「房山潑墨太模糊〔一〕，那似倪迂意匠殊。一片湖光幾株樹，分明秋色小長蘆。」吴天章題云：「經營慘淡意如何，渺渺秋山遠遠波。豈但穠華謝桃李，空林黄葉亦無多。」王阮亭題云：「平生不作王門客，莫把倪迂配米顛。最憶推蓬寫松石，菰蘆秋雨爇龍涎〔二〕。」蓋雲林不爲張士誠之弟士信作畫，遁去藏蒲葦中，焚香爲人所跡，王詩正用其事也。

校勘記

〔一〕潑：原本誤作「撥」，據《居易録》卷八改。

〔二〕蘆：原本誤作「蒲」，據《居易録》卷八改。

按

朱、吴、王三詩，皆出《居易録》卷八，邊氏有删節。

十三

《文心雕龍·明詩篇》論《十九首》云：「結體散文，直而不野，宛轉附物，怊悵切情，實五言之冠冕也。」論建安云：「慷慨以任氣，磊落以使才。造懷指事，不求纖密之巧；驅詞逐貌，惟取昭晰之能；此其所同也。」其論嵇曰清峻，論阮曰遥深，總論晉人曰輕綺；論宋以後曰：「莊老告退，而山水方滋；儷採百字之偶，争價一句之奇，情必極貌以寫物，詞必窮力而追新，此近世之所競也。」逐段論得切中。莊老告退，謂晉人專尚玄虛也；山水方滋，謂康樂以後專意刻畫山水也，二語尤精。但通篇絕無一語齒及彭澤，豈亦以「輕綺」概之乎？甚矣，其無特識也。韓退之《薦士》詩，歷敘詩派，亦不及陶。李厚菴先生云：「陶靖節詩，蟬蜕污濁，六代孤唱，韓公略無及之，何也？此與論文不列董、賈者同病，猶未免於以詞爲主爾。」

十四

菊之爲卉也，諸色俱備，未嘗不極其絢爛，而昔人直評之曰淡，以神理而言也。以菊而比之桃李，其肥瘠差有間矣，然桃李不害其爲肥，而菊不害其爲瘦也，惟淡故瘦耳。人淡如菊，不必其爲山林之臞也。

十五

胡震亨云：「李義山《碧城三首》，蓋詠其時貴主事。唐公主多自請出家，與二教人媟近。商隱同時如文安、潯陽、平恩、邵陽、永嘉、永安、義昌、安康諸主，皆丐爲道士，築觀於外。史即不言他醜，頗著微辭。詩中『簫史洪厓』一聯，及引用董偃水精盤事，大指已明。又，劉夢得《題九仙公主舊院》詩：『武皇曾駐蹕，親問主人翁。』前此詩人，亦不諱言，又何疑於義山耶？」王阮亭曰：「義山他詩如『梁家宅裏秦宫入，趙后樓中赤鳳來。』『賈氏窺簾韓掾少〔一〕，宓妃留枕魏王才。』『一片非煙隔九枝，蓬巒仙仗儼雲旗。』『人間桑海須臾變〔二〕，莫遣佳期更後期』之類，率皆戚里中事〔三〕，亦非泛詠也。」余謂義山之詩，固多主文而譎諫，如《碧城三首》之類是矣。然亦有本身之事而故詭其詞以爲隱避者，如《楚宫》一篇，分明是在人家晏會，其家有歌妓而不使得見，故形於篇章耳。觀第二句云：「傾城消息隔重簾。」其賊心賊眼窺伺偵探之狀，已於「消息」二字中，自己畫出供狀矣。至結句云：「王昌且在墻東住，未必金堂得免嫌。」尤爲撒潑無賴，而乃詭其題曰《楚宫》，總不使人摸着頭項耳。

校勘記

〔一〕掾：原本誤作「椽」，據《全唐詩》卷五百三十九《無題四首》改。

〔二〕須臾：《全唐詩》卷五百三十九《一片》作「朝朝」。

〔三〕事：《居易録》卷八作「語」。

按

此則所引胡震亨及王阮亭語，皆出《居易録》卷八。

十六

《居易録》云：「王建《宫詞》：『每遍舞頭分兩行〔一〕，太平萬歲字當中。』今外國猶傳其制。鄭麟趾《高麗史》云，教坊女弟子奏《王母隊》歌舞，一隊五十五人〔二〕，舞成四字，或『君王萬歲』，或『天下太平』，此其遺意也。」相傳本朝康熙年中，某外夷進貢金魚數十尾，以池畜之，四環游泳，皆有敘不亂。游泳數次，詘然並止，成文曰「天下太平」。此又更奇，未知信否。

校勘記

〔一〕行：《居易録》卷八作「向」。

〔二〕五：原本無，據《居易録》卷八補。

十七

摯虞《文章流别》云：「詩之流，有三言、四言、五言、六言、七言、九言。古詩率以四言爲體，而時一句二句雜在四言之間，後世演之，遂以爲篇。三言者，『振振鷺，鷺於飛』之屬是也；五言者，『誰謂雀無角』之屬是也；六言者，『我姑酌彼金罍』之屬是也；七言者，『交交黃鳥止於桑』之屬是也；九言者，『泂酌彼行潦挹彼注兹』之屬是也。」余謂「交交黃鳥止於桑」上四字作一讀，便不得爲七言矣。七言一氣渾成而不斷者，如「還予授子之粲兮」、「如彼築室於道謀」、「學有緝熙於光明」之屬是也。「泂酌彼行潦[一]，挹彼注兹」，亦是兩句，不得爲九言也，《三百》中無九言句。古詩中有以二字爲句者，如「斷竹，續竹。飛土，逐肉」是也。古文中有以一字爲句者，《左傳》「下，拜；登，受」是也。

校勘記

〔一〕泂：原本誤作「洞」，據《詩經·大雅·泂酌》改。

按

此則所引《文章流别》内容，邊氏有删節。

十八

《文心雕龍·樂府篇》云：「詩爲樂心，聲爲樂體。樂體在聲，瞽師務調其器；樂心在詩，君子宜正其文。好樂無荒，晉風所以稱遠；伊其相謔，鄭國所以云亡。故知季札觀辭，不直聽聲而已。若夫豔歌婉孌，怨志詄絶，淫詞在曲，正響焉生？然俗聽飛馳，職競新異，雅詠温恭，必欠伸魚睨；鮑照《謝見原疏》〔一〕：「大喜猝至，小願所圖〔二〕。魚愕雞睨，且悚且慚。」奇辭切至，則拊髀雀躍；詩聲俱鄭，自此階矣。」此段論得甚好，後世以詞曲爲樂府，乃高唱亂談，淫詞豔語，戲謔科諢，穢褻砌抹，公然演於臺上；男女紛遝，雜坐並觀，其爲人心風俗之蠹者不淺。應董之以樂府之官，如漢人故事，於元明以來詞曲中揀擇而淘汰之，取忠臣孝子、義夫節婦之劇，有關於勸懲之大者演之。至於佳人才子如《西廂記》、《牡丹亭》者，概行禁止，亦世道人心之一助也。

校勘記

〔一〕謝見原疏：《鮑明遠集》卷九題作「謝隨恩被原表」。

〔二〕大喜猝至，小願所圖：《鮑明遠集》卷九《謝隨恩被原表》作「大喜卒至，非願所圖」。

十九

昌黎《嗟哉董生行》起云：「淮水出桐栢山，東馳遥遥千里不能休。淝水出其側，不能千里，百里入淮流。」蓋因董生爲壽州之豐安人，淝水去壽州不遠，故取以爲興也。其言「不能千里」，何也？以興下文之「刺史不能薦，天子不聞名聲，爵禄不及門」也。又言「百里入淮流」，何也？淝雖不能千里，入於淮則亦可以千里矣。董生孝行雖不出於里閈，然既有此以爲之基，則將來之所至，正未可以限量也。

二十

劉勰《文心雕龍》一書，雖屬六朝之文，總雜蔚薈，難於爬疏，然頗中文章利病。其深雋處，最耐尋味，奈被坊間低選家、闈中庸房考扯壞，向來扯爲評語者，今且扯入時文矣。如「餘味曲包」、「耀豔深華」、「藻耀高翔」等語是也，可笑可恨。大要選家、房考所湊批語本頭，取之三家者爲多：《文心雕龍》之外，爲陸士衡《文賦》、司空表聖《詩品》二十四則。宛平黄崑圃先生叔琳所定《文心雕龍注疏》，校勘極其精核，圈點評語亦頗的當，善本也。

二一

玉之在石者名璞，鼠之斃而臘者亦名璞。見《國策》。犬名狗，熊、虎之子亦名狗。見《爾雅》。故曰：美惡不妨同名。

二二

《爾雅·釋詁》第一首三節總疏云：「周公作詁，必以始也、君也、大也居先者。始者，無先之稱；君者，至尊之號；大則無所不包，故先言之〔一〕。一曰此三者：天也、人也、地也。《易·乾卦》云：『萬物資始。』《坤卦》云：『直方大。』《老子》云：『域中有四大，王居其一焉。』故以此三者爲先。乾、坤，相對之物，而以地在人後者，以人居天地之中，且尊尚人君，故進之。自此以下〔二〕，隨便即言，無義例也。」按，此段道理極精，足見古人著書之不苟，亦見古人讀書之不苟。天、地，上下相對，而人居中者，見人爲天地之主，即《西銘》乾父坤母，藐焉中處之義。

校勘記

〔一〕之：原本無，據《爾雅》卷一補。

〔二〕以：《爾雅》卷一作「而」。

二三

《釋詁》云：「賚、貢、錫、畀、予、貺，賜也。」按，貢亦訓賜，則賜者乃上下互换之通稱，雖下之與上，亦可謂之賜矣。然今之外夷進貢者，改其文曰進賜，可乎？不可！故知事有必不可以泥古者，此類是也。天子以下，不得自稱爲朕，自秦始矣。然自天子以至於庶人，皆得稱其父母曰皇考、皇妣，蓋皇之爲言大也，美也，非皇帝之「皇」也。「朕皇考曰伯庸」，《離騷》之文尚矣。歐陽公《瀧岡阡表》：「惟我皇考崇公。」蓋至宋而猶不改。今則天子而下，皆稱顯考、顯妣，無敢稱「皇」者矣。未聞其有明禁，也非後世之忌諱甚於古人，蓋别嫌明微之道，必如是而後盡耳。又《詩》云：「琴瑟在御，莫不静好。」蔡邕《獨斷》：「御者，進也。凡衣服加於身，飲食適於口〔一〕，妃妾接於寢，皆曰御。」然御又統也，《韻會》云：「凡天子所止曰御，前曰御前，書曰御書，服曰御服，皆取統御四海之意。」余按，「進」、「統」二訓，最易相混，用者須斟酌。

校勘記

〔一〕適：《獨斷》卷上作「入」。

二四

字畫者，詩文之衣冠，詩文工而字畫拙，未免減色。圖章者，又字畫之衣冠，縱有義、獻書法，而鈐以僧官道師之法印，布店典鋪之戳記，其爲字畫之累者亦大矣。近書書家其圖章最有講究者，余目中所見凡三人：一爲文安井愷一其演，一爲德州宋蒙泉弼，一爲景州李露園基塙。井、宋於書法之外兼擅鐵筆，凡所用鈐記，皆其自作，俱極古勁。露園雖不工此，然於此尤爲加意；與宋友善，蒙泉館於其家凡數年，露園圖章大半蒙泉所爲也。露園曾爲余臨魯公《明遠帖》，鈐以印，首作葫蘆樣，其内刻「依樣」二字，臨摹古帖則用此。此種游戲，殊不惡也。愷一之子名玉樹，字丹木，鐵筆亦佳。吾邑李亦珊，所用圖章亦頗佳，一方大如酒杯，刻「李十二」者，蒙泉所爲也。芥舟殊不甚好此。

二五

獻縣紀曉嵐昀，高才博學，爲近來翰苑中巨擘，而書法殊不工。嘗爲余題《茗禪圖小照》，其字體雖屬南派，然頗不醜，蓋有爲之捉刀者，如劉公甗繪畫，假兔褐轉勝耳。然性頗好篆刻之技，嘗聘聶松巖刻《詩品》二十四則，共石數百方，約費二三百金，裝爲一册，頗工整。其筆法與吴練江相上下，甚可玩也。余藏一本，乃得之高喻旃者。近來翰苑中不工書法者，惟曉嵐與平原董曲江元度耳。曲江未成進士時，主於曉嵐京邸，二人並口吃，然皆好談諧，每於五斗之後，期期之聲不絶，聞者無不軒渠也。

二六

戴通乾亨，仁和人，流寓瀋陽。康熙辛丑進士，河間府學教授，調順天府學教授，陞齊河知縣。劾歸，隨姪某儀真任，卒於儀真。其《慶芝堂全稿》剞劂已成，然急切不能得也，摘録余所素藏者數十聯，以備諷詠。「平生成底事，往古類何人。」「清淺溪隨屐，呢喃燕趁人。吹來山翠雨，沾我縠皮巾。」「醒酒風生竹，烹茶水掬溪。」「静虚擁卷處，高潔入雲心。」「溽暑沉宵雨，新涼散候蛩。」「雲根泉吐月，松頂鶴翔風。」「人情秋藻麗，吾意古苔涼。」按，此十字直是説得十分透徹，「古苔涼」三字，尤爲創獲。昨八月十七夜月下，與檀維藩閒談及人情世態，因誦此二語，爲之欷歔欲絶也。「輕雷山脚雨，空翠寺門煙。」「欲尋黄葉路，高寄白雲心。」「偶來前浦雨，多是近山雲。」「青山留傲骨，滄海壯詩濤。」「天地牢蓬鬢，飢寒礪腐儒。」「月落喧狐語，山空耀鬼燐。」「野狼昏截道，山鬼夜呼群。」「石險頻驚馬，山空偶見人。」「風雅將興日，乾坤未死身。」「地頑常帶鹵，山蠢不生雲。」「孤鶴立寒渚，斷雲歸遠山。」「陰砌蛩鳴露，寒更月照庭。」「杜門如老衲，力學尚童心。」「縱横四五步，花竹兩三枝。」《詠蛩》云：「哀鳴聲遠近，明月夜蒼涼。」《大風》云：「白晝盲行目，緇塵塑走魔。」按，雍正乙卯冬，余與劉嘯谷炳、李立軒學禮同赴薊州，於道中得長律一首，有句云：「黄土埋生骼，白沙塑走魔。」自薊州入京，時先生與家識珍兄同仕京學，因以此詩呈先生，頗爲擊節。此蓋偶用其語，亦不擇細流、不讓土壤之意也。「空香生繡陌，碧澗瀉松陰。」「江聲流萬古，楓葉下殘秋。」《種竹》云：「風動涼生牖，陰過翠拂卮。」「鐘聲摇夢獨，槐蔭潑階涼。」「遠煙歸鳥路，清磬夕陽山。」按，乾隆丙辰九月，滿州學博海涵百齡，邀先生並余兄弟及涵百弟勒東圃福同游香山。同人皆有詩，先生得句云云，衆人爲之閣筆。余諷詠數月不輟，幾欲口流涎也。游凡數日，臨返，群飲於曝衣臺，先生酒酣發狂，向山奠酒而揖，余因得句云：「幾處白雲隨客夢，一杯濁酒奠青山。」先生頗賞之。其後，余有句云「縱逢青眼亦思哭，偶入名山不欲歸」者，謂此游也。「溪鳥不飛去，山雲欲下來。」「海月三更出，秋風萬里來。」「雲山無恙人將老，天地多情草又蘇。」《落葉》云：「棄婦機中明月夜，離人江上白雲秋。」「有色但堪題錦字，無根寧不逐飛蓬。」《有感》云：「已拚章甫歸無用，不分漁樵願亦違。」蓋我輩有意高隱，亦須衣食粗給。「一池荷葉衣無盡，滿地松花食有餘」，此語認真不得，果爾則索我於枯魚之肆矣，何高隱之有？故潦倒至我輩，直是無一而可也。昨日與維藩説此二句，其言如此。「庭露夜闌侵草濕，瓶蓮香細出泥新。」「遠岸緑蓑漁舍雨，近村青旆酒家樓。」又於三十年前聞先生自誦兩聯云：「雪中衰草粘天白，塞上愁雲匝地黄。」「石室寒鐘山鬼拜，氊廬獵火野狐吹。」此聯更奇警，然亦未免雕鑿。

病餘長語卷十二

任邱邊連寶肇畛

一

元遺山《論詩》云：「心畫心聲總失真，文章寧復見爲人。高情千古閒居賦，争信安仁拜路塵。」譏潘安仁也。王阮亭《論詩》云：「十載鈐山冰雪情，青詞自媚可憐生。彦回不作中書死，更遣怱怱唱渭城。」譏嚴分宜也[一]。余前卷録吕惠卿詩一首，頗訝不類其人。兹又於金詩中得劉豫詩六首，旋復訝其工，蓋即宋濟南守降金而封齊王，又佐金侵宋者也。爰録之，以廣異聞。「竹塢人家瀕小溪，數枝紅杏出疏籬。門前山色帶煙重，幽鳥一聲春日遲。」「風荷柄柄弄清香，輕薄沙禽落又翔。紅日轉西漁艇散，一川山影暮天涼。」「古渡停驂日向沉，淒涼歸思梗清吟。碧山幾點塞鴻静，紅葉一林秋意深。」「倚巖蕭寺據危崖，丈室軒窗面水開。雪霽暮寒山月上，數竿修竹一枝梅。」「晝色晴明著色圖，山光凝翠接平湖。煙嵐自古人難畫，遠即深深近却無。」「寒林煙重暝棲鴉，遠寺疏鐘送落霞。無限嶺雲遮不斷，數聲和月到山家。」

校勘記

〔一〕 讖：原本誤作「嚴」，今徑改。

二

劉豫，阜城人。張邦昌，東光人。馮道，獻縣人。吾郡出此三帝王，亦大不幸也。邦昌曾使高麗，高麗人暫立爲王，後又受金人册命，立爲帝，更奇。

三

邊元鼎字德舉，金進士，官翰林供奉。閲《金詩選》，得其四首，録之以見吾邊氏擅風雅者代有其人，不獨勝國之華泉尚書也。華泉詩極温麗，在前七子中能去其膚廓，然似不如德舉公之清真。《金詩選》本於元遺山之《中州集》，不詳德舉爲何許人，殊惆悵。《暮鐘》云：「落日行人斷，深秋暝雨殘。一聲煙樹外，千里暮山寒。倦鳥方知止，哀猿冷不安。蕭蕭風葉下，時與野僧還。」《村舍》云：「何事區區守一丘，春花過了月明秋。等閒濁酒籬邊興，寂莫寒花雨裏愁。不識故人今在否，每思前事隔重游。西風又是青山晚，落葉無聲水自流。」又《出門騎馬》云：「出門騎馬即三千，面目塵埃動慘然。生計若爲田二頃，飢顔翻愧官三年。乾坤造物能無用〔一〕，富貴由時枉自鞭。達否從今已知計，五湖煙裏有漁船。」《晚行》云：「隔浦行聞晚寺鐘，斷坡寂歷對寒松。蒼煙暮合孤城暗，破月微昏遠岫重。宿翼飛投空自急，斷蓬無計去何從。新年又入應添歲，歸把青銅怨暮冬。」

校勘記

〔一〕無：原本無，據《金詩選》卷一補。

四

「汝佛謂阿難也試於途詢問盲人：『汝何所見？』彼諸盲人必來答汝〔一〕：『我今眼前惟見黑暗，更無他矚。』以是義觀，前塵自暗。見何虧損？」阿難言：「諸盲眼前，唯覩黑暗，云何成見？」佛告阿難：「諸盲無眼，惟覩黑暗。與有眼人處於暗室，二黑有別？

為無有別？」「如是，世尊，此暗中人與彼群盲，二黑較量，曾無有異。」「阿難。若無眼人全見前黑，忽得眼光還於前塵，見種種色，名眼見者；彼暗中人全見前黑，忽獲燈光，亦於前塵見種種色，應名燈見。若燈見者，燈能有見，自不名燈。又則燈觀，何關汝事？是故當知，燈能顯色。如是見者，是眼非燈。眼能顯色。如是見性，疑當作「者」。是心非眼。」右《首楞嚴經》卷一第十一章之後半段，發明五官百骸皆效能於心。其説甚透，與吾儒道理自是不背，而文特奇妙。

校勘記

〔一〕彼諸盲人：原本無，據《楞嚴經》卷一補。

五

某禪師看經，徒衆問曰：「和尚每不教人看經，如何自看？」師曰：「我圖遮眼睛，若汝曹直是牛皮也要穿透。」余按，此意亦須善會，若學者起初下手，須是有穿透牛皮願力，真積日久，然後可以但圖遮眼。蓋精進之餘，加以從容游衍，所謂深造而自得也。若合下便只圖遮眼，則亦終身只遮眼而已。若師所説穿牛皮，則穿鑿之謂也，又當别論。

然今人只故紙尚穿不透，又那怕他穿透牛皮。

六

佛寺中鵓鴿向佛頭上撒糞，某甲問某禪師曰：「和尚每言是物皆有佛性，如何鵓鴿却無佛性？」禪師云：「他終不向鷂子頭上撒糞。」余按，此即「以知覺爲性」之說。

七

某甲詣某禪師，師云：「汝來此做麼？」曰：「來此聽講佛法。」師云：「佛法不怕爛却，天氣正且化炭去。」余按，此即「搬柴運水，無非佛性」之說。

八

余有《紀夢》詩云：「嘆老嗟貧日唧唧，夜夢神官來我責。人間自有却老方，爾不能學但悲傷〔一〕。世上不乏醫貧法，汝不能學胡喋喋〔二〕。我聞神責謹再拜〔三〕，敢受其一辭其再。丹砂故在我白頭，自貽伊慼復誰尤〔四〕。大儒臚傳特齷齪，敢問神官争得學。」此詩大有譎趣，如善説小話者，迤迤邐邐不知從何處説起；聽者初不解其所謂，説至煞尾，主意一點便醒，大衆無不解頤也。然此詩實從昌黎《紀夢》詩脱胎，所謂「我能屈曲自世間，安能隨汝巢神山」者，此詩結尾，實用其機法也。

校勘記

〔一〕但：《隨園詩集》卷二十七作「徒」。
〔二〕汝：《隨園詩集》卷二十七作「爾」。
〔三〕責：《隨園詩集》卷二十七作「言」。
〔四〕誰：《隨園詩集》卷二十七作「何」。

九

元遺山《野史亭雨夜感興》云：「私録關赴告，求野或有取。秋兔一寸毫〔一〕，盡力不能舉〔二〕。衰遲私自惜，憂畏當誰語。展轉天未明，幽窗響疏雨。」余謂「秋兔」二語，可爲爲史官者之箴，並可爲爲刑官者之戒。高陽劉太常枏按察江西時，大揭一聯於壁云：「丹筆留心關性命，爰書着眼看兒孫。」吾邑高方伯成齡按察山西，每曰：「筆下如刀，紙上皆鬼，那得不令人矜慎！」二公可謂能盡其職矣。然史官而不矜慎，其貽害於人而自損其陰中之隲者，當更甚於刑官。

校勘記

〔一〕兔：原本誤作「免」，據《遺山先生文集》卷二改。

〔二〕能：《遺山先生文集》卷二作「易」。

十

元遺山《荆棘中杏花》云：「墻東荒蹊抱村斜〔一〕，荆棘狼籍盤根芽。何年丹杏此留種，小紅瀸瀸争春華。野人慣見謾不省，獨有詩客來咨嗟。天真不到鉛粉筆，富豔自是宫闈花。曲池芳徑非夙昔，蒼苔濁酒同天涯。京師惜花如惜玉，曉簷賣徹東西家。杏花看紅不看白，十日忙殺游春車。誰家園亭有此樹，鄭重已著重幃遮。阿嬌新寵貯金屋，明妃遠嫁愁清笳。落花縈簾拂床席，亦有飄泊沾泥沙。天公無心物自物，得意未用相陵誇。黄昏人歸花不語，惟有落葉啼棲鴉。」余亦有詩云：「緑樹何葳蕤，膏澤發其榮。美人競採摘，皓腕攀繁英。嬌愛比金翠，簪髻光晶瑩。採摘所不及，枝聳入青冥。驚飈一夕起，飄飄墮溝塍。長謝娉婷侶，但與蛙黽並。爲我語花枝，且可近簷楹。欲求美人摘，休作高峥嶸。」此詩與遺山互相發，而意義更進一層，故並録之。

校勘記

〔一〕蹊：原本誤作「溪」，據《遺山先生文集》卷三改。

十一

遺山《論詩》云：「金入洪爐不厭頻，精真那計受纖塵〔一〕。蘇門果有忠臣在，肯放坡詩百態新。」余謂蘇詩去其率應酬者，去其用事太縟不能殺縛事實反以掩其本真者，再去其詼諧嘲謔有傷大雅者，去此三種，而蘇詩之真出矣。余有《蘇詩評選》一書，於此或庶幾焉。

校勘記

〔一〕精真那計受纖塵：原本誤作「精真那許纖塵」，據《遺山先生文集》卷十一改。

十二

山谷過於生澀，放翁未免剽滑，斟酌於二者之間，惟我坡公而已。或稱蘇黄，或稱蘇陸，均非敵頭也，然其天才故爾，非有意斟酌也。

東坡五言不規橅漢人，七言不規橅唐人，故能獨出機杼，自成一家，可謂言必己出矣；然非「野狐禪」之謂也，亦非詰曲聱牙句讀欲學「盤庚書」者。蓋言必己出，不必定如樊紹述也。

東坡七古可謂浩氣孤行，獨有千載，眼中筆下何曾有杜、韓兩家來？惟其無有，故能與之並。

東坡七言近體無他謬巧，只是刻畫清真而已。五言律絶非所長。

十三

蘇、陸佳處，總是一個清真，余嘗有詩論之云：「蘇如萬斛泉，湧地爲江湖。波濤浩呼洶，一氣達尾閭。陸子氣豪雋，上與雲霞俱。興高采亦烈，如火復如荼。遠觀乃如此，近覰復何如？譬之繪人物，紋摺蹙且舒。蠶絲與煙篆，宛轉交縈紆。眉目口耳鼻，了了不模糊。又如萬卉木，灼灼華葉敷。蘢蓯蔚薈裏，一一羅根株。緩步更審諦，可數萼與跗。」讀二家詩者，慎勿但爲遠觀而不事近覷也。

十四

東坡不好揚子雲之文，譏爲「以艱深文其淺陋」；不好孟東野詩，云：「焉能將兩耳〔一〕，聽此寒蟲號。」然東坡設於二子略一染指，其詩文當更有進。

校勘記

〔一〕焉能：《蘇軾詩集》卷十六《讀孟郊詩二首》作「何苦」。

十五

古文至歐、蘇而爲盛之極，亦至歐、蘇而爲衰之始。蓋歐近於甜，蘇隣於滑；滑者藥之以澁，甜者治之以苦，故讀歐、蘇者不可不參以曾、王。

十六

宋人不好苟爲炳烺語，而坡詩中尤少，惟「令嚴鐘鼓三更月，夜静貔貅萬竈煙」一聯[一]，氣象差爲闊大耳。惟此等語絶少，故不足壓有明作者之心。「萬馬不鳴聽號令[二]，諸番無事樂耕耘」、「滄波萬古流難盡[三]，白鳥雙飛意自閒」，歐公語也，坡公嘗以己之「令嚴鐘鼓」句媲之，蓋亦頗自得意也。然此等語恐屢見不鮮，有明諸公專學此等，便成夯話耳。

校勘記

〔一〕夜静：《蘇軾詩集》卷三十六《次韻穆父尚書侍祠郊丘瞻望天光退而相慶引滿醉吟》作「野宿」。

〔二〕鳴：《歐陽修全集》卷十一《寄秦州田元均》作「嘶」。

〔三〕滄波：《歐陽修全集》卷十二《和韓學士襄州聞喜亭置酒》作「清川」。

十七

遺山《論詩》云：「萬古文章有坦途，縱横誰似玉川盧。真書不入今人眼，兒輩從教鬼畫符。」此詩自是正論，然余論盧仝之詩、孫樵之古文、章金牧之時文，自是不可無一不容有二者，人不得以遺山之論遽少之也。然李賀不得與盧仝比，劉蜕不得與孫樵比，王自超不得與章金牧比。

十八

遺山《論詩》云：「曲學虛荒小説欺，俳諧怒罵豈詩宜〔一〕。今人合笑古人拙，除卻雅言都不知。」蓋時文、古文、詩歌、詞曲體裁既異，則其所用字句，自應各有界限：曲語不得用之於詞，詞語不得用之於詩，古文語不得用於時文，其體然也。宋詩較唐詩清真有餘而雅馴不足，坐此故也。坡公天才卓犖，無施不可，故凡佛經道藏、巷議街談、方言土語、小説稗官，一經點化，無不奇趣横生，厭心愜目。然於風雅正則，未免有累，殊不可爲訓也。後人效尤，愈成噴飯，不知西子之颦，原是西子之病耳。余亦患此症，故録遺山詩以自砭。

校勘記

〔一〕詩：原本誤作「時」，據《遺山先生文集》卷十一改。

十九

盧玉川思奇，氣亦奇。李長吉却只是語句奇，其語句之奇，不過話中生話，影外現影，多轉了幾個彎子，令人摸索不着耳，然亦頗有精妙語。如《高軒過》云：「二十八宿羅心胸，元精耿耿貫當中。」《崑崙使者》云：「金盤玉露自淋漓，元氣茫茫收不得。」其於理也精矣。如《吕將軍歌》云：「西郊寒蓬葉如刺，皇天親栽養神驥。廐中高桁排蹇蹄，飽食青芻飲白水。」其感慨於天人之際者深矣。

二十

無錫顧奎光星五、陶玉禾崑穀同撰《金詩選》，二人識力似在沈確士之上。陶崑穀曰：「遺山《題中州集後》云：『萬古騷人嘔肺肝，乾坤清氣得來難。』詩文莫難於清，不清不可言雄，不清不可言古，不清不可言新，不清不可言麗。所詣各殊，清爲之本，故長江大河，魚黿蛟龍，萬怪惶惑，無害爲清，不必潦盡潭寒也；崇桃積李，千紅萬紫，亦無害爲清，不必槁枝枯葉也[一]。學力積於人工，清氣秉諸天授。金人之詩清，其雄古新麗處，覺清氣拂拂從楮墨間出，元人便有沉濁者。」

校勘記

〔一〕槁枝枯葉：《金詩選》例言作「枯枝槁葉」。

二一

上下四方曰宇，古往今來曰宙，世界即宇宙之謂也。《楞嚴經》云：「世爲遷流，界爲方位。東、西、南、北、東南、西南、東北、西北、上、下爲界。過去、未來、現在爲世。方位有十，流數有三。」

按

此則所引《楞嚴經》内容，邊氏有删節。

二三

褚遂良《王右軍書目》，正書五卷，第一《樂毅論》，四十四行，書賜官奴。又草書五十八卷〔一〕，其第十九有與官奴小女書。官奴，蓋羲之女也。朱鶴齡曰：「考右軍《官奴帖》：『延期，官奴小女，並得暴疾，遂至不救。』又云：『二孫夭命，痛之纏心。』所謂『二孫』者，乃延期，官奴之女也。詩注誤以官奴爲羲之女。」《海録碎事》云：「官奴，王子敬小字是也。」《精華録箋注》。余有《落第後赴館》詩云：「男攜一小阮，女載二官奴。」蓋亦誤用。

校勘記

〔一〕草書五十八卷：原本誤作「行書四十八卷」，據《法書要録》改。

二三

《晉書·虞嘯父傳》：「嘯父爲孝武帝親愛，常侍飲宴，帝從容問曰：『卿在門下，初不有所獻替？』嘯父家近海，謂帝有所求，對曰：『天時尚温，𩸞魚蝦鮓未可致，尋當有所上獻。』帝大笑。」吾邑有蓄優者，其人謁邑令，令問曰：「尊府梨園尚在乎？」對曰：「梨園故在，但年歲荒歉，多被人攀折，不似從前茂密矣。」令微笑。此與嘯父事同。

按

此則所引《晉書·虞嘯父傳》内容，邊氏有删節。

二四

張泌《過洞庭》詩：「征帆欲掛酒初酣〔一〕，暮景離情兩不堪。千里晚霞雲夢北，一洲霜橘洞庭南〔二〕。」韓彦直《橘録》：「洞庭橘皮細而味美，熟最早。其種自洞庭山來，故名。」按，泌詩所謂「洞庭」，乃洞庭湖也。《橘録》所謂「洞庭山」，乃太湖之洞庭山也〔三〕。余嘗有句云：「三楚賽成山鬼下，九江包貢木奴秋。」九江，即今之洞庭湖。然竊疑《禹貢》内荆州無橘，恐此語未的，及得泌詩與《橘録》，乃知洞庭故自産橘也，録之以爲注脚。

校勘記

〔一〕欲掛：《全唐詩》卷七百四十二作「初掛」，一作「高掛」。

〔二〕洲：原本誤作「川」，據《全唐詩》卷七百四十二改。

〔三〕湖：原本無，今徑補。

按

此則所引《橘録》内容，邊氏有删節。

二五

詩中用藥名，亦小有致。放翁句云：「坐客笑談嘲遠志，故人書札寄當歸。」用藥名而兼用故事最佳。陳白沙嘗用枳殻，王阮亭嘗用白芨，偶忘其句矣。至檳榔之名，見《劉穆之傳》，唐人詩中多用之，東坡亦云：「紅潮登頰醉檳榔。」近人《廣南竹枝》云：「妾在榕陰深處住，閒時相過喫檳榔。」余《涿郡燈夕》云：「馬嘶紅叱撥，人嚼紫檳榔。」均有意致。又見宋人小詞云：「棋爲夜寒呵子下，衣緣春瘦縮紗裁〔一〕。」亦妙。又宋人句云〔二〕：「藥草帶人名。」蓋謂管仲、劉寄奴之類也，更新。

校勘記

〔一〕棋爲夜寒呵子下，衣緣春瘦縮紗裁：《青箱雜記》卷一作「棋怕臘寒呵子下，衣嫌春暖宿紗裁。」乃宋人陳亞所撰。

〔二〕宋：原本誤作「唐」。「藥草帶人名」句，出文同《丹淵集》卷十一《野徑》詩。

二六

劉夢得《寒具》詩云：「纖手搓來玉數尋，碧油煎出嫩黄金〔一〕。夜來春睡無輕重，壓扁佳人纏去臂金。」據此，乃今之油煎饊子也。吾邑向多鬻此者，今亦罕見矣。余《冬夜讀書》有「稍疲支顴腮，助勇啖餅饊」之句，當注云：「即古寒具」。

校勘記

〔一〕碧油煎出嫩黄金：《蘇軾詩集》卷三十二作「碧油輕蘸嫩黄深」。

按

《寒具》詩，《劉禹錫集》不載。一説蘇軾作，載於《蘇軾詩集》卷三十二。

二七

《楞嚴經》云：「阿難，若諸世界隨所國土所有衆生，隨國所生樺皮、貝葉、紙素、白氎書寫此咒，貯於香囊，是人心昏未能誦憶，或帶身上，或書宅中，當知是人盡其生年[一]，一切諸毒所不能害」云云。按，今所用紙，創於漢之蔡倫，而佛實生於春秋周莊王、魯莊公之時，豈震旦未有紙之前而西域先有之耶？此可疑也。然《楞嚴》一書，斷非後世禪和子所能僞造。魯莊公「七年夏四月辛卯夜[二]，恒星不見」，《左傳》曰[三]：「恒星不見，夜明也。」後世相傳，即釋迦牟尼降誕之辰，今以四月八日爲浴佛日是也。然周之四月，實夏正之二月也，其說似不可信。

校勘記

〔一〕年：原本誤作「平」，據《楞嚴經》卷七改。

〔二〕七年夏四月辛卯夜：原本無「夏」、「夜」二字，據《春秋左傳》卷八補。

〔三〕左傳：原本誤作「公羊傳」。

二八

《楞嚴經》云：「阿難、大衆合掌刳心，默然受教。」向讀孫可之《大明宫賦》，絶愛其「刳襟沃善」之句，以爲「沃」字既有所本，「刳」字亦當有所出。今乃知其出此，故山谷謂杜詩韓筆，字字都有來歷，後人讀書不多，謂渠自作是語耳。

二九

《楞嚴》云：「由因世界合妄輪回罔顛倒故，和合異成八萬四千回互亂想。如是故有非有想相成想羯藍流轉國土[一]，彼蒲盧等異質相成，其類充塞。」按，此亦以蒲盧爲細腰蜂也。又云：「由因世界怨害輪回殺顛倒故，合和怪成八萬四千食父母想。如是故有非無想相無想羯藍流轉國土，如土梟等附塊爲兒及破鏡鳥以毒樹果抱爲其子，子成，父母皆遭其食，其類充塞。」按，梟鏡之名，見於《周禮》，但破鏡本食父之獸，而此以爲亦鳥名，未詳。至梟之附塊爲兒，破鏡之抱果爲子，未之前聞。《前漢書·郊祀志》注：「孟康曰：『梟，鳥名，食母。破鏡，獸名，食父。破鏡如貙而虎眼。』《述異記》：「獍（鏡同）狀如虎豹而小，始生，還食其母。」按，鳥獸皆不知父，以爲梟、鏡皆食母者是。

校勘記

〔一〕藍：原本誤作「南」，據《楞嚴經》卷七改，下同。

按

此則所引《前漢書·郊祀志》、《述異記》内容，邊氏皆有删節。

三十

阮亭《廣州竹枝》云：「鬟雲盤髻簇宫鴉，一綫紅潮枕畔斜。夜半髮香人夢醒，銀絲開遍素馨花。」有説此詩者，以「人」字指枕上之男人，且謂醒時而見枕上紅潮，聞髮上花香，不知當作如何發付。其淫鄙不通如此。又汪鈍翁納姬而病，阮亭戲呈云：「藥爐經卷日相親，隱几蕭然遠市塵。聞道姬人怨服散，也須料理苦吟身。」説者謂「市塵」即指所納之姬，且云姬自在閨中，如何謂之「市塵」？蓋「市」者，交易之謂也。此真令人捧腹欲死矣。余少時曾見一無賴伎，座客曰：「今日風景極佳，我輩當打平分去。」「平分」者，醵飲之謂也。伎曰：「你出一件，我出一件，便是打平分。」此則渠交易之説也。

三一

金有田特秀者，字彦實，易縣人。進士，官至太原轉運使。所居里名半十。行第五，小字五兒，以五月五日生。年二十五，鄉、府、省、御四試，皆第五名。年五十五，以八月十五日卒。亦一奇也。

三二

東坡《琴詩》云：「若謂聲在琴絃上〔一〕，琴在匣中何不鳴〔二〕？若謂聲在指頭上〔三〕，何不向君指上聽〔四〕？」金人孟宗獻詩云〔五〕：「曲終玄旨竟誰會，非絃非指仍非空。」二詩皆妙，然實本於《楞嚴》。《楞嚴》云：「如世間人目有赤眚〔六〕，夜見燈光，別有圓影，五色重疊。爲是燈色，爲當見色？此若燈色，則非眚人何不同見？而此圓影惟眚之觀。若是見色，則合旁觀屏帳、几筵有圓影出。是故當知，色實在燈，見病爲影，終不應言是燈是見，於是中，有非燈非見。」此二詩之所本。余嘗舉此問兒子廷徵，徵云：「此圓影當是燈與見相際而成耳。」直是道得透徹，可知其非鈍根子，但恨不學耳。

校勘記

〔一〕若謂聲在琴絃上：《蘇軾詩集》卷四十七作「若言琴上有琴聲」。

〔二〕琴在：《蘇軾詩集》卷四十七作「放在」。

〔三〕謂：《蘇軾詩集》卷四十七作「言」。

〔四〕向：《蘇軾詩集》卷四十七作「於」。

〔五〕金人孟宗獻：原本誤作「舍人楊慥」，據《中州集》卷九《舊蓄一琴，棄置者久矣，李君仲通爲張絃料理，仍鼓數曲，以詩贈之》詩改。

〔六〕目：原本誤作「自」，據《楞嚴經》卷二改。

按

此則所引《楞嚴經》内容，邊氏有删節。

三三

《楞嚴經》言，學禪者雖當入定之後，尚有許多歧途，無限魔道，倘或誤墮其中，不惟正果不成，兼不免淪墜地獄。其言雖不可盡曉，然有切中天下之通患者。不但學佛者有之，即學儒者亦有之；不但爲性命道德之學者有之，即爲詞章記誦之學者亦有之，謹二則以自砭〔一〕，兼砭同學者。「阿難，又彼定中諸善男子見色陰消〔二〕，受陰明白，勝相現前，感激過分。忽於其中生無限勇，其心猛利，志齊諸佛，謂三僧只一念能越。此名功用陵率過越，悟則無咎，非爲聖證。覺了不迷，久自消歇。若作聖解，則有狂魔入其心腑，見人則誇，我慢無比。其心乃至上不見佛，下不見人。失於正受，當從淪墜。」「又彼定中諸善男子見色陰消，受陰明白，慧力過定，失於猛利，以諸勝性懷於心中，自心已疑是盧舍那，得少爲足。此名用心忘失恒審，溺於知見，悟則無咎，非爲聖證。若作聖解，則有下劣易知足魔入其心腑，見人自言我得無上第一義諦。失於正受，當從淪墜。」

校勘記

〔一〕「謹」字後，疑脱一「録」字。

〔二〕「見」字後，原本衍一「見」字，據《楞嚴經》卷九删。

三四

《楞嚴》中又有土地、城隍諸神名目，愈不可曉。此書奇幻而精研，然其中雜以輪回、地獄之說，且言誦持書寫神咒者，能免一切種種災難，殊爲荒唐而粗鄙，或有後世緇所增入者。大抵先秦以上之書，被後人拉雜闌入者不少，即如《管子》中，往往雜以道家之說，皆非其所固有也。

三五

《楞嚴經》論十種仙，其一種云：「堅固咒禁而不休息，術法圓成，名道行仙。」又一種云：「堅固交遘而不休息，感應圓成，名精行仙。」按，前一種即符籙咒禁，如張道陵之屬是也；後一種乃後世採補家之術[一]，如小說謂呂純陽九轉丹成，與緑牡丹試行採戰是也。不謂佛時已有此，而《經》亦以「仙」名之，何也？

校勘記

〔一〕後世採補家：原本誤作「後世家採補」，今徑改。

三六

《楞嚴》云：「逢欲暫交，去無思憶，於人間世動少靜多。命終之後，於虛空中，朗然安住。如是一類，名須焰摩天〔一〕。一切時静，有應觸來，未能違戾。命終之後，上升精微，不接下界諸人天境。如是一類，名兜率陀天。」按，此二種如白樂天、蘇子瞻之流庶幾近之。故樂天詩云：「海山不是吾歸處，歸即應歸兜率天」也。又云：「我無欲心應汝行事，於横陳時，味如嚼蠟。命終之後，生越化地。如此一類，名樂變化天。」按，此亦謂採補家。「我無欲心」四語，即所謂形接目視，猶如無物也。學此術而崩鼎喪命者多矣，亦以「天」名，可怪。

校勘記

〔一〕焰：原本誤作「欿」，據《楞嚴經》卷八改。

按

此則所引《楞嚴經》内容，邊氏有删節。

三七

「寒天展碧供飛鳥，落日留紅與斷霞。」金人句也。

按

此詩見《中州集》卷二，金人朱自牧作。

三八

《楞嚴》云：「妙性圓明，離諸名相，本來無有世界、衆生。因妄有生，因生有滅，生滅名妄，滅妄名真，是稱如來無上菩提及大涅槃二轉依號。」按，此數語不但可以總括《楞嚴》，即「說經四萬八千，度人恒河沙數」，無非衍此數語，只此便是西來大意。蓋吾儒以天地民物皆生於誠，而釋氏謂世界衆生皆生於妄，此其所以水火冰炭也。

三九

有明作者，如劉誠意、宋景濂以及高、楊、張、孫四傑之流，或規制宏敞[一]，文采豐蔚，或才氣奔放，非不足以籠絡群英，振起一代，然皆非浣花嫡嗣。至後來，如北地、滄溟，不過優孟衣冠，虎賁典刑。求神貌兼得，學杜而不尸杜，勝國中惟有袁景文凱一人而已。略録數首，存其梗概，以爲學杜者圭臬。《夜歸》云：「黑風漫天天雨汁，海水蕩滈如山立。沙頭舊屋四角崩，草茅無人不收拾。此時歸來夜將半，短衣無綿滿身濕。西隣燈火喚不應，飯冷欲食何由食。」《避兵五首》之三云〔二〕：「老夫避兵三江口，江中夜夜蛟龍吼。砉然一聲腦欲裂，千尺長堤忽如走。須臾海門風雨來，江水震盪如奔雷。同行百船半沉溺，無力救之空嘆息。」五云：「老夫避兵東海頭，海風吹衣夜颼颼。黄蒿斷岸少人跡，飢鳶無食聲啾啾。狐狸向人呼姓名，兩脚直立當前行。自信從來膽力壯，此日對之魂欲喪。」《客中除夜》云：「今夕爲何夕，他鄉説故鄉。看人兒女大，爲客歲年長。戎馬無休歇，關山正渺茫。一杯椒葉酒，未敵淚千行。」《出三江口有懷錢野人衮》云：「處處無歸路，悠悠且逝波。渚花風外少，江樹雨中多。吹笛蛟龍聽〔三〕，開窗鸛鶴過。高人著書手，頭白共蹉跎。」《陪楊廉夫登洙涇法忍寺閣次壁間韻》云〔四〕：「伍子行師日，秦皇駐輦辰。英雄無處所，樓閣自天神。白鳥晴沙遠，雲山錦樹新。誰知千載後，悽惻弔斯人〔五〕。」《登浦上閣》云：「高閣春波上，登臨獨愴然。故鄉從此去，久客未言還。花好誰家屋，帆輕何郡船。朝來有微雨，應灑郭西田。」《泗州書懷》云：「白髮三吴客，清秋泗水邊。宦途隨老馬〔六〕，歸夢逐風鳶。酒盡尋僧舍，書來問客船。淮南與淮北，漂泊過年年。」《思歸兼柬嚴八》云：「天高風正急，鴻雁傍人飛。江外無來使，淮南盡擣衣。悲歌聊當泣，遠道亦同歸〔七〕。爲報嚴夫子〔八〕，滄洲與願違。」《馬氏西園晏別吴進士善卿》云：「竹陰連水屋，荷氣集池臺。南國佳人去，西園高宴開。好風因樹起，新月渡河來。別後江潭上，離腸日九回。」《兵後大醉陶與權宅》云：「酒到愁腸味頗醇，花因白髮更精神。兒童休笑燈前舞，老子今存死後身。何處江湖爲樂土，誰家門户有閒人。多情獨有陶徵士，醉過清秋不厭頻。」《觀王生所藏王維畫》云：「右丞小景樹參差，我有林塘實似之〔九〕。日日欲歸還蹭蹬〔十〕，時時借看解愁思。恨無黄鵠高飛去，獨奈沙鷗静不移〔十一〕。明日江頭候春水，典衣沽酒待篙師。」以上諸詩，並雄深高健，真草堂法嗣也。至其《白燕》詩，雖以此得名，膾炙人口，然非其至者，且一起一結，俱不切「白」字，惟「柳絮池塘香入夢，梨花庭院冷侵衣」一聯佳耳。

校勘記

〔一〕敞：原本誤作「廠」，今徑改。

〔二〕避兵五首：《海叟詩集》卷二原題作「老夫五首」。

〔三〕「吹」字後，原本衍一「吹」字，據《海叟詩集》卷三刪。

〔四〕洙：原本誤作「朱」，據《海叟詩集》卷三改。

〔五〕惻：《海叟詩集》卷三作「愴」。

〔六〕宦：原本誤作「官」，據《海叟詩集》卷三改。

〔七〕道：原本誤作「望」，據《海叟詩集》卷三改。

〔八〕報：原本誤作「把」，據《海叟詩集》卷三改。

〔九〕我：《海叟詩集》卷三作「吾」。

〔十〕歸：原本誤作「臨」，據《海叟詩集》卷三改。

〔十一〕奈：原本誤作「愛」，據《海叟詩集》卷三改。

四十

王文恪鏊《三十五初度》云：「人生七十古來少，嗟我如今已半之。來日更添如許久，餘生能得幾多時。功名似鷁常遭退，學問如船逆上遲。萬事悠悠只如此，青山能負白雲期。」錢牧齋謂文恪詩似梅聖俞、范致能，然此首實似樂天也，且梅、范二家亦似非一律。

四一

桑民懌悅《同丁秋官鳳儀夜坐》云：「哦詩北斗下，清夜殊未央。長天捩孤影〔一〕，一雁東南翔。我心如風露，夏夜亦清涼。況對秋月坐，肌骨沁寒光。」民懌狂名滿天下，應禮部試，對《道統》策問，有「孔子傳之於我」語。考官批云：「得非常熟桑生耶？」以舉人除泰和訓導，對上官解襪爬足垢，上官不能堪，幾欲收之。遷長沙通判，調柳州，不就，謂人曰：「宗元小兒久擅此州名，不欲奪之，故不往也。」其狂如此。然「哦詩北斗下」實千古奇語，解道得此五字出，却許他一生狂也。

校勘記

〔一〕「長」字後，原本衍一「長」字，據《思玄集》卷十删。

四二

唐荆川順之《楊教師鎗歌》云：「老楊自是關東客，短衣長軀棗紅面。千里隨身丈八矛，到處尋人鬥輕健。謂余儒生頗好武，一揖滾滾發雄辨。坐驚平地起波濤，蠕蠕龍蛇手中現。撥開雙龍分海嬉，攢簇兩蛇合穴戰。争先儘教使機關，縮退誰知賣破綻。目上中眉猶自哂，綿中裹鐵那能見。滿身護着不通風，百步攛來激流電。飛上落下九點丸，放去收回一條綫。問君何爲技至此，使我憑軒神眄眩。答言少小傳授時，五步七步畫地踐。邇來操弄三十年，渾身化作枯樹幹。心却忘手手忘鎗，眼前只見天花旋。乃知熟處足通神，解牛斵輪安足羡。因君亦解草書訣，君鎗豈讓公孫劍。」《峨眉道人拳歌》云：「浮屠善幻多技能，少林拳法世希有。道人更自出新奇，乃是深山白猿授。是日茅堂秋氣高，霜薄風微静枯柳。忽然竪髮一頓足，崖石迸裂驚沙走。去來星女擲靈梭，夭矯天魔翻翠袖。眴睒含沙鬼戲人，髬髵磨牙貙捕獸。形人自詫我無形，或將跟絓示之肘。險中呈巧衆盡驚，拙裏藏機人莫究。漢京尋撞未趫捷，海國眩人空抖擻〔一〕。番身直指日車停，縮首斜鑽鍼眼透。百折連腰盡無骨，一撒通身皆是手。猶言技癢試賈勇，低蹲更作獅子吼〔二〕。興闌顧影却自惜，肯使天機俱洩漏。餘奇未竟已收場，鼻息無聲神氣守。道人變化固不測，跳上蒲團如木偶。」雄山王宓遠企堉云：「荆川與陳約之、王道思輩倡爲初唐，以矯李、何之弊，莊嚴宏麗，爲時所稱，其後信筆揮灑，若無意求工者。吴人評其詩，以爲如出二轍云。」按，此二篇所謂「信筆揮灑」者，然「無意求工」轉爲工之至，寧爲此種，不爲「莊嚴宏麗」之初唐也。

校勘記

〔一〕國：原本誤作「人」，據《唐荆川文集》卷二改。

〔二〕獅：原本誤作「師」，據《唐荆川文集》卷二改。

四三

有明武臣之能詩者，戚總戎之前已有郭元登登，二人工力悉敵，故可謂「幽燕老將，氣韻沉雄」者矣，妙在無兜鍪氣。元登大篇不及録，録其標致絶佳者一首，極似王建、張籍也。《西屯女》云：「西屯女兒年十八，六幅紅裙脚不襪。面上脂鉛隨手抹，百合山丹滿頭插。見客含羞嬌不語，走入柴門掩門處。隔墻却問官何來，阿爺便歸官且住。解鞍繫馬堂前樹，我向厨中泡茶去。」又《永昌書事寄京中諸友》云：「略説南方試静聽，侏儒風俗盡堪驚。花間蛩語春風暖，樹上蛙鳴夜雨晴。孤嶺忽從天外出，瘴雲時向水邊生。妖姬粧罷迎人笑，古帽長衫畫不成。」此元登征緬甸時所作。春風蛩語、樹上蛙鳴，亦一新聞也。

相傳，衆文人會滕王閣，一武弁在座，衆客賦詩，以次至弁。弁遜謝，客固請，蓋戲之也。遂捉筆直書云：「祖習干戈未學詩，諸公舉酒命留題。江南富貴君先占，塞北風霜我自知。剪髮接韁牽戰馬，拆衣抽綫補旌旗。雄兵百萬臨城下，何用先生一首詩。」讀此，真覺三寸不律無處覓生活矣！然觀中二聯，此弁故非不能詩者，五、六罵得尤爲痛快。

「命輕人鮓甕頭船，日瘦鬼門關上天。北人痛哭南人笑，青壁無梯聞杜鵑。」此山谷貶涪州作也。或以爲秦少游作，阮亭曰：「少游貶藤州，『人鮓甕』、『鬼門關』非其所經。」

四五

《楞嚴》云，畢陵伽婆蹉白佛言：「我乞食城中，心思法門，不覺路中毒刺傷足，舉身疼痛[一]。我念有知，知此深痛。雖覺覺痛，覺清浄心無痛痛覺。我又思惟，如是一身，寧有雙覺？攝念未久，身心忽空。三七日中諸漏虚盡，成阿羅漢。」按，「覺痛」者，血氣之覺也。「覺清浄心，無痛痛覺」者，義理之覺也；義理之覺生，則血氣之覺滅，故曰「如是一身，寧有雙覺」也；若有雙覺，便是騎驢覓驢矣。吾儒亦曰：「我欲仁，斯仁至矣。」「欲仁」之心，即仁也；「覺清浄心，無痛痛覺」之覺，即覺也，何嘗有前後際哉？此等處初無儒墨之别。又《金剛經》須菩提白佛言：「世尊，善男子、善女人發阿耨多羅三藐三菩提心，云何應住？云何降伏其心？」佛言：「汝今諦聽，當爲汝説。善男子、善女人發阿耨多羅三藐三菩提心，應如是住，如是降伏其心。言只這裏便是，不待他求也。」此段不惟理精，即文字之妙，亦有兔起鶻落之勢。吾邑李千一先生，檀梅峰之外大父也，其弟維藩問曰：「李太老伯，我當何稱？」梅峰笑曰：「一字不須改，只此便得。」其機鋒正相似。

校勘記

〔一〕疼痛：原本誤作「疼疼」，據《楞嚴經》卷五改。

按

此則所引《金剛經》内容，邊氏有删節。

四六

《金剛經》云：「如來常說，汝等比丘，知我說法，如筏喻者，法尚當捨，何況非法。」此即「得兔忘蹄，得魚忘筌」之義也。若吾儒之教則不然，從文章中得性道，得道後仍自不離文章〔一〕。蓋文章之外，並無所謂「性道」也。善乎，吕新吾先生坤之言，曰：「除了撒數無總數。」此語直是透徹到十二分。若二氏却只留得總數，把撒數一筆勾甲乙科爲到彼岸也，却合佛氏以筏喻法之旨。

校勘記

〔一〕「道」字後，原本衍一「道」字，據文意删。

四七

道家修煉，以調息爲第一着。然《楞嚴經》周利槃特迦云：「佛教我安居，調出入息。我時觀息微細，窮盡生、住、異、滅諸行刹那，其心豁然，得大無礙，乃至漏盡，成阿羅漢。」孫陀羅難陀亦云：「世尊教我及俱拘絺羅觀鼻端白〔二〕。我初諦觀，經三七日，見鼻中氣出入如煙，身心内明，圓洞世界，遍成虚浄，猶如琉璃。煙相漸消，鼻息成白，心開漏盡，諸出入息化爲光明，照十方界，得阿羅漢。」按，「觀鼻端白」亦調息也，即儒家静時存養，亦須用此收攝此心，以免游散，故曰「調息之法，貫徹三教」。東坡《養生頌》曰〔二〕：「已飢方食，未飽先止。散步逍遥，務令腹空。當腹空時，即便入室，不拘晝夜，坐卧自便，惟在攝身，使如木偶。常自念言：『我今此身〔三〕，若稍動摇，如毫髮許〔四〕，便墮地獄。如商君法，如孫武令，事在必行，有死無犯〔五〕。』又用佛語及老聃語，觀鼻端白〔六〕，數出入息，綿綿若存，用之不勤。數至數百，此心寂然，此身兀然，與虚空等，不煩禁制，自然不動。數至數千，或不能數，則有一法，强名曰隨：與息俱出，復與俱入，隨之不已，一旦自住，不出不入〔七〕。忽覺此息〔八〕，從毛竅中，八萬四千，雲蒸雨散，無始以來，諸病自除，諸障自滅〔九〕，自然明悟。譬如盲人，忽然有眼，此時何用求人指路！是故老人言盡於此。」

校勘記

〔一〕俱：原本無，據《楞嚴經》卷五補。

〔二〕養生頌：《東坡志林》卷一作「修養説」。

〔三〕我今：《東坡志林》卷一作「今我」。

〔四〕毫：《東坡志林》卷一作「毛」。

〔五〕有死無犯：《東坡志林》卷一作「有犯無恕」。

〔六〕觀：《東坡志林》卷一作「視」。

〔七〕隨之不已，一旦自住，不出不入：《東坡志林》卷一無此句。

〔八〕忽：《東坡志林》卷一作「或」。

〔九〕白：《東坡志林》卷一作「漸」。

四八

《楞嚴》觀世音菩薩云：「若諸衆生欲爲天主統領諸天，我於彼前現帝釋身而爲説法，令其成就。」按，「天主」之名，始見於此，當即天主教之所本也。余嘗得其教中書一册，曰《聖教信證》，中言天主乃尼大理國人，生於□時，在世□□歲〔一〕。自天主以至於今，其致命遂志聖人，凡十有一萬〔二〕。荒誕不經如此。

觀世音云：「若有女人内政立身以修家國，我於彼前現女主身及國夫人、命婦大家而爲説法，令其成就。」按，「大家」之名，除曹大姑外，惟見於此。而此時佛法始入中國，不知何以適相合也。姑録之以闕疑。

校勘記

〔一〕□□：原本空，《聖教信證》作「三十三」。

〔二〕十有一萬：《聖教信證》作「一千一百餘萬」。

邊隨園先生年譜

同邑後學馬合意編

先生姓邊名連寶，字趙珍，後改肇畛，號隨園，晚號苵仙、茗禪居士，世居直隸河間府任邱縣（今河北省任丘市）。

始祖邊漢興，二世祖邊友成，皆隱德不仕。

三世祖邊復初（一三七二—一四六一），以明成祖靖難軍功，授昭信校尉，世襲百户。

四世祖邊永（一四〇四—一四八四），字仕遠，號朴菴。正統十年進士，授行人，陞户部郎中。嘗出使安南，不辱使節，不受饋金，安南人爲築却金館。

九世祖邊杏（一五五四—一六一五），字子芳，號東星。萬曆十九年舉人，官山東萊蕪知縣，涖事精勤，用法平恕。始於任邱西關建宅，築西園。

曾祖邊壆（一六〇三—一六九二），字伯高，號孔章。明天啓七年舉人，官安慶府知府，以父憂掛冠去。與刁包、史可法同年友善，嘗以性命經濟之學相期許。清廷定鼎，部檄屢催謁選，終以母老不能遠離爲由，不仕清廷。

祖邊之鉉（一六二三—一七〇三），字元玉，號石菴。順治十年拔貢，歷官汾州通判、福州府同知、河東鹽運司副使、汝寧通判。服官清慎，睢州湯斌有文頌之。

父邊汝元（一六五三—一七一五），字善長，號漁山，又號桂巖嘯客。諸生。爲人和易端凝，持身斬斬不苟。初隨父之鉉宦游，别無玩好，唯好積書。康熙三十一年，以貧故館京師。中歲歸里，與邑中名士十二人結還真社，日飲酒賦詩，不預外事。十赴棘闈，屢薦不售，遂絶意仕進，以授徒餬口。詩以浣花爲宗，與同里龐塏相切磋，交分在師友間，詩格相近。又工樂府，精音律，善書畫。著有《桂巖草堂詩集》八卷（後經其孫廷掄刊成《漁山詩草》二卷）、《文集》二卷，又著有雜劇《傲妻兒》、《鞭督郵》、《羊裘釣》三種。原配馬氏（一六五五—一六七六），雄縣庠生馬祖蔭女；繼配章氏（一六五七—一六八〇），同邑武邑訓導章漢女；繼配紀氏（一六六五—一六八四），文安貢生紀昴女；繼配韓氏（一六六七—一七五〇），雄縣廪生韓景琦女，即先生生母。

兄四人：邊業（一六七一—一七三四），字爾立，府庠生；邊杲（一六七三—一七二四），字奕山，武庠生。皆馬氏出。邊束（一六九二—一七六六），字匹五，號約齋，貢生；邊中寶（一六九七—一七八〇），字識珍，後改適畛，號竹巖。乾隆三年舉人，歷任任縣、順天府、涿州訓導，遵化州學正。所至以敦實學、黜奔競爲急務。遵化知州劉靖延輯《州志》。爲詩和平温厚，直舉胸情，古質深厚，有次山《篋中》之遺風。著有《敦本堂詩鈔》八卷（後經其子廷掄刊成《竹巖詩草》二卷）、《竹巖紀年略》一卷。皆韓氏出。

康熙三十九年庚辰（一七〇〇年）　一歲

農曆十二月十九日，先生生於直隸河間府任邱縣西城故宅。民籍。

宣統《任邱邊氏族譜》長房二支：「連實字趙珍，改肇畛，號隨園。雍正乙卯拔貢，廷試第一。召試博學鴻詞，保舉經學。康熙庚辰生，乾隆癸巳卒。配郭氏、李氏。子廷徵，李氏出。」《隨園詩集》卷二十三有《臘月十九日六十初度》。《竹巖詩草》卷上《十弟築室落成詩以志感》：「吾家舊宅鄰西城，幼時嬉游六七齡。潭潭甲第美侖奂，只今追憶徒冥冥。」

康熙四十年辛巳（一七〇一年）　二歲

是歲，嘉興歲貢沈枚功知任邱縣。

見《任邱縣志》卷七《官師志》。

康熙四十一年壬午（一七〇二年）　三歲

十一月，同邑龐克慎卒，私謚貞文先生。著有《尚書傳習録》、《藝苑歸約》。

見《帶經堂集》卷八十五《誥封户部廣西司郎中貞文龐公墓志銘》。

康熙四十二年癸未（一七〇三年）　四歲

二月十日，高應述生。

《坳堂雜著》之《故衡山令高君識文墓志銘》：「乾隆丙戌十有一月廿一日卒於家，距生康熙癸未二月十日，年六十有四。」《就畇齋詩草》「丙戌年」《敬代家嚴輓高公識文》詩注云：「公生二月十日。」高應述（一七〇三—一七六六），字識文，直隸任邱人。雍正二年舉人，歷任新田、衡山知縣。鞫獄決疑，人稱爲神。涖衡六年，衡人畏而愛之，以足疾去官歸。爲人倜儻善談笑，雅愛詩酒書畫，與同邑邊連寶友善。著有《江路紀程》。《隨園詩集》卷十一有《題東坡帖數種因呈高識文索觀墨跡》、卷二十三有《高識文寄壽藤杖》、《隨園文鈔》有《〈江路紀程〉序》。

父邊汝元館於任邱城北苟各莊。

《竹巖紀年略》：「戊寅二歲至癸未七歲，隨父就館於城北苟各莊。」

冬，自西門移家儒學後街，門對珍謨書院故址。

《竹巖紀年略》：「癸未冬，自西門移居儒學後街。」《竹巖詩草》卷上《十弟築室落成詩以志感》詩有「門對珍謨院故址」句。

是年，祖父邊之鉉卒。

乾隆《任邱邊氏族譜》卷二：「明天啓癸亥生，康熙癸未卒，壽八十一。」

康熙四十三年甲申（一七〇四年）五歲。

十月，父邊汝元就館於深州，年底歸。

《漁山詩草》下卷《東兒年甫十三，隨余客深州，頗有故鄉之思，詩以慰之》：「登樓聊縱目，東北是吾鄉。驛路虞邱界，柴門鏡水旁。裏粱餽信宿，策蹇即康莊。臘月行將半，歸與樂未央。」《竹巖紀年略》：「甲申，八歲。父攜八兄就館於深州，十月往，年底歸。」

是年，伯父邊汝光卒。

宣統《任邱邊氏族譜》長房二支：「汝光，之鉉長子，字瑾瑜。康熙辛卯科舉人，任交城營把總。明崇禎辛巳生，康熙甲申卒。」

康熙四十四年乙酉（一七〇五年）六歲

是歲，與兄邊中寶隨父就館於任邱城北八村宋姓，始讀詩書，即知孝母。

《〈肇畛文稿〉自序》：「連六歲，受書於先君子漁山先生。」《竹巖紀年略》：「乙酉，九歲。隨父就館於城北八村。」《隨園詩集》卷三《飲酒》詩序：「余自六歲受書。」《忠雅堂文集》卷四《徵士邊君隨園傳》：「六齡隨父入塾，侍食既，私懷一餺飥歸，獻於母曰：『兒今日聽懷橘事，願效之。』」《隨園詩集》卷十一《龍駒》詩憶兒時事云：「却憶昔年五六歲，隨先君子教村書。時方總角離襁褓，提攜必與父母俱。日授《論語》兩三頁，更說古事相涵濡。陸績之橘子路米，口講指畫示以圖。我時聞之頗心動，欲以古人爲楷模。猶憶村有宋姓者，具食延父兼及吾。暗竊餺飥置懷袖，睗睒惟恐旁人狙。歸來一揖獻吾母，陸績懷橘同此無。」按：先生自六歲直至十六歲皆隨父學。

九月，父應順天鄉試，落第。

《漁山詩草》下卷《乙酉榜發，聞交河及佩韋得售，戲爲長句》詩有「髫齡操觚今老醜，五十三年吾何有。乙酉之歲九月朔，撤棘又是孫山後」句。

康熙四十五年丙戌（一七〇六年）七歲

正月，隨父館於任邱城南馬家莊，從父學《論語》、《孟子》、《詩經》。

《漁山詩草》下卷《丙戌正月赴馬家莊館有作》：「餬口年年拙，謀生事事慵。枳棲惟自遣，淇徙竟何從。畫餅難充腹，書田可力農。明朝赴村館，假寐聽鳴鐘。」《竹巖紀年略》：「丙戌十歲至己丑十三歲，隨父就館於城南馬家莊。」《〈肇昣文稿〉自序》：「七八歲時，日授《語》、《孟》、《葩經》，通計不十頁，每每膺夏楚。」

康熙四十六年丁亥（一七〇七年）八歲

是歲，仍隨父館馬家莊。

同年，表叔李法孟生。

《隨園文鈔》卷下《亦珊李公傳》：「庚寅六月六日卒於上虞官署，年六十有四。」按：據卒年上推，李法孟當生於此年。李法孟（一七〇七—一七七〇），字嶧山，晚改亦珊，號鳳莊，又號静牧山人，直隸任邱人。雍正十年舉人，考授内閣中書，改授廣西永福令，調西林令。所在皆著循聲。以忤巡撫舒輅，於乾隆十五年告病家居。與景州李基塙、獻縣戈濤、同邑劉炳、邊連寶諸人相唱和。尤工書法，時以邊連寶詩、李學禮駢儷及李法孟書法爲三絶。嘗佐荆門知州舒成龍修《荆門州志》及本縣縣志，並充纂修。至高達夫之年始爲詩，詩雖不多，而論詩動入神解。著有《西粤吟》、《始學詩》。《隨園詩集》卷二十二有《懷李嶧山叔》二首、卷二十四有《戲題李亦珊表叔所書軸子》、卷三十有《李亦珊表叔嘗盛稱江南佳麗，而惜余老病未獲游，暇日念及，戲爲兩絶解之》、卷三十一有《戲呈李亦珊》、卷三十八有《哭李亦珊表叔兼唁公子陽林姪珠林兩表弟》。

同邑友劉炳生。

劉炳（一七〇七—？），字殿虎，號嘯谷，直隸任邱人。瀛州七子之一。少勤學，家中藏書甚富，無不潛心究討，衣不解帶者十餘年。乾隆七年成進士，入翰林院。所爲詩賦，皆華贍博洽，爲同館所推重。十四年，以京察上考，出知九江府。在官數年，民懷其德。去官後，兩袖清風，仍以教讀爲業。凡名家制義，皆披閲刊定。承其指授者，多掇高科。著有《嘯谷詩草》四卷。《隨園詩集》卷四有《初秋同劉殿虎夜坐》、《晚霞和殿虎》、《次殿虎韻》、《病目起贈殿虎韻》，卷五有《六月晦日即事感懷呈殿虎》，卷十三有《寄劉殿虎庶常》，卷十六有《寄劉殿虎編修二十韻》，卷二十二有《贈劉殿虎時罷九江》、《戲題殿虎小照》，卷二十四有《題嘯谷〈春流垂釣圖〉》，卷三十一有《爲嘯谷題袁治畫松》，卷三十八有《明春將同九兄赴蘇州看鄧尉梅花，先寄劉嘯谷太史一首》。

康熙四十七年戊子（一七〇八年）　九歲

是歲，仍從父學。

《〈筆畛文稿〉自序》：「戊子，年九歲，始開講，然頗無滯礙。」

九月十七日，同邑建寧知府龐塏卒，年六十九歲。先生父有詩哭之。

王項齡《皇清誥授奉政大夫户部廣西清吏司郎中福建建寧府知府前翰林院檢討雪崖龐公及原配邊宜人繼配韓宜人合葬墓志銘》：「君生於明庚辰年四月十日寅時，卒於皇清戊子九月十七日子時，享年六十有九歲。」《漁山詩草》卷下《哭龐雪崖先生》：「總角承提誨，比鄰共往還。無才慚國士，有慟泣先賢。颯颯朔風急，朦朦孤月懸。篝燈渾不寐，取次檢遺編。」龐塏（一六四〇—一七〇八），字霽公，號雪崖，晚號牧翁，直隸任邱人。康熙十八年薦試鴻博，授檢討。歷遷工部主事、户部郎中，改官福建建寧知府。工詩，一以性情禮儀爲歸，不隨風氣轉移。一歲恒得二三卷，幾於無日不詩。所作沖溶演迤而一歸於雅正，邊連寶稱其開任邱詩派「清真雅健之風」。著《叢碧山房詩集》四十八卷、《文集》八卷、《雜著》三卷、輯《昭君怨詩集》一卷。《隨園詩集》卷二十六有《題雪崖先生戲兒小照兼呈公子純甫表叔》、《題雪崖先生〈種竹圖〉》、《題雪崖先生〈讀書秋樹根圖〉》。

新寧舉人林瑄知任邱縣。

見《任邱縣志》卷七《官師志》。

康熙四十八年己丑（一七〇九年）　十歲

是歲，晉江舉人蔡方升知任邱縣。

見《任邱縣志》卷七《官師志》。

仍隨父館於馬家莊，始學作文。

《〈肇畛文稿〉自序》：「己丑，初學執筆爲文，亦頗不大謬。先君子乃稍稍喜慰。」

康熙四十九年庚寅（一七一〇年）十一歲

春，隨父館於任邱城内恒吉街菩提閣下，晝理米鹽等瑣屑家務，夜隨父讀書。

《漁山詩草》卷下《春日讀書恒吉街大士閣雜詠》詩序：「任邱城西北隅，系故明相國李文康公時珍謨書院，兵燹後，惟餘故址，當年勝概，無復存者。前邑侯許公，鳩集居民，錫名恒吉街，建禪院一區，中架閣三間，以奉大士。庚寅春，遵子漁山讀書閣下，觸目起興，紀以詩。」《竹巖紀年略》：「庚寅，十四歲。隨父館於城内恒吉街之菩提閣下。」《〈肇畛文稿〉自序》：「余家故寒，時倍窘，先君子以授生徒餬口，而連少時心計頗稱精敏，遂命視鹽米。晝入市與販豎爭逐，入夜乃得隨先君子篝燈雒誦，以兹多廢閣時日。」

康熙五十年辛卯（一七一一年）十二歲

隨父館於任邱城西邊各莊。

《竹巖紀年略》：「隨父館於城西邊各莊。」

八月，同邑鹽亭知縣劉鑣卒，享年七十五歲。著《據梧吟詩草》二十卷。

見《任邱縣志》卷十一李埁《六真居士墓表》。

康熙五十一年壬辰（一七一二年）　十三歲

隨父再館於菩提閣。

《竹巖紀年略》：「壬辰，十六歲。癸巳，十七歲。隨父再館於菩提閣。」

十二月十三日，妻李氏生。

《隨園詩集》卷二十二《戲贈老妻》：「我誕辰年君亦爾，同支却自未同干。」自注：「余庚辰，妻壬辰。」又有《臘月十三日壽内子》詩。李氏（一七一二—一七五九），邊連寶繼室，直隸任邱人。候選州同知李宿源女。爲人賢淑明慧，有超凡之見。歸嫁時，粗識字畫，從連寶學年餘，乃能爲短詩小詞。後因家貧且食指夥，日事井臼，遂不卒業。嘗說：「人不幸而爲名士婦，縱或稍有著述，勢如爝火之光，掩於日月。且人多疑其夫君看香火情代爲捉刀，余又奚以僕僕爲也。」故所作不多，僅存小詞數闋。

康熙五十二年癸巳（一七一三年）　十四歲

隨父仍館於城内菩提閣。

《竹巖詩草》上卷《春暮招謝敏臣、徐錦章、王廷選同家兄弟花下讌集，皆五十前同學老友也，契闊畢生，一朝歡聚，感而有賦》：「康熙庚寅越辰巳，先子帳設恒吉閈。招提古刹致幽偏，生徒廣坐童偕冠。」

康熙五十三年甲午（一七一四年）　十五歲

隨父館於任邱城南辛中驛。

《竹巖紀年略》：「甲午……隨父館於城南辛中驛。」

四月，兄邊中寶入縣學。

《竹巖紀年略》：「是年四月科試，入學。」

秋，兄邊業、邊臬參加順天鄉試。

《漁山詩草》下卷有《甲午秋，業兒、臬兒應試北上，詩以示之》。

九月三十日，族叔邊汝楫卒，享年五十六歲。

乾隆《任邱邊氏族譜》卷九劉炳《候選守備濟川公墓志銘》：「公生於順治己亥年二月十五日申時，卒於康熙甲午年九月三十日卯時，耆壽五十六歲。」

康熙五十四年乙未（一七一五年） 十六歲

四月初三日，父邊汝元卒，享年六十三歲。七月安葬。先生乃從學於從叔邊汝洪、胞叔邊汝充、叔祖邊霖。

《竹巖紀年略》：「四月初三日，父見背，七月安葬。同弟連寶受學於叔祖雨三公，凡六七年。」《〈肇畛文稿〉自序》：「乙未，先君子捐館，時連十六矣，懵如也。彌留時，屢目連，輒涕涔涔下，大以無成爲懼。乙未後，受學於先從叔父毅士、胞叔虛亭、族大父雨三先生。」邊霖（一六五六—一七二四），字雨三，直隸任邱人。康熙十九年爲諸生，二十年食餼，三十七年貢入太學。秋闈屢薦不售，遂絕意進取，專以成就後學爲事。其教人不事刻急，惟以變化氣質爲第一義；衡文章，濃淡平奇不拘一格，而以先正理法爲圭臬。邑中文行修潔、登甲乙榜者，率出其門。乾隆

《任邱邊氏族譜》卷十有邊連寶所撰《選貢弋陽縣尹雨三公傳》。邊汝洪（一六七四—一七三七），字毅士，直隸任邱人。諸生。以子榕贈修職佐郎、新河縣訓導。邊汝充（一六八〇—一七三四），字虛亭，之鉉五子，直隸任邱人。工書法，文章雋削，似寒碧齋。康熙五十六年舉人，爲禮部尚書任蘭枝房首。授山東肥城知縣，治尚嚴猛，吏民憚之。卒於官。《隨園詩集》卷五有《寄懷十七叔》詩。

康熙五十五年丙申（一七一六年）　十七歲

康熙五十六年丁酉（一七一七年）　十八歲

兄邊中寶與族兄邊棨等結文社，時因先生尚未入縣學，故不能參與。

乾隆《任邱邊氏族譜》卷九邊連寶《副貢戟門公墓志銘》：「憶昔康熙丁酉、戊戌間，吾兄竹巖與戟門兄結社，社中凡十數人。余時年未弱冠，尚未得爲諸生，故不與。」邊棨（一六九六—一七四九），字戟門，直隸任邱人。爲人坦易和平，接之者如飲醇醪坐春風也。中康熙五十九年副榜。爲文醇雅而饒風度，得之京江者爲多。其學不務駁雜，潛心研究四子書者數十年。卒之明年，選定興縣教諭。

是歲，獻縣戈濤生。

《隨園文鈔》之《刑科掌印給事中芥舟戈公傳》：「遂於戊子十月二十二日卒丹徒署，年五十有二。」按：據卒年上推，戈濤當生於是年。戈濤（一七一七—一七六八），字芥舟，號蓮園，直隸獻縣籍河間人。少穎異，讀書志氣激發，年十六補諸生。從南宫鮑梓學文，從瀋陽戴亨學詩，受知於督學嘉興錢陳群。弱冠舉於鄉，任河南嵩縣知縣。緣事解官，傭書養親。游京師五年，學益進，名益立，以經學薦徵。乾隆十六年成進士，授翰林院編修，改官御史，終刑科給事中。濤性介特，不苟同，數上封事，言人所不敢言。晚年鋭意著述，詩古文疏宕有奇氣。乾隆中，畿輔詩人盛於河間一郡，而必以濤爲稱首。濤之論詩也，禁綺語、俚語，力除剽襲靡弱之辭，故其所作，格律峻整，氣力磅礴，於高、岑、李、杜、王、孟、韓、蘇諸家均登其堂而嚌其胾。平生以詩相切劘，惟任邱邊連寶一人。著有《坳堂詩集》十卷、《坳堂雜著》、《獻縣志》、《戈氏族譜》諸書。《隨園詩集》卷九有《次〈昌黎縣齋有懷〉韻寄呈戈芥舟》，卷十有《月下懷芥舟》、《送芥舟之伊陽》、《酒後再呈芥舟》，卷十一有《春野閒覽寄芥舟》、《懷芥舟》，卷十三有《同芥舟過夏調元村居》、《西齋月下寄芥舟》、《贈芥舟》、《秋晚寄芥舟》、《懷芥舟》、《西郊尋菊寄芥舟》，卷十四有《答芥舟兼寄〈茗禪吟〉新刻》、《贈芥舟》、《同芥舟游西郊》、《和芥舟〈秋日過我茗飲〉之作》、《次韻〈芥舟北郭閒步〉》、《和芥舟〈西郊尋菊〉》、《留别芥舟》，卷十六有《寄芥舟二首》，卷十七有《寄芥舟》、《芥舟過訪》，卷十八有《同戈芥舟分題李綬遠〈無雙譜〉》，卷十九有《代書答芥舟》，卷二十二有《代東答芥舟三首》、《讀芥舟〈滇游草〉》、《酬戈芥舟作〈生傳〉並序詩稿，兼索杜、蘇二家詩注序》、《芥舟過訪三首》，卷二十四有《寄呈芥舟》，卷二十五有《題芥舟〈觀我圖〉》，卷二十六有《野望寄芥舟侍御》，卷三十六有《哭芥舟十七首》。《隨園文鈔》有《與戈芥舟書》、《刑科掌印給事中芥舟戈公傳》、《戈芥舟〈盤山游草〉序》。附：乾隆《任邱邊氏族譜》卷二十一戈濤《歲梢寄邊隨園》：「北風日蕭蕭，西園晚寂寂。虚齋霜氣深，空林煙光夕。獨居寡歡笑，流覽悵今昔。撫事心跡違，懷人歲時迫。嘉會遽幾日，揮手成隔離。縶維胡不能，坐使理歸策。人情易新故，道契堅金石。三復留别詩，中懷彌增戚。」又《過雄縣有懷隨園》：「不受聲名累，翛然迥絶群。青雲滿知己，白髮老徵君。貧病還如昔，音書久不聞。星軺過易水，小立日斜曛。」《坳堂雜著》之《〈周蔓亭詩〉序》：「任邱邊徵君隨園，才思桀冡，其詩出入韓、孟，及與余唱酬，亦間作陶、韋體。平淡非不近之，而生硬之氣，終不能化。東坡和陶，不過自成其詩而已，其於陶遠近，雖公亦無能自誣，是可知學各得其所近，性情主之，人力有不得强者。」

同邑友王應鯨生。

《吾邱邊氏文集》卷四邊廷英《王霖蒼先生行狀》：「乾隆乙卯年十月十五日，先生卒於家，壽七十九歲。」據卒年上推，王應鯨當生於是年。王應鯨（一七一七—一七九五）字靈滄，改字霖蒼，號南有，晚號闇齋，直隸任邱人。乾隆元年領鄉薦，授福建福鼎令。四十八年，解組歸。鯨幼即嗜學，中年肆力經史，著作甚夥。又與邊連寶、李法孟、劉炳等同修邑乘，徵文考獻，出力居多。著有《資治通鑒綱目注義》一百二十四卷、《唐宋八大家公暇録》八卷、《闇齋文録》二卷、《詩集》四卷等。《隨園詩集》卷三十五有《送九兄赴徐州兼呈霖蒼》、卷三十八有《送王霖蒼宰福鼎》。

表弟李學禮生。

道光《任邱續志·李學禮傳》：「年十九，舉雍正乙卯鄉試。」雍正乙卯即一七三五年，據此上推，李學禮當生於是年。李學禮（一七一七—？）字立軒，號謙堂，直隸任邱人。雍正十三年舉人，乾隆十七年揀發廣東試用，歷任和平、饒平、定安、陽春等縣。二十三年署佛山同知。生平邃於經史，於詩則愛學西崑與劍南諸家，古詩獨宗昌黎。著《謙堂文集》十二卷、《聯經》四卷。卒葬城北李各莊。《隨園詩集》卷五有《戲呈李立軒》，卷二十二有《懷李立軒瓊州》，卷二十六有《李立軒宰陽春，寄端溪硯、水晶眼鏡》，卷三十四有《再呈立軒二絶》、《再用前韻答立軒》、《次韻和答立軒》、《立軒詩云：近得兩鄉名醉睡，此鄉即是白雲鄉。余既不能眠，而飲復較前大減，健羨殊甚，戲呈長句》、《次韻立軒徙宅》、《九日柬立軒》，卷三十五有《立軒納姬，索見不可，戲呈四絶》、《立軒見楊姬賦贈五絶》、《戲柬立軒》、《索立軒和詩不至聊小詰》、《再柬立軒索詩》、《春夜感懷呈立軒》、《立軒納姬以來，余屢爲作詩索和，不答，任余冷譏熱刺，而亦毫不爲動，但謝曰江郎才盡而已，真可怪嘆也。戲爲七古一篇，代檄以討》、《對瓶中海棠戲立軒》、《效玉溪體呈立軒》、《再呈立軒》、《分饋立軒酒一壺，乃竟以餉其細君也，戲以長句》、《立軒素性不耐薙髪，因首垢面，而談詩書頗有荆公之風。乃自納姬以來，一月之間，剃凡三度，所謂無聊之極思也，嘲以三絶》、《倣古〈子夜〉詩一首贈立軒並其姬人》、《棒喝詩三首贈立軒》，卷三十七有《詠懷兼戲呈立軒》。《隨園文鈔》有《李立軒詩序》。

康熙五十七年戊戌（一七一八年）　十九歲

康熙五十八年己亥（一七一九年）　二十歲

是歲，入縣學，爲庠生。

《〈肇畛文稿〉自序》：「己亥，年二十，爲諸生。」

秋，與河間左璽、左墺、滄州王詩、王訓聚會河間。

《隨園詩集》卷三《憶舊題王希陶畫》：「憶昔康熙己亥之暮秋，瀛邸把臂盡名流。左君丹書爲地主，置酒高宴擊肥牛。……酒酣耳熱脊鞲韝，歃血遂定生死交。」左璽（？—一七二九），字丹書，直隸河間人。爲人極忠厚，而性好客，任邱邊連寶、李法孔、法孟、滄州王詩等皆與之游。每郡試日，座上常滿，然皆以稱貸爲供億。雍正五年，入王蘭生浙江學政幕，以勞瘵死客中。《隨園詩集》卷一有《懷左丹書》。左墺（一七〇〇—一七五五），字丹崖，直隸河間人。太學生。《病餘長語》卷七載：「余四十年前與孺人之孫丹書璽、丹崖墺游，每入郡輒抵其家，談讌累日。……丹崖人亦誠篤，芥舟並爲之《傳》。」王詩（生卒不詳），字希陶，號靖齋，直隸滄州人。諸生。與弟訓爲孿生子。幼聰敏，多夙慧，好爲詩，尤工山水。詩蒼老，訓逸韻，各臻其妙。情好既同，友愛彌篤，一時比之維、縉。《隨園詩集》卷二有《題王希陶畫册二幅》、《憶昔行，寄景州戈傳齋、劉綺文、李西崖、象雷、吴橋方儕鶴、夔典、滄州王希陶、庭素、獻縣張晴嵐》，卷三有《憶舊題王希陶畫》，卷十六有《懷友十章·王希陶》。

康熙五十九年庚子（一七二〇年）　二十一歲

是歲，因家貧乃教村舍蒙館，且從此發奮科舉業。

《隨園詩集》卷二十七《勉示廷徵》詩第二首自注云：「余自二十一歲授讀。」《〈肇昣文稿〉自序》：「己亥，年二十，爲諸生。……然自爲諸生後，家益窘，不得已，就村舍蒙館。館課故簡，又無家人業可料理，因頗自思念先人以老學宿儒賫志諸生，已復頹廢沉淪，不克博一第以慰化者，寧復得以人稱？因發奮進取，取時下所謂墨卷者伏讀之，心摹手追。」

族姪邊繼祖生。

宣統《任邱邊氏族譜》長房三支：「繼祖字佩文……康熙庚子生，乾隆乙未卒。」邊繼祖（一七二〇—一七七五），字佩文，號秋崖，直隸任邱人。九歲失怙，母以十指供塾師脩脯，晚歸侍讀母側，母紡未輟不敢寢。一日讀罷，覓食於皮，母問，以覓椎對，恐不得食傷母心也。乾隆三年領鄉薦，十三年中進士，歷官廣東、湖北學政、上書房行走。所上《水園賦》、《觀海元音》及恭和御制詩，皆蒙温旨嘉獎。皇次孫賜詩曰：「詩壓錢劉十才子，學宗濂洛五先生。」士林豔稱之。著有《澄懷園詩稿》四卷、《雜著》二卷。《隨園詩集》卷二十七有《送秋崖姪提學廣東二首》、卷三十四有《寄贈秋崖姪得子三首》、《隨園文鈔》有《秋崖説》。

贛州進士陳餘芳知任邱縣。

見《任邱縣志》卷七《官師志》。

六月，任邱地震。

《任邱縣志》卷十《五行志》：「五十九年六月，地震。」

秋，初應順天鄉試，不第。同邑高應遴中舉。

《病餘長語》卷二：「余自庚子下闈至今。」《〈肇畛文稿〉自序》：「庚子，不第。」見《任邱縣志》卷八《選舉志》。高應遴（生卒不詳），字用賓，直隸任邱人。康熙五十九年舉人，乾隆元年公舉孝廉方正，歷任邵阳、永明知县。卷二十二有《冬日過東園，高用賓幼子質慎以詩請益，作此贈之》、《懷高用賓兼呈令弟識文、公子仲和，時識文仲和並令湖南，用賓往來二署間》、《以〈草緑江南萬里情〉爲韻作七絶懷高用賓》、卷二十四有《題高用賓小照》、卷二十九有《除夕前一日，高用賓招飲，公子咸一索詩，即以落句戲之》。

十月，適文安井氏孀姐卒。

《竹巖紀年略》：「庚子十月，適井氏孀姐卒。」《敦本堂詩稿》庚子年有《哭井氏姐》詩二首。

康熙六十年辛丑（一七二一年）二十二歲

春闈，族兄邊杲中三甲第一百二十名進士。

見《清朝進士題名録》。邊杲（一六七三—一七二八），字義亭，號梅崖，直隸任邱人。美風姿，善談辨，才氣敏捷，下筆動輒千言。中康熙五十三年舉人，六十年成進士。觀政三年，已屆選期，丁内艱；未小祥，旋丁外艱，服將闋而卒。果實有治繁理劇之才，而未獲一展，時論惜之。乾隆《任邱邊氏族譜》卷十有邊連寶撰《進士義亭公傳》。

是歲，食廩餼於縣學。

《〈肇畛文稿〉自序》：「辛丑，食餼。」

四月初十，李中簡生。

《任邱河東李氏族譜》卷六李學穎《皇清敕封文林郎歸安縣知縣原任翰林院編修前日講起居注官翰林院侍講學士加一級顯考廉衣府君行述》：「府君生於康熙六十年四月初十日戌時。」李中簡（一七二一—一七八一），字子敬，一字廉衣，號文園，直隸任邱人。天資穎異，五歲能屬文，年十二入邑庠。乾隆九年中順天鄉魁，十三年中會魁，殿試二甲，改庶吉士，散館授編修。二十二年，入直上書房，擢中允，遷侍講。二十四年，提督雲南學政。二十八年，陞侍講學士，充日講起居注官。三十六年，任山東學政。三十九年，以山東王倫之變，會有諸生相從者，坐失約束，降授編修，以疾告歸。在詞館時，與朱筠、朱珪、紀昀、戈濤等相切磋，文譽蔚起。趙懷玉師事之。杜門著述，未嘗標榜聲氣。其爲學本之孝弟，翹然爲有用之作。其志趣之醇，學養之粹，尤爲時所推服。其詩清新遒上，五古源出子壽、伯玉，七古專學大蘇，近體兼效中晚唐。著有《嘉樹山房文集》六卷、《嘉樹山房詩集》十七卷、《應制詩》二卷、《賦頌》二卷。《隨園詩集》卷八有《送李子燮赴公車》、卷十六有《懷友十章·李子敬》、卷二十二《科君岱爲廉衣高弟，讀余〈茗禪吟〉，知其嗜茗也，託芥舟轉致佳茗二器，因爲長句酬之，兼呈芥舟、廉衣兩太史》、《隨園文鈔》有《賀李子燮下第書》。

山陰監生吴修任任邱縣主簿。

見《任邱縣志》卷七《官師志》。《病餘長語》卷九：「山陰吴修字徑一，雍正初來主吾縣簿，詩及書法粗有可觀。」

是歲，與兄邊中寶同館於雄縣葛各莊。

《病餘長語》卷四：「康熙庚子、辛丑間，余與家兄識珍並授讀於雄邑之東。」《竹巖紀年略》：「己亥、庚子、辛丑，歷二十五歲。館於雄縣城東葛各莊。」《隨園詩集》卷一《冬夜》詩有「傭書成底事，數載滯雄州」句，可知先生在此後數年間教館於雄縣。

康熙六十一年壬寅（一七二二年）　二十三歲

兄邊中寶館雄縣大卜村。

《敦本堂詩稿》壬寅年詩下注：「壬寅、癸卯，雄縣大卜村學館作。」

雍正元年癸卯（一七二三年）　二十四歲

是歲，曹州監生袁圻知任邱縣。

見《任邱縣志》卷七《官師志》。

秋，先生鄉試落第。同邑高應逯、孫式廓及族叔邊元厚、邊元闊中舉，兄邊中寶選爲拔貢。

《〈肇畛文稿〉自序》：「癸卯，又不第。」見《任邱縣志》卷八《選舉志》。邊元厚（一六九六—一七六九），字德函，號徑蹊，直隸任邱人。雍正元年舉人，授江西弋陽令。十九年，補曲周教諭，日聚諸生討論文藝，學者翕然宗之。著有《篤敘堂家訓》十六則、《家訓詩》十二章。《隨園詩集》卷二有《懷徑蹊叔》、卷二十八有《題德函一叔小照》、卷三十六有《哭徑蹊叔》。乾隆《任邱邊氏族譜》卷九有邊連寶《弋陽縣尹德函公墓志銘》、《弋陽縣尹德函公配李孺人傳》。邊元闊（一六八九—一七二四），字亮夫，直隸任邱人。雍正元年舉人。風姿飄逸，詩品亦儁，嘗有句云：「曾向疏籬看細蕊，早知重九到山家。」膾炙人口。

雍正二年甲辰（一七二四年）　二十五歲

春闈，同邑葉梲中三甲第一百二十五名進士。

見《清代進士題名録》。葉梲（一六六〇？—一七四三？），字宣成，直隸任邱人。康熙五十二年舉人，雍正二年進士，八年授山東淄川知縣。一以民生爲念，民享其惠。與隨園之父漁山先生友善。

三月，兄邊中寶妻謝氏卒。

《竹巖紀年略》：「是年三月，元配謝氏卒。」

夏，任邱癘疫大行，叔祖邊霖、族叔邊元闊、邊元遜相繼病卒。

乾隆《任邱邊氏族譜》卷十邊連寶《叔祖雨三先生家傳》：「甲辰夏，癘疫大行，舉家皆病。先生病革時，惟季子元厚力疾奉含飯。……越明年，元闊卒，先先生十日；仲子元遜又卒，後先生七日。同時罹其殃者，男女凡六人。」

六月十五日，獻縣紀昀生。

見《知足齋文集》卷五《經筵講官太子少保協辦大學士禮部尚書國子監事謚文達紀公墓志銘》。紀昀（一七二四—一八〇五），字曉嵐，一字春帆，晚年自號白雲，又號觀弈道人，直隸獻縣人。河間七子之一。乾隆十九年進士，官至禮部尚書、擢協辦大學士，卒謚文達。學問淹貫，於書無所不讀。著有《紀文達公遺集》三十二卷、《閱微草堂筆記》二十四卷等。附：《閱微草堂筆記》卷九《如是我聞》：「雍正丙午、丁未間，有流民乞食過崔莊，夫婦並病疫。將死，持券哀呼於市，願以幼女賣爲婢，而以賣價買二棺。先祖母張太夫人爲葬其夫婦，而收養其女，名之連貴。其券署『父張立，母黄氏』，而不著籍貫。問之，已不能語矣。連貴自云家在山東，門臨驛路，時有大官車馬往來，距此約行一月餘，而不能舉其縣名。又云去年曾受對門胡家聘，胡家亦乞食外出，不知所往。越十餘年，杳無親戚來尋訪，乃以配圉人劉登。登自云山東新泰人，本姓胡，父母俱殁，有劉氏收養之，因從其姓。小時聞父母爲聘一女，但不知其姓氏。登既胡姓，新泰又驛路所經，流民乞食，計程亦可以月餘，與連貴言皆符，頗疑其樂昌之鏡離而復合，但無顯證耳。先叔栗甫公曰：『此事稍爲點綴，竟可以入傳奇。惜此女蠢若鹿豕，惟知飽食酣眠，不稱點綴，可恨也。』邊隨園徵君曰：『秦人不死，信符生之受誣；蜀老猶存，知葛亮之多枉。史傳不免於緣飾，況傳奇乎？《西樓記》稱穆素暉豔若神仙，吴林塘言其祖幼時及見之：短小而丰肌，一尋常女子耳。然則傳奇中所謂佳人，半出虚説。此婢雖粗，倘好事者按譜填詞，登場度曲，他日紅氍毹上，何嘗不鶯嬌花媚耶？』先生所論，猶未免於盡信書也。」又卷四《灤陽消夏録》：「邊隨園徵君言，有入冥者，見一老儒立廡下，意甚惶遽。一冥吏似是其故人，揖與寒温畢，拱手對之笑曰：『先生平日持無鬼論，不知先生今日果是何物？』諸鬼皆粲然，老儒蝟縮而已。」

秋，應順天鄉試，不第。同邑高應述、邊汝乾、張鳳池中舉人。

見《任邱縣志》卷八《選舉志》。邊汝乾（一六八四—一七三二），字健亭，直隸任邱人。雍正二年舉順天鄉試，十年，以病卒。爲人願而豪，嘗循俗例粘春帖子，大署其門曰：「癡腸到處堪投契，傲骨從來不受憐。」後凡數十年都用此語。然實足概其生平。爲詩豪宕有奇氣，脱稿便爲人持去，不自存。性好施與，但餘薪一束、米一升，即可推其半濟餓者。好飲，當其豪飲耳熱時，衣飾薪米皆可作酒資，雖妻子爲人傭鍼綫以供杯杓，弗恤也，故卒以酒廢。《隨園詩集》卷三有《哭十九叔健亭》。乾隆《任邱邊氏族譜》卷九有邊連寶《孝廉健亭公墓志銘》。

八月，兄邊臯卒，年五十三歲。

《竹巖紀年略》：「八月，兄奕山公卒。」

十月，兄邊中寶繼娶孟氏。

《竹巖紀年略》：「十月，繼娶孟氏。」

雍正三年乙巳（一七二五年）　二十六歲

是歲，任邱大水。

《任邱縣志》卷十《五行志》：「三年，大水，滿賑。」《隨園詩集》卷四《長堤煙柳》：「憶昔雍正之三年，四旬霖雨日聯綿。百川灌河決蜿蜒，勢如利矢離弩弦。有柳萬株亦徒然，鮫人河伯居民廛。禾黍但足飽鮪鱣，倏忽滄海變桑田。」

雍正四年丙午（一七二六年）　二十七歲

劉岳曾、劉牧兄弟居喪，先生作詩慰之。

《隨園詩集》卷一有《慰問劉昇也兄弟》。劉岳曾（生卒不詳），字昇也，直隸任邱人。歲貢生。父訥，任雲南元江府經歷，抵任五月卒。岳曾隻身隨任，幾至仳離。撫棺痛哭凡七日，元民感之，争相贈賻，得於萬里外扶柩歸葬。偕弟牧奉養老母，菽水承歡，怡怡如也。家貧，舌耕垂四十年，嘗三日不舉火，處之坦然。年七旬，授南樂司訓，以家塾課生徒法訓士，士子德之。以病歸，又三年卒，壽七十四。劉牧（一六九一—一七五八），字司州，岳曾弟。雍正七年副榜。十歲能屬文，受《禮記》，跬步輒守其法。事父母，左右服勞，雖憂愁困蹙，無不怡然，父母不知其戚。及親殁，春秋之薦必預誡再三。以時拜墓，必撫樹徘徊者久之，盡思然後去。燕居獨處，必極恭謹，嘗自作齋聯曰：「正要鬼神司屋漏，何須荼壘衛門庭。」蓋有意於「慎獨」之學也。所與游，皆邑中方正士，相與勵行，詣訂心術，徐及經書疑義、詩古文辭。研精《大學》，注石經古本，並爲之序。晚年考注《詩經》，得古人之性情，十餘年然後脱稿。《隨園詩集》卷三有《贈劉司州》、卷十六有《懷友十章·劉司州》、卷二十二有《哭劉司州》、《隨園病餘草》有《劉司州過訪》。

八月初七，姪邊廷掄生。

《竹巖紀年略》：「丙午八月，長子廷掄生。」李殿圖《皇清誥授中議大夫兩淮鹽運使霽峰邊公暨配井太淑人墓志銘》：「公生於雍正四年八月初七日，卒於嘉慶十三年二月初一日，春秋八十有三。」邊廷掄（一七二六—一八〇八），字子擢，號霽峰，中寶子。乾隆二十二年進士，由兵部郎中授徐州府，旋擢常鎮通道。逾年，調松太兵備道，未抵任，特授兩淮鹽運使。居官務持大體，清以率屬，勤以治民。四十一年春，以失緝案奪職。歸，總商江某送至清江浦，餽贐甚豐，辭不受。居鄉自奉儉約，而厚恤宗黨，歲出穀四十石以濟族中貧者。尤獎掖後進，春秋榜揭，高捷者多出其門。《隨園詩集》卷二十二有《冬至即事寄姪廷掄》、卷三十五有《丁亥除夕同九兄守歲因懷廷掄姪》、卷四十一有《遥别廷掄》。

秋，鄉試不第，歸後有異夢。同邑張重振中舉。

《病餘長語》卷四：「丙午秋試歸，夢於月下立大門階上，有朱衣者二人自東來，前各導以燭籠。將至余舍，余急避之，則趨而入。視之，一爲新安魏智宜臨，家兄識珍拔貢同年友也；其一瘠而短，不相識，詢之魏，魏曰：『余女弟夫也。』亦不言其姓氏，遂醒。舉以語人，咸曰：『朱衣入門者二，此昆玉聯芳兆也。』然余兄弟皆不第。已而閲《題名録》，則智宜售矣。覆閲之，見第六名高岱者，亦籍新安，心竊疑之。後見新安人問之，高與魏果爲郎舅，更問其狀，亦與夢符。後三十年，新安杜映庚金、弟鐵菴鑌並從余學，問之益信。」《隨園詩集》卷一有《紀夢》詩詳載此事。另見《任邱縣志》卷八《選舉志》。張重振（一七〇三—一七五〇），字仲起，號筠皋，直隸任邱人。年十七爲諸生，雍正四年舉於鄉，八年成進士。觀山西政，於刑名錢穀皆綜練如老吏，上憲器之。歷任馬邑、右玉、介休、晉陽知縣，尋陞保德州知州。旋以疾歸。乾隆十五年卒，年四十八。重振母葉氏，性極嚴，重振事之唯謹。《隨園詩集》卷二十九有《桂兒曲》，述重振與桂兒姻緣事。邊連寶嘗爲作傳。

雍正五年丁未（一七二七年）　二十八歲

春闈，族兄邊椗中三甲第一百七十二名進士。

見《清朝進士題名録》。

是歲，客高陽縣東村，巧得唐寅畫卷。

《病餘長語》卷五：「余向於丁未、戊申間客高陽之東鄙，有陳生者延余飲，壁懸印板畫一軸，座客評論工拙，余默然而已。陳又出一軸相示，乃唐六如所作，余見之暗驚。陳問：『孰與壁懸者優劣？』余佯應曰：『都不大佳。』又問：『唐寅何時人？今尚在否？』余佯曰：『不知。』久之，余託一魏生者致意於陳，借觀唐畫，許之。又久之，更託魏致陳：『此畫可以乞我？』陳已漸知此畫之佳，然已到余手，無可奈何，因向余曰：『貴縣嶧山李公書，如得一紙見貽，當以易畫。』時嶧山書初有名，故自佳，然去今日之佳遠甚；且今日尚不難求，則當日可知。余乃故靳之曰：『大難！大難！但當爲君力求耳。』歸語嶧山爲我書，且備紙用單款。嶧山問故，余笑曰：『久當自知。』既得書以貽陳，陳欣然，此畫遂爲我有。」

冬，與戴亨相識。

《隨園詩集》卷六《贈戴通乾廣文》詩有「憶昔識君丁未冬」句。戴亨（一六九〇—？），字通乾，號遂堂，遼寧遼陽人，原籍浙江仁和。康熙六十年進士，官山東齊河知縣，以抗直忤上官罷去，寄居京師有年。晚寓南京，無疾而卒。平生襟情超邁，夙敦風義。家貧，晏如也。雅不喜與人交接，唯與李鍇相往來。詩宗杜甫，上溯漢魏，與陳景元、長海齊名，時稱遼東三老。著有《慶芝堂詩集》十八卷。《隨園詩集》卷二有《懷戴通乾前輩》、卷六有《贈戴通乾廣文》、卷七有《戴通乾索和〈石琴詩〉，余成二首。戴云詩固佳，但不得謂石琴無聲耳，復爲此以解嘲》、卷七有《登朝陽山望桑乾同戴教授作》、卷八有《寄戴通乾明府》、卷九有《戴齊河以墨劾》、卷十二有《再懷戴齊河》、卷十六有《寄戴通乾先生》、卷二十二有《寄懷戴通乾先生》。附：《慶芝堂詩集》卷九《雨後憶西山，寄海涵百、邊識珍、趙珍兄弟》：「獨坐新晴後，官清憶昔閒。西峰攜舊履，采藥駐衰顏。紅葉林中寺，斜陽雨後山。別來幽賞地，勝事孰追攀。」卷十一《寄答邊趙珍》：「荆山和氏璧，流水伯牙琴。豈不宜高價，其如乏賞音。功名陶大塊，學業粹分陰。不受窮通囿，方知玉汝心。」卷十五《寄答邊趙珍選拔二首》：「邂逅相逢棘院時，愁懷未罄十年思。忽驚投筆倉惶去，欲毁謀尊繾綣遲。雲樹正牽羈客夢，雁鴻遥寄故人詩。開緘讀罷真堪淚，知我如君更有誰。」「潦倒非關世路歧，君才卓犖數何奇。無媒拙宦時應棄，落第頻年事可疑。海内文章聲價重，室中風雨鬼神知。名山大業争千古，吾黨榮枯貴自持。」

族兄邊梴卒，年四十五。先生有詩悼之。

乾隆《任邱邊氏族譜》卷十一邊連寶《進士義亭公傳》：「獨豫章兄者，以雍正丁未成進士，即以是年冬卒。」《隨園詩集》卷二有《悼豫章兄》二首。邊梴（一六八三—一七二七），字豫章，直隸任邱人。家奇貧，每日不再食。讀書刻苦，年十八爲諸生，旋食餼。康熙五十六年舉於鄉，文行益進。五年成進士，即以是年卒，年四十五。梴爲龐塏外孫，受學於族伯汝元，家學淵源，師承有自，故克自樹立如此。著有《潔露草堂詩集》一卷。

雍正六年戊申（一七二八年）二十九歲

四月，兄邊中寶以知縣袁圻等保舉孝廉方正，自保定入京引見，先生作詩遥送之。

《竹巖紀年略》：「丁未，三十一歲。館於雄縣南關。夏月，欽奉上諭令，於貢生中擇其孝友端方、才可辦事而文亦可觀者，一學保舉一人。本縣袁公圻、本學宋公煐、孫公繼美以余應舉，制臺具題。戊申，三十三歲。四月，引見。」《隨園詩集》卷二有《遥送九兄自省赴京引見》。

五月，族兄邊怡卒。先生作詩哭之。

《隨園詩集》卷二之《哭孟友七兄兼示十弟季誠》：「憶昨四月半，骨立尚支持。城西胡君宅，慷慨讀我詩。轉盼不旬月，與兄隔天涯。」邊怡（一六九三—一七二八），字孟友，直隸任邱人。邑增生。幼聰穎，長而嗜學，矩步規行，從不干預外事。制舉業外，兼攻詩賦。任邱自龐塏、龐壐、章漢、邊汝元後，詩教久湮，獨怡與族弟連寶慨然以風雅爲己任。其所爲詩，清真淡永，有《三百》之遺意。惜不永於年，未能竟其業。性至孝，戊申春，母馬氏歿，怡以哀毁致疾，即於是年五月卒，年三十六歲。以子繼祖貴，贈如其官。著有《積翠山房詩》二卷。

同月，妻郭氏生女。

《病餘長語》卷四：「雍正戊申春，余晝寢，夢一蛇自外蜿蜒而入。余持物撲之，至牀下一躍而上，驚醒。時亡婦郭方娠，余謂郭曰：『必女也。』至五月，果生女。」郭氏（？—一七三一），大寧知縣郭育女。郭育，字宣曼，其先山西洪洞人，始祖臻，以宣德十年舉人署雄縣教諭，遂徙居任邱。育寄籍寧遠，康熙五十二年由拔貢教習，授大寧縣知縣，士庶戴之。攝吉州、永和篆，俱有政聲。卒於官，年七十。

冬，作異夢，夢娶李氏。

《病餘長語》卷四：「又於是年冬，夢至一宅，云李姓。一青衣導入中堂，見一媪，拜之。媪中坐，余旁坐。談良久，媪呼青衣令女出見，久之而後出。淡粧素服，向余萬福，坐余之右，以釵搔髮，其態可掬。移時女退而醒，以語婦郭，郭曰：『是必我死後，君續李姓耳。』蓋其時郭已病矣。」

十月，兄邊中寶任任縣訓導。

《竹巖紀年略》：「戊申……籤掣任縣訓導，是年十月到任。」《敦本堂詩稿》戊申年有《赴任縣訓導任留别王恭甫前輩》。

歲暮，自高陽解館歸。

《隨園詩集》卷二《歲暮口號》：「飲罷東翁酒一杯，先生行矣莫徘徊。解館解官差相似，朗誦陶潛歸去來。」

雍正七年己酉（一七二九年） 三十歲

正月，渡滹沱河。

《病餘長語》卷二：「余向於己酉正月渡滹沱。」

歸安進士夏封泰知任邱縣。

見《任邱縣志》卷七《官師志》。

應河間郡試。以先生爲介紹，張穎與王詩訂交。

《病餘長語》卷四：「雍正己酉，以應郡試在瀛邸，吴橋方儕鶴言：『家製素屏，欲訪一善畫者。』余舉希陶。儕鶴託張晴嵐穎訪希陶於豐兒莊之館舍，二人素不相識，性並孤傲。晴嵐假稱游學者，貌爲恭謹，希陶易視之，不以賓禮待。談間及余，希陶曰：『識此公乎？』晴嵐曰：『然。』因誦與予素相唱和詩。希陶曰：『君乃晴嵐兄耶？何滑稽乃爾！』遂訂交。」張穎（生卒不詳），字晴嵐，直隸獻縣人。善治經史，持議多特見，著《覺非子古文》一卷。《隨園詩集》卷五有《得張晴嵐書》、卷六有《爲張晴嵐題王希陶畫扇》、卷八有《寄晴嵐五十韻》、卷十有《寄張晴嵐兼呈方夔典兄弟》、卷十二有《戲寄晴嵐》、卷十三有《送晴嵐入都》、卷十六有《懷友十章·張晴嵐》、卷十九有《寄晴嵐》、卷二十二有《懷張晴嵐》、卷二十六有《哭張晴嵐八首》。

秋，鄉試不第，從此改作時文爲古文。是科，同邑邊元遂、邊茂林中舉。

《〈肇畛文稿〉自序》：「自甲辰迄己酉皆不第，而余年已三十矣，如犬喪家，如人迷方，蒙茸瞶眊，靡所適從。既乃瞿然曰：『我生不其，有命在天！命之贏縮遲速之不可移也者天也，值其時而投之以具以作之合者人也；當贏且速，雖投以古亦合，反是，雖投以時亦不合，前者驗矣！弗知變計，則昔人所謂「從來剽竊爲場屋，只是無由識古書。屈指罕能官顯達，到頭剩得腹空虚」者，將不在我？即僥倖一第，適辱化者，何慰焉？』因慷慨誓墓，欲爲古人之文，雖死不變。於是，取左國、公穀、莊騷、班馬、唐宋大家及元祐迄天崇時藝伏讀之，一如己酉前讀墨卷時，欲盡哺其糟粕。自苦昏眊，不能多記憶，偶有得，輒札之，或揭之牆壁。遲之又久，糟粕乃挾其精液稍稍充臟腑。甲寅，文乃小小變，視少作迥矣。」見《任邱縣志》卷八《選舉志》。

河間左壐卒於浙江，先生賦詩哭之。

《隨園詩集》卷二有《悼丹書》。《病餘長語》卷七：「康熙庚子、辛丑間，交河王公蘭生視浙江學政，丹書隨往閱卷，幕中捉刀者絶少，試卷半委丹書，以勞瘵死客中。」按：先生此處記年有誤，據《清秘述聞》卷十載，王蘭生乃康熙辛丑年進士，雍正五年以國子監司業任浙江學政，於雍正八年卸任。左壐卒於王蘭生學政任內，當爲先生作詩悼之之時，即雍正七年。

是歲，觀呂留良所選時文，見其書上鈐「天下陽明病醫」圖記，力駁其狂悖。

《病餘長語》卷九：「余謂陽明與朱子分别處，大要在頓漸二義。朱子以漸至者。陽明以頓得者也，故近於禪，且以己之頓而得也，遂謂漸者之支離，則陽明氏之謬耳。譬之萬仞之峰，羽仙化人可以聳身而上，乃謂拾級而登者之爲擾擾多事也，其亦不達於理矣。故朱子之學人人可勉，而陽明之學非躬大賢之姿者不可以妄希也。自有陽明以來，有附之者，亦有攻之者，然攻之亦必視乎其人。槊兒呂氏，其於陽明不知夢見在否，亦復嘵嘵不休，且儼然以道統自任。嘗見其所選時文，鈐以圖記，一曰『知我者謂我心憂，不知我者謂我何求』，一曰『天下陽明病醫』，可謂不自量之甚者矣。且所謂攻異端者，非有所讐於其人也，不過求其理之至是者而已，所謂非君家事，亦非我家事也。如稼書先生未嘗不辯陽明之謬，却只是平心静氣説將去。呂氏則暴戾怒張，如有所競，而惟恐其不勝者。然余嘗謂學問以變化氣質爲第一義，渠於此尚理會不得，却講甚道統。李梅溪先生聞余説，以爲知言。蓋其時在己酉、庚戌間，呂案猶未起也。」

歲暮，攜家往任縣，與老母及兄邊中寶團聚守歲。

《隨園詩集》卷二《任縣守歲》：「省覲歸南國，蹉跎逼歲華。小兒看爆竹，老母受盤花。三十明朝過，歡娛此夜賒。屠蘇聊共酌，何事更長嗟。」

雍正八年庚戌（一七三〇年）　三十一歲

春闈，同邑張重振中三甲六十六名進士、崔琳中三甲第一百三十一名進士。

見《清朝進士題名録》。

八月，任邱地震。

《任邱縣志》卷十《五行志》：「八年八月，地震。」

秋，妻郭氏患重病。

《隨園詩集》卷二《九日》有「空囊檢點無炊米，聒耳呻吟有病妻」句。又《夜雨》：「有婦供多病，無人補敝裘。」又《冬夜》：「牀餘九死一生婦，酒入千回萬轉腸。」

雍正九年辛亥（一七三一年）　三十二歲

正月，妻郭氏卒，先生作《悼亡》詩哭之。

《病餘長語》卷四：「辛亥正月，郭卒。」《隨園詩集》卷三有《悼亡》六首。

妻殁三日，送内兄郭嵩如之建昌。

《隨園詩集》卷三有《荆人殁之三日，送内兄郭嵩如之建昌》。郭嵩如（生卒不詳），直隸任邱人。邊連寶妻兄。大寧知縣郭育子。

五月，送李春源之靈壽。

《隨園詩集》卷三有《送李北山内叔之靈壽》。李春源（一六九七—一七六五），字北山，晚年自號對鏡，直隸任邱人。乾隆六年拔貢，十八年舉人。乾隆元年召試博學鴻詞，十五年薦舉經學，皆不就。博學工詩文，讀書務求精核。家藏書可以充棟，丹黄幾遍。錢陳群目之爲北方學者，特鐫「文行兼優」銀牌贈之。著有《平山館語録》十二卷、《平山館雜著》一卷、《尚書示兒評》一卷。《隨園詩集》卷六有《戲柬李北山内叔》、卷二十三有《調北山内叔》、《隨園文鈔》有《跋李對鏡先生〈感遇詩〉後》、《任邱陳王莊李氏族譜》卷十六有邊連寶撰《徵士對鏡李公傳》。

六月十二日，以友劉牧爲媒，娶同邑候選州同知李宿源女。

《病餘長語》卷七：「越三年辛亥正月，郭卒，六月娶李氏。」《任邱陳王莊李氏族譜》卷十五邊連寶《候選州同知興濡李公墓志銘》：「余亡婦，李公之長女也。余與公故厚善，歲辛亥，余抱潘騎省之痛，聞公女賢，欲求之。然頗私自忖念：『家奇貧，親耄老，女二人，幼者且瞽，潦倒諸生者十餘年；又落魄不羈，使酒負氣，爲世俗所憫笑。公縱愛我，詎肯躋女於危而貽以所苦？』因逡巡不敢進。吾友劉司州先生固慫恿之，因輓劉執柯。公令孺人微探女情，孺人因與泛論擇婿之道，女曰：『既云擇婿，自當以婿爲主，今人直是擇富貴耳，非擇婿也。』意遂決。及歸余，合巹之夕，余贈以詩，以仰事俯育相託。後果於所託毫無所負，吾母及吾女之安之也，均不啻其所生。迄今殁已十餘年，余追述之，猶不禁老淚承睫也。」《隨園詩集》卷三十有《月下感舊》八首，題下注：「乙酉六月十二。」其二云：

「每遇兹宵憶巹筵，人間天上門嬋娟。檀奴豈不悲遺掛，争奈銷魂已六年。」《隨園詩集》卷三載先生合巹之夕所作《贈内》詩：「今夕復何夕，與君共燈燭。燈燭何輝煌，流光照幽獨。裙釵何草草，荆布特樸蔌。枉爾阿嬌姿，愧我無金屋。我性本疏狂，不爲俗所録。迍邅三十載，時晦甘蠖伏。舉步入荆棘，退却如蝟縮。獨於尊大人，素承國士目。猥以簡陋質，坦此東床腹。君有賢淑名，余耳悉已熟。遂爲寤寐求，不煩日者卜。伉儷一以偕，百年願已足。余上有老母，髪白頭半秃。下有諸孤癡，煢煢無所屬。兩者並勞君，奉養與鞠育。乖戾禍所倚，和平福所伏。婦以順爲德，君誠吾家福。勗哉桓與鮑，千載繼芳躅。」李宿源（一六九五—一七三九），字輿濡，直隸任邱人。幼承家學，稍長即能文，名與兄春源齊。屈於小試，不得列名黌序，輸粟爲國子生。入太學後，其父以年老命理家務，然未嘗廢科舉業。己酉，以北皿入鄉闈，然屢薦竟不售，試者屈之。越壬子，或勸其再舉，曰：「一發不中，羞再發，恐爲妙手空空兒所笑。公等努力，某不能老死場屋，將八股冤家作半世夫妻斷守也！」自是絶意進取，治别墅於宅西偏，栽莳花藥，以課子爲事，間或點讀經史古文數則，以自怡悦。晚年習熊經鳥伸之術，以染時疫而歿。《隨園詩集》卷三有《新釀歌賦謝婦翁李輿濡先生》。

秋，攜李氏赴館。

《隨園詩集》卷三有《秋日攜内子赴館》。館於何處不詳。

雍正十年壬子（一七三二年） 三十三歲。

春，得疥病。

《隨園詩集》卷三《病中口占》：「擁被長吟興不窮，偶從窗外認東風。等閒辜負春光慣，不在愁中在病中。」又有《病疥初起戲爲長篇遣悶》。

內兄郭嵩如自江西寄來哭妹詩《滂沱吟》。

《隨園詩集》卷三有《內兄郭嵩如自江西寄巾扇兼寄哭其亡妹詩稿》。

夏，族叔邊汝乾卒。

乾隆《任邱邊氏族譜》卷九邊連寶《孝廉健亭邊公墓碣銘》：「從叔健亭公，於雍正壬子以貧餓死，連時爲詩七百言哭之。」《隨園詩集》卷三有《哭十九叔健亭》。

八月，吴橋方鳴皐卒。

《隨園詩集》卷三十八《經吴橋界有懷方儕鶴兄弟》自注：「儕鶴卒於壬子。」《隨園詩集》卷三《哭方儕鶴兼呈晴嵐》：「昨者初夏曾入郡，不見二子驚相問。乃知晴嵐方讀禮，儕鶴抱病將不起。我時聞之悲且詫，雙淚乍零如雨下。八月入都再相詢，儕鶴遂已捐館舍。」方鳴皐（一七〇〇—一七三二），字儕鶴，又字于九，直隸吴橋縣人。詩宗晚唐，小詞絶工。《隨園詩集》卷二有《憶昔行，寄景州戈傳齋、劉綺文、李西崖、象雷、吴橋方儕鶴、夔典、滄州王希陶、庭素、獻縣張晴嵐》、《秋日懷方儕鶴》，卷三有《哭方儕鶴兼呈晴嵐》。

九月，鄉試落第歸，內心悲苦。同邑李法孟、張應麟中舉。

《隨園詩集》卷三《即事言懷》：「壬子九月葉滿蓂……維時邊子新被屏，怛然悲咤心不寧，砭割情如刀劍刑。鎮日不出門晝扃，徽纏刻苦似拘囹。……嗟我徒爲萬物靈，今乃以心役於形。維今三十有三齡，終歲漂泊似梗萍。……先人遺我以一經，至今廿載負囑叮，思之那得不淚零。」

是歲，歸安進士錢孫振知任邱縣。

見《任邱縣志》卷七《官師志》。錢孫振（生卒不詳），字容齋，浙江歸安人。雍正元年進士，自龍門調繁任邱。視民如子，而政尚嚴猛，御胥吏尤嚴。甫下車，見學宫傾圮，捐俸倡衆重修。延邑名宿課生徒，暇則親詣爲諸生講貫，一時名雋俱被甄陶脱穎而出。里書作弊，飛灑影射，詭辯百出，公按籍逐户核查，得其實，痛懲渠惡數人，餘皆股慄，積弊頓清。每遇盜，輒嚴糾捕役，得者受重賞，不則死，無不尅期獲。歲饑查賑，窮簷矮屋，罔不親踏，男婦老穉，苟實饑，無一遺者。十三年，陞薊州牧。乾隆五年，以疾歸里。《隨園詩集》卷五有《呈錢容齋明府》、卷六有《恭呈錢薊州》、卷十二有《再懷錢薊州》，《隨園文集》有《寄錢容齋夫子書》。

是歲，代同邑獻縣教諭李法顔撰《獻邑尊經閣記》。

乾隆《獻縣志》卷二《建置志·學宫》：「雍正十年，知縣明晟、教諭李法顔重修，建尊經閣於殿後。」又卷七《官師志》：「初至，謁文廟，見其凋敝，慨欲興修，以時值歲歉未果。迨壬子歲稔，公倡率紳士捐千餘金，鳩工庀材，擇士端方而有幹才者督之。自先師、崇聖諸殿廡，以及明倫堂、齋堂、文昌、鄉賢、名宦、忠孝諸祠，一時皆爲修舉，又創立尊經閣數楹。學使者歸安吴公應棻題額，公爲記。」按：《隨園文鈔》卷上《獻邑尊經閣記》題目下署「代」字，當是代李法顔所作之文。李法顔（生卒不詳），字愚山，號樂真，直隸任邱人。康熙五十三年舉人，雍正三年選獻縣教諭。訓士依古法，又署鐸廣川，聞風就正者咸悦服焉。雍正十二年秩滿，上官連犢申薦，以疾告假歸，卒於家。學問篤實，文章雄渾博大，有熊漢陽之風。詩則規仿錢、劉，著有《棗柏西林詩集》。

雍正十一年癸丑（一七三三年） 三十四歲

春，知縣錢孫振觀風，題爲《長堤煙柳》。

《隨園詩集》卷四有《長堤煙柳》。

六月中，幼女殁，葬任邱城西漕口村。次日即應順天學政吴應棻之聘，與劉炳同赴正定閲卷。

《病餘長語》卷三：「雍正癸丑，余與劉嘯谷炳同應學使者吴眉菴先生應棻之聘，至正定使院。」《隨園詩集》卷四有《幼女殁之明日，冒雨赴正定，路過漕口村，遥望葬所》。按：《隨園詩集》卷四至卷八原署「霽雪軒詩集」，收自癸丑至丁巳詩，每年一卷。吴應棻（？—一七三八），字小眉，號眉菴，浙江歸安人。康熙五十四年進士，授編修。雍正九年，任順天學政，轉右通政，又擢左僉都御史。十三年，任湖北巡撫、兵部右侍郎兼巡撫。乾隆元年，入都供職，官終兵部左侍郎。著有《青瑶草堂詩集》。

六月廿一日，至恒陽署舍，與劉炳同閲考生試卷。

《隨園詩集》卷四《夜雨》：「癸丑六月廿一夜，客在恒陽之署舍。」《病餘長語》卷四：「與劉嘯谷同閲正定試卷，見有隆平諸生作《五者天下之達道》題，中用『樵夫』、『漁父』、『黄鳥』、『白魚』等語襯貼『達道』，然其語句頗駢麗可誦，正是展成一派。學使者吴眉菴先生大批其尾云：『《西廂記》、《牡丹亭》，高唱亂談，一齊上場，百醜畢集，此文之賊而兼妖者也！』」

七月，試畢返家，於無極道中被雨淋而病目。

《隨園詩集》卷四有《無極道中遇雨抵大石橋》，又卷四《病目起贈殿虎》：「秋雨澆我頭，左目爲之懵。……至今一月餘，膜翳差不重。」

雍正十二年甲寅（一七三四年） 三十五歲

三月，長兄邊業卒。

《竹巖紀年略》：「甲寅三月，長兄爾立公卒。」《隨園詩集》卷五《得張晴嵐書》第三首自注：「余今歲有先長兄之變。」

同月，客保定，游楊忠愍祠，題詩於壁。

《病餘長語》卷二：「雍正甲寅，余客保定，題楊忠愍祠壁云：『甲寅暮春抵上谷，特傍先生祠賃屋。一洗魂礌萬古愁，椒漿奠向先生哭。再加貶謫志愈果，先生直以愚招禍。笑煞區區三品官，那能值得頭一顆。位卑言高真非哲，殺身成仁殊難説。吕温胡廣亦中庸，先生無乃特激烈。』」

夏，作《四蟲詩》，知縣錢孫振稱賞，並云當名「邊四蟲」，先生辭而不居。

《隨園詩集》卷五有《四蟲詩》。《病餘長語》卷三：「余嘗作《四蟲詩》，邑侯錢容齋孫振先生賞之曰：『是當名「邊四蟲」也。』余辭而不居，與梅聖俞、祁珊洲之事正相類。」

秋，知縣錢孫振卸任，入京候陞。臨行，士紳餞行，先生有事未與，錢仍以先生學業仕進爲念。

《隨園詩集》卷五《志感》詩序：「錢容齋明府入京也，同人祖於郊，余適未與。聞先生飲酒盡醉，淚數行下，且曰爲我語邊君，家貧親老，務爲舉世不好之文以誇末俗，何所見之淺也。願其稍自貶損，以勿負所生，且以副余望也。」又《呈錢容齋明府》自注：「時宫保尚書李公衛總督直隸，錢以卓異候陞州牧。」

泰興監生陸福宜知任邱。

《隨園文鈔》之代陸福宜所撰《關帝廟碑記》：「歲甲寅，福宜承乏茲土。」陸福宜（生卒不詳），江南泰興人。由監生議敘州同，補直隸布政司恒裕庫大使。雍正十一年，以保薦特授阜城知縣，主修《阜城縣志》。十三年，出知任邱。後歷陞滄州知州、南康知府。《隨園詩集》卷八有《歲朝陸明府署齋賞夏蘭》。

十一月，兄邊中寶調補順天府學訓導。

《竹巖紀年略》：「十一月，蒙制府李果敏公衛、督學吴少司馬應棻會題，調補京學訓導。」

友張穎來書，並寄方儕鶴絕筆《楊柳枝》八首，囑作序以傳之。

《隨園詩集》卷五有《得張晴嵐書》。

是歲，胞叔邊汝充卒，年四十六歲。

宣統《任邱邊氏族譜》長房二支：「之鉉六子，字虚亭。廩生。康熙丁酉科舉人，授山東肥城知縣。康熙庚申生，雍正甲寅卒。」

雍正十三年乙卯（一七三五年）三十六歲

正月，嘉興錢陳群以侍讀學士任順天學政。

見《清代職官年表·學政年表》。錢陳群（一六八六——一七七四），字主敬，號香樹，一號集齋，又號柘南居士，浙江嘉興人。康熙六十年進士，改庶吉士，授編修。雍正間五遷爲右通政，督順天學政。乾隆朝三遷内閣學士，屢有進諫，擢刑部侍郎，治獄謹慎。十七年以病辭歸，令家居食全俸。二十六年、三十六年兩與香山九老會，先後加尚書、太子太傅銜。卒謚文端。著有《香樹齋詩文集》。《隨園詩集》卷六有《奉和錢香樹學士夫子〈喜雨〉詩》，卷九有

《奉懷錢香樹夫子》、《效唐人〈病馬詩〉呈香樹夫子》，卷十九有《錢少司寇夫子典試西江，路出任邑，見貽佳什，闕焉未答，落第後敬報長句》，卷二十二有《蒙錢少司寇以經學舉辭謝二首》。

代兄邊中寶作《京學訓士詩》十四首。

《隨園詩集》卷六有《代九兄京學訓士詩》。

五月，受知於學使錢陳群，選爲拔貢，廷試第一。

《病餘長語》卷二：「先是乙卯，先生按試河間，余受知，拔入成均。試既竣，將之津門，時大旱而雨，遂遲行期。先生作《喜雨詩》，余有和章。」任蘭枝《〈邊肇畛先生文稿〉序》：「既而，試天下貢生於廷，余與侍郎共司之。侍郎得一卷，大加激賞，余亦覽而異焉，因署第一。及發視，則生名，一時相賀，以爲暗中摸索得之如文湛持之於陳大士。」

同月，爲友張穎題王詩畫扇，並請劉炳以王羲之書《黄庭經》體代爲書寫。

《病餘長語》卷四：「雍正乙卯，晴嵐持一箑示余，乃希陶畫，屬余題詩。余爲作長歌，煩劉嘯谷以換鵝體書之，晴嵐目爲三絕，什襲藏之。」《隨園詩集》卷六《爲張穎題王希陶畫扇》：「張子晴嵐具癖人，歲在乙卯夏在仲。瀛州客邸邂逅間，手持畫箑索予頌。」

秋，同劉炳、李學禮入京應順天鄉試，繞道薊州，拜訪錢孫振。

《隨園詩集》卷十二《再懷錢薊州》：「憶昔旃蒙歲乙卯，曾同劉嘯谷李立軒生。因懷國士德，同詣薊州城。秋月移三榻，春風坐五更。」

與兄邊中寶、戴亨、海齡同游香山。

《竹巖紀年略》：「是年秋，與戴通乾、海涵百、家弟隨園屢游香山看紅葉。」

於京師護國寺廟市購得宋代趙千里《九成宫圖》一幅。

《病餘長語》卷四：「宋趙千里畫《九成宫圖》一軸，泥金點翠，巨麗輝煌，而了無匠氣；寸人豆馬，以至芙蕖，點點如星如香頭火，並奕奕如生。上有明雅宜山人王寵書《九成宫醴泉銘》，楷法遒逸，蓋學鍾太傅者。上鈐一印，曰『御府圖書』，不知何時曾入大内也。此余乙卯客京師，於護國寺廟市以白金四星得之者。蓋當時士大夫不甚好此，今則價增十倍矣。」

鄉試，以卷污未中。同邑劉炳、李中理、李學禮、張見龍中舉。

《隨園詩集》卷六《闈中污卷被貼遣悶之作》：「勞落文場二十春，於今又做放歸人。」

九月末，作《敝裘行》詩，詠所穿十五年舊羊皮襖。

《隨園詩集》卷六《敝裘行》：「十月欲來九月盡……我有裘名花狸虎，狐爲大父貂鼻祖。康熙雍正越乾隆，三朝閲歷成今古。屈指於今幾度秋，月經百八年十五。」

和錢汝誠《燈花》韻詩。

《隨園詩集》卷六有《和錢立之〈燈花〉韻》。錢汝誠（一七二二—一七七九），字立之，號東麓，錢陳群長子，浙江嘉興人。乾隆九年舉人，十三年進士。以編修入直南書房，擢内閣學士。歷任兵部左侍郎、順天府府尹、户部左侍郎、刑部左侍郎等職，充《四庫全書》、《三通》館副總裁。以文學知名，兼工書。

冬，入京。

《隨園詩集》卷六《琉璃河》：「丈夫自應守户牖，長安來往何太頻。」又有《長安冬夜》諸詩。

乾隆元年丙辰（一七三六年） 三十七歲

二月，入選博學鴻詞科，即赴保定，時值直隸總督李衛閱兵，先生作《閱兵賦》。

《高宗實録》卷一三「乾隆元年二月丁亥」條：「諭：内外臣工所舉博學鴻詞，聞已有一百餘人，只因到京未齊，不便即行考試。其赴考先至者，未免旅食艱難，着從三月爲始，每人月給銀四兩，資其膏火，在户部按名給發，俟考試後停止。若有現任在京食俸者，即不必支給。並行文外省，令未到之人俱於九月以前到京。若該省無續舉之人，亦即報部知之，免致久待。欽此。」杭世駿《詞科掌録》卷首《舉目》記：「明詔既下，首訖凡四年，合内外所舉，凡二百六十七人，重薦者六人。太子少保、兵部尚書兼都察院右副都御史、直隸總督李衛舉六人：原任翰林院編修劉自潔，直隸武强人，雍正癸巳進士（續舉）；原任北運河同知程恂，江南休寧人，雍正甲辰進士；雍正癸丑進士閻介年，直隸蔚州人；副榜貢生汪士鍠，江南江寧人（續舉）；雍正己酉拔貢生陸祖錫，浙江平湖人；拔貢生邊連寶，直隸任邱人。」《隨園文鈔》之《閱兵賦》序云：「乾隆元年歲次丙辰之二月，宫保尚書制府大人李公閱兵東郊，連寶有事於保陽，得從旁而快覩其盛，因綴以文賦之。」李衛（一六八六—一七三八），字又玠，江南銅山人。入貲爲員外郎，補兵部。康熙五十八年，遷户部郎中。雍正三年，擢浙江巡撫。四年，命兼理兩浙鹽政，尋授浙江總督，管巡撫事。七年，加兵部尚書。入覲，遭母喪，命回任守制。尋復加太子少傅。十年，召署刑部尚書，授直隸總督，命提督以下並受節制。卒，賜祭葬，謚敏達。

三月，在保定參加省試，試題爲《三春雨詩》。

《隨園詩集》卷七《三春雨詩》自注：「省試，限古體。」

秋，入京應鄉試，不中。同邑劉琴、劉奕冲、王作楫、王應鯨中舉。獻縣戈濤中舉。

《隨園詩集》卷七有《秋闈後寄内》、《題落卷》。另見《河間府新志》卷九《官政志》。劉琴（一六八五—一七六三），字松雪，直隸任邱人。性廉介，不苟取與。爲文恪守先民程式，不務詞采。困場屋三十餘年，處之泊如。乾隆元年舉於鄉。所學務爲專精，而尤覃心於四子書，字研句究，沉酣數十年始成一書，命曰《四書順義解》。《隨園文鈔》有《〈四書順義解〉序》。邊連寶嘗爲作傳。

九月二十八日，在保和殿參加博學鴻詞科試，試題爲《山雞舞鏡》等，不中。

《高宗實録》卷二七「乾隆元年九月己未」條：「御試博學鴻詞一百七十六員於保和殿，命大學士鄂爾泰、張廷玉、吏部侍郎邵基閱卷。」《陳句山先生年譜》「乾隆元年三十七歲」條：「試期近，奉恩旨：天氣漸寒，着在保和殿内考試。欽點大學士鄂爾泰、張廷玉、吏部侍郎邵基閱卷。試題：《五六天地之中合賦》、《山雞舞鏡詩》、《黄鐘爲萬事根本論》，經學、史學、策問各一。」袁枚《隨園詩話》卷五：「乾隆丙辰，召試博學鴻詞，海内薦者二百餘人。至九月，而試保和殿者一百八十人。詩題是《山雞舞鏡》，七排十二韻，限山字。……二百人中，年最高者萬九沙先生經，最少者枚。博學鴻詞特科，僅録取十五人，儒林中人爲之失望。」《隨園詩集》卷七《賦得山雞舞鏡》自注：「廷試，七古排律十二韻，限山。」《病餘長語》卷二：「余於乾隆丙辰，既蒙宫保尚書制府彭城李公衛及香樹夫子以博學鴻詞舉，不第放歸。」李紱《穆堂初稿》卷三十五《送趙意林歸浙江序》：「明年，天下所舉士集闕下者百八十餘人，天子臨軒親試之。讀卷者猶持嚴重之意，僅以十五卷上，於是二趙子俱報罷。蓋中額隘，視己未四之一耳，己未三取一人，今十不能得一也。……余謂博學鴻詞以實不以名，有其實，雖不中猶中也。」

九月末，與兄邊中寶、戴亨、海齡、勒福同游香山，應倉夫王姓之激，作《櫻桃溝》

七古一篇，贏得白酒一壺。游凡三日。

《竹巖紀年略》：「丙辰秋梢，與十弟偕諸友再游香山，數日乃還。」《隨園詩集》卷九《戴齊河以墨劾》：「憶昨丙辰年，余與家識珍，合之戴海勒，共爲四五人。涼秋九月末，共游西山巔。人各有述作，裝璜成一編。」《病餘長語》卷二：「乾隆丙辰，涵百邀戴教授通乾、家兄識珍並余及涵百弟勒東圃福同游香山……是游凡三日而後歸，人皆有詩，或數首或十數首。」《病餘長語》卷十一：「乾隆丙辰九月，滿州學博海涵百齡，邀先生並余兄弟及涵百弟勒東圃福同游香山，同人皆有詩，先生（注：戴亨）得句云云，衆人爲之閣筆。余諷詠數月不輟，幾欲口流涎也。游凡數日，臨返，群飲於曝衣臺，先生酒酣發狂，向山奠酒而揖，余因得句云：『幾處白雲隨客夢，一杯濁酒奠青山。』先生頗賞之。其後，余有句云：『縱逢青眼亦思哭，偶入名山不欲歸』者，謂此游也。」《隨園詩集》卷十一《偶憶西山舊游追賦絶句十三首》第十一首注云：「卧佛寺後，櫻桃溝前，有題詩甚拙，同人等且笑且讀。旁有傖父王姓恚甚，曰：『公等喋喋，能此乎？』余曰：『能。』因進筆硯索詠，余就《櫻桃溝》七古一篇。王雖了了不解，然頗怖其神速，因進白酒一壺，余與諸公酹之而去。」

是年，拜訪李紱。

《病餘長語》卷五：「乾隆丙辰余謁巨來先生於京邸，時先生年近七十上下。」李紱（一六七三—一七五〇），字巨來，號穆堂，江西臨川人。康熙四十八年進士，改庶吉士，散館授編修。累遷侍講學士。五十九年，擢内閣學士，尋遷左副都御史，仍兼學士。六十年，充會試副考官，以部議奪官，發永定河工效力。雍正元年，特命復官，署吏部侍郎，赴山東催漕。尋授兵部侍郎。二年四月，授廣西巡撫。三年，授直隸總督。七年，以塞斯黑死事，下刑部，雍正寬之。乾隆即位，賜侍郎銜，管户部三庫，尋授户部侍郎。著有《穆堂類稿》等。

乾隆二年丁巳（一七三七年）三十八歲

正月初一，在知縣陸福宜署齋賞花。

《隨園詩集》卷八有《歲朝陸明府署齋賞夏蘭》。

三月，館於任邱城東北郝村，識文安井玉樹。

《隨園詩集》卷三十九《放歌行贈井丹木》：「憶昔乾隆丁巳之暮春，與君邂逅青蓮村。」又卷二十七《贈李鑾塘表姪》有「洎余客青蓮」句，自注：「郝村，一名青蓮莊。」井玉樹（生卒不詳），字丹木，號栢亭，直隸文安人。工八法，精篆隸。善山水，法沈周，巨幅尤佳。每飲酒半酣，揮灑淋漓，若有神助。有《栢亭鐵戲印譜》。《隨園詩集》卷三十九有《卯酒頌戲贈丹木》、《七十三初度丹木寫老松水仙爲壽》、《丹木爲余指寫花木十二幅合詠以酬》，卷四十一有《井丹木雙鉤歌》。李鑾塘，直隸任邱人，生平不詳。

四月，任邱旱。

《隨園詩集》卷八《憂旱》：「今歲之旱勢莫當，晶晶灼灼白日光。南陌秔穲已乾燋，西郊雲雨尚渺茫。旱魃肆虐歷寒暑，赤地龜坼連齊魯。四月已半五月來，穈芑嘉種未入土。」

任邱縣城拱極門内關帝廟重修工竣，先生代知縣陸福宜撰《關帝廟碑記》，然未能用。

《隨園文鈔》之《關帝廟碑記》題下注：「代陸邑侯。」文後又注：「丁巳代人捉刀作也。今廟碑出幕賓手，而此文以毁廟之説爲可駭，故不用。然其識議似不可廢，姑存之。隨園自記。」

夏夜，飲李氏中隱軒，李鏗作詩和先生。

《隨園詩集》卷八有《夏夜飲中隱軒》。乾隆《任邱邊氏族譜》卷二十一李鏗《飲中隱軒答邊趙珍二首》，其一：「目前咸假合，何處覓全真。但得能無我，由來任有人。池塘隨意鑿，花木逐年新。炎啖從茲避，無庢出嶙峋。」其二：「柳盡橋方轉，登臨四妙臺。消閒長候月，適興偶銜杯。暑虐迢迢減，涼飔款款來。醉眠隨便美，滴漏漫相催。」李鏗（生卒不詳），字天民，直隸任邱人。好讀書，恥循舊説，弱冠應有司試，尋棄去，以歲貢分訓正定郡學，栽培門下士不遺餘力。在官十五年，以憂歸，即不出，自號前休居士。舍傍闢地一區，曰「中隱」，小橋垂柳，日坐其中，與弟鍠尋老話。嘗銘其堂柱曰：「現在風光堪領料，隨緣脱灑最便宜。」爲《家訓》十四條，懸之堂以示子孫。壽八十一而終。子四，次子春源，乾隆癸酉舉人；孫學禮，雍正乙卯舉人，陽春知縣。見《任邱縣志》卷七《官師志》。

山陰進士任弘業知任邱，並於陵城村修建阿陵侯祠。後先生在乾隆十二年有詩詠之。

《隨園詩集》卷十八《阿陵侯祠》詩注：「前邑令任公弘業，侯裔也，爲侯立祠。」

戴亨任齊河知縣，先生寄詩相賀。

《隨園詩集》卷八《寄戴通乾明府》：「寒氈坐破久沉淪，十載遷官頗不貧。花縣争迎新令尹，板輿敬捧太夫人。清狂詩酒休相瀰，薄領紛繁且自親。此外無勞執友慮，知君素節似松筠。」

乾隆三年戊午（一七三八年）　三十九歲

子邊廷徵生，小字龍駒。

宣統《任邱邊氏族譜》長房二支：「廷徵，字千里。庠生。乾隆戊午生，乾隆己酉卒。」《隨園詩集》卷十一《龍駒》有「兒子小字字龍駒」句。按：《隨園詩集》卷九至卷十八原署「隨園詩稿」，收戊午至丁卯詩，每年一卷。

秋，任邱大水。

《任邱縣志》卷十《五行志》：「乾隆三年，大水，滿賑。」《隨園詩集》卷十一《黑餺飥謡》：「君不見乾隆三年秋大水，黑餺飥如龍鳳髓。」《隨園詩集》卷九《落第後赴館》：「殘水浮寒鶩，荒田走餓烏。」自注：「歲大水，時有勘災使者。」

應順天鄉試，不中。同邑胡文豹、兄邊中寶、姪邊繼祖中舉。

《隨園詩集》卷九有《落第後赴館三首》。另見《任邱縣志》卷八《選舉志》。

戴亨爲齊河災民請賑，忤上官被劾，先生賦詩爲其辨誣並慰之。

《隨園詩集》卷九《戴齊河以墨劾》：「公胡以墨聞，其間亦有因。側聞山左去年被大水，河伯海若居民廛。慷慨爲民求芻牧，請粟一萬四千石，不如請者請罷官。上官攬之赫然怒，何物齊河令，乃敢不顧國帑賣欺姦。大署不可擲之下，再請三請不憚煩。大官僶勉從下吏，心實惡其念民瘝。索瑕求瘢成瘡痏，公欲不墨良獨難。吁嗟戴子復何言，宜犴宜獄嬰拘攣。……聖人在上明四目，終能照君覆盆冤。」

冬，作《後敝裘行》詩，歷述此裘十九年間伴己之情狀。

《隨園詩集》卷九有《後敝裘行》。

歲暮，檀振遠自燕臺旅歸，此前先生曾贈以詩。

《病餘長語》卷二：「贈詩在乾隆戊午，即渠燕臺旅歸之年。」《隨園詩集》卷九有《懷檀維藩》。檀振遠（？—一七六九），字維藩，直隸任邱人。乾隆時博士弟子員。學詩於邊連寶，家赤貧，織布易粟以養母。或負薪入市中與傭保雜作，興至吟詠不輟，市人匿笑之，不顧也。詩筆遒古，頗近孟郊。著《墨雪堂詩稿》六卷、《雜著文》二卷、《夢月軒詩稿》二卷。《隨園詩集》卷八有《酬檀維藩》，卷十一有《懷維藩》，卷十九有《贈維藩》，卷二十二有《余今年築屋二間，而舊屋一間被災，戲爲長句呈檀維藩》、《被火後又被盜麥戲爲長句再呈維藩》，卷二十七有《自題近詩因呈維藩》，卷二十八有《懷維藩》、《秋日得維藩瓊州書兼寄見懷之作》，卷二十九有《九日懷維藩》，卷三十一有《次前韻柬維藩》，卷三十四有《戲柬檀維藩》，卷三十六有《哭維藩》。

妻父李宿源卒。

《任邱陳王莊李氏族譜》卷十五邊連寶《候選州同知興濡公墓志銘》：「公生於康熙乙亥年十一月十六日，距卒年四十有五。」按：據生年下推，李宿源當卒於是年。

乾隆四年己未（一七三九年） 四十歲

春，教館於獻縣周村，戈濤過訪。

《隨園詩集》卷十《寄張晴嵐兼呈方夔典兄弟》詩序：「余客獻邑之周村，距晴嵐家三十里，而晴嵐時客於夔典家，故有此作。」《病餘長語》卷四：「己未、庚申間，余客獻邑東之周村，後芥舟撰《邑志》，載余《流寓傳》。」《坳堂雜著》之《邊徵君傳》：「己未春，授書河間東鄙，予過焉。所居大樹數十，時既暮，月影篩地，與君緩步徙倚。君笑曰：『吾今年四十，私喜白髮二字可得入詩。』每憶此言，不覺失笑，逸態可想摹也。」

錢陳群再任順天學政，作《過鄭州》詩，出示先生，以寓規勉之意。

《坳堂雜著》之《故友夏君調元傳》：「丙子以憂歸，故交散落……其在鄉里，君與邊徵君二人而已。二人與予同出錢少司寇門。司寇再督畿學，在歲己未。」《病餘長語》卷二：「『新羅萬疊展春風，瀛莫從來一水通。幾番按圖名衆鳥，就中誰是信天翁。』此嘉興錢香樹夫子陳群於乾隆己未再視畿輔學政，過鄚州作也。……至是，謁先生於河間使院，出此詩相示，以寓規勉之意。」

三月二日，與戈濤、邊繼祖等八人謁錢陳群於瀛州公廨。謁後，同戈濤等飲於河間董堤村夏調元家，並作詩贈夏調元。

《病餘長語》卷二：「己未上巳前一日，余攜諸同人謁香樹師於瀛州公廨。先生正接見僚屬，見畢，作擘窠大書數十幅。書訖，命連揀成語爲韻，各拈一字爲詩。時共八人，余擬以『天朗氣清，惠風和暢』。先生得『清』字，支頤片刻而詩成，氣格在大、小二謝之間，其静深之氣，不以繁劇而稍減，所謂『天授』非人力也。詩云：『浮雲浄瀛海，暖氣回春城。風物懷帝子，魚雅來諸生。高楹散新靄，廣座流餘清。浴德澹塵漬，澡身遺俗嬰。要得除祓旨，自會絲竹情。采拾成即事，遂爾遲星旌。别去各努力，庶以保令名。毋孤他日期，兹義惟硜硜。』」《坳堂雜著》之《故友夏君調元傳》：「予既生傳邊徵君連寶，因檢故相酬答詩章，得己未三月與偕過夏君調元村屋一篇。……其年三月，同謁司寇河間使院，因邀至君家。桃李盛開，爛漫如荼火，藉地飲大醉賦詩。徵君贈詩曰：『衣冠羞世式，耕鑿識艱難。』」《隨園詩集》卷十六《懷友十章·夏西村》：「每向朋儕内，憐君是古歡。衣冠羞世式，耕鑿識艱難。晚節甘淪落，低頭惜羽翰。西郊游賞地，偏憶酒杯寬。」夏調元（一六九八—一七五七），字廷梅，號西村，直隸河間董堤村人。爲人質樸自好，内行修攝，無違言。能文章。工書，宕逸得晉人風格。雍正十三年選拔貢，不仕，教授鄉里二十餘年。《隨園詩集》卷十一有《道中即事戲寄夏西村戈芥舟》。

同月，兄邊中寶由順天訓導職離任，四月歸里，移居新街口大街。

《竹巖紀年略》：「己未三月離任，四月旋里，即移居於新街口大街。」

送戈濤之嵩縣。

《隨園詩集》卷十有《送芥舟之伊陽》。《隨園詩集》卷十四《答芥舟兼寄〈茗禪吟〉新刻》有「己未春將壬戌春」句，詩注：「此兩度別離時也。」按：此即「己未春」之別。

夏，任邱蝗災。

《隨園詩集》卷十一《黑餺飥謠》：「又不見乾隆四年夏有蝗，餺飥但取飽蝗腸。」

是歲，石屏進士朱烣知任邱縣。

見《任邱縣志》卷七《官師志》。

乾隆五年庚申（一七四〇年）四十一歲

春，入河間郡城，與戈濤、夏調元酬唱於石蘿軒。

《病餘長語》卷六：「余向客獻縣之東村，偶入郡城，與芥舟唱酬於石蘿軒，同年夏西村廷梅遣人送酒至，流連數日。歸至沙河橋，於驢背口占一律寄二子，中有句云：『長鬚送酒思麻夏，小閣聯吟憶短戈。』二子見之大譁。蓋『麻』固夏所諱，而戈亦不肯以『短』自居，然卒無以易也。」《隨園詩集》卷十一《道中即事戲寄夏西村戈芥舟》：「垂楊夾岸綠婆娑，欹帽騎驢客過河。寒食來時鴻雁少，蒲帆歸處夕陽多。長鬚送酒思麻夏，小閣聯吟憶短戈。芳草無邊聊縱目，伊人不見奈君何。」

獻縣紀昭贈香爐，先生有詩以酬。

《隨園詩集》卷十一有《紀懋園贈香爐》。紀昭（一七一七—一七七〇），字懋園，號悟軒，紀昀兄，直隸獻縣人。乾隆二十二年進士，官内閣中書。後宗人府主事缺出，以俸深當遷，會聞父疾，立請假歸。爲學以見諸實事爲主，服膺宋五子書，能體驗而躬行之。輯古今嘉言懿行，爲《養知録》八卷，又輯《毛詩廣義》五卷，又著有《騷經章句》、《文選賦注》諸書。

是歲，因學生陳維祜之請，爲河間許氏撰《〈河間東城許氏族譜〉序》。

《〈許氏族譜〉序》：「……譜遂成，因陳生維祜丐序於余。」《隨園文鈔》之《〈重修邊氏族譜〉序》：「今年客獻邑之東，曾爲許氏序族譜。」

七月，族叔邊翊清修《邊氏族譜》成，囑先生撰《〈邊氏族譜〉序》。

《隨園文鈔》之《〈重修邊氏族譜〉序》：「今年客獻邑之東，曾爲許氏序族譜。因念吾譜之不修者已久，而恨連之有志未逮也。七月抵家，而叔翊清修之已竣，以示連，且命爲序。」邊翊清（一六九七—一七六三），字廷亮，號星五，直隸任邱人。太學生，候選主簿。爲人質實有幹濟才，主持續修《任邱邊氏族譜》。

乾隆六年辛酉（一七四一年）　四十二歲

四月初，館獻縣，錢孫振、戴亭歸里，相繼過宿任邱，皆未能晤面。先生歸而聞之，賦詩志感。

《隨園文鈔》之《寄錢容齋夫子書》：「前辛酉，吾師自薊州旋里，路過任邑，信宿而去。時連客獻邑之東，去家僅百餘里，竟未獲一面，至今思之，猶悵悵也。」《隨園詩集》卷十二《歲辛酉，客獻邑之東，以四月十四日抵家，聞錢薊州引疾歸田，戴齊河扶櫬旋里，俱於前數日次第宿任邑，訊及鄙拙，數年夢想，一面闕如，情見乎詞，因爲長句》：「天涯知己曾餘幾，戴友錢師不可三。桐杖扶哀歸塞北，扁舟載病下江南。停驂空辱相存問，羈旅無由接笑談。塞雁江魚雙不見，南情北思兩難堪。」

五月，兄邊中寶次子廷搢生。

《竹巖紀年略》「辛酉五月，次子廷搢生。」《隨園詩集》卷十二有《聞九兄舉一子喜賦》。

九月，過妻弟李蟠根齋看菊。

《隨園詩集》卷十二有《秋晚過仙李看菊即席呈同人》。李蟠根（生卒不詳），宿源長子，字仙李，直隸任邱人。太學生，歷任井研、寧陽、沃上、陵縣典史。工金石篆刻。《隨園詩集》卷三十三有《懷李仙李》。

秋闈落第，賦俳諧體詩十首遣悶，後被人廣爲傳誦。是科，同邑郭振鵬、李春源中副榜。

《隨園詩集》卷十二有《落第後戲爲俳諧體遣悶十首》。另見《任邱縣志》卷八《選舉志》。

乾隆七年壬戌（一七四二年）　四十三歲

春，館河間戈濤家。與戈濤同至河間董堤村，訪夏調元。

戈濤《〈邊隨園稿〉序》：「壬戌春，邊君隨園來客郡城，余始得與數晨夕聯吟共酌，相知益深。」《隨園詩集》卷三十六《哭芥舟十七首》自注：「壬戌、癸亥，余客芥舟家。」《隨園文鈔》之《刑科掌印給事中芥舟戈公傳》：「憶前壬戌、癸亥，余館芥舟家者二載。與芥舟比舍居，無日不相過從。」《隨園詩集》卷十三有《同芥舟過夏調元村居》。

春闈，同邑劉炳中二甲第十三名進士。

見《清朝進士題名録》。

是歲，先生築新屋成，兄邊中寶詩以志之。

《竹巖詩草》上卷《十弟築室落成詩以志感》：「吾家舊宅鄰西城，幼時嬉游六七齡。潭潭甲第美侖奂，只今追憶徒冥冥。四十年來移寓此，門對珍謨院故址。數間土屋苦偪側，況復弟兄增食指。余也十載歷薄宦，歲積俸錢十數貫。一枝覓得寄鷦鷯，吾弟棲遲仍故閈。邇來築室宅西偏，東市購甓西市椽。寸寸株株拮据就，茆茨下覆千書編。嗟哉兄弟飢驅走，終年舌耕以餬口。歲云暮矣纔歸來，一月爲期相聚首。吾母行年七十六，每懷予季飯不足。安得負郭半頃田，戲綵朝朝居此屋。」按：詩中有「吾母行年七十六」句，據《任邱邊氏族譜》卷九邊繼祖撰《贈兵部主事漁山邊公墓志銘》：「韓宜人，康熙丁未年閏四月十五日生」推算，先生母韓宜人七十六歲時正爲乾隆七年，即先生築屋之年。

四月，先生《肇畛文稿》編成，收甲寅至辛酉制義，戈濤爲撰序。

《〈肇畛文稿〉自序》：「壬戌客郡城，戈子芥舟謀取災梨棗……因歷述自六歲迄今凡三十有七年之甘苦，以明吾文爲吾精神骨血所結聚，不異吾子者如右。乾隆壬戌夏四月朔，任邱邊連寶書。」《坳堂雜著》之《〈邊隨園稿〉序》：「壬戌春，邊君隨園來客郡城，余始得與數晨夕聯吟共酌，相知益深。暇，乃盡出其所爲文以示余。余心眼久汩於時，驟讀之，頗駭眙，久乃稍稍辨其蹊徑。大約其文有三變，始甲寅，訖辛酉。初則造意雄獨，氣勢横闊，窮艱縋險，出入臨川兩大之間；既而艱窮變得，返歸正始，斂約矜密，能以數十句盡人數十百句不能遽盡之情狀，而理縮氣逸，森然反若有數千百言在言下；終復頽然自放，縱横因心，如涪翁稱老杜『夔州後詩，不煩繩削而自合』者。其大略如此。而要其植幹於古，命法於王，取精於微，抉奇以顯，則千變萬化，不離其宗。嗚呼！邊君之文，在古人亦不當多讓，而顧以此不能取合於時，十上十擯於有司。愛君者咸謂宜變計，而君志益堅，嗜益獨，刻意冥索，益求所謂淡古玄微者而師之，推其意不離然與世絶立而不止。噫！亦太苦矣。夫所取廉者，其得必多；所取深者，其身必窮，理則然矣。邊君竊造化之秘，刑萬物之命，以求工其詩，詩工而身益窮，然則一詩足以窮其身，矧又益之以文哉！吾恐其蒙茸頽憊，終老而不振也。雖然，世患無爲之者，不患無知之者，屈指從前數三名輩，其先亦多轗軻不偶，卒遇一有識力人，則赫然隆於世。其遲其速，要有數存其間，亦姑待之而已。余因論次其文，付之梓，以示知君者，且用有待云。」

送戈濤之嵩縣。

《隨園詩集》卷十四《答芥舟兼寄〈茗禪吟〉新刻》詩有「己未春將壬戌春」句，詩注：「此兩度别離時也。」

按：此即「壬戌春」之别。《隨園文鈔》之《刑科掌印給事中芥舟戈公傳》：「庚申，歸安公中飛語，解篆候對簿。資斧乏絶，僦屋以居，冬夏不蔽風日；兼以代者百端抑勒，萬難措手。芥舟攜弟濟力爲擘畫，艱苦備嘗。凡三年，然後事白得歸。」又《隨園詩集》卷十三《西齋月下憶芥舟》之「念彼於役客」句、《秋晚寄芥舟》之「貝錦織成應有恨，覆盆揭去可無憂」句，及《懷芥舟》之「之子罹坎險，憂思近如何」句，皆指戈濤與其父身困嵩縣事。

十月，張穎入京，便道於河間訪先生。

《隨園詩集》卷十三有《送晴嵐入都》。《隨園詩集》卷十九《寄晴嵐》：「憶昔歲壬戌，我客郡城西。窮冬十月暮，張子造門時。」

冬，戈濤自洛陽寄詩與先生。

《任邱邊氏族譜》卷二十一有戈濤《自洛陽寄隨園》二首：「秋盡千林槲葉凋，啼猿鎮日擁寒條。朔風古屋冰霜合，落日深山豺虎驕。何處招魂鄉路失，不堪回首暮雲遥。故人最念窮途客，千里音書慰寂寥。」「迢遞關河勞寸心，一緘讀罷涕霑巾。燕山度雪雁聲晚，洛浦驚霜鶴怨深。醉里他鄉垂菊淚，魂來昨夜隔楓林。何時重理西園酌，手把新詩細細吟。」

乾隆八年癸亥（一七四三年）四十四歲

春，取號茗禪居士。

戈濤《題邊隨園先生茗禪圖》：「茗禪之號自何年，憶在元默昭陽間。」按：「元默、昭陽」，爲天干壬、癸，即指壬戌、癸亥年間。《隨園詩集》卷十四有《茗禪吟》八首。

四月，姪邊廷掄入縣學。

《竹巖紀年略》：「癸亥四月，廷掄入泮。」

五、六月間，天津、河間兩郡大旱，民無食所，逃荒者接踵於道。先生以詩記之。

《任邱縣志》卷十《五行志》：「八年，旱，滿賑。」《隨園詩集》卷十四有《旱四首》，其一：「累月恒暘若，焚如損太和。陽驕時贔屭，雲密不滂沱。二麥已無得，三農將奈何。郊原時竚立，霑灑向秋禾。」其二：「涓滴曾無望，炎蒸肺不舒。顛毛渾涣汗，大造似烘爐。鳥静頻張口，豕奔屢負塗。千秋同老杜，願作冷秋菰。」其三：「日聚緇黄侶，鐸鐃動地喧。陰陽應有類，攻禱似相反。神聽知非遠，恩膏豈故屯。寄言諸月尹，昭質在蘋蘩。」其四：「雲去一何駛，雷鳴苦不真。那能失匕箸，總未極嶙峋。旱魃多儔侣。飛廉亦鬼神。我思頌風伯，天聽阻重閽。」又有《道上見流民感賦》、《邸報》、《乞婦》諸詩紀旱情。

秋，戈濤自洛陽歸河間，與先生雨後同游郡城西郊。

《隨園詩集》卷十四《同芥舟游西郊》：「戈子我古歡，來歸自洛汝。……攜手出西郊，時值霽秋雨。」

冬，解館，賦詩留別戈濤及門人戈鏻、戈濟。

《隨園詩集》卷十四《留別芥舟》：「宛宛解攜情，約約可憐色。覿面無可陳，一杯且努力。我已失西東，君更迷南北。相顧兩茫茫，何處覓行跡。依倚野風前，躑躅河梁側。一字慰相思，無籛羽鱗隔。」《次前韻留別表弟戈鏻同學戈濟》：「鏻具温克姿，濟有精剛色。爲善足可用，咄哉各努力。吾道不自肥，十載非九北，干禄亦有方，慎毋踐余跡。無爲情惘惘，萬里如在側。但期一寸心，相映不相隔。」戈鏻（生卒不詳），字謐園，直隸獻縣籍河間人。廪貢生，官樂亭縣教諭。《隨園詩集》卷十七有《有鳥十章，章四句，壽姑母戈孺人兼示表弟門人鏻》。戈濟（生卒不詳），字方舟，戈濤弟，直隸獻縣籍河間人。乾隆十七年舉人，歷任奉賢、丹徒知縣。著《偶存草》二卷。《隨園詩集》卷三十五有《門人戈濟自丹徒寄書相候，兼云大司寇錢老夫子札到丹徒詢連近況，感舊述懷，敬成三律》。

乾隆九年甲子（一七四四年）　四十五歲

是歲，教館於任邱城東，内弟李天根、李夙根，姪邊廷掄隨學。

乾隆《任邱邊氏族譜》卷十邊連寶《弋陽縣尹德涵公配李孺人傳》：「乾隆甲子，適畛兄教授於家，兄子廷掄厭城居之喧也，乃從余學於東村館舍。時亡婦之弟天根、夙根亦在館中。」李天根（生卒不詳），宿源次子，字圖先，直隸任邱人。歲貢生，候選訓導。《隨園詩集》卷二十二有《爲李圖先跋亦珊表叔所書詩卷》。李夙根（生卒不詳），字灌華，宿源三子。乾隆庚子、丙午、己酉三科副榜，就職教諭。

高陽李才賁作詩稱先生與戈濤爲「瀛州二子」。

《病餘長語》卷二：「去華《瀛州二子絶句》云：『雕龍繡虎邊連寶，雋逸清新戈芥舟。老我無能詩總廢，瀛州二子擅風流。』人目余與芥舟爲『瀛州二子』，自此詩始也。此詩作於甲子、乙丑間。」李才賁（生卒不詳），字去華，號椒砦，直隸高陽人。少有逸才，爲諸生，數試不得志，遂絶意仕進。博學强記，凡古今人物、輿圖扼塞，無不精貫。好游名山大川，登臨幾遍。工書，臨摹古跡，經年不履户限。詩雄宕有奇氣，蠡縣李塨與之最善，時與戈濤、邊連寶相頡頏，人目爲「燕南三子」。著有《怡云堂集》一卷。

先生寄信與王步青，並附制義文數篇，信中歷述自少至長爲文之苦辛。

《隨園文鈔》之《上王罕皆先生書》云：「連今年四十有五矣……露園李子來自金壇，言先生欲徵大河以北之文。連聞之不勝激發，即敢以露園爲之先，容以自通其左右。」王步青（一六七二—一七五二），字漢階，又字罕皆，江蘇金壇人。雍正元年進士，改翰林院庶吉士，散館授檢討。四年，假歸不復出。里居教授，嘗出任維揚書院山長。工四書文，當時事科舉之學者，幾於家弦户誦。著有《已山文集》十卷、《别集》四卷、《敦復齋古文稿》等。

秋，赴京應順天鄉試，以後場不至落榜。錢陳群寄書慰之。同邑李中簡、邊方泰、閔鉅中舉。

《隨園詩集》卷十五有《赴秋闈道上口占》。《病餘長語》卷二：「甲子秋闈，余文已定第三名，以後場不至，垂得而失，香樹夫子深爲扼腕。嘗攜公子立之汝誠文及余文至朝，示諸名卿曰：『此吾兒文也，有子如此，吾願爲犁牛。』又曰：『此吾門人某文也，有門人如此，吾願爲藍。』至今藝林傳爲佳話。其後，立之以是科售，然拳拳爲余之心，不因之少減，真令人感激無地也。吾邑李廉衣中簡亦於是科售，赴京時，余奉先生札。先生答書云：『廉衣赴鹿鳴來此，得讀趙珍手信，並稔别後眠食爲慰。今年主司眼力甚好，獨高文以後場未到見遺，至今思之，殊深悶悶。每從公務繁冗間一讀三藝，藉以朵頤。總之，遇合自有定分默爲主之，扶輪推轂亦受命於化工，況當局者耶？至於窮微極奥，愈養愈深，問學一塗，本無止境。還望趙珍培其根而擴其識，使胸中寬裕和樂，更於家居時課授里中後進，多所踵接，善歌繼音，使讀書種子自我不墜，或造物晚成足下，大旨其在斯乎？明年坐地定於何姓，便中示知。草此代面，不一。」」《肇畛先生文稿》上卷有《此謂一言僨事一人定國》一文，後自評云：「此余甲子試卷也，闈中已定第三名，以後場不至而失之，其命也。夫然此文乃不合時式之尤者，顧爲主司所賞鑒，以知樸實古健不顧世俗之文，人特患不能爲耳，不患當世無巨眼也。本題兩『一』字總承上文，數『一』字發揮，正爲上『機』字擢筋吸髓；乃是科作者率於『此謂』字搗虚叩寂，未審其是何興會也。吾師錢香樹先生嘗將余文及公子立之世兄文攜至公署，示諸僚佐，且戲曰：『此吾兒文也，有子如此，吾寧爲犁牛。此吾門人某文也，有門人如此，吾甘爲藍。』至今士林傳爲佳話。然以余之垂得而復失也深爲扼腕，雖公子以是科售，不足以釋其憾也。噫！余以菲才薄植，顧爲大賢之所器重如此，每一念及，未嘗不感愧交并且泣下數行也。乙亥秋日，肇畛自記。」戴亨《慶芝堂集》卷十五《寄答邊選拔趙珍二首》詩序：「甲子科嚴禁懷挾，二場驚□多人，趙珍亦去。」邊方泰（生卒不詳），字巨來，號濂村，直隸任邱人。乾隆九年舉人，二十二年挑赴江南河工效力，補高堰通判，改調豐碭，陞淮安防河同知。三十六年夏，河水驟漲，方泰請開減水壩以泄水，淮揚得無患。明年，改調桃源同知。後薦陞湖南沅州府知府，旋調長沙府。後去官，卒於里。

見《任邱縣志》卷七《官師志》。

是歲，餘姚進士施毓暉知任邱縣。

《隨園詩草》十四卷録畢，共收詩六七一首。

《隨園詩集》卷十五《詩草録畢長歌詠之》：「詩草都爲十四卷，六百七十有一篇。」

乾隆十年乙丑（一七四五年）　四十六歲

是歲，仍館任邱城東，從姪世英來學。

乾隆《任邱邊氏族譜》卷十邊連寶《弋陽縣尹德涵公配李孺人傳》：「明年乙丑，從姪世英亦往受學。」邊世英（生卒不詳），字陶軒，直隸任邱人。乾隆二十四年舉人。《隨園詩集》卷二十二有《病中示姪世英》。

應族兄邊達之命，於三月六日撰成《勸睦族文》。

乾隆《任邱邊氏族譜》卷十九《勸睦族文》：「吾兄達嘗語連曰：『吾邊氏舊有睦族文，吾猶及見之。惜今已散失矣。子盍爲之，吾將剞劂以勸。』」題目下注：「乾隆乙丑三月六日。」邊達（生卒不詳），字希端，直隸任邱人。邊氏長房長支，邊連寶族兄。

春，先生隨公車者北上入京，以所著《肇畛文稿》索序於任蘭枝。

《隨園詩集》卷十六《琉璃河早發》詩自注：「時隨公車者北上。」任蘭枝《〈邊肇畛先生文稿〉序》：「河間邊生以文辭聲雄北方，年四十餘矣猶困士籍，凡知生者無不惜其才而嘆其遇也。古者於文，衷理以根之，畜學以裕之，研思以深之，致功以極之。是以及其成也，燦然以有章；其試而得於有司也，足以爲法式而可傳久。近世士少師承，僥倖速化，用博科目，而文弊乃甚，以其謬得者多而效之者益衆也。生乎獨欲以所聞於古者，希有合於時，其相軋而齟齬焉亦宜。雖然，孟子論王良羞稱詭遇，韓吏部之言『譽不爲喜，毁不爲怒』，且夫時數得失非可勉强，若取其是，去其否，持終身勿變，斯固君子之所自守也。初，余未知生，臨川李巨來侍郎數爲余言生奇才。既而試天下貢生於廷，余與侍郎共司之，侍郎得一卷，大加激賞，余亦覽而異焉，因署第一。及發視，則生名，一時相賀，以爲暗中摸索得之如文湛持之於陳大士也。余既思見生久，而後且十年生始謁余，執所業以來，因得盡觀之，而嘆生於爲文深有殊乎近日之士也。而其連落不得，不以無聊困窮而徙而他慕，余尤善生之能不失其守，而且望其益造焉以愈進而極深也。方在漢時，李蔡人下中，乃以軍功侯；李將軍才氣無雙，顧數奇獨不侯。然廣聲稱至今，而蔡竟無聞焉。抑公孫次卿通《春秋》，數舉數廢，老矣卒對策高第爲名卿。生以其才勿終阨如廣而將如次卿，倘知生者共許而待者乎？生尚勉之矣！乾隆乙丑季春，溧陽友生任蘭枝香谷氏序。」按：此序撰寫時間，與先生隨公車者北上入京之時相符，當爲索序之事。任蘭枝（一六七七—一七四六），字香谷，號南樓，一號隨齋，江蘇溧陽人。康熙五十二年榜眼，授編修。雍正間歷官内閣學士、吏部侍郎，曾宣撫安南，不辱主命。高宗即位，命任《世宗實録》總裁，擢禮部尚書。乾隆十年以年老致仕，越歲卒於家。少喜爲詩，並工古文詞，尤工律詩，不失杜陵家法。平生愛才若渴，門下士以文學知名者有胡天游等。著有《南樓詩文集》。

春闈，李中簡會試落第，先生爲撰《賀李子敬下第書》以慰之。

《病餘長語》卷十：「乾隆乙丑會試，錢香樹夫子爲總裁，李廉衣中簡入試，或謂廉衣得矣，蓋以香樹主試之故。余因言余與廉衣之所以受知於先生，與先生之所以素期於余二人者，以見其必不可干以私。或笑余之迂，余轉恐其不幸而得，使心跡皆不得以自明。既而下第，余爲文以賀之。」

爲從叔邊汝乾撰墓碣銘。

乾隆《任邱邊氏族譜》卷九邊連寶《孝廉健亭邊公墓碣銘》：「從叔健亭公，於雍正壬子以貧餓死，連時爲詩七百言哭之。越乾隆乙丑，凡十有三年，始按公子柔《狀》，更增以逸事，爲文以表其墓。」

兄邊中寶自西山歸里，賦詩贈先生。

《竹巖紀年略》：「乙丑，四十九歲。遵例捐復降級。五月，再入西山，著《再游草》。」《敦本堂詩稿》乙丑年有《抵家示舍弟》：「昔日香山行，吾弟與同往。冉冉屆十霜，盛事空渺茫。每憶續前期，塵務紛勞攘。三復舊游篇，一讀一悒怏。今我入京華，偪仄神不爽。閒步問莓苔，心跡一何朗。獨少惠連俱，按舊勸咨訪。歸來閱新詩，相對應鼓掌。何當沾微禄，歸山買薄壤。吾弟有同心，長此縈懷想。」

七月八日，寄信與錢孫振，略述近況。

《隨園文鈔》之《寄錢容齋夫子》：「七月八日，連寶頓首再拜錢老夫子閣下……連近來頗淡於進取，行年四十有六，毛髮白其大半，鬚亦白十二三；目力漸耗，燈下將不能看細字；左車第四齒鮠硊已久，於昨日居然脱去，精力大是不支。倘非家貧親老及吾師素所期望之厚，竟欲不事科舉業矣。然著書立説以俟於後，且勉爲鄉黨自好之士，以求無忝所生，即以此仰報知己，恐吾師亦未必遽斥以爲不肖也。」

秋，作懷友詩十首。

《隨園詩集》卷十六《懷友十章》有《劉司州》、《高用賓》、《夏西村》、《張晴嵐》、《王希陶》、《李綏遠》、《潘晉逸》、《祝巨川》、《李子敬》等詩。

是歲，武進進士吴祖修知任邱縣。

見《任邱縣志》卷七《官師志》。吴祖修（生卒不詳），字慎思，江蘇武進人。雍正十一年進士，由庶常改令南樂。爲政慈而有威，緝盜安民，人皆懷畏。尋調任邱，南邑爲立生祠。治任一如治南邑。每遇危疑重案，必齋宿而後讞，問無不得其情者。薄領之暇，每延寒畯三五人，親爲講貫，率皆有所成就。後陞連平州牧。《隨園文鈔》有《吴公築鹽店口記》。

乾隆十一年丙寅（一七四六年） 四十七歲

門人高哲卒，先生爲詩哭之。

《隨園詩集》卷十七《哭姪婿高哲兼呈方什》自注：「哲，亡友海觀子，從余受學。」高哲（？—一七四六），直隸任邱人。庠生。邊連寶友高斯濤之子，娶邊東女爲妻。

六月，兄邊中寶補涿州訓導，姪子邊廷掄隨任。

《竹巖紀年略》：「丙寅，五十歲，復補涿州學訓導。六月到任，仍加教諭銜。」《隨園詩集》卷十七有《送九兄分訓涿州》、《廷掄隨九兄赴涿作詩示之》。

戈濤過訪。

《隨園詩集》卷十七《芥舟過訪》：「黄昏忽傳高軒過，當關報道河間戈。」

選自陶淵明至唐末五言古近體詩，釐爲六卷，名曰《五言正味集》。

《〈五言正味集〉序》：「余自結髮學詩……迄今近三十年。乃一旦而獨得其味之正，怡然灑然，如迷者之得歸，而執熱者之濯清風也。因選自陶以下迄唐之末五言古近體若干首，釐爲六卷，目曰《五言正味集》。」

爲己所藏趙千里《九成宫圖》題詩。

《隨園詩集》卷十七有《趙千里九成宫圖》。

爲姑母戈孺人作詩祝壽。

《隨園詩集》卷十七有《有鳥十章，章四句，壽姑母戈孺人，兼示表弟門人鏻》。

是歲，生活窮窘，寄書戈濤，戈鬻田助之。

乾隆《任邱縣志》卷十二《藝文志下》有戈濤《丙寅臘月郊行鬻田寄隨園》：「寒煙漠漠散孤城，潭淹春光逼晚晴。殘雪林中罝兔火，夕陽巷口賣花聲。室家苦爲儲年計，債負兼催履畝行。近有虞邱消息到，窮愁特説向虞卿。」

除夕，與兄邊東守歲。

《隨園詩集》卷十七有《除夕同八兄守歲》。

乾隆十二年丁卯（一七四七年）四十八歲

正月，赴涿州，登智度寺塔，游雲居寺。

《隨園詩集》卷十八有《涿州道中》、《登智度寺塔》、《游雲居寺》等詩。

正月十五，涿州觀燈。

《隨園詩集》卷十八有《涿郡燈夕五首》。

同戈濤分韻題《無雙譜》畫屏。

《病餘長語》卷十：「乾隆丁卯，余與戈芥舟濤分題李芳園永書《無雙譜》畫屏，余得六人。」《隨園詩集》卷十八有《同戈芥舟分題李壽遠〈無雙譜〉畫屏得六人》。

錢陳群典試江西，過宿任邱，時先生教館於任邱城東張各莊，未能得見。錢作《過任邱東邊鴻博連寶》詩，付縣令吴祖修轉致先生。

《病餘長語》卷二：「乾隆丁卯，先生典試西江，宿任邱。時連教授邑之東偏，先生以詩付邑令吴公祖修轉致，云：『邊生卧瀛海，相賞抵璠璵。好賣文園賦，曾懷光範書。雨中行旆濕，雲外幽人居。執手終成阻，何因一起予。』」又卷十一：「憶前丁卯，客於城東之張各莊。」

秋，鄉試落第，以詩答錢陳群、戈濤。同邑劉伯壎、邊漢中舉。獻縣紀昀中解元。

《隨園詩集》卷十九有《錢少司寇夫子典試西江，路出任邑，見貽佳什，闕焉未答，落第後敬報長句》。《病餘長語》卷二：「連於秋闈下第後，始報以長句云：『秋風嫋嫋送行旌，取次停驂古鄚城。好句曾因邑令尹，茅齋轉致老門生。騰驤他日知無策，寵辱於今漸不驚。敬報吾師商出處，滄浪可許濯塵纓。』」《隨園詩集》卷十九《代書答芥舟》：「昨者我下第，慷慨悲填胸。當筵情激切，淚下何淙淙。此事誰所説，流傳入君聰。遺書相慰藉，字字披我衷。……數緘報我友，庶以明我悰。」另見《河間府新志》卷九《官政志》。

改趙珍字爲肇畛。

《病餘長語》卷四：「余字趙珍，自丁卯後亦屏科舉業，改字肇畛。肇，始也，開也；畛，田畔也。蓋用耘渠先生例。余寄宋蒙泉弼庶常詩，所謂『珍易作畛趙作肇，如雲衢爲耘渠焉』者也。」《隨園詩集》卷十八《寄宋蒙泉庶常兼呈李露園孝廉》：「珍易作畛趙作肇，如雲衢爲耘渠焉。公等努力贊大業，生民清廟勤雕鎸。僕在草莽詠勞苦，土鼓葦籥應承宣。」自注：「余字趙珍，近作肇畛，從金壇王先生例也。」

乾隆十三年戊辰（一七四八年） 四十九歲

春，客静海。

《病餘長語》卷十一：「丁卯之明年戊辰，客静海。」按：《隨園詩集》卷十九至二十一原署「隨園詩稿」，收丁卯、戊辰年詩。

春闈，李中簡中二甲第十三名進士、邊繼祖中三甲第三十八名進士。

見《清朝進士題名録》。

邊中寶自上方回涿州，寄詩與先生。

《竹巖詩草》上卷《自上方回涿寄家兄約齋舍弟隨園》：「仕涿逾二載，課士多餘工。悠悠我所思，乃在山之中。見説上方好，去去每無從。今秋一登眺，佳境難繪形。香山之明秀，退谷之幽敻。西峪之宏麗，石經之蒼雄。於斯皆具之，而致迥不同。巒壑隨俯仰，晨夕雜陰晴。氣象孕萬千，幻化妙無窮。昔我先君子，僑寓在房城。兹地未獲游，感嘆空復情。言念兄若弟，紛飛類轉蓬。生徒聚唔咿，偪仄困其胸。寄覽上方篇，奇興應縱横。何時翩然來，相攜采社衡。」

冬，以作詩而得病。

《病餘長語》卷十一：「丁卯之明年戊辰，客静海，冬夜獨處，愁悶無聊，一月内得詩五十首，精疲力盡，遂成心疾。怔忡不寐，驚悸狐疑，種種具足，至今凡十五六年不瘳，其間瀕於死者且屢矣。」

是歲，江都舉人唐倚衡知任邱縣。

見《任邱縣志》卷七《官師志》。

李學禮閱先生戊辰年詩稿，作詩代評。

《隨園詩集》卷二十一前有李學禮所題《因讀尊稿，戲成一律即書卷端，以爲歡笑》詩：「獨愛蕉姜與萃姬，不辭謠諑自蛾眉。文章已過陳三婢，詩法將追杜十姨。誰向碑陰驚幼婦，好憑簫響泣孤嫠。乾坤悦己人應少，怪底年來尚伏雌。」末又有李學禮所題《圈閲尊稿畢，戲成短句即代總評，兼索潤筆之物》：「隨園之詩文，其富不可數。吾愛其二種，文時詩之古。時文無堅城，先登蝥弧舉。又如衆髖髀，釋芒運利斧。不但可驚人，實可驚風雨。天崇諸子中，遍檢無其侣。古詩漢魏唐，讀者隨所取。綺靡六朝衰，當求深厚處。深厚於何驗，不在五雜俎。杜韓霸詩家，究以理爲主。隨園之古詩，兄弟互甫愈。我叱韓杜名，君聞將無怒。後世傳君名，如今傳韓杜。二種余所愛，曩以二絶許。曩苦無刻資，今閲茹寒暑。刻資非所急，糊口且終窶。日鎖子雲居，歲易伯通廡。至戚莫如君，易散而難聚。或偶一聚時，揖罷袖吞吐。如范文正文，先視尹師魯。句中有滋味，字字可嚼咀。狐腋君所長，獺魚吾亦努。疑義相講明，新得或互賈。意匠所經縈，一一如目睹。王筠得我心，沈約手之舞。君乃申以謙，若厚將薄補。顧我於此道，墨墨不在五。雖然有説焉，善圈莫如予。大凡圈詩文，必作者胥腑。入閲者心目，乃可免於瞽。得意密加圈，沛然不可禦。圈畢個個圓，中規不中矩。若不索潤筆，無乃便宜汝。唱善欲若魚，千古同饞肚。古事不必徵，嘗聞之先祖。昔訪龐霽公，晨出常過午。出其所爲詩，讀之中律吕。此似某某家，余皆爲之譜。余口不置贊，龐鬚不停縷。出其所藏茶，呼僮敬謹煮。一物未酬勞，副之以粔籹。予方甜口時，乃弟信公甫，背後字余曰，渠今又受苦。吾邑前輩事，君豈未聞歟。君性嗜飲酒，歲所得脩脯。縱復極不多，必釀數斗黍。餘糟不作粥，倩人蒸之釜。其名曰燒刀，味亦勝於沽。白酒緣初斷，君詩非虚語。然則此酒存，不過漱齒齬。余性乃嗜燒，與君正齟齬。聖人於萬物，置之貴得所。惠我不必多，可傾其甀甒。索酒如不來，再求圈詩拒。詩内有方言，行遠須訓詁。」

乾隆十四年己巳（一七四九年） 五十歲

是歲，刑部侍郎錢陳群以經學舉薦先生，先生以病辭不赴。時戈濤亦應通政使薄海舉薦，邀與同行，先生決意不往。

錢陳群《皇清敕贈登仕郎增廣生漁山邊公暨配馬孺人繼配章孺人紀孺人韩孺人合葬墓志銘》：「乾隆己巳，天子詔舉湛深經術之士以備採録，余以三人應詔，而任邱邊連寶與焉。連寶以母與己皆病，辭不赴。」《病餘長語》卷二：「越己巳，又蒙香樹師以經學舉，余以學殖儉薄，此名愈不可堪，兼其時已病，乃以二詩辭謝，云：『下士蒙薰沐，游揚出重臣。感恩頭至地，撫己淚盈巾。無復乘時氣，空餘不肖身。支離嗟病體，瘦骨倍嶙峋。』又云：『盈髩空華髮，窮經愧伏生。衰殘別有恨，著述老無成。何以酬君父，真成畏友朋。惟餘雙淚眼，遥向九方傾。』『朋』字出韻，却是改本，原本乃重押『生』字，失檢點如此，其時之病可知。」《隨園詩集》卷二十二有《蒙錢少司寇夫子以經學舉辭謝二首》。《嘉樹山房詩集》卷一庚午年作《雙鳥篇》一首，序云：「聞邊十趙珍、戈六芥舟同以經學被徵，喜而有作。」詩云：「橘柚薦彫俎，乃在湘水湄。翩翩雙海鳥，飛上青冥梯。使者採風俗，敬求觀國儀。昔焉按圖名，今乃雲羅羈。雖云一目加，毛羽幸無虧。閉以雕玉籠，棲以珊瑚枝。超遥辭故侶，卓犖登皇畿。皇畿集衆美，和聲古所垂。不聞鶡鶡語，嘈囋伴兒嬉。不見翡翠光，葳蕤燦釵笄。掣韝何卒卒，處堂太怡宜。自天銜瑞圖，高傳阿閣階。協風吹簫簧，鏗戛答雝喈。感恩期不負，上賞行有歸。齕齕稻粱願，空爲粱雉嗤。」戈濤《隨園徵士生傳》：「乾隆元年丙辰，天子召試博學鴻詞之士……越十有五年，又以錢公舉以經學徵詣京師，不就。天下士聞而高之。……其以經學舉也，余亦在厠舉中。將之京，過君邀與俱。君曰：『吾將以疾辭。』勸之，不可。余曰：『君不嘗應博學鴻詞乎？』曰：『然，博學鴻詞唐之科目，猶科舉也。今天子儼然降明詔，求如漢伏勝、董仲舒其人者，吾烏可以斯未能信之術業矯誣干上，以幾倖取仕？雖得猶恧，吾計決矣。』於時天下所舉凡三十有九，其非篤老疾病不應詔者，君一而已。自是無意進取，著書爲詩歌自娱。」蔣士銓《隨園徵士邊君傳》：「越十五年，朝廷徵經學之儒，錢公再舉之。是時天下共舉三十九人，君獨以疾辭不赴。」按：經學之召，歷時四年，故有稱己巳、庚午等年者。

先生鬚髮盡白，人見以爲古稀之年。

《病餘長語》卷八：「余當年五十時，鬚髮已盡皓然，有問余年者曰：『尊齒已古稀乎？』然其意實謂不止古稀也。余以實告，舉座皆咄嗟曰：『何乃至是！』其稍通世故者，以甘言慰之曰：『鬚髩雖白，面容自佳。』故余《題白髮十八韻》有云：『減壽詢猶長，得情嘆已僉。哀矜嫌語樸，解釋愛言甜。』余以示李立軒，立軒不解，余告以前事。立軒鼓掌稱妙，且曰：『詠白髮，壓「甜」字，真爲人夢想所不到。』」

九月初七日，族兄邊棨卒。

乾隆《任邱邊氏族譜》卷九邊連寶《副貢戟門公墓志銘》：「兄生於康熙丙子年二月初九日，卒於乾隆己巳年九月初七日，享年五十有四。」

是歲，仁和顧之麟知任邱縣。

見《任邱縣志》卷七《官師志》。

戈濤補宗學教習。

《隨園文鈔》之《刑科掌印給事中芥舟戈公傳》：「己巳，補宗學教習。」

乾隆十五年庚午（一七五〇年）五十一歲

李中簡作詩懷先生。

《嘉樹山房詩集》卷一庚午年有《懷邊十趙珍》：「吾邑苦吟子，工詩不厭窮。隨緣添白髮，爲客幾秋風。嘉樹空懷白，長楊未薦雄。何時歸袂把，灑酒桂巖叢。」

四月十五日，母韓宜人去世，享年八十四歲。

《竹巖紀年略》：「庚午四月十五日，母見背，丁憂回籍。」

秋，宋弼過任邱，作題壁懷人詩，憶及先生。

《蒙泉學詩草》卷首《任邱題壁》：「歷落嵚崎邊肇畛，清新俊逸李廉衣。年年長作天涯客，一夕相思減帶圍。」宋弼（一七〇三—一七六八），字仲良，號蒙泉，山東德州人。乾隆三年舉人，十年進士，選庶吉士，授編修。歷官右春坊右贊善、分巡鞏秦階道，賑災平亂，以詩紀西域見聞。擢甘肅按察使，居官廉介，屏絶供張。遷提刑，入覲，道卒於洛陽寓所。性勁直，不肯隨人俯仰。酒酣縱論古今，意氣豪邁。學識淵博，詩文皆有法度。著有《蒙泉學詩草》八卷、《思永堂文稿》四卷。《隨園詩集》卷十八有《寄宋蒙泉庶常兼呈李露園孝廉》、卷三十八有《德州懷人二絶·宋觀察蒙泉》。

十月，將葬母，先期謁錢陳群，乞爲父母撰墓志銘。

錢陳群《皇清敕贈登仕郎增廣生漁山邊公暨配馬孺人繼配章孺人紀孺人韩孺人合葬墓志銘》：「越明年四月，遂丁其母艱。越十月，將與其父並其前母合葬矣，乃手其父若母狀匍匐來謁，泣涕再拜言曰：『先君子温温無所試，老於諸生，賫志牖下以殁，非有功業之烜赫照耀耳目者可供紀載，然承先人遺澤爲清白吏，子孫砥志勵行，以無忝所生。

且役其生平精力，專一於詩，雕肝鏤腎，至死不倦，其述作往往不愧古人，似非不中銘法。而當代大人先生素稱不苟譽毁人，篤於古而達於辭者，惟公爲最；且不孝連寶於公爲門下士，素悉於古人也，昔歐陽子嘗爲其門人蘇軾銘其父蘇洵氏之墓矣，連寶雖萬萬不敢與軾比，而公則今之歐陽子也，敢以吾父並吾母銘累吾師以圖不朽，不孝等亦死且感激不朽。』余感其言之婉，以依來狀爲詮次之如左。」《竹巖紀年略》：「十月，葬我母。」

族叔邊元厚任江西弋陽縣知縣。

乾隆《任邱邊氏族譜》卷九邊連寶《弋陽縣尹德涵公墓志銘》：「至庚午始謁選，得江西之弋陽縣。」

潮州舉人陳文合知任邱縣。

見《任邱縣志》卷七《官師志》。

秋，李法孟以忤廣西巡撫舒輅解任歸。

《河間七子詩鈔》之李法孟《題劉嘯谷先生寫真圖》詩注：「余以庚午秋辭粤。」

秋闈，同邑高質禮、劉溥中舉。

見《任邱縣志》卷八《選舉志》。高質禮（？—一七六四？），字仲和，應遴子，直隸任邱人。乾隆十五年舉人，二十一年官湖南慈利縣知縣，二十七年以丁憂歸。《隨園詩集》卷二十八有《輓高仲和兼呈尊甫用賓四首》。

冬，錢陳群過任邱，先生往謁行館話舊。

《病餘長語》卷二：「庚午冬，使節過此，訪余行館話舊。」

乾隆十六年辛未（一七五一年）　五十二歲

正月，館河間城内戈濤家，並應高陽李月川之請，教授其子李殿圖。

《露桐先生年譜前編》卷一：「正月赴院試，疹疾大發，返河間。月川公館於河間城内周氏家，任邱邊徵君隨園先生亦館於河間戈氏。徵君乃秋崖學士之師且族叔也，先生以父命受業於徵君，講解詩賦。」李殿圖（一七三八—一八一二），字丸符，號石渠，又號石臞、露桐居士，直隸高陽龐口村人。乾隆三十一年進士，選庶吉士，授編修。遷御史，督廣西學政。六十年，遷福建按察使。嘉慶三年，遷布政使。後歷官安徽、福建、江西巡撫。以病歸。著有《番行雜詠》。

春，劉炳以忤江西巡撫舒輅解官歸。

《河間七子詩鈔》之李法孟《題劉嘯谷先生寫真圖》詩注：「余以庚午秋辭粤，公以辛未春去吴，同忤一撫罷官。」《隨園詩集》卷二十二有《贈劉殿虎時罷九江郡歸》。

春闈，獻縣戈濤中二甲第十一名進士，同邑劉伯壎中二甲六十四名進士。

見《清朝進士題名録》。

乾隆十七年壬申（一七五二年）　五十三歲

秋闈，同邑高質敬、邊廷掄中舉。

見《任邱縣志》卷八《選舉志》。

是歲，爲《沈蒼亭印譜》撰序。

《隨園文鈔》之《〈沈蒼亭印譜〉序》：「沈君蒼亭，浙西名家子，壬申來游任邑。其先大人東甫先生與余同舉制科，故執年家子之禮甚謹。余固辭不獲勉，遂訂交。閒時出其所著《印譜》，索序於余。」

錢陳群以疾致仕，自運河南下歸里，途經河間郡境内，賦詩懷先生及諸門人。

《碑傳集》卷三十四《誥授光禄大夫内廷供奉經筵講官太子太傅刑部尚書晉贈太傅入祀賢良祠謚文端錢公陳群墓志銘》：「壬申，得疾歸。」《香樹齋詩集·續集》卷三《瀛海舟次，寄懷邊徵君連寶、劉太守炳、戈編修岱、李編修中簡、邊檢討繼祖、戈庶常濤、紀孝廉昀，七人皆河間郡人》：「七載衡文地，星旌指近畿。非予樹桃李，此郡本芳菲。諸子驤皇路，邊生隱少微。偶然成出處，終見受恩暉。聖主憐衰病，勞人暫息歸。一從叨祖席，且自賦初衣。鏡識吟詩瘦，心知得道肥。有時成獨賞，握手已先違。大雅誰當繼，由來見者希。相期各努力，聊以答依依。」

京都人有作打油歌嘲翰林院諸名士者，目李中簡爲「醋里酸梅」，先生爲作詩解嘲。

《病餘長語》卷五：「前壬申、癸酉間，京都輕薄子有爲打油歌嘲翰苑諸名士者，其於吾邑李子敬中簡目之爲『醋裏酸梅』。余爲解以詩云：『酸是吾儕真面目，雖酸不較勝甜哉。他年記取如調鼎，還我一枚酸秀才。』」

乾隆十八年癸酉（一七五三年） 五十四歲

是歲，胡天游主修《河間府志》，先生將先人諸傳記付胡入志。

《石笥山房集》之《顯考穉威府君年譜紀略》：「乾隆十八年癸酉，府君赴河間修《河間縣志》。」《病餘長語》卷二載「起山先生宰河間時，有逸事數條，山陰胡穉威天游修《郡志》，余已編纂付胡載入矣。」按：《年譜》所記「縣志」，乃「府志」之誤。《隨園詩集》卷二十二《贈胡穉威兼呈董曲江》：「年來作客客郡城……朅來我友胡先生，望宇對衡不數武。……惟我曾伯長白公，煌煌大節足千古。事類留侯搏浪椎，一擊不中歸高祖。外及曾祖及先公，悉具本末堪採取。」胡大游（一六九六—一七五八），字稺威，一字雲持，浙江山陰人。雍正七年，中浙闈副榜。乾隆元年，禮部尚書任蘭枝薦舉博學鴻詞，以持服未與試。次年補考，因病報罷。居京師十餘年。十六年，再薦經學，爲忌者中傷而不遇。客游山西，卒於蒲州。一生未仕，雖歷館名公巨卿家，終因孤傲任氣而潦倒不得志。古文不喜方苞，至目爲文傭，自稱文在儲大文、方苞、李紱之上。工詩。著有《石笥山房集》。

知縣陳文合重修桂巖書院，聘先生族兄邊榕任桂巖書院掌教。

《任邱縣志·建置志》載：「桂巖書院舊基傾頹已久，乾隆十八年，邑令陳文合於前邑侯方公祠西偏建講堂三楹，左右齋各二楹，扁其門曰桂巖書院，仍舊志也。」乾隆《任邱邊氏族譜》卷十邊嚮禧《新河分訓叢有公傳》：「歲癸酉，邑侯陳公敦請掌教桂巖書院。」邊榕（一六九七—一七六五），字叢有，直隸任邱人。廩貢生，屢屈京兆試，遂絶意進取，專以成就後學爲事，邑中子弟多師之。乾隆十八年，任邱知縣陳文合聘其爲桂巖書院掌教。二十五年，選授新河訓導。四載後，以病告歸。《隨園詩集》卷二十四有《送叢有二兄分訓新河》。

秋，順天鄉試，内叔李春源中舉。

見《任邱縣志》卷八《選舉志》。

兄邊中寶陞補遵化州學正，十一月到任。

見《竹巖紀年略》。

是歲，館於雄縣李斯邁家，凡四年。

《病餘長語》卷四：「前癸酉，余館雄邑李軼修斯邁家，嘗出仇十洲《萬仙圖》見示，蓋其質庫中所得王中丞宓遠企堉家舊物也。」《隨園詩集》卷二十二《掃石山房對菊長歌贈李軼修》：「我館君家已四載，兩情莫逆捐形骸。」李斯邁（生卒不詳），字軼修，直隸雄縣人。

乾隆十九年甲戌（一七五四年）五十五歲

三月，張穎自京抵家赴江左，過雄縣訪先生。

《隨園詩集》卷二十二《懷張晴嵐》自注：「甲戌三月，晴嵐自京抵家赴江左，過雄縣見訪。」

春闈，獻縣紀昀中二甲第四名進士。

見《清朝進士題名録》。

無錫舉人鄒雲城知任邱縣。

見《任邱縣志》卷七《官師志》。

是歲，族叔邊元厚補曲周縣教諭，兼充毓英書院山長。

乾隆《任邱邊氏族譜》卷九邊連寶《弋陽縣尹德涵公墓志銘》：「甲戌，補曲周教諭，兼充毓英書院院長。」

冬，宋弼還鄉過任邱，宿香城鋪，作懷先生諸人詩。

《蒙泉學詩草》次卷（癸酉、甲戌、乙亥）有《宿香城鋪題壁有懷任邱諸人》：「歸客怨路長，征途苦日短。還家六日程，四日未半踐。我馬非虺隤，僕夫方偃蹇。偶入衆香國，聊寄鄉人館。村小風俗淳，年豐食飲善。奔走頗殷殷，話言亦款款。紛紛吾故人，咫尺天涯遠。肇昣邊徵君遇竟窮，廉衣李編修游初返。昨與佩文邊檢討別，握手彌繾綣。嶧山李大令客楚南，涉江采蘭畹。劉公殿虎前輩方依人，懷抱得能展。數子皆人豪，何由作青眼。淩晨去方急，兹夕懷不淺。題詩記所思，孤燈對酒盞。」按：《嘉樹山房詩集》卷三甲戌年有《病起定爲江左之游，留別都門故人二首》等詩，紀其是年出游江南，並於本年返京。宋弼詩有「廉衣游初返」句，當指此游。又據宋詩「歸客怨路長，征途苦日短，還家六日程，四日未半踐」句，可知此時晝短夜長，節序當在冬季。

乾隆二十年乙亥（一七五五年）　五十六歲

七月，河間左墺卒於家。

《坳堂雜著》之《丹崖左公傳》：「乙亥七月，公卒於家。」

是歲，海寧進士鍾鳳翔知任邱縣。

見《任邱縣志》卷七《官師志》。

十月，兄邊中寶游盤山。

《竹巖紀年略》：「乙亥十月，自遵赴薊，游盤山，五日而還。」《竹巖詩草》上卷《盤山游草補》詩序：「乾隆乙亥秋杪，余承薊訓張篤周之約，自遵抵薊入盤山，爲五日游。」

李基塙卒，先生爲詩九首以哭之。

《隨園詩集》卷二十二有《哭李露園九首》。李基塙（一七〇一—一七五五），字露園，直隸景州人。博雅工詩，短章鉅篇，間出悲諷，與六藝相左右。學使錢陳群尚其才。與紀昀最善。中康熙五十三年舉人，官湖南永定縣知縣。著有《墨霞堂詩》一卷。《隨園詩集》卷十一有《次韻酬李露園見懷詩扇》、卷十六有《懷友十章·李露園》、卷三十八有《景州懷人二絕·李大尹露園》。附：乾隆《任邱邊氏族譜》卷十九有李基塙《懷邊隨園》：「數載相思一夜捐，相期春草下吟鞭。與君共度華嚴劫，小别瓊姿又一年。」

乾隆二十一年丙子（一七五六年）　五十七歲

八月，先生選評戈濤所贈《施注蘇詩》。

按：此書扉頁題「讀蘇詩雜記」，下注：「五十七歲病叟隨園書，時乾隆丙子仲秋。」後題云：「《蘇詩》一部共十册，戈芥舟所贈書也。其中硃筆出自芥舟，然不多，不過三兩卷而已。題目上黑筆圈點以别甲乙，乃余所爲，甲可讀，乙備覽。因病不能細加圈點，姑俟他日爲之，且所録亦太寬，仍俟他日嚴選。其筆墨過縟不能殺縛事實，反以掩其情者汰之；其勉率應酬，氣促言喘而短味者又汰之，汰此二種，而蘇詩之妙乃出矣。」

順天秋闈，同邑李珠林、李學穎中舉。

見《任邱縣志》卷八《選舉志》。李珠林（生卒不詳），字葆光，號端峰，直隸任邱人。乾隆二十五年進士，授浙江上虞令。上虞有夏蓋湖，屢爲邑患，下車後，妥爲籌畫，水患以平。士民感其德，爲之繪圖歌詩，以紀其事。三十五年，分校浙江，稱得士。以丁艱去任。起復，授福建漳平縣，未至任，卒。方高宗幸五臺，時珠林以進士獻詩行在，得高宗嘉獎，賜文綺焉。才名政績，一時稱之。《隨園詩集》卷二十五有《壽愚山李表叔母田太孺人兼呈端峰表弟》。

除夕，爲劉炳像題詩。

《河間七子詩鈔》之《題劉嘯谷讀道書小照》詩末署「乾隆丙子除夕，五十八歲病叟邊連寶戲題。」《隨園詩集》卷二十二有《戲題殿虎小照並敘》。

乾隆二十二年丁丑（一七五七年）　五十八歲

春，築土屋二間，至七月而舊屋一間被火災。又被賭徒盜麥。

《隨園詩集》卷二十二有《余於丁丑春築土屋二間，至七月而舊屋一間被災，戲爲長句贈檀維藩》、《被火之後又被盜麥戲爲長句再呈維藩》。按：《隨園詩集》卷二十二至二十五原署「隨園病餘草」、卷二十六至三十八原署「隨園病餘續草」。封面雖未明確標注編年，但收詩内容之年月順序清晰可辨。

春闈，姪邊廷掄中三甲第五十名進士，授兵部額外主事。

《竹巖紀年略》：「四月，廷掄成進士，授兵部額外主事。」另見《清代进士題名録》。

九月，生孫。

《隨園詩集》卷二十二有《得孫》二首。《敦本堂詩稿》丁丑年有《丁丑九月十七日早辰接家書，知隨園弟新舉一孫，余亦舉次孫用爲吾兄約齋後，百年缺事既畢一朝，喜極而賦》四首：「鵲噪庭簷日甫暾，家書接到喜盈門。黄泉二老應含笑，有子三人各抱孫。」「吾兄晚景久淒其，阿弟癯羸更甚台。半世憂懷皆頓釋，百年從此樂含飴。」「門祚今年慶未央，大兒官拜尚書郎。算來只是天倫樂，世外榮華那足當。」「遺子籝金愧不如，諸孫保抱獨躊躇。須知乃祖清貧甚，他日平分幾部書。」

雄縣梅汝龍爲先生繪《茗禪圖》，翰苑中紀昀、朱筠、陳浩、戈濤、邊繼祖、劉炳、李中簡等先後題詩。

《隨園詩集》卷二十二有《酬梅蟄菴爲余作〈茗禪圖〉即題圖上》。道光《任邱續志》卷下《藝文志》載朱筠《題茗禪居士小照》：「玉川吃茶思學仙，先生啜茗思安禪。不誇鐺火門泉水，意在飄渺空虛間。河濱浮來小兒死，茶經一卷尤流傳。揀團候劑費料别，瑣屑未足稱大賢。山茶之名載爾雅，古聖不用供飲餐。誰令後來縱嗜欲，口盡物産嘆已殫。大江以南多重山，山木負石争列攢。春雷未作雉朝呴，陽氣直上萌芽端。山深樹短紅女採，十指秃盡童千巒。天閟天機困人力，來佐名士輕狂言。先生懷抱洞無物，撐腸文字飽五千。時時引手吸數盞，取潤口脗吟喉乾。豈有癖好未忘此，斟酌態度多餘閒。歐陽雅意不在酒，元亮高調偏無絃。偶然寄興何所著，傳之好事圖容顔。松濤鶴唳失處所，蓬萊不遠如當前。人生一飲亦適意，先生獨坐誰往還。」陳浩《生香書屋詩集》卷四載《題隨園茗禪圖次韻》：「河間耆宿今才彦，藻思飛騰如劈箭。世人但説腹便便，開圖忽見維摩面。當年意氣何雄豪，鴻詞經學名並高。兩膺薦牘走京國，曾將彩筆干雲霄。素衣染盡風塵色，瘦骨稜稜頭半白。浄業前身想繫珠，名心一往成懷璧。鴻去渾無印雪蹤，鷗閒不羡搏風翮。山空人静夜沉沉，繡佛前頭月滿林。逃禪不飲蘇晉酒，頭綱八餅逾兼金。自注茶經消寂寞，三乘五車恣考索。照衣點點入飛螢，警露時時鳴獨鶴。一笑拈來得雨前，六塵盡處無雲脚。静聞窗外松風起，尋聲却在茶鐺里。小童解意能候湯，活火頻將煎活水。嫩白輕圓妙得真，竹罏銅碾日相親。定後每尋玉川子，偈成先頌武夷君。少年莫笑老翁醜，味到回甘方耐久。君謨自有門茗人，不是蒲團坐枯朽。」按：乾隆《任邱邊氏族譜》卷二十一亦載此詩，題爲「題隨園徵士茗禪圖」。道光《任邱續志》卷下《藝文志》載戈濤《題邊隨園茗禪圖》：「昔從茗禪游，茗禪頭未白。今觀茗禪圖，老矣茗禪客。茗禪之號自何年，憶在元默昭陽間。酒徒化爲桑苧老，學士已悟瞿曇禪。世間何味清而玄，陳羹敗臛腥盤筵。苦馨一呷俗夢破，自覺肌骨通靈仙。瀛洲小園蘿石軒，棗香蒲紉龍鬚妍。風爐吹火瓦甒古，水脚注盎松花圓。爾時奇氣君未盡，蒸騰火色揺鳶肩。收龐飽李句桀奡，拔幟欲插韓樊壇。維摩示病倏十載，泥絮不起灰無然。吟情破除詩壘削，時放玉鉢鳴寒泉。長安土熱脣脗燥，我騎官馬營官餐。頭綱八餅哪得賜，籠筵止合薑鹽煎。愛君一松復一鶴，七尺穩著椶櫚團。畫圖題罷更搔首，望中渺我蓬萊山。」《吾邱邊氏文集》卷一邊繼祖《題業師肇畛叔茗禪圖小照》：「十載夢光儀，銅盤受業時。乍披新畫像，非復舊鬚眉。吾道豈終梗，斯文應在兹。何當還侍側，熟誦茗禪詩。」《河間七子詩鈔》劉炳卷有《題邊隨園徵君茗禪圖》：「朦然一幅維摩影，露墜長松鶴知警。茶煙晴鳥小童清，淘洗靈芽注丹景。獨霸文壇四十年，唐之杜老宋坡仙。鴻詞未就經學罷，静坐蒲團號茗禪。蘇晉逃禪酒杯滿，盧仝遇仙洗茗椀。奄有二子成三人，一片清機吾見罕。我有春流垂釣圖，欲倩大筆淋漓濡。還君此軸君應笑，魚目擎來换賣珠。」李中簡《嘉樹山房詩集》卷四己卯年《題茗禪圖爲邊徵君趙珍》：「病眼眩空花，静觀本無蔕。何年逃虚客，趺坐生定慧。噉名如噉蔗，嗜古猶嗜芰。蜣轉終抱丸，蛇蚹煩屢蜕。野風吹石鼎，鶴夢松關閉。人天同一漚，水火燈十地。如聞醍醐腸，五字標正味。豐干與維摩，語默亦同契。火馳五情熱，苦欲終道憩。他日參趙州，禮影持半偈。先生有《五言正味詩選》。」梅汝龍（生卒不詳），字起雲，一字蟄菴，直隸雄縣人。邊連寶門人。乾隆二十四年舉人。工畫，無所師授而能傳真。《隨園詩集》卷二十二有《題梅蟄菴畫》、卷二十八有《題梅起雲扇竹》。朱筠（一七二九—一七八一），字竹君，又字叔美，號笥河，順天大興人。乾隆十九年進士，改庶吉士，授編修。歷官安徽、福建學政。著有《笥河詩集》二十卷、《文集》十六卷首一卷。陳浩（生卒不詳），字紫瀾，號未齋，又號生香，直隸昌平人。雍正二年進士，選庶吉士，散館授編修，累遷詹事府詹事。乾隆六年典試福建。十八年視學湖北。二十二年辭官歸居，主河南大梁書院，後移席宛南。一生好學不倦，於唐宋八家文、漢魏以下詩，皆有論定。詩學王、孟、韋、柳，得其清遠。著有《生香書屋詩集》六卷、《文集》四卷。

冬，戈濤訪先生於雄縣村館，先生作詩三首，别後戈濤依韻唱和。

《隨園詩集》卷二十二有《芥舟過訪三首》。《病餘長語》卷五：「丁丑初冬，芥舟訪余於雄邑之東村，余得詩三首，芥舟依韻唱和，録一紙見寄，爲薛甥天鱗持去，録於此，以備遺忘。『落日暝煙合，疏林耿燭光，到村山犬吠，問舍水塍長。仄徑車無路，衡門夜有霜。登堂成一笑，握手丈人行。』『信宿追前夢，琴樽憶昔游。蘿軒花嶼静，茗舍竹煙流。一涉風塵跡，相看歲月遒。論詩仍矍鑠，清瞭舊雙眸。』『苦執花谿役，甘爲玉局傭。自注：時先生注蘇、杜二家詩，有句云：花谿玉局作厮役。有文仍虎豹，吾道自蛇龍。素履何由易，明時豈不逢。吾邱臺畔宅，風雪老長松。』」

戈濤爲先生撰《生傳》、《隨園詩序》成。

《坳堂雜著》之《邊徵君傳》：「乾隆十有四年己巳，天子召王公九卿外督撫大吏，明揚淵通經術之士。刑部左侍郎前督畿學錢公陳群以任邱邊君連寶舉應，徵詣京師，不就，天下士聞而高之。君字趙珍，更肇畛，隨園其號。爲人修幹，朗眉宇，有鬚無髭。性狷簡，不能依阿流俗。有不可，持斷斷。非其所與，竟日對，可不交一言，香樹先生謂爲山林之氣多也。初從事舉子業，以古文爲時文，學臨川兩大，又好桐城方望溪先生稿，目爲國朝獨出。有謂不利科舉者，輒斥之。乙卯科試，香樹先生選拔貢成均，持其試藝，遍視在朝諸名公，聲大震，朝試第一。既而屢躓場屋，持所守不少變。甲子後，決然捨去，專力詩古文詞。嘗言：『文道志而已，規規然銜厄羈鞿之，雖工非至文也。』故其率然有作，直吐其胸中所欲言，倏如風檣駿馬，快劍長戟，奔流激湍，粗沙亂石，懸崖絶澗，瘦竹枯木，椏杈萬狀，不可睨矚。古今文無不如是，於詩怪變特甚。乙卯、丙辰間，予年未冠，學爲詩，君見而予之。君於余爲丈人行，年長幾倍，顧以友處余。己未春，授書河間東鄙，予過焉。所居大樹數十，時既暮，月影篩地，與君緩步徙倚。君笑曰：『吾今年四十，私喜白髮二字可得入詩。』每憶此言，不覺失笑，逸態可想摹也。嗣來河間，舍相比。朝夕過從，談詩文甚歡。君之詩踵韓肩孟，其縱恣跳蕩，時出入太白、玉川子間。而予方踽踽學右丞、左司，偶屬和，竊效君體，則蹣跚失步。君涉筆爲予所爲，沖如寂如，忽不知才氣之焉冥也。予驚嘆戲謂曰：『君可謂釋屠刀成佛子矣！』古來倜儻不羈之士，晚年往往逃歸於禪，君雅不喜讀釋氏書，而氣若與近。少嗜酒，中年易爲桑苧之好，因號茗禪居士。方四十，頭童如髡。一日趺坐書齋中，閉目垂首，予自外窺之，兀如入定老僧，因嘆息：『殆所謂夙根非邪！』家貧，授書養母垂四十年。其以經學徵也，余亦厠舉中。將之京，過君邀與俱，君曰：『吾將以疾辭。』勸之，不可。予曰：『君不嘗應博學鴻詞乎？』曰：『然，博學鴻詞，唐之科目，猶科舉也。今天子儼然降明詔，求如漢伏勝、董仲舒其人者，吾烏可以斯未能信之術業，矯誣干上，以幾幸取仕？雖得猶恶，吾計決矣。』於時天下所舉，凡三十有九，其非篤老疾病不應詔者，君一而已。自是無意進取，著書爲詩歌自娱。後十年，忽以書抵予，屬作生傳。予笑曰：『不猶憶邪，何弗能待也？』比舍時，嘗醉把余臂謂言：『吾兩人後死者任傳。』予少君十七歲，應曰：『然則我傳子爾。』丁丑十月，君年五十有八。系之曰：窮與命也，古來被徵不起者幾何人？君文章不可一世，獨行無愧，姓名籍籍，士大夫口號稱徵君。少見者貴耳，必達顯哉。昔人嘗嘆以『迪功』名集，嘻！陋矣。」《坳堂雜著》之《隨園詩序》：「《隨園詩》幾卷、《茗禪居士集》幾卷、《病餘草》幾卷，凡若干卷，蔽以隨園，率初也。余嘗論隨園詩以韓、孟爲宗，七言歌行兼有李青蓮、盧玉川子。今更讀之，以爲不然，隨園之詩自成爲隨園已矣！詩自漢魏以降，作者衆矣。漢不以人著，自成爲漢，然都尉、屬國、北海，人數篇耳，讀之使人想見其爲人。其後魏成爲魏，晉成爲晉，陶自成爲陶，唐反六朝爲唐，宋繼唐而不襲唐爲宋。元詩至卑弱，猶能成其爲元。明以數巨子劫持一代，號稱起衰振靡，而不成爲明。請言其然？明之盛，何、李最著，信陽温文都雅，諸體具美，似無可議。然試取唐之拾遺、供奉、襄陽、次山、蘇州、昌黎以及東野、樂天、長吉諸人之作觀之，雖途分派别，而各留性情面目於數百年之後，與讀者相見於蓬窗土屋之間。東坡、山谷、放翁宗杜，歐陽宗韓，而不得名之爲杜爲韓，無他，各有真也。信陽兼收並采，循聲體貌，規規然惟古人爲步趨，詩則美矣，曰此自成爲信陽之詩，吾不謂然。北地才加縱，而一於尸杜，厥失則鈞；于鱗、元美而下，流滋濫矣。故余嘗謂：『寧爲鍾譚，勿爲王李。』非好詭趨，故有激云然也。詩之爲物，窮形盡變，率其性情所到，惡在古今人不相及。四言終於《三百》，而魏武《對酒》、梁武《逸民》，《三百》不能概之。楊誠齋詩數變其體，一旦取而焚之，遂自成一家之言。學者仰天俛地，作爲文章，不盡讀古人之書，不能自成其文；不盡去古人之書，亦不能自成其文。昌黎品樊紹述云：『惟古於詞必己出，降而不能乃剽賊。』歐陽子續之曰：『孰云己出不剽襲，句斷欲學盤庚書。』紹述似無足深論，然二公之言，可參求得其道矣！今讀隨園詩，縱横排奡，不可方物，而各有一隨園者存。即其晚年深造自得，其剛果之氣不能自没於沖夷淡寂中，此隨園之真也。其骨近韓，其神近孟，其氣近李，其情思近盧；惟其近之，是以似而有之，至謂某篇學某某篇，則斷斷無有。近日新城之學遍天下，予以爲一信陽而已。信陽畫自唐以上，新城則兼泛濫宋元以下，故每作一詩，胸中先據有一成詩，而後下筆追之，必求其肖而止，所作具在，可一一按也。余非敢瑕疵前人，然恐詩道坐敝於此，則明七子不獨任咎。丁丑冬日，隨園先生以集委訂，用敢肆其狂説，質諸先生，如謂不謬，請以爲序。」

是歲，先生撰《杜律啓蒙》、《評選蘇詩》二書成，囑戈濤爲作序。

《隨園詩集》卷二十二有《酬芥舟爲作生傳並序詩稿兼索杜蘇二家詩注序》。戈濤《〈杜律啓蒙〉序》：「隨園先生以所注《杜律啓蒙》若干卷，屬余爲序。余讀之，不毗故説，不倚己見，一以愜當爲歸。其折衷之旨，疏解之法，於《凡例》十六詳哉言之矣，余又何以序之？余嘗與先生論制舉義，先生曰：『有明以古文爲時文者，歸、金二家爲最，歸極其正，金極其變；金之變在於起伏轉換伸縮掩抑間，幾幾不可方物，而未嘗尺寸軼於規矩之外，故正希自謂操正嘉以前矩矱，不誣也。國朝作者，能得其遺意，惟望溪一人。雖其氣體醇穆，於歸爲近，而變化錯綜，一以金法行之。』先生論制義如是。詩律之有杜也，猶制舉義之有正希也。自有律，律與古分；自有杜律，律與古合。律與古分者，聲耳貌耳。遺其貌，略其聲，寓比托興於四十、五十六言之中，縱横跳蕩，絶不爲格韻偶比之所棘閡，則又烏辨其孰爲古孰爲律而强爲之低昂哉！且夫律之爲義取諸樂，樂律主變，不變不能爲律，變而失其正，亦不得爲律。律至於五聲、七均、八十四調、十七萬七千一百四十有七之分數，而實歸本於九寸之一管。杜之律起伏轉換，屈伸掩抑，幾於不可方物，而切而求之，尺寸不失。嗚呼！此其所以爲杜律也。杜不云乎『老去漸於詩律細』？杜之律一惟其細，則讀者又烏可輕心掉之？先生是編，爬剔櫛梳，非爲勤於杜也，即杜以申律，即律以反古，是在善會之矣。雖然，先生之詩力追乎杜，於文梯方以跂金，而詩不見收於鴻詞之科，棘園十上十見擯，夫子美不能以之取進士，又況其效之者哉！今時場屋所用之詩，不過如唐試帖，猶時文之闈墨耳，韓子所目爲俳優者之詞，而先生顧舉是以爲津梁，吾恐執圓機襲活套者之猶猶然竊笑其後也。」

河间夏調元卒。

《坳堂雜著》之《故友夏君調元傳》：「前戊寅一年，卒於家，年五十九。」

臘月十三，妻李氏生日，先生作詩爲壽。

《隨園詩集》卷二十二有《臘月十三壽内子》。

乾隆二十三年戊寅（一七五八年）　五十九歲

暮春，孫子殤，先生爲詩哭之。

《隨園詩集》卷二十二《哭小孫子兼示廷徵三首》自注：「廷徵娶婦三年而育，孫八月而殤。」

九月十一日，跋雍正十年所購董其昌墨跡。

《病餘長語》卷五：「家藏董字一卷，書謝無逸、僧仲殊、秦少游小詞三闋，自識云：『己未秋日，西郭堂書此，頗得藏鋒之法。』印首用『玄賞齋』，後印一名一銜，銜曰『宗伯學士』。余跋其後云：『當仁廟時，最重董華亭書，其佳者半歸人内。散落人間者，因前有『玄賞齋』，後有『玄宰氏』二印，有犯聖諱，故不敢進呈耳。此卷乃雍正壬子秋客京師得之逆旅主人者，迄今近三十年矣。觀其自識，蓋亦華亭得意筆也。珍重！珍重！乾隆戊寅重陽後二日某題。』」

暮秋，劉牧卒，年六十八歲。先生爲詩哭之。

《隨園詩集》卷二十二有《哭劉司州》四首。

冬，豐潤谷廷珍受其族兄谷揀廡臨終之託，謁先生於雄縣館舍，索求詩文全稿。

《隨園詩集》卷二十三《贈亡友谷揀廡》詩序：豐潤亡友谷揀廡，非友而亡，蓋亡而友也。余與揀廡故不相識，揀廡之族弟曰廷珍，爲余彌甥。戊寅冬，謁余於雄，曰：「兄揀廡愛讀翁詩文，每屬珍索其全。今年病且死，召廷珍立床下曰：『吾雖死，弟仍當索。』且指其子曰：『索得付若，令若焚以告我，不者，吾且不瞑。』」余聞之泫然，復叩廷珍，而得其生平植身之大。因躍然曰：「是雖亡，真吾友矣！」遂作詩贈之云爾。

臘月十九日，六十初度，作詩自壽。

《隨園詩集》卷二十三有《臘月十九日六十初度》。《病餘長語》卷一：「乾隆己卯，余六十初度，作詩自壽，中聯云：『大蘇當日曾同物，老杜於今幸浹旬。』子美卒年五十九，余已六十，故曰『幸』。」

乾隆二十四年己卯（一七五九年）　六十歲

正月，以病未能與八兄邊東、九兄邊中寶會於京師姪廷掄處。

《隨園詩集》卷二十三有《燈夕前數日，九兄自遵化入京，八兄往就之，同會於廷掄官署，予以病不能往，感賦三首》。

戈濤爲人撰《默堂詩序》，論「神韻説」之弊，云不敢聞於外人，僅與先生私相附和。

《坳堂雜著》之《默堂詩序》：「詩道岐出久矣！自瓣香滄浪者以『神韻』爲解，於是盡舉濟南、竟陵、公安互角争樹之幟而摽之，而江西宗派亦由之以不振，於今六七十年，幾於比户尸祝矣。然而猶或疑其有流而失真之弊。夫至於失真，則於濟南、竟陵、公安諸派雜，無以相勝。而所謂真者，又非可假老嫗能解之言，以自文里陋也。詩之爲道，固何如哉？固何如哉？曩與先生道中劇論及此。兹讀先生詩，斐亹蕴藉，而自有真意行乎其中，抑何論著之相符也！予於詩道未有領受，有所解，未嘗敢以聞於人，獨與吾鄉邊徵君隨園私相附和。今得証以先生之論，與先生之詩，竊自意所見之或不甚謬，因述之以弁先生集，還質先生，其竟不謬焉否也。」

高應述自衡山寄贈先生壽藤杖。

《隨園詩集》卷二十三有《高識文寄壽藤杖》。

秋，晤雄縣教諭盧仲常。

《隨園詩集》卷二十三有《晤盧仲常話舊感懷》。

秋，任邱螟蟲成災，田禾食盡。

《任邱縣志》卷十《五行志》：「二十四年，螟食秋禾殆盡。」

順天鄉試，任邱中舉十人：邊方晉、邊嚮禧、邊學海、邊云從、邊乂禧、邊世英、龐淑慜、李文熙、高質義、白肇祥。從姪邊嚮禧以經義内有「飲君心於江海」句，及未避至聖諱而被罰停會試五科。

見《任邱縣志》卷八《選舉志》。《病餘長語》卷四：「乾隆己卯秋闈，未撤棘以前，吾邑有衙胥賈蘭阡者，夢人持盤一，盛鼈一，蝦蟆一，令賈報解元。賈以未喻其義辭，其人怒以鞭，鞭之者六。榜既發，吾邑得解者十人，吾族有其六，則六鞭之説也。領首解者，爲吾弟東旭方晉。」《科場條例録要》「鄉會磨勘」條：「乾隆二十四年奉上諭：

制藝一道，代聖人立言，務在折衷傳注，理明詞達爲尚。前因士子多喜爲剽竊踳駁之詞，不惜再三訓諭，俾以清真雅正爲宗；並將選定四書文，頒貯内簾，令考官知所程式。乃今科順天鄉試中式第四名邊嚮禧文内，竟有『飲君心於江海』之語，揆其命意，不過如飲和食德常言耳。而蕪鄙雜湊遂至不成文意，此豈字句小疵可比？雖不宜以一語擯棄，亦何至濫厠前茅等因。欽此。」又禮部回覆云：「乾隆二十四年題覆：順天四名邊嚮禧經藝内『飲君心於江海矣』句，蕪鄙雜湊，非字句小疵可比，若照科場常例僅議罰停會試一科，不足示懲。且該生於首場次藝内直書至聖諱，不諳禁例，罰停會試三科。今合併議罰停會試五科。」邊方晉（生卒不詳），字用錫，號東旭，一字霽園，直隸任邱人。賦性淵默，既長，工屬文。其勤學出於天性，無間寒暑。又謹於自攝，齋中危坐，彌日無伸欠容，學者謂得力先儒「主敬」二字。乾隆二十四年解元，二十五年補遵化州學正，後移疾歸。著有《寓園韻譜》。邊嚮禧（一七三三—一七七○），字仰視，一字舊橋，號枝山，直隸任邱人。醇謹孝友，雄於詩古文詞。幼從叔連寶受詩法，自漢魏以迄勝國作者，無不窺其奧窔。乾隆二十四年鄉試，本房王昶以元薦，主試者欲更置之，昶力争曰：「此卷籠罩一切，非元莫當，如不與，當置之孫山外，以爲下科弁冕耳！」衆和解之，乃置第四。未及會試而卒。著有《就昀齋詩草》八卷、《就昀齋文集》二卷、《就昀齋四六》四卷、《古今詩話》十六卷、《孝經匯》二卷。《隨園詩集》卷二十八有《寄示枝山》、卷三十七有《哭嚮禧姪四首》。邊學海（一七三五—一八○○），號秀峰，直隸任邱人。乾隆二十四年舉人，任江西新建縣令，旋牧寧州。州故多盜，屢出行劫，抵任後，悉就弋獲，迄終篆無報竊者。歷陞蓮花廳同知、九江府知府，特授吉南贛寧道。公正廉明，合屬欽服。後以罣歸，終於家。《隨園詩集》卷三十六有《題秀峰姪孫〈觀稼圖〉》。高質義（生卒不詳），字喻旃，直隸任邱人。乾隆二十四年舉人，歷任棗陽、孝感知縣。《隨園詩集》卷二十五有《爲高喻旃題炘文畫》、卷三十五有《爲高喻旃題〈琴鶴圖〉》。

十月，姪孫邊士培生。

《竹巖紀年略》：「己卯十月，孫士培生。」邊士培（一七五九—一八三五），字篤之，直隸任邱人。乾隆五十四年舉人，初授山西榮河令，改授山東樂安令。尋調鄒縣。後引疾歸，卒於家。著有《延香書屋詩草》一卷。嘉慶二十二年刻《肇畛先生文稿》並爲作序。

冬，妻李氏卒於雄縣西樓村館舍，先生因此得重病幾死。

《隨園詩集》卷二十四《贈葉耀南》詩序：「己卯、庚辰冬春之間，余以老而喪偶病幾瀕死。」《六十》句云：「寒燈獨對淚潸潸，六十龍鍾一病鰥。藥銚薰人濃似酒，羊裘壓骨重於山。」《病餘長語》卷七載：「己卯冬，余賃一婢，時余鰥居。」按：《隨園詩集》卷三十一《過西樓村故居有感》有「半生隨我償書債，一夕從茲赴夜臺」句，可知「半生隨我償書債」者指李氏，而「一夕從茲赴夜臺」又當指李氏病故於西樓村。

是歲，武威拔貢劉統知任邱縣。

劉統《〈任邱縣志〉序》：「余自己卯下車後，爬梳剔抉，諸務稍就班部。」劉統（生卒不詳），字漢良，又字漢一，甘肅武威人。乾隆六年拔貢，授易州通判，陞知雄縣。興利除弊，吏畏民懷。二十二年，以外艱歸。二十四年服闋，補任邱令，辦差一如在雄時。督修思賢村行宫，綜核名實，裁減浮冒，吏胥不得緣以爲奸。重理桂巖書院，延師徒，具供億，詳立條規，著文勒碑，以垂永久。延紳士重修邑志，薄領之暇，親加校勘；汰冗裁繁，發潛闡幽，殆無遺憾。著有《光復堂詩稿》。《隨園詩集》卷二十四有《劉漢一明府招飲觀劇即席喜雨》、卷二十五有《劉明府以筆墨扇巾見餉》、卷三十三有《寄劉漢良明府》，《隨園詩集》稿本有《題劉漢良先生册頁》。

乾隆二十五年庚辰（一七六〇年） 六十一歲

二月，《河間縣志》刻成。卷六《藝文志》收先生《瑞栢行》詩一首。

春闈，同邑李珠林中三甲第七十八名進士。

見《清朝進士題名録》。

知縣劉統邀先生飲酒觀劇。

《隨園詩集》卷二十四有《劉漢一明府招飲觀劇即席喜雨》。

是歲，受戈濤之托，撰獻縣戈氏諸傳，載入《獻縣志》。

《戈氏族譜》之邊連寶《〈戈氏家傳〉序》：「乾隆庚辰，戈侍御濤以書告予曰：『獻有事《邑志》，諸君子司采訪者僉謂吾家祖若父皆宜有傳，共白之大尹，大尹取各事略付之館。濤以不才尸館役，義不可自傳其祖父，敬惟先生爲作家傳，濤奉以登《志》，敢再拜稽首以請。』予雖老且病，猶以得傳鄉先獻爲幸。又嘗盡讀其書，知其行事，不可以不文辭。乃盡採行略志誄及所聞略，細取大質書之，列於篇。」

七月十六日，與劉炳、李珠林、高質義等聚於任邱東園之就香亭。

《隨園詩集》卷二十四《東園月下》詩序：「右七斷一首，辛酉秋同高識文東園步月口占也。越二十年庚辰七月既望，余與劉嘯谷、李端峰偕至東園，與識文之猶子璞完、令嗣喻旃同坐就香亭閒話。時月露皓盈，風物清美，喻旃因誦前詩後二句。余問誰作？喻旃笑曰：『公不憶乎？』因舉其實而並誦其全，余悵然自失者久之。時識文令衡山，乃兄用賓亦隨兩公子宦游，往來秦楚間。既不勝離群之感，又念昔人於三生石上猶證夙因。今者二紀未周，精魂未化，乃回首追惟，杳無痕影，此固余久病健忘之驗。然《金剛偈》所謂『六如』者亦即此，可以參入矣。因疊前韻，以作一重公案云爾。」

八月，王應鯨《朱子通鑒綱目注義》纂成。

王應鯨《〈資治通鑒綱目注義〉序》：「自壬戌及今，歷十九年，日夜不倦，始克成編。……乾隆庚辰仲秋，任邱王應鯨謹序。」《病餘長語》卷二：「邑王靈滄應鯨撰《資治通鑒綱目注義》一書，以正考異。考證質實，集覽諸家之訛謬，手自鈔繕，十九年而後成。凡一百二十五卷，博洽精詳，毫無遺憾，但字句間時或繁冗，稍加删潤，確然可傳也。」

送族兄邊榕赴新河訓導任。

乾隆《任邱邊氏族譜》卷十邊嚮禧《新河分訓叢有公傳》：「庚辰，選授新河訓導。」《隨園詩集》卷二十四有《送叢有二兄分訓新河》。

秋，《河間府新志》修成，先生《吾邱臺賦》入《藝文志》。

韜菴達明《〈河間府新志〉序》：「開雕於庚辰之夏，迄秋工竣。裝潢整好，將以備各憲鑒閱與輶軒之採擇。」

順天鄉試，任邱中式舉人十名：高應通、高質仁、高質瑛、王長城、邊方井、高質慎、李保極、劉懿大、邊思訥、李奇琯。

見《任邱縣志》卷八《選舉志》。《病餘長語》卷四：「庚辰恩科，吾邑又雋十人，吾族二。」《隨園詩集》卷二十四有《賀方什得解兼以自弔》。高應通（？—一七七〇），號方什，直隸任邱人。乾隆二十五年舉人。正直方嚴，爲鄉里所重。素精心於四子書，從游數百人，遇講貫之期，室不能容，户牖外履舄交錯。子英祥、虞祥、麟祥，先後登第，並能講學，克紹家風。《隨園詩集》卷三十四有《高方什送酒》、卷三十八有《哭高方什表弟五首》。

表弟李保極中舉，先生作詩贈之。

《隨園詩集》卷二十四有《贈李錫五表弟》。李保極（生卒不詳），字錫五，直隸任邱人。少年倜儻不羈，後乃折節讀書。舉乾隆二十五年鄉試，授河南武安令。屢膺大邑，皆有政聲。

知縣劉統重整桂巖書院，並應諸邑紳請求，續修《縣志》。

乾隆《任邱縣志》卷十一劉統《桂巖書院碑記》：「通計此役之始終，自乾隆壬申迄庚辰，凡歷九載，自陳公歷鍾公以及不敏，凡經三邑令而後規模始得粗就。」劉統《〈任邱縣志〉序》：「余自己卯下車後，爬梳剔抉，諸務稍就班部。明年冬，諸紳士以續修請。余念邑志所關至鉅，不敢視爲不急之務，遂延邑中名士之端方謹慤而達於文辭者數人，司纂修之任。」

爲劉炳《春流垂釣圖》題詩。

《隨園詩集》卷二十四有《題嘯谷春流垂釣圖》。

爲高應遴小照題詩。

《隨園詩集》卷二十四有《題高用賓小照》。

十二月，爲族兄邊東撰《〈古逸公生傳〉後序》。

乾隆《任邱邊氏族譜》卷十邊連寶《〈古逸公生傳〉後序》：「吾兄識珍爲方亭兄作生傳，自遵化寄呈方亭兄，且命弟連寶檢校其所未備。……乾隆庚辰冬十二月，弟連寶拜書。」邊東（一六八九—一七七一），字方亭，號古逸，直隸任邱人。武庠生。嘗值任邱大旱，邑宰平羅不周，東因禱雨相見，婉陳方略。宰恚甚，厲聲叱之，在座皆爲之危。東則侃侃而談，從容詳辨不少挫。《隨園詩集》卷三十五有《壽方亭兄八十》。

乾隆二十六年辛巳（一七六一年）　六十二歲

春，爲弋濤《觀我圖》題詩。

《隨園詩集》卷二十五有《題芥舟〈觀我圖〉》詩。

四月二十八日，表叔李法顔妻田孺人七十壽辰，先生作詩以壽。

《隨園詩集》卷二十五《壽愚山李表叔母田太孺人兼呈端峰表弟》：「辛巳四月廿八日，孺人初度，踰七十。」

初夏，撰《叔祖雨三先生家傳》。

乾隆《任邱邊氏族譜》卷十邊連寶《選貢弋陽縣尹雨三公傳》文末署「乾隆辛巳初夏，受業姪孫連寶敬撰」。

六月，《任邱縣志》志書館開，先生與劉炳、李法孟、王應鯨等同修《縣志》，兼攝館事。並被聘爲桂巖書院山長，撰《桂巖書院學約》。

劉統《〈任邱縣志〉序》：「客夏六月開館。」《病餘長語》卷二：「靈滄年十九以《五經》中乾隆丙辰鄉試。……辛巳，偕余同修《邑志》。」《隨園詩集》卷二十四《贈葉耀南》：「稗官山長叨微禄，誰識先生振我貧。」自注：「余明歲充桂巖書院山長，兼攝志書館事。」

夏，任邱大水。

《任邱縣志》卷十《五行志》：「二十六年，大水，分賑。」。

曲沃舉人秦武域訪先生於任邱，遂與訂交，書信往還。

《病餘長語》卷四：「曲沃秦武域，號紫峰，庚辰孝廉。辛巳偶寓任邑，衷其詩來訪，遂訂交。」《隨園文鈔》有《答秦紫峰書》，爲秦歷述詩派源流，得失優劣，皆條析精微。秦武域（生卒不詳），字于鎬，號紫峰，山西曲沃人。乾隆二十五年舉人，歷任兩當、安縣、枝江知縣。兩當故荒僻，土瘠民貧。蒞任後，爲之教農桑紡績。民漸以蘇，因創修《兩當縣志》。至安縣、枝江，俱有聲。致仕歸。著有《西湖雜詠》一卷、《聞見瓣香録》十卷。《隨園詩集》卷二十六有《閱秦紫峰詩稿，上鈐圖記，其文曰卓犖觀群書，鎸篆極工。問之，知爲其友李君墨耘所作，别後寄札索之，慨然見惠而徵詩作直，賦此以酬》。

前知任邱縣知縣吴祖修攝德州篆，治運河鹽店口之決，先生撰《吴公築鹽店口記》紀其事。

《隨園文鈔》之《吴公築鹽店口記》：「武進吴公祖修，治濱州之四年，政治民安，庶務就理。奉憲委兼攝德州篆，蓋乾隆二十二年六月也。甫下車，值運河水漲。……至八月朔，功緒未就，而城南之鹽店口又決四十餘丈……凡三日而功成。……吾故詳其始末，以爲蒞官治事之不誠者勸。」

秋，《獻縣志》修成，先生事跡入《流寓志》。

《病餘長語》卷六：「己未、庚申間，余客獻邑東之周村，後芥舟撰《邑志》，載余《流寓傳》。」《獻縣志》卷十《流寓志》載：「邊連寶字肇畛，號隨園，任邱人。選貢生。雍正十三年舉博學鴻詞，乾隆十四年以經學徵，不就，學者稱徵君。爲人迴逸清峭，乍對之，如浸冰雪中。及與投洽，杯酒流連，意氣盎如也。喜爲詩，詩有奇情，多跌宕於昌黎、玉川子間；其或斂氣約神，則與東野爲近。近世詩宗新城學，多務修飾婉麗，徵君痛斥之，以爲弊將與何、李等。故往往粗頭亂服，直達其胸臆。然惟徵君天才能爲之，餘子不敢效也。乾隆己未、庚申間，客邑東周村，與邑士張穎、戈濤友善。穎亦能詩，尤善古文，結體廉潔，徵君嘆弗如也。徵君少嗜酒，晚年絶弗飲，以茶自娱，號茗禪居士。寫有茗禪圖，長安大夫多詠之。」

十二月，錢陳群奉詔入京，慶慈寧萬壽歸，路過任邱，宿先生館。先生出所著《病餘草》相示，錢爲取名《列國説薈輒要》並作序，且賦詩相贈。

《〈列國説薈輒要〉自序》：「前此辛巳，夫子（注：錢陳群）奉詔入京，慶慈寧萬壽，欽賜尚書銜。放歸，宿任邱余寒館，復以詩規勉余志。夫子噫然曰：『生，純儒也！』時出所著《病餘草》，師閲之，命名《列國説薈輒要》，囑余待梓行世。……時乾隆辛巳秋七月，任邱邊連寶序於家塾。」錢陳群《〈列國説薈輒要〉序》：「辛巳嘉平月，路過任邱，再晤邊生邑之東偏館舍。……時乃出所著，諉余檢閲。余以眼汩没於時，驟讀之，頗駭眙。久，盡辨其撰採《春秋》、《國語》之變，井井有條。信吾生學博淵源，深尤邃微，造意雄獨，氣勢横闊，窮艱縋險，出入最古之説，因命名《列國説薈輒要》。」《隨園詩集》卷三十五《門人戈濟自丹徒寄書相候，兼云大司寇錢老夫子札到丹徒詢連近況，感舊述懷，敬成三律》自注：「辛巳冬，謁公於任邑旅館，賦詩見贈，目連爲『信天翁』。」《病餘長語》卷二載錢陳群《辛巳嘉平過吾邱，喜晤肇畛徵士，賦〈有鳥〉一章爲贈》：「一抹疏林瀛鄚連，高城隱隱夕陽邊。夢中握手三千里，月下來投十二年。鶴髪尚書攜舊履，雞栖處士卧寒氈。重來昔日談經地，有鳥懷人是信天。」按：錢陳群《〈列國説薈輒要〉序》及先生《隨園詩集》、《病餘長語》二書所記相晤年月皆爲「辛巳嘉平」，獨《〈列國説薈輒要〉自序》記爲「辛巳秋七月」，又另據《自序》所云「前此辛巳」語，《自序》當作於辛巳年後，故《自序》末署紀年有誤。

乾隆二十七年壬午（一七六二年）六十三歲

三月，江西舉人陳壽嵩自京適越，窮途落魄，訪先生門人郝昌時於任邱。先生亦资助之。

《病餘長語》卷二：「江西丁卯孝廉陳壽嵩，字峻峰，於壬午三月自京適越，窮途落魄，來訪余門人郝際五昌時。昌時爲具行李，且爲典衣備資斧，余亦佽之，留一宿别去。」

爲表叔龐錫楨所藏《龐雪崖戲兒小照》、《龐雪崖先生種竹圖》、《龐雪崖先生讀書秋樹根圖》題詩。

《病餘長語》卷七：「乾隆壬午，余題龐雪崖先生《種竹圖小照》，去先生之殁已五十餘年矣。」《隨園詩集》卷二十六有《題雪崖先生戲兒小照兼呈公子純甫表叔》、《題雪崖先生種竹圖》、《題雪崖先生讀書秋樹根圖》。龐錫楨（生卒不詳），因避雍正諱改錫正，字純甫，龐塏子，太學生。直隸任邱人。

秋，順天鄉試，友人檀鑑遠言考場號房内有誦先生《落第十首》詩句者。此科任邱中式舉人八名：李步青、劉觀瀾、李芬、高麟祥、邊廷獻、李景熙、薛天麟、邊廷升。

《病餘長語》卷七：「乾隆壬午科，友人檀梅峰鑑遠試卷氣味淵永，有金壇王氏之風，然卒薦而不售。梅峰謂余曰：『二場時，夜半睡起，聞隣號有高聲朗吟者，諦聽之，則吾兄《落第十首》也。聽時恰誦至「歡讌未終飛騎過，兒童報道秀才康」之句，余心惡之。今果失第，是君詩爲我讖矣。詢之號軍，誦詩者豐潤人，不得其姓氏。』」《病餘長語》卷四：「壬午，吾邑售八人，吾族亦二人，郝村李君步青，又裒然爲首。」另見《任邱縣志》卷八《選舉志》。檀鑑遠（生卒不詳），字明四，號梅峰，直隸任邱人。廩膳生，篤學不怠。邑人李之果爲一時名宿，鑑遠從之游，遂以文名。晚年潛心經義，著有《周易精義》、《毛詩精義》二書。《隨園詩集》卷三十四有《檀梅峰送棗戲呈二絶》。

七月，《任邱縣志》刻成。劉統《〈任邱縣志〉序》及諸卷首序皆出先生之手。並將所見明代李時、李汶等任邱諸先賢詩文登録。卷十一《藝文志》收先生《吾邱臺賦》一篇，《阿陵侯祠》、《石門仲子祠》、《呈邑侯錢容齋先生三首》、《扁鵲祠》、《韓嬰墓》、《趙北口竹枝二十首》等二十七首詩。

《隨園文鈔》之《〈任邱縣志〉序》："今年七月，而開雕之工亦竣，共二十七八萬言，裒爲十二卷。凡土地、人民、賦役、户口、風俗、好尚、典秩、文物及一切有關於政治之大者，無不探賾索隱，旁搜遠紹，以爲修補興除之藉。"又《題李少師詩文遺稿》："向讀王宛平《畿輔詩選》，得李文康時、袁太僕淮詩數首，亟録而存之。又閲河間舊志，得諸先輩奏疏數篇，明目張膽，深切著明，有古大臣之風，又録而存之，今已俱登新志矣。"又《跋李忠節〈蓮池招飲詩〉後》："吾邑當勝國時，諸先達並有集，兵燹後類皆散佚，故忠節所存亦止於此，片羽一斑，均堪寶貴。余前修邑志，既已敬登之矣。"

是月，送同年河間李永書赴蘇州知府任。

《隨園詩草》卷五《寄同年李芳園兵備二首》自注："壬午七月，芳園赴蘇州任，雨中過余言别。"李永書（一七〇七—一七七五），字綏遠，一字壽遠，號芳園，直隸河間人。美鬚眉，豐頤長身，有聰識强力，遇事麻集乃益静，面不换色，而徐徐就理，務出於善乃已。雍正十三年拔貢，廷試一等。初宰福建長泰縣，累遷海州知州、蘇州知府、蘇松巡道。乾隆三十一年，任江蘇按察使，以本年因公鐫級，以病歸，家居八年卒。年六十九。所到以强毅稱，奸胥豪民，望風懾伏，然中寬，治獄多平反。《隨園詩集》卷十六有《懷友十章・李綏遠》、卷二十六有《爲李芳園同年題

《勸農桑圖》》、卷三十五有《題李芳園〈蒹葭秋水圖〉》、卷三十六有《題李芳園〈田居課經圖〉》，《隨園文鈔》有《爲李芳園跋徐熙〈蟠桃青鳥圖〉》。

八月，肅寧朱闊卒，先生力疾爲撰墓志銘。

《隨園文鈔》之《夏縣尹愚谷朱公暨元配尹孺人合葬墓志銘》：「乾隆壬午秋八月，肅寧朱愚谷先生卒，將以是年十一月某日偕其德配尹孺人合窆於某原。其子婿戈淑，介先生之孤椿芳，持先生《年譜》來謁，泣涕再拜言曰：先君子彌留時，囑不孝椿芳曰：『身後銘壙之事，不必拘世俗見，瀆達官貴人，臨近州邑素稱篤於古而達於詞者，無如邊隨園先生，倘得先生文銘我，我死且不朽。』余感其孤之誠以哀，又念向客河間時，於先生曾有識荆之雅，兼重淑之請，不敢以病辭，因力疾而爲之。」朱闊（一六八八—一七六二），字滄樹，號愚谷，晚號東里老人，直隸肅寧人。年二十一爲諸生，康熙五十二年中舉人。雍正五年以明經通榜，授棗强教諭。八年成進士，署高平縣。歷任夏縣、汾西、沁水、曲陽、祁縣諸縣。釋褐儒官，屢爲長吏，凡二十餘年，所在皆有政聲。

十月，紀昀過任邱，晤高質璉，因作詩懷及先生。

《紀文達公遺集》卷十三有《任邱近晤高近亭因懷邊徵君隨園》：「草草荒雞夜未央，挑燈話舊一回腸。故人蹤跡言難盡，行子關河路正長。敢道功名由命數，且憑科第論文章。數歲任邱科甲最盛。勞君問訊巖中桂，秋雨秋風好在香。桂巖在任邱。」高質璉（生卒不詳），字近亭，直隸任邱人。貢生，官鳳臺知縣。

是歲，妻母郭孺人卒。

《任邱陳王莊李氏族譜》卷十五《候選州同知興濡公墓志銘》：「孺人生於康熙辛未年十二月初九日，距卒年七十有八。」按：據生年下推，郭氏當卒於是年。

乾隆二十八年癸未（一七六三年）六十四歲

二月，《任邱縣志》印成。

知縣劉統《光復堂詩稿》刻印，共收詩一百九十首，先生與劉炳司校訂評點，先生評點居多。

再館於城東張各莊。友王廷選邀先生飲於羽林堡。

《病餘長語》卷十一：「越十六年癸未，復來客此。」《隨園詩集》卷二十六有《王廷選招飲話舊感懷》三首，其三云：「契闊十年後，居停三里强。走函邀白叟，把盞話黄粱。」自注：「時廷選卜居羽林堡，余客張各莊。」

爲李永書《勸農桑圖》題詩。

《隨園詩集》卷二十六有《爲李芳園同年題〈勸農桑圖〉》。

三月二十日，同邑劉琴卒，年七十九歲。著有《四書順義解》。先生嘗爲其撰傳。

《坳堂雜著》之《松雪劉公墓志銘》：「甲申秋，嘯谷持同邑邊徵君連寶所爲公傳來乞銘於予。讀之，質謹無溢詞。……今讀公傳，可謂君子其人，而傳公者，亦可謂君子其文矣，是不可以不銘。公生於康熙乙丑十二月十日，卒於乾隆癸未三月二十日，享年七十有九。」

五月，兄邊中寶卸任歸家，改字適畛。

《竹巖紀年略》：「癸未，六十七歲。以年老乞休。於癸未正月卸事。去之日，生徒依戀如去任學時，著《留別詩》八章。遂居京邸，至五月抵家。」《隨園詩集》卷二十六有《九兄告休歸自遵化喜賦四首》。《病餘長語》卷七：「家兄字識珍，爲遵化州學正，癸未告歸，改曰適畛」。

曲沃秦武域自徐州北上入京，再訪先生於城東楊各莊村館，並示《春郊雜興效二樹山人摘〈世〉説體》詩。詩稿上鈐「卓犖觀群書」印，篆刻極工，先生甚愛之，寄信索求，並寄上己作《南嶽志》詩三首。秦覆信且寄以石，先生作詩以酬。

《病餘長語》卷四：「癸未，自徐州計諧，再訪余於邑東村館，投新刻數紙，中有《春郊雜興效二樹山人摘〈世〉説體》絶佳。……紫峰所貽詩，上鈐一印，曰『卓犖觀群書』，篆刻極工。別後，予以札索之，更寄《南嶽志》詩三首。」《病餘長語》卷七載有秦武域寄先生札：「寄來鴻章《南嶽志》三首，神味追蹤老杜，直可與韓、蘇《石鼓》相伯仲。題畫作則玉局之超逸者，示我典型，獲益多多矣。域自南北飄零，所遇賢豪，願爲執鞭，而尤醉心於先生與二樹山人。二樹五言有韋、柳之風，其他古作，不離南派。先生則以杜爲主，韓、蘇爲輔，斯道未墜，必有英絶領袖之，舍先生其誰與！空同云：『古不漢魏，非古也；律不盛唐，非律也。』域以爲歌行不李、杜、韓、蘇，非歌行也。竊有志焉，不敢以語人，恐爲所嗤。讀先生作，深幸予言之有合也。先生詩必傳，望善自收藏，毋致散逸爲禱。『卓犖觀群書』圖章奉去，以博一笑。此係敝友布衣李墨耘名蕙者所鐫，乞先生以一詩爲償，使域與墨耘借一言以不朽。前與葉先生所作《龍虎行》，域欲載入《聞見瓣香録》中，一切擲我是望。古體數首呈政，壽陵匍匐，真堪噴飯也，乞加郢削。立雪有期，先此肅覆，不戩。」

夏，爲己製棺成，賦詩以紀。

《隨園詩集》卷二十六有《製棺告成戲題四首》。

獻縣張穎卒，先生爲詩哭之。

《隨園詩集》卷二十六有《哭張晴嵐八首》。

秋，李學禮自陽春寄先生端硯與水晶眼鏡。

《隨園詩集》卷二十六有《李立軒宰陽春寄端溪硯水晶眼鏡》。

爲同邑王思敬像撰贊。

《隨園詩集》卷二十六有《王恭士先生像贊》。王思敬（生卒不詳），號恭士，直隸任邱人。康熙五十年經魁，幼貧務學，事親以孝，舊産讓兄，而自以教授糊口。兄殁，棺槨衣衾及姪輩婚嫁皆身任之。授固安教諭，與縣令修葺文廟正殿。每月兩課諸生，捐俸給食飲。後以年老告歸，讀書弄孫，不與外事。壽七十八歲。

除夕與兄邊束、邊中寶守歲。

《敦本堂詩稿》癸未年有《除夕同八兄十弟守歲》二首，其一：「又是逢除日，忻悽兩念并。幾年凝望眼，此夕慰離情。門第恢前烈，摧殘憫後生。白頭老兄弟，話舊酒頻傾。」其二：「雁陣分行久，繁霜兩鬢侵。椒盤三老集，尊酒百年心。歲序推移速，暄涼閱歷深。天和好頤養，不必問升沉。」

乾隆二十九年甲申（一七六四年）　六十五歲

是歲，兄邊中寶任桂巖書院掌教。

《竹巖紀年略》：「申、酉二年，膺桂巖書院掌教。」

春，姪邊繼祖任廣東學政。

法式善《清秘述聞》卷十二：「邊繼祖字紹甫，直隸任邱人，乾隆戊辰進士，二十九年以侍讀學士任。」《隨園詩集》卷二十七有《送秋崖姪提學廣東二首》。

高質禮卒，先生有詩輓之。

《隨園詩集》卷二十八有《輓高仲和兼呈尊甫用賓四首》。

夏，爲族叔邊元厚小照題詩。

《隨園詩集》卷二十八有《題德涵一叔小照》。

六月十九日，族姪邊繼祖之母李氏卒於廣東學政署。

乾隆《任邱邊氏族譜》卷九于敏中《贈翰林院侍讀孟友邊公墓志銘》：「邊秋崖學士，爲予戊午分校所拔士，入翰林十餘年，出督廣東學政。未數月，丁其母夫人憂，扶柩以歸。……公生於康熙癸酉十二月九日丑時，卒於雍正戊申五月一日午時。配卒於乾隆甲申六月十九日寅時，距生康熙甲戌五月二十日子時，享年七十有一。」《隨園文鈔》之《秋崖説》：「乾隆癸未，秋崖以翰林學士奉命視學廣東，余友檀子耐圃偕往涖事。未半載，遽以内艱扶柩歸。」

姪婿張述渠等十一人結文社，先生予名「續真」，爲再續還真社之意。

《敦本堂詩稿》甲申年有《題張方予慎社十一人傳》：「康熙二三十年間，吾邱舊社十二人。縱飲豪吟任坦率，先子題之曰還真。且爲各撰一小記，形神性行與笑嚬。一一貌之皆酷肖，八十年來人未湮。方予張子今時駿，選友切劘硎發刃。隨園顔社以續真，旋更厥名署曰慎。」張述渠（生卒不詳），字方予，號訪漁，直隸任邱人。保德牧張重振之子，邊連寶姪婿。不好帖括業，頗讀綫裝書。乾隆二十六年應童子試，學使者訝其淹博，遂拔入郡學。著有《訪漁詩稿》一卷。《隨園詩集》卷三十七有《贈李鑑塘張方予絶句》、《再贈鑑塘方予》。

兄邊中寶撰《敦本堂家訓詩》，先生爲作跋。

乾隆《任邱邊氏族譜》卷十九邊連寶《敦本堂家訓詩跋後》：「吾兄適畛……自丁巳卜居，越甲申，額其堂曰敦本，且爲《家訓詩》八章。」

秋，檀維藩自廣東瓊州寄詩信與先生，將與邊繼祖同歸任邱。

《隨園詩集》卷二十八有《秋日得維藩瓊州書兼寄見懷之作》。卷二十九《九日懷維藩》自注：「秋崖丁内艱，維藩將與俱歸。」

臘月二十八日，高應遴邀先生飲酒。

《隨園詩集》卷二十九《除夕前一日，高用賓招飲，公子咸一索詩，即以落句戲之》。高咸一（生卒不詳），應遴子，直隸任邱人。卷二十五有《爲高咸一題惲冰花卉》。

是歲，紀昀序《鏤冰詩鈔》及曹綺莊詩集，論及先生。

《紀文達公遺集》卷九《〈鏤冰詩鈔〉序》：「畿輔詩人……雪崖以後，北士之續其響者，惟景州李露園、曹麗天、任邱邊隨園、李廉衣、獻縣戈芥舟，寥寥數人。」又《〈曹綺莊先生遺稿〉序》：「吾邱一老，初崛起於燕南；龐雪崖先生。瀛海諸賢，遂聯翩於冀北。邊徵君肇畛之浩唱，雪柱冰車；李明府嶧山之深情，風琴雅管；文園李太史前輩則雲霞異色，卓爾不群；芥舟戈太史前輩則山水清音，翛然自遠。莫不早登禄籍，得身依簪組之班；即或高卧衡門，亦名動公卿之座。同時雅契，競看東野雲龍；一代清風，争識北山猿鶴。」

乾隆三十年乙酉（一七六五年）六十六歲

春，邊嚮禧注《隨園無雙譜樂府》，並以此爲例，於秋自撰《明史無雙譜樂府》。

邊嚮禧丙戌年所作《〈明史無雙譜樂府〉序》云：「乙酉春，予取家居士《無雙譜》一册詳注之。伏讀之餘，頓生見獵意。顧念居士著譜，且有「讓茶陵出一□地」語，予小子何人，尚容續尾耶？秋梢，閱勝國史事，妍媸各出，不少鑿空，慨然於中，思爲論斷。爰是不揣弇陋，擇取二十四條，著成樂府，萬不敢云具論古才識，亦竊摹居士音拍，志仰企也。」

正月十四日，舒其紳邀先生賞臘梅。

《隨園詩集》卷二十九有《立春後三日舒佩思招賞臘梅》。舒其紳（一七三三—一七八七），字佩思，號蘭圃，直隸任邱人。年十三而孤，即刻自樹立。從伯父成龍讀書荆門州署，泛覽百氏之言，發爲文章，沉博絶麗。弱冠補縣學生，老師宿儒競相嘆異，以爲必以科第世其家。其紳亦奮自淬勵，慨然有承明著作之志，而太夫人急欲以捧檄慰晚景，不欲遽違母志，乃筮仕。乾隆二十五年，得四川墊江令，引見，調山東滋陽縣。二十九年，丁内艱。服闋，補陝西鄠縣。三十五年，調咸陽。三十六年，以恭辦皇太后慶典入都，特擢榆林府知府。四十二年，調同州，即以是歲調西安。四十七年，擢兩浙鹽法道。五十二年九月，以積勞卒於官署，年五十五歲。著有《關中詩草》一卷。《隨園詩集》卷三十一《酬舒佩思》。

四月，同邑李憲成索得先生《病餘草》五卷，並自序於前。

李憲成《〈隨園病餘草〉序》：「歐陽子之序梅詩也，曰愈窮則愈工，千古以爲知言。余謂詩非讀書窮理，雖極感憤悲怨之情，博山巔水涯之趣，亦只同艷詞俚曲争能耳。然一入理障書魔，又必沾泥帶水，此宋人轉遜晉人也。吾邑徵君邊公，縱横理窟，馳騁書庫，矯若游龍，飛行自在，而字裏行間遂無不各載一隨園而出。其遇之窮，所不待言，其詩之工，夫豈因窮而至乎？或有少之者，謂亂頭粗服，未免矯枉過正。是又不然，夫神韻家粉飾爲工，丰裁格調，亦自豔冶可人，而性情究歸何有？惟紐神韻而專恃性情，既真既摯，其中自有一種雄秀氣味芬人齒頰，是恃性情，實未嘗無神韻也。嗚乎！先生學行兼優，聞風興起者日凡幾輩，余嘗心切景仰，苦不能親入其門。每得一詩，便愛玩不忍釋手。去歲冬，得先生全稿，披讀數過，不覺情興勃勃，因書所見於左。乾隆乙酉夏四月望日，邑晚李憲成書於竹青軒之南窗下。」李憲成（一七三〇—一八〇八），字戌翰，號蓮峰，别號百千，直隸任邱西郝村人。庠生。

姪壻張述渠饋先生杏花與酒，先生以詩答贈。

《隨園詩集》卷二十九有《張方予饋杏花並酒》。

順天秋闈，任邱王濬、于崇禮、夏翰、齊楷庭、高陽門人李殿圖中舉。

見《任邱續志》卷上《選舉志》、《露桐先生年譜前編》卷一。

九月，滿洲正白旗德保以吏部侍郎任順天學政。

見《清代職官年表·學政年表》。德保（一七一七—一七八九），姓索綽絡氏，賜姓石，字仲容，一字潤亭，號定圃，又號龐村，滿洲正白旗人。乾隆二年進士，改庶吉士，授檢討。十年，入直南書房。五充會試考官，歷撫廣東、福建，擢吏部、禮部尚書。五十四年，因元旦朝賀有官員越禮革職，尋卒，謚文莊。著有《樂賢堂詩鈔》三卷。附：《樂賢堂詩鈔》卷三《贈邊肇畛徵士》：「紫閣香名世早知，鄚州閥閱舊門楣。孝先經術千秋重，文禮才華一第遲。自有雞林傳紙價，未妨駿骨受塵羈。飛騰暮景青雲路，拭眼争看到鳳池。」

十四日，兄邊中寶生日，先生遣兒子廷徵前往代祝，而兄徑往先生館舍來會。先生賦詩以爲壽。

《隨園詩集》卷三十一有《九兄初度日過連館賦此爲壽》。

十月二十五日，族兄邊榕卒。

乾隆《任邱邊氏族譜》卷十邊嚮禧《新河分訓叢有公傳》：「家居一載而卒，時乙酉十月二十五日也，距生康熙丁丑二月十八日壽六十有九。」

十一月九日，李春源卒。

《任邱陳王莊李氏族譜》卷十六《徵士對鏡公家傳》：「乾隆乙酉十一月九日，卒於家。」

冬，紀昀作懷先生等人詩八首。

《紀文達公遺集》詩集卷九《歲暮懷人八首・懷邊連寶》：「老狂邊季子，壯志孤煙高。得名三十載，門户犹蓬蒿。長嘯坐彈琴，王侯不敢招。想象敗絮中，風雪空簞瓢。」

是歲，爲李學禮删定《李立軒詩》並撰序。

《隨園文鈔》之《李立軒詩序》：「立軒宰東粤之陽春，乙酉以病投劾歸，旋丁外艱。楗户却掃，端憂多暇，乃盡出其生平所爲詩，屬余删定。」

姪邊嚮禧讀先生詩鈔，次韻作詩。

《就昀齋詩稿》乙酉年作《讀居士詩鈔次韻》：「一編周篋與殷璉，細録蠅頭已六年。予庚辰鈔十卷。欲向釋迦領微笑，便從蒙叟悟真傳。鯨魚掣海争奇態，芍藥含情斥小妍。我亦風矜牛弩筆，居士詩：筆如牛弩自矜誇。瓣香乞與鎮相連。」

乾隆三十一年丙戌（一七六六年）　六十七歲

三月，知縣劉統卸任，先生與其別於東郊。

《隨園詩集》卷三十三《寄懷劉漢良》自注：「去年三月别於東郊。」

舒其紳送酒，先生賦詩以酬。

《隨園詩集》卷三十一有《舒佩思送酒》。

迫於生計，赴新安縣教館。

《隨園詩集》卷三十一《赴新安館四首》：「安居苦乏食，垂老不遑暇。年已近古稀，傭書未報罷。凌晨戒行李，巾車儼已駕。屑屑叢忙間，相送來姻婭。親串無戚疏，執手各慰藉。二三老弟兄，素髮互低亞。臨歧那忍别，含淚未敢下。各保千金軀，歲終會情話。」

是歲，過雄縣西樓村故居，有感賦詩。

《隨園詩集》卷三十一有《過西樓村故居有感》。

河南人董德全，精堪輿之學，深秋訪先生於新安。

《隨園詩集》卷三十二《董德全過訪臨歧贈以詩》：「董君精熟青囊學，攜藝遨游無住著。……秋深訪我新安城，一夕論心萬古情。」

七月，兄邊東卒，先生歸里。兄葬後，返新安。

《竹巖紀年略》：「是年七月，兄約齋公卒。」《隨園詩草》卷六有《八兄營葬訖赴新安作》。

八月，順天學政德保按試河間，向任邱縣學訓導及諸生索要先生著述，並寄其父傳記，請先生爲作壽序。

《隨園文鈔》之《誥封一品夫人石母趙太君誄文》序云：「乾隆丙戌秋八月，順天督學少宰德公按河間歲試，向任邑廣文及諸生下詢寒陋，且索著述；又寄太翁顯菴先生傳，索壽言。於時，連授讀新安，抱病淹牀蓐，兼以公試差未竣，引嫌不敢驟謁。謹繕詩、古文各一册，並祝太翁詩一章，郵寄呈覽。公乃大加激賞，且獎許逾分，以爲可媲古之作者。」《隨園詩集》卷三十一有《壽石顯菴先生》。

爲同邑劉炘文山水畫册題詩十首。

《隨園詩集》卷三十一《題劉炘文畫册十幅》第十首云：「承委題畫詩，十已畢其九。驽末當仍强，殿後需此首。劈峽瀉銀潢，喧豗萬竅吼。洄漩湫潭深，衝激怪石走。茅亭覆水湄，觀漲兼童叟。統觀十幅中，萬象靡不有。紆徐委備餘，終之以陗陡。君其好收藏，什襲傳永久。付爾子與孫，世作刀球守。秘惜理固應，詎享千金帚。」

爲劉琴所著《四書順義解》撰序。

《隨園文鈔》之《〈四書順義解〉序》：「吾邑松雪劉公，曾受學於先叔祖雨三先生及李梅溪先生。二先生之學，一以紫陽爲主，故松雪公所著《四書順義解》，兢兢然秉承師説，不敢稍背。迨兩先生捐館，偶有疑義，即與家德涵叔及史君有年以致於連互相商榷。所見或有異同，不憚數十往復，務求其安而後已。自丁未以迄壬午，凡歷三十年而後脱稿。易簀前數日，尤斟酌改纂也，蓋其思之篤而力之勤如此。剞劂既畢，公子嘯谷太史問序於余。」德保《〈四書順義解〉序》：「先生文孫出宰花縣，梓而行之，繩其祖武也。……乾隆三十一年歲在丙戌冬十月既望……德保拜撰。」

十一月二十一日，高應述卒。

《坳堂雜著》之《故衡山令高君識文墓志銘》：「乾隆丙戌十有一月廿一日卒於家。」

除夕，以病未歸家，在新安守歲。

《敦本堂詩稿》丁亥年有《除夕同十弟守歲次弟韻》自注：「去年八兄既逝，弟以病殢新安，余獨守歲。」

乾隆三十二年丁亥（一七六七年）　六十八歲

是歲，因病解館歸，此後未再教館。

《隨園詩集》卷三十八《庚寅中秋同九兄玩月，因憶李、郭二子去年在座者》自注：「余丁亥歸自新安，與兄時相聚首。」《竹巖詩草》下卷《中秋同十弟玩月，因懷去歲郭、李二子在座，次弟韻》自注：「弟自丁亥解館家居，越庚寅，又三年秋矣。」《隨園詩集》卷三十二《解館後戲題》：「傭書五十年，緣病今始歇。食從力外求，不能非不屑。坐憐伎倆窮，塞兑以待絶。合掌向西方，未造一錢孽。」

內弟李蟠根任四川井研縣典史。

《任邱陳王莊李氏族譜》卷十五邊連寶《候選州同知興濡李公墓志銘》：「蟠根獨以公殁後，視鹽米廢學，乃援例爲卑官，蓋爲貧而仕也。丁亥，得四川之井研典史。」

四月，爲河間楊永華之母撰《楊母王安人墓志銘》。

《隨園詩集》卷三十七《楊母王安人墓志銘》：「庚寅四月，王安人卒。吾友孫君南園爲芳園之甥，其女弟之婦於楊者，實爲南園從母，南園因介其從母之夫爲王安人子者曰永華來請銘。」

夏，因生活艱窘，鬻所儲衣材。

《隨園詩集》卷三十二《鬻衣材三絶句》詩序：「向爲人捉刀銘壙，酬衣材一襲，近因解館乏食，前後鬻訖，以供薪米。」

高應通送酒與先生。

《隨園詩集》卷三十四有《高方什送酒》。

鄰居檀鑑遠送棗與先生。

《隨園詩集》卷三十四《檀梅峰送棗戲呈二絶》有「不枉和君住隔墻」句。

八月十五，與兄邊中寶賞月並賦詩，李學禮和先生詩作。

《隨園詩集》卷三十四有《中秋月九兄攜酒過連同玩月》。《敦本堂詩稿》丁亥年有《中秋過十弟月下小飲次韻答之》：「一自痰壅封酒瓻，將經周歲不思開。今當頭上中秋月，兼爲庭前雁序來。雲静遥天澄玉宇，光升冥海映珠胎。有生此會原無幾，莫問從兹復幾回。」又《隨園詩集》卷三十四附李學禮《和中秋韻詩》：「愁逢佳節愁增劇，酒罷詩成悶未開。早識九兄在君處，應添一座待儂來。玉京夜夜飄香屑，珠海年年結聖胎。老驥雙雙黄犢健，抱孫日上樹千回。」

九月秋日，與族弟邊方兑、族姪邊廷獻同往族姪邊熙處賞菊。

《隨園詩集》卷三十四有《秋日同弟介和、姪坦居過紹周姪小齋看菊》。邊方兑（生卒不詳），字介和，號碧山，元厚次子，直隸任邱人。太學生。邊廷獻（生卒不詳），字坦居，號覲文，直隸任邱人。乾隆二十七年舉人。《隨園詩集》卷二十六有《爲坦居姪題趙成穆指頭畫》。邊熙（生卒不詳），字紹周，直隸任邱人。庠生。

秋，李學禮作詩贈先生，並因先生於詩尊杜特甚，故以結聯戲之。先生亦因其斥杜而作詩規諫。

《隨園詩集》卷三十四《次韻和答立軒》後附李學禮贈詩：「詩隧隨園入已深，岳軍難撼失熊羆。應避東野歌雙鳥，請學香山詠四雖。張左京都追子上，燕荆角斡藉般垂。草堂焦燼饒三月，童子鴻邊滅竈炊。」自注：「隨園尊杜甚至，故結聯戲之。」

先生嗜蟹，自去年戒買生蟹烹食，親友則以熟者饋送，因戲作詩酬饋者。詩稱自己非佞佛不食，而有感蟹之無辜也，並索李學禮和詩。

《隨園詩集》卷三十四《余去年戒買生蟹烹食，親友知之，多以熟饋，戲成一篇酬饋者》：「陡於客歲冬，病中頗感喟。與我雖有緣，於渠則無罪。釜甑曲何辜，鼎鑊酈應恚。躁擾知難堪，濡沫似垂淚。永遠戒口腹，雄猛發愿誓。詎云佞我佛，聊以表吾志。」李學禮和詩序云：「隨園嗜蟹，近乃逃禪佞佛，戒家人勿市蟹。然戚屬伏臘，食云則食，烹而以熟饋者，亦不麾諸門外。蓋不欲殺蟹云爾，而嗜蟹之性未嘗改也。余即叩得其故，饋必以熟。隨園有詩，窘我索和，依韻酬焉。篇內『戒生不戒熟，享人不享自』，即用來詩成句，以謂不脱原韻則可耳。若云接武邯鄲，則未免壽陵餘子失其故步矣。」詩云：「水族之肥甘，肉而無肉氣。所以嗜蟹人，匡螯掩鼎胾。無腸公子來，烏將軍謹避。烹而食之甘，無有所謂膩。余亦嗜蟹人，隨園有同契。非不惜殺生，仁爲義所制。疇曩游洋濱，後車滿包篚。欲再仍欲三，存效贓官媚。印友未同游，共嘗此佳味。道路阻且長，似石髓難寄。歸來問眠食，新聞滋哂喟。嗜蟹甚於昔，而又隱無罪。公非果赦我，蟹聞而大恚。仁術遠庖厨，恐揮誅譔淚。天不厭烹鮮，無庸發深誓。享人不享自，可以從君志。戒生不戒熟，仍可用君例。蟹來則食之，不必詢所自。苟非吾所殺，恣啖無顧忌。逢惡養其仁，我即以熟饋。君非自殺蟹，對蟹亦無愧。此義闕忍慈，非徒計省費。親交慧業人，應亦不訴誶。人熟例莫停，不必門生議。」

冬，撰《禪家公案頌》一卷。

《禪家公案頌》：「冬夜岑寂無聊，因取《指月録》讀之。偶有所會，輒書二十四字以當偈子，又時綴數語以暢其旨。其中頗有與吾儒相發者，非敢推儒入墨，亦非附墨於儒，聊志一時心得云爾。」按：《禪家公案頌》封面上署「丁亥」年。

十一月，先生偕劉炳、李法孟謁德保於瀛州公廨。後三日德保赴通州，宿於任邱，先生等又謁於任邱西郊旅館。

《隨園文鈔》之《誥封一品夫人石母趙太君誄文》：「越明年冬十一月，公又按河間，科事既竣，乃敢偕前九江守劉君炳、西林尹李君法孟，謁公於瀛州公廨。……越三日，公赴通，宿任邑。連等又謁於西郊之旅館，戌而入，盡亥而出，贈連等詩、聯各一。」

十二月，德保之母趙太君卒，先生撰誄以悼之。

《隨園文鈔》之《誥封一品夫人石母趙太君誄文》：「至臘之初旬，客有來自都門者，因得太夫人凶問。……爰再拜稽首，力疾而爲之誄。」

除夕，同兄邊中寶守歲。

《隨園詩集》卷三十五有《丁亥除夕同九兄守歲因懷廷掄姪》。《敦本堂詩稿》丁亥年有《除夕同十弟守歲次弟韻》：「當筵莫問夜何其，俯對椒盤意欲迷。隻影伶仃曾去歲，連床慰勞又斯時。銅壺漏下頻催翦，銀燭燒殘更泛卮。最是阮咸關叔念，十年久借上林枝。」

乾隆三十三年戊子（一七六八年）　六十九歲

高應遴卒。

《敦本堂詩稿》戊子年有《送高識文衡山尹歸葬》。

李學禮納姬，先生作《三鄉銘》以警。

《隨園詩集》卷三十五《立軒三鄉銘》詩序：「立軒舊句云：『近得兩鄉名醉睡，人間何處白雲鄉。』近復納姬，麗甚，是又得温柔鄉矣。余竊爲計三鄉相去之遠近，所謂『温柔』者，大要不離乎『睡鄉』者近是，然必既醉而睡，而後得盡温柔之妙，則三鄉實一鄉也。三合爲一，又何『白雲』之足云，非所稱爲極樂國者哉！」又於其《銘》最後下一轉語示警曰：「然聞之古云『樂不可極』，又曰『樂極生悲』，咄嗟乎立軒，尚其念之哉！」

錢陳群寄信至丹徒，向戈濟詢問先生近況。先生因感賦三首以答。

《隨園詩集》卷三十五有《門人戈濟自丹徒寄書相候，兼云大司寇錢老夫子札到丹徒詢連近況，感舊述懷，敬成三律》。

夏，爲李學禮跋李春源《感遇詩》。

《隨園文鈔》之《跋李對鏡先生〈感遇詩〉後》：「戊子初夏，連以《奉懷錢香樹夫子三律》過舅弟立軒商榷，立軒因出此册見示，且索跋後。」

九月，順天鄉試，任邱中式舉人十一名：邊開禧、邊綸禧、李陽林、高虞祥、高爲濟、邊性敏、邊時舉、邊玉琛、邊士堪、郭儀唐、李畏天。

見《任邱續志》卷上《選舉志》。邊士堪（一七四八—一八一〇），字可亭，號筠圃，廷掄長子，直隸任邱人。乾隆三十三年舉人，官湖北石首縣知縣。

是月，姪邊廷掄出任徐州府知府。

《竹巖紀年略》：「九月，孫士堪中舉人。子廷掄歷主事、員外郎中，亦於是月出授徐州知府。」《隨園詩集》卷三十五《戊子除夕同家九兄守歲示兒輩》自注：「姪廷掄今年出守徐州。」

甥婿趙桐林、門人杜金相繼饋酒，先生賦詩以謝。

《隨園詩集》卷三十五有《趙桐林甥婿、杜映庚門人相繼饋酒，賦長句酬之》。杜金（生卒不詳），字映庚，直隸新安人。邊連寶門人。《隨園詩集》卷二十二有《門人杜映庚餉新安酒》、卷二十三有《杜映庚以煮酒鯉魚見餉》、《隨園文鈔》有《爲杜映庚跋黄山谷所書卷子》。

作長句爲族兄邊東八十之壽。

《隨園詩集》卷三十五有《壽方亭兄八十》。

爲高質義《琴鶴圖》題詩。

《隨園詩集》卷三十五有《爲高喻旃題〈琴鶴圖〉》。

十月二十二日，友戈濤卒於丹徒。有言其卒爲不敬鬼神之故，先生爲文辯之。

《隨園詩集》卷三十六《哭芥舟十七首》自注：「戊子典閩試，闈中得疾，撤棘後，卒於其弟濟官署。」又注：「芥舟之卒，有鬼神不經之説，余爲作《辨惑文》。」《隨園文鈔》之《辨惑論》：「乾隆戊子，余友芥舟給諫奉命典閩試。閩之貢院有厲鬼，吏白當禱，不輒受其災。芥舟不可，乃於九月四日得疾。撤闈後，行至丹徒，卒於其弟濟之官署，十月二十二日也。其禱者皆免，議者遂謂芥舟以執拗殞生。余獨以爲不然，芥舟於此可謂知鬼神之情狀，獨立不惑而順受正命者矣。」

除夕，同兄邊中寶守歲。

《隨園詩集》卷三十五有《戊子除夕同家九兄守歲示兒輩》。《敦本堂詩稿》戊子年有《除夕守歲步隨園韻》：「最後屠蘇莫感傷，當筵二老坐中央。謝庭瓊玉蕃新樹，徐郡逍遥履舊堂。但使諸雛聯振翼，何嫌兩鬢久經霜。銜杯遠溯趨庭事，應識吾家一瓣香。」

乾隆三十四年己丑（一七六九年）七十歲

正月，姪邊廷掄邀先生與兄邊中寶同赴徐州，以病未果。

《隨園詩集》卷三十五《送九兄赴徐州兼呈霖蒼》：「阿咸昨月有來書，請赴彭城邀弟俱。坐羨錦囊收古跡，翻憐病馬怯長途。」又卷三十六《懷九兄徐州》詩有「燒燈節過即分攜」句。《竹巖紀年略》：「正月，迎養徐署。」

兄邊中寶至徐州，游逍遥堂，有感先生之未與游，賦詩寄之。

《敦本堂詩稿》己丑年有《逍遥堂感兩蘇故事因寄舍弟》詩並序：堂踞府廨後廳之左，坡所憩也。潁濱曾信宿於此，序云：「轍幼從子瞻兄讀書，未嘗一日相舍。既壯，將宦游四方，讀韋蘇州詩有云：『那知風雨夜，復此對床眠。』惻然感之。相約早退，爲閒居之樂。其後，子瞻遷守餘杭，復移守膠西，而轍流滯於睢陽、濟南不見者七年，熙寧十年二月始得相從彭城，留百餘日，時宿於逍遥堂。追感前約，作詩云：『逍遥堂後千尋木，長送中宵風雨聲。誤喜對床尋舊約，不知漂泊在彭城。』」余讀此，感二蘇兄弟會宿逍遥，而惜隨園之未能偕來也，寄以詩。「來徐憩息逍遥堂，坡翁舊宅供徜徉。潁濱從兄到此地，當年風雨相聯床。兩蘇從幼未相舍，七載游宦分飛翔。嘗讀蘇州對床句，惻然感動心悲傷。夜眠誤喜尋舊約，不知漂泊彭城鄉。我誦轍詩並小序，不禁含涕盈雙眶。時事不同情則合，鶺鴒回首潛悽愴。吾弟隨園從姪請，此游與我相扶將。誰知啓行期已定，病馬還怯馳康莊。我來兀坐堂簷下，三面拱抱環回廊。偏左有池石鑿鑿，渟泓一鑒魚洋洋。池上小山頗奇秀，犖确盤曲形低昂。高者昂頭蹲虎豹，低者伏地如群羊。更多花木難悉數，最憐謖謖叢蒼篔。知是東坡位置好，壎篪迭奏諧笙簧。安得惠連一至止，此心偪側恢開張。」

爲李永書《田居課經圖》題詩。

《隨園詩集》卷三十六有《題李芳園〈田居課經圖〉》。

夏，爲河間于大鯤撰《〈復堂易貫〉序》。

《隨園文鈔》之《〈復堂易貫〉序》：「三十年前，余與張君晴嵐洎南溟並以詩學相切劘。其後，晴嵐釋詩而爲古文，好談經濟，其學蓋長於史，而南溟獨進於經。歲壬午，以書抵余，言《易貫》將成，脱稿後將示我索序，蓋其時晴嵐已就木矣。越□□，而南溟亦捐館。戊子春，公子星涵手其書過我，又明年己丑之夏，而序始成。」于大崑（生卒不詳），號南溟，直隸河間人。拔貢生。著有《復堂易貫》、《復堂春秋貫》。《隨園詩集》卷二十七有《以詩代柬答于南溟兼呈芥舟》。

五月，兄邊中寶自徐州歸任邱。

《竹巖紀年略》：「正月，迎養徐署……五月歸。」《竹巖詩草》下卷《自徐旋里示廷掄兒》：「來徐三月餘，今晨返舊轍。」

八月初二日，族叔邊元厚卒，先生爲撰墓志銘。

乾隆《任邱邊氏族譜》卷九邊連寶《弋陽縣尹德涵公墓志銘》：「公生於康熙丙子年四月二十六日丑時，卒於乾隆己丑年八月初二亥時，壽七十四歲。……以乾隆三十四年十一月初六日葬於縣南蕭家樓之原。」又《隨園詩集》卷三十六《哭徑驛叔》詩自注云：「叔晚年卜居，與余連墻。」

八月十一日，爲李學禮《聯經》撰序。

邊連寶《〈聯經〉序》文末署「乾隆己丑中秋前四日，同邑邊連寶拜撰」。

中秋夜，兄邊中寶、内弟李學禮、外甥郭珠斗同聚飲於先生處。

《隨園詩集》卷三十六《中秋月下，家九兄、李謙堂、郭珠斗共集小齋，九兄有作，同次韻》：「外甥内弟詩皆好，白髮蒼顔酒易醺。」《敦本堂詩稿》己丑年有《中秋同李謙堂、郭珠斗飲十弟齋中望月》：「秋高月色白紛紛，破葛山房賦樂群。二妙舟中瞻郭李，兩翁洛下忝機雲。詩緣興劇争分韻，酒爲傷多取半醺。佳節何如視往歲，荆花樹里會榆枌。」

友檀振遠卒，賦詩哭之。

《隨園詩集》卷三十六《哭維藩》：「以漆投膠四十春，千秋風義薄雷陳。故應我愛醱明惡，未免人嫌杜甫真。但許日吟絶妙句，那容竟作小康身。嘆君又向窮悲老，矯首穹蒼不易詢。」

爲姪孫邊學海《觀稼圖》題詩。

《隨園詩集》卷三十六有《題秀峰姪孫〈觀稼圖〉》。

乾隆三十五年庚寅（一七七〇年）七十一歲

正月初七日，姪邊嚮禧卒，先生爲詩哭之。

乾隆《任邱邊氏族譜》卷十邊中寶《鄉魁嚮禧傳》：「嚮禧字就畇，一字枝山，乾隆己卯舉人。庚寅正月七日卒，年三十八。」《隨園詩集》卷三十七有《哭嚮禧姪四首》。

爲族兄邊棨撰墓志銘。

乾隆《任邱邊氏族譜》卷九邊連寶《副貢戟門公墓志銘》：「以庚寅三月二十日葬於邊各莊祖塋。」

齒盡落，賦詩記之。

《隨園詩集》卷三十八《齒盡戲作》自記：「乾隆己未，余謂芥舟云：『我年四十，竊喜「白髮」字可以入詩。』芥舟爲之失笑。年來惟餘一齒，私擬此齒盡時當得佳作，今而果然。他日録貽芥舟之子廷模，令其焚告芥舟，九泉下應捧腹軒渠也。」

六月六日，表叔李法孟卒。

《隨園詩集》卷三十八《哭李亦珊表叔，兼唁公子陽林、姪珠林兩表弟》詩序：「公姪珠林官浙之上虞，公與俱往，以六月六日卒於虞署。」《隨園文鈔》之《亦珊李公傳》：「歲己丑四月，公姪珠林之上虞任，公與之俱，歲梢抵家。庚寅二月又往，六月六日卒於上虞官署。年六十有四。」

七月，父母墓志銘製成，姪邊繼祖撰文，劉炳書丹，李中簡篆蓋。

《竹巖紀年略》：「庚寅，作先考妣墓志銘，七月告成，卜日貼壙下石。」乾隆《任邱邊氏族譜》卷九邊繼祖《贈兵部主事漁山公墓志銘》：「先伯祖漁山公歿後越三十五年，而繼配韓宜人卒。曾以公及前配馬、章、紀並韓宜人狀，丐鉅公作銘壙文，時力棉未能勒石。又二十年，至乾隆庚寅，力稍裕，官階且累贈加崇，於是公之子中寶、連寶兩叔父，欲以身後五十年所歷續入，命繼祖綜核補輯，將大書深刻，瘞於塋周之外。繼祖義不得辭，乃敢拜手稽首而爲之詮次。」

順天秋闈，任邱閔克理、邊廷禧、邊萝琳、郭椿、劉秉耕、劉廷遴、李吉人、郭元章中舉。

見《任邱續志》卷上《選舉志》。

八月十五，與兄邊中寶中秋賞月。

《敦本堂詩稿》庚寅年有《中秋同十弟玩月，因懷去歲郭、李二子在座，次弟韻》：「人琴莫漫悼云亡，海上金波擁月光。垂老爲歡能幾度，中秋對飲又三場。彌天厭浥涼霏露，滿目淒清冷欲霜。忽念年前今夕會，同舟郭李各堪傷。」詩注：「時李立軒居憂，郭珠斗病殁。」

九月十六，兄邊中寶重往徐州。

《竹巖詩草》下卷《九月既望重抵逍遥堂》：「昨歲言旋方夏五，今年到此肅霜辰。」

兄中寶寄詩與先生。

《敦本堂詩稿》庚寅年有《寄舍弟》二首，其一：「南浦頻仍見北魚，惠連未附一行書。邇來眠食應無恙，教我懸懸念起居。」其二：「爲官七十賦歸來，況是傭書老茂才。小阮俸錢堪供飽，不須解館重徘徊。」

冬，王應鯨選福鼎縣知縣，先生贈以詩。

《吾邱邊氏文集》卷四邊廷英《王霖蒼先生行狀》：「庚寅冬，選授閩之福鼎令。」《隨園詩集》卷三十八《送王霖蒼宰福鼎》自注：「憑限明年二月抵任所。」

高應通卒，先生爲詩哭之。

《隨園詩集》卷三十八有《哭高方什表弟五首》。

乾隆三十六年辛卯（一七七一年） 七十二歲

正月，兄邊中寶自徐州歸里。

《竹巖詩草》下卷有《正月自徐歸留别在署諸從事》。

二月，舒成龍修城内恒吉里路，即先生所居附近。

《觀察舒公年譜》：「任邱城西北隅爲恒吉里，玉帶河繞城而北，由城下水道流入，環抱其地。居人界水中築土路一條，以便往來。每值大水，泛濫沖潰，居人苦之。公出資鳩工，土路倍高增厚，建橋濬淤，以疏其流，水患以平。」

三月，姪邊廷掄陞授常鎮通道。

《竹巖紀年略》：「三月，廷掄陞授常鎮通道。」

五月，爲兄邊中寶撰生傳。

乾隆《任邱邊氏族譜》卷十邊連寶《竹巖老人生傳》文末署「乾隆辛卯夏五，同懷弟連寶敬撰」。

秋闈，任邱謝焚中舉。

見《任邱續志》卷上《選舉志》。

九月，應姪邊廷掄之邀，與兄邊中寶南游。

《竹巖紀年略》：「九月，余偕十弟南游。」《隨園詩集》卷三十九有《余生平足跡未出千里之外，乾隆辛卯，姪廷掄觀察京口，敦請南游，遂於秋杪同九兄起程。年逾古稀，老病侵尋，不謂翻作壯游也，賦詩紀興》。

途中，舟泊清江浦，族弟邊方泰時任淮安外河同知，邀先生兄弟飲於署齋。

《隨園詩集》卷三十九有《舟泊清江浦，巨來二弟時爲外河司馬，正在工所，聞余與九兄至，夜馳二十餘里至舟相晤。明晨邀飲署齋，即席賦贈》。

十月，先生與兄邊中寶抵鎮江。

《竹巖紀年略》：「十月，抵鎮江。」《敦本堂詩稿》辛卯年有《同隨園弟赴鎮江》二首：「幾度游徐土，隨園未與俱。三吴戒行李，四世赴征途。鴻雁還成字，飛鳴幸不孤。莫愁前路杳，計日望江都。」「吾弟身多病，頽然歷歲時，支撑經遠涉，慷慨每題詩。川路雖云瘁，形神總不疲。長途風雨夜，相對問何其。」

先生與兄邊中寶同游焦山。

《敦本堂詩稿》辛卯年有《同十弟游焦山步東坡韻》：「群峰負郭形耽耽，大江洶湧維揚南。中流砥柱金焦峙，東西對待餘無三。我生夙具山水癖，饕餮哃哃如春蠶。昨傍金山識半面，焦山全覽應無慙。邇時煩懣羈炎地，到此萬慮澄寒潭。年來屏酒遵醫戒，暫弛厲禁欣微酣。江天平遠心超曠，況無俗客儳玄談。鶴銘周鼎孝然洞，天親無着同蓮龕。老僧導引穿竹徑，脚力已倦情彌甘。名山搜勝偕予弟，貪多務得不爲貪。一生局促在北地，蝸牛盤殼誰能堪。玆游二老極歡暢，更欲西問頭陀菴。」

與兄邊中寶游揚州，渡江遇大風。

《敦本堂詩稿》辛卯年有《渡江遇大風與十弟舟中對酌》：「颶起兼天湧，揚江晚渡時。濤奔雖險巇，心定自平夷。吟嘯詩千首，逍遥酒一巵。兩翁纔半醉，已到水至崖。」

是月十九日，舒成龍卒，先生與兄邊中寶皆爲詩哭之。

《觀察舒公年譜》：「乾隆三十六年辛卯，公年七十二歲。……秋九月，如京師，恭祝皇太后八旬萬壽。冬十月朔歸里，十九日子時公卒。」《隨園詩集》卷三十九有《哭舒遇天觀察表兄》。舒成龍（一七〇〇—一七七一），字御天，號荆南，晚號洗心居士，直隸任邱人。雍正九年考派州同，於户部營田司效力，以知州用。雍正十二年揀發湖北，代理穀城知縣。後歷鄖縣、黄崗知縣。乾隆八年，任荆門知州，在任善政纍纍。並主修《荆門州志》。後歷官廣西平樂府同知、湖南衡州知府。三十一年，署理山西布政使司布政使。三十二年署雁平兵備道。著有《行年紀略》。

十二月十九日，先生生日，井玉樹爲畫老松、水仙爲壽。

《隨園詩集》卷三十九有《七十三初度，丹木爲寫老松水仙爲壽》。

除夕，同兄邊中寶暨諸子姪、親友在鎮江署中守歲。

《隨園詩集》卷三十九有《辛卯除夕同九兄暨諸子姪親友京江守歲》。

乾隆三十七年壬辰（一七七二年）　七十三歲

正月，姪邊廷掄陞兩淮鹽運使。

《竹巖紀年略》：「正月，廷掄陞授兩淮鹽運使。」

二月，就養揚州鹽運署中，與兄邊中寶遍游金焦、北固、平山、棲霞諸勝。

《竹巖紀年略》：「二月，與十弟就養運署。自辛卯冬至壬辰夏，歷覽大河、江淮及金焦、北固、平山、棲霞之勝，著有《南游壎篪集》。」《敦本堂詩稿》壬辰年有《偕十弟山行》：「一壺濁酒老腮紅，攜手推敲西復東。多少沙彌齊指目，何來兩個醉吟翁。」

錢陳群作寄懷先生詩三首。

《香樹齋詩集·續集》卷三十四《寄懷隨園邊鴻博三首即用其韻》自注：「時隨園侍其兄竹巖先生就養其姪霽峰都轉於邗上。」其一：「夙昔經過處，停車瀛鄭濱，論文歸舊學，稽古屬斯人。帷幔平生業，怡和一室春。此中有至味，白首不知辛。」其二：「顯晦存吾道，謳吟遺晚年。嘉游真得地，好事總由天。報稱非虛願，功名付後賢。笑予還賜馬，車軔且高懸。」其三：「以人微尚在，五紀舊勞臣。國典裁三牘，君才聚一身。相逢尤款款，存問辱頻頻。此致真堪賞，還同傾蓋新。」第三首自注云：「隨園爲予所拔士，尋以鴻博薦，又以經學薦，皆以疾未應，凡受知於予者三。閉門讀書，孝友無間，予益重之。」

三月，《南游塤篪集》刻成，江寧陳步瀛撰序。

陳步瀛《〈南游塤篪集〉序》：「余自束髮受書，即聞任邱邊竹巖、隨園兩先生以詩文齊名三輔。嗣與竹巖先生長君霽峰同舉於鄉，又同官樞部，益悉兩先生友愛性成，至老愈篤，輒爲嚮往不置。霽峰出守彭城，竹巖公時來舍就養，隨園公則屢請未赴也。歲辛卯，霽峰觀察常鎮，復專使往迎。隨園先生聞東南山水之勝，遂欣然與竹巖並轡南行。既抵潤州，瀛適在官署，獲陪兩先生談讌，惜以冗迫遽返里門，未及盡讀其著作也。今年春，霽峰遷兩淮鹽運使，瀛道過廣陵，兩先生乃出其唱和詩，曰《南游塤篪集》，囑爲之序。余受而讀之，竹巖則直舉胸情，絕去雕飾，古質深厚，有次山《篋中》之遺風。隨園則豪快奔放，寄托深遠，長篇短什，觸緒紛來，與竹巖先生不同其章節而同其意匠，所謂『波瀾各殊，體源無二』者也。夫世之伯仲聯吟者，類多少年共學之作；及出處殊途，音塵闊絕，風雨對床，至形諸夢想；即幸而幅巾藜杖，共守田園，又無名山大川以發抒其志氣，是以鉅制名篇，寂然不作。惟兩先生以香山洛社之年，嗣花萼連珠之響，彩箋共擘，玉斝同持，往復纏綿，藹然見於筆墨之外。而霽峰又善體兩大人之心，使不爲離索之音，而爲倡酬之什。軟輿畫榜，照耀林泉，翠巘銀濤，風亭月觀，皆若争奇競秀，奔走效伎於兩先生杖履之前。則其感榮譽而樂天倫者，豈獨嗣玉局之游蹤，步盧陵之高躅歟？瀛雖未與勝游，而循覽是編，既慕兩先生之高風，又喜霽峰之克承其志，遂踴躍而書其端，以爲世之讀是集者告焉，是爲序。乾隆壬辰三月上浣，江寧年小姪陳步瀛拜撰。」陳步瀛（？—一七八九），字麟洲，江南江寧人。乾隆二十六年會試第一，選庶吉士，改兵部主事，擢郎中。外授河南陳州知府，再遷山西按察使，累官甘肅巡撫。

夏，與蔣士銓相識，互爲倡和。

《隨園詩集》卷四十有《題蔣心餘太史〈桂林霜傳奇〉十五絶》、《蔣心餘太史集有〈東坡岐亭汁字韻苦雨詩〉三章，奇麗之甚，因次其韻，作三章奉贈》，卷四十一有《題蔣心餘太史〈空谷香傳奇〉》等詩。蔣士銓《忠雅堂詩集》卷二十壬辰年有《邊丈隨園連寶用〈岐亭〉韻作詩寄題拙集疊韻奉謝三首》：「百過誦翁詩，五液各輸汁。開合海瀼瀼，解會川濕濕。瀵泉敢同流，至味讓先得。袒身繡摘句，如劃桃皮急。半生跳井梁，躍踴類土鴨。連營守蛛網，經緯覺綿羃。突逢邊羅漢，一幟千丈赤。聲纔應手鳴，氣已界天白。儒將立期門，但戴平上幘。孤軍不能支，四面楚歌泣。我膽忽破碎，遜彼秦牛缺。可憐烏合徒，亡命作輕客。疾呼東南人，來讀任邱集。」「誰舉進士科，笑飲三勒汁。由來速化蟲，厥昭乃生濕。白頭一燈檠，齊楚孰爲得。讀書如張蓷，性稟急中急。或稱吐綬雞，或作戴石鴨。如何有司眼，紅紗遮相羃。丹砂信可磨，難奪本來赤。苦吟萬篇詩，誰惜數莖白。虎觀苟得登，寧愧納言幘。真儒老蓬蒿，學者互悲泣。秀才耳豈多，處士脣未缺。朱雲折角才，反讓五鹿客。不逢暴勝之，嗟哉東野集。」「幽蘭有本性，肯借鹿醢汁。匡居高鳳齋，上漏而下濕。翁亦廣川人，董相宅居得。鈔書老眼明，百事非所急。却感長身鶴，顧此短羽鴨。勿惜黄金鐃，撥我秋水羃。師承誓不背，骰擲看六赤。鈍根異敏妙，實愧馬希白。久抛惠文冠，願買入學幘。朝偕樊遲游，夕免伯俞泣。同時有伏生，説經齒微缺。孰業許相從，請師河間客。何必後世人，始貴雲亭集。」又《再題隨園

〈無雙譜〉詩後》：「無雙譜中四十客，始於留侯終信國。畫者詠者金古良，久向詩壇誇絶特。任邱丈人耐不得，萬事參差塞胸臆。金剛神勇菩薩心，放出獅王真氣力。老吏斷獄誰敢移，此例森嚴刑賞直。拄天撐地筆一枝，誅殛姦回發潛德。肺肝千載不能藏，魂魄九原無處匿。短兵相接妙入神，棄甲如山俱敗北。想當淋漓下筆時，西崖鐵崖都變色。讀書萬卷乃有神，此事平生幾胎息。吁嗟乎！不須更看無雙譜，翁有無雙新樂府。作詩何異作春秋，三千餘歲上下古。」又《題隨園邊丈游棲霞倡和詩後》：「攝山招手仙人登，兩翁如鶴攜雙藤。屐齒丁丁敲石稜，空翠着衣嵐彩蒸。松爭石罅各抗矜，石趁松隙相騫騰。雜花修竹回合乘，磴折路細天梯絙。佛樓僧宇轉側承，離宮御宿佳氣凝。任邱丈人詩填膺，奇氣坌湧山雲興。靈府沁碧足踏冰，筆掃雪壁煙層層。桃花已隨疊浪去，九老不同千佛升。丈人歌聲落峻嶒，松響下挾江濤譍。大呼金焦爲我朋，洗頭濯足肩背憑，何不來作山中僧。歊闌忽放萬古眼，但覺物我變滅俱可憎。阮悲陸笑不足徵，長生藥在群真薨。胸納五嶽心手憑，一拳之秀翁乃稱。兹游未必冠疇昔，却喜行厨珠顆隨年增。我慕盤山松石歷未曾，何日北買雙行塍。請翁高唱揮以肱，爲翁傳寫吾猶能。欲將此本萬手謄，光焰散作棲霞燈。返睇江南匹練澄，繖山若點屏中蠅。」蔣士銓（一七二五—一七八五），字心餘，一字苕生，號清容，又號藏園，江西鉛山人。乾隆二十二年進士，改庶吉士。散館授編修，充武英殿纂修官。二十七年任順天鄉試同考官、《續文獻通考》纂修官。繼乞假奉母南歸，先後主杭州崇文書院、揚州安定書院。四十三年，以高宗念及，内閣學士彭元瑞促其北上。進京後，供職國史館，並記名御史。尋以病歸。著有《忠雅堂全集》。

八月，先生欲歸里，與兄邊中寶作臨别唱和詩，裝潢成册，蔣士銓爲題籤「河梁雁語」。

《竹巖詩草》下卷《秋夜邗溝泛舟感懷》詩注：「去年八月，予與十弟臨别唱和詩，蔣心餘太史題籤『河梁雁語』。」《敦本堂詩稿》丙申年有《西園詠懷即追憶十弟並寄琢菴老友》詩注：「壬辰八月，弟歸里，兄弟臨別，詩裝成一册，蔣太史題籤曰『河梁雁語』。」

八月十日，先生自揚州返鄉，十九日渡黃河。

《隨園詩集》卷四十一有《八月十日發揚州》。《竹巖紀年略》：「八月，弟歸里。」《敦本堂詩稿》壬辰年有《送隨園弟歸里》四首：「偕游南國歲將周，君遽言旋我尚留。十五橋邊看斷雁，二千里外送歸舟。中途拈韻誰爲和，此後聯床可自由。最是不堪回首望，白雲深處有松楸。」「兩翁覽勝性同甘，問壽俱開第八函。無那伯兄偕季弟，忽分河北與江南。吾邱臺榭風蕭瑟，揚子江天色蔚藍。過涿題詩應我寄，黑甜枕上夢難酣。」「訪勝南徐歷北徐，官衙精舍宛吾廬。自然山水緣非淺，還是壎篪樂有餘。曳屐金焦無獨往，嗚榔淮海鎮相於。懸知税駕鄉關後，夢繞江都董相閭。」「年來筆札太怱忙，僕僕隨人只自傷。品諧誰稱郭有道，碑銘枉累蔡中郎。弱孫玩弄時教讀，素友招尋間舉觴。掄也俸錢堪餉老，好爲將息愛韶光。」又《得十弟十九日渡黃平安手字》：「兀處情無賴，閒庭遍倚欄。夕陽千嶂遠，秋月一江寒。自判河梁袂，常懷行路難。朝來得雙鯉，既濟報平安。」又《得十弟廿四日舟泊臺莊手字却寄》：「廿四臺莊信，沙汀暫息橈。同舟憑弟姪，寒夜慰蕭條。德水知將近，津門望不遥。到家重九後，莫忘寄詩瓢。」

先生歸去十餘日，兄邊中寶過其所居，有感賦詩。

《敦本堂詩稿》壬辰年有《八月十日十弟歸去，越十餘日一過其齋》二首：「經旬未到此茅齋，院鎖西風寂不開。一自人歸留几席，頓令室邇遍莓苔。新詩裝就同予製，廢稿拋殘是女裁。徙倚空庭聞北雁，悄然無語上平臺。」「西園吟嘯與誰同，回憶壎篪興未窮。對飲何辭棽尾酒，偕游不怕剪江風。夕陽落葉孤篷外，斜月籠煙客夢中。别去蕪城十餘日，征人約傍濟州東。」

秋，《任邱邊氏族譜》刻成。收先生《勸睦族文》、《秋崖説》、《哭十九叔健亭》諸篇，以及錢陳群、戈濤、朱筠、李鏗等投贈先生詩文，入卷二十一《贈言》。

乾隆三十八年癸巳（一七七三年）　七十四歲

兄邊中寶夜登金山絕頂，作詩憶先生。

《竹巖紀年略》：「癸巳，七十七歲。七月，予率諸孫再游金焦，凡四日，著古近體詩八首。」《敦本堂詩稿》癸巳年有《夜登金山絕頂憶十弟》：「覽勝逾年思不勝，今宵躡足最高層。潮聲捲地山疑撼，月色浮金江倍澄。古洞一灣何静幻，浮圖九級宛飛騰。當時竭蹶嗟予弟，欲陟其巔力未能。」詩注：「辛卯冬，偕弟來游，弟力疲登妙高臺而止。」

五月，先生病瀉，七月病劇。臨殁前一夕，尚作詩詠懷寄兄邊中寶。

《隨園詩集》卷四十一《寄九兄》：「弟病已難支，瓲隤不自持。百年終有限，一面竟無期。南國魂飛日，西風葉落時。去年當此際，正和送行詩。」《敦本堂詩稿》癸巳年有《十弟自五月病瀉，七月接来书，其病渐劇》：「弟病今增劇，開緘意不舒。參苓雖稍具，氣血奈雙虛。北去曾傳札，南行盼駐車。予懷翻鬱結，却怕再來書。」蔣士銓《徵士邊君隨園傳》：「前一夕，尚作詩，有『銜杯直至蓋棺後，搜句不忘屬纊時』句。又口占寄別竹巖有『百年終有恨，一面已無期』句。」

八月初六日，先生卒。

《敦本堂詩稿》癸巳年有《遥哭十弟十二首》詩序：「七月接來書，知弟病漸劇。八月初六日病殁。越兩旬訃至揚，寄我絕筆詩札。」其一：「疾革傳秋孟，悠悠繫我思。明知必至此，還自强排之。去歲當生別，維時已死離。哀情千萬種，何以罄予辭。」其二：「連枝棠棣五，自幼奉嚴慈。撫我還青目，期君更白眉。同懷運多舛，季子數尤奇。雁序凋零盡，頽然一老遺。」其三：「與君纔弱冠，家計亦蕭條。謀食辭萱室，飢驅去瓦橋。耕鋤一硯拙，奔走四方勞。五十餘年景，回頭只暮朝。」其四：「壯齡嘗歷世，終遠弟兄游。邢薊千餘里，星霜卅易秋。經時逢雁鯉，片紙寄綢繆。大被常閒曠，從來不自由。」其五：「司鐸淹遵化，行年近古稀。只因將戢翼，不肯更紛飛。步履余差健，尪隤爾式微。聯床聊慰老，風雨得相依。」其六：「六十君初屆，延綿困積痞。那思安且吉，自分痳無吪。不道兄歸里，旋看弟起疴。十年相聚首，觴詠樂如何。」其七：「樂極忽生悲，訃音報此時。魂飛何處所，葉落正離披。尚促重來駕，旋傳絶筆詩。吞聲那忍讀，一面竟無期。」其八：「具癖躭奇勝，前年歷楚吴。江山窮北固，吟嘯想西湖。歸去其來止，興懷而豈徒。從兹長已矣，踽踽剩殘軀。」其九：「昨上妙高臺，緇流訝且猜。阿兄欣再至，乃弟盍同來。正欲傳音耗，何期遽殞摧。傷心西北望，寒雁一聲哀。」其十：「彌留前兩夕，永訣强爲辭。涕泗痕將遍，形神憊莫支。憐君當憒瞀，勸我莫悲思。閱罷藏諸篋，何堪熟視之。」其十一：「乙未逾庚午，相違怙恃時。幽明六十載，趨過兩三兒。鮐背予將耄，龍鍾力已疲。死而有知也，尚復幾何離。」其十二：「嗟予愧二難，惟弟擅詞壇。尚友班何李，奇文祖杜韓。藐躬誰不朽，大業可無刊。捃摭傳遺草，幽懷庶自寬。」《竹巖紀年略》：「七月梢，接弟書，知初夏病瀉，交秋漸劇。迨訃至，八月初告終，並寄絶筆詩札。」

譜餘

乾隆三十八年癸巳（一七七三年）

除夕，邊中寶作詩懷先生。

《敦本堂詩稿》癸巳年有《癸巳除夕追憶十弟》：「曾同京口飲屠蘇，轉瞬今宵歲又徂。一載參商常悵望，兩鴻南北尚招呼。迎年器數空依樣，往事思量總向隅。明滅殘燈照孤匱，夢魂遥念老兄無。」

乾隆四十年乙未（一七七五年）

正月，邊廷掄請蔣士銓爲先生《隨園詩草》撰序並作傳。

《忠雅堂文集》卷一《〈邊隨園遺集〉序》：「韓公於孟郊，歐公於梅聖俞，皆嘆美其才，以不獲公卿之薦爲惜。於是士之負技能者，恒苦援引不及；苟至於及矣，求其克稱者，十或一二焉。而守身務本之儒，遂欲然不敢自信，有甘於窮餓弗悔者。豈致用之懷有異哉？蓋以所立爲患耳。隨園先生兩膺大臣薦舉，一就一不就。豈不謂鴻詞所求者，文章之士耳，應之可也；經學惟老師宿儒當之，吾豈其人歟？乃勿應。嗚呼！果其文之弗中乎式，而學之弗至於道乎？抑有所以求其可傳於世者在耶？今讀先生之詩，而後知所得者深，其取捨之殊乎流俗也！夫詩上通乎道德，下止乎禮義，放其言之文，君子以興；循其道之序，聖人以成。此非半山之言歟？自俗説尚摹擬襲取之術，但求工於聲律字句間，而昧其詠歌之本，性情日媮，粉飾益僞，界畫時代，割據宗門，不知古人外異中同，猶之書家肥瘦好醜雖殊，而筆鋒腕力則一也。甚至榮辱撓其外，得喪戕其内，雖極於妍麗，歐公所謂草木榮華之飄風，鳥獸好音之過耳，極心力之勞，遲速之間，同歸泯滅，是可嘆也。昔褚季雅曰：『北人學問，淵綜廣博。』孫安國曰：『南人學問，清通簡要。』支遁又曰：『北人看書，如顯處視月；南人學問，如牖中窺日。』予皆否之。夫學無常師，人貴自立，何南北之足云。河間自獻王修學好古，四方儒者，皆從而游，經生之業，宜乎弗墜。詩人自劉雲房振起瀛海，作者代興，亦未失緒。然則先生之膺兩舉者，又何異哉？今觀其詩，脱絶町畦，戛然獨造，才識邃衍，氣力宏放，不名一家，而其言有物，誠有合乎《風》、《騷》之旨。然君之所得，尚有伏而不見者，豈特盡於此詩而已。今河間作者，詞林前輩，予所識者，李廉衣、戈芥舟兩公，而芥舟傾倒於先生者尤至。先生來游江南，最善予。嘗記其言曰：『僕如孫樵，天付窮骨，宜安守拙。入貢士列，十黜有司，知己日懈，朋徒日離。然抉文倒魄，洗剔精魂，澄拓襟慮，字字磨校，以牢知音。雖悴如凍灰，癯如槁柴，老死不易。若柳州所云，婁君無有者，僕庶幾焉。非惡富貴而逃之，自度不堪其勞耳。』嗚呼！予乃知先生所以求其傳於後世者，故有在也。先生人品志趣，別見本傳。予獨不能已於先生者，方從其游，遽哭其死，遂序其遺編。一轉瞬間，而交游零落如此，反觀身世存亡盛衰之際，悲何若耶！先生兄子霽峰都轉既鐫其集，以先生視予甚厚，予又知先生之深，屬一語爲弁。因極論列之，先生或以爲然歟？」按：《隨園詩草》卷首録士銓此序，末署「乾隆乙未人日，鉛山後學蔣士銓拜撰。」《忠雅堂文集》卷四《隨園徵士邊君傳》：「君諱連寶，字趙珍，改肇畛，別號隨園，姓邊氏，世爲任邱望族。君爲贈奉政大夫諱汝元公季子。生稟宿慧，六齡隨父入塾，侍食既，私懷一餺飥歸，獻於母曰：『兒今日聽懷橘事，願效之。』既長，博聞强記，爲帖括文，恥雷同，學大士、大力。康熙己亥，補博士弟子員，辛丑餼於庠。雍正乙卯，受知學使錢公陳群，充拔貢生。明年乾隆改元，開博學鴻詞科，錢公舉君應詔，試不中。越十五年，朝廷徵經學之儒，錢公再舉之。是時天下共舉三十九人，君獨以疾辭不赴。其學子登科列仕宦者數十人，而君歷鄉試十三次，凡五薦而罷。遂決意進取，益肆力於古學，所著古體文、《隨園詩》、《病餘草》、《病餘續草》、《絶筆草》各若干卷，其評選手定者則有《五言正味集》、《杜律啓蒙》、《管子腋考訂》、《蘇詩施注》等帙。君身如癯鶴，眉目疏秀，鬚離離若可數，頷禿而無髭。性簡介，不喜見俗士。論事侃侃，持義理不移。少嗜酒，四十頭童如髡，隨身一茶鐺，晚號茗禪居士。空齋晏坐，宛然一老僧，然不好釋氏書。與河間戈濤最友善。君詩出入昌黎、東野、香山、玉川間，才力縱恣，雄起北地，凡燕、齊千里内，宗漁洋修飾描畫家，見君皆震攝不敢抗。濤爲人負才尚氣，立朝矯矯自許，於詩文慎許可，顧心折於公。嘗爲公撰生傳，傾倒駿邁，爲時傳誦。濤既死，君屏交游，惟與兄竹巖詩酒唱酬而已。竹巖名中寶，君同懷第四兄也，由鄉貢四任學博，廉謹端恪，性和粹，與君伉爽異，然白頭友愛如髫齡時。竹巖子廷掄，起家兵部，出守徐州，歷常鎮道，轉兩淮鹽運使。竹巖就養江南，偕君往游，窮大江南北名勝。篼輿畫舫中，二老歌吟弗輟，旗亭僧壁，傳寫殆遍。君詩益奇横，跌宕自喜，編《南游壎篪集》。歸一載卒，壽七十四歲。前一夕尚作詩，有『銜杯直到蓋棺後，搜句不忘屬纊時』句。又口占寄别竹巖，有『百年終有限，一面已無期』句，逸情至性可概也。聞君五十餘，隨兩兄奉母，時爲孺子戲。歲除日，母例以錢數十緡散兒孫，君持錢摇之鏗鏗然，或與孩稚輩竄易多寡，佯爲啼笑，以博親歡。又看鏡忽大笑曰：『吾有白髮，可以入詩矣。』其天真爛漫類如此。子廷徵，邑庠生，亦有文，能守君遺經云。太史氏曰：詩人以功業行實光明於時者豈少哉？然不得志，闡繹優游，以自見其抑塞磊落者，又何叢叢也！夫甘節之士，生於承平，苟攖富貴，將失其真矣。徵君雖以韋布老，而文詞斑然耀於世，安可謂之不幸也夫？嗚呼！」

八月十五日，邊中寶作詩懷先生。

《敦本堂詩稿》乙未年有《中秋月下感懷》二首，序云：「『白頭兄弟中秋月，此後知同看幾回。』此己丑中秋，隨園同余月下對酌句也。嗣後寅、卯二秋，還同看月。迨壬辰八月初旬，弟自揚北旋，遺余獨閲中秋者已四回矣。俯仰今昔，爲之悵然。」其一：「丑歲同登棣萼樓，尋思後會不勝愁。鶺鴒原上紛飛去，獨看冰輪歷四秋。」其二：「寅卯中秋尚對床，聯吟月下漫傳觴。支離一叟迎風燭，桂魄圓時看幾場。」

九月，邊廷掄刻祖父邊汝元《漁山詩草》二卷、父邊中寶《竹巖詩草》二卷、叔父邊連寶《隨園詩草》八卷於鎮江。

《竹巖紀年略》：「乙未，七十九歲。刻先觀察、余暨弟詩草。客歲六月開工，至本年九月蕆事。敦請蔣心餘太史選定，余商榷磨校，歷有年餘，心力爲之一悴。」《嘉樹山房詩集》卷十八乙未年有《讀邊隨園先生詩集題後》：「先生可是離塵人，沁雪肝腸翻水文。五字長城空舊壘，百年短檠掩秋墳。澗阿高格終難挫，鸞鶴遺音迥不群。怪底海南蘇玉局，抗心斂手效徵君。」

十二月十九日，先生生日，邊中寶作詩感懷。

《敦本堂詩稿》乙未年有《十二月十九日，值十弟誕辰，按〈東坡年譜〉，亦於是日受生也，有感而作》二首，其一：「東坡同物有隨園，地下今朝各舉樽。我欲招來偕一薦，大荒何處覓吟魂。」其二：「稱觥千載壽前修，開府東南佳話留。更擬當筵添末座，只今誰是宋商丘。」

乾隆四十一年丙申（一七七六年）

五月，邊中寶在揚州運署西園賦詩追憶先生。

《敦本堂詩稿》丙申年有《西園詠懷即追憶十弟並寄琢菴老友》：「窺園尚無荒，步趨傣芳躅。明道不計功，奉之如執玉。憶昔隨園弟，風雨對床宿。撫物兼希賢，吟成互賡讀。河梁雁語悲，思之我欲哭。壎篪奏已終。」

冬，兄邊中寶攜所刻先生《隨園詩草》返鄉。

《竹巖紀年略》：「年前冬初歸里，攜得先觀察暨余弟詩各百餘部，遠近同人輩索者踵至，日不暇給，屆春而罄。」

乾隆四十二年丁酉（一七七七年）

先生《杜律啓蒙》十二卷刻成。首有戈濤乾隆二十二年序。其署名校對者有：受業門人雄縣李斯詠杏村、高陽李殿圖石渠、新安趙桐林、新安杜金映庚、河間曹宅安靜軒、同邑高質義喻旃、李光搢景文、李思誾韻剛、李思諍殿侯、弟人楷直方、李養誠聖基，胞姪廷掄霽峰、姪乂禧子招、姪廷升南吉、男廷徵千里。曹宅安（生卒不詳），字靜軒，直隸河間人。少受業於邊連寶，故學有根柢。爲人嚴氣正性，侃直不撓。乾隆十八年舉於鄉。爲文精闢，卓然名家。任昌樂令，操守清廉，案無留牘。罷官後，兩袖清風，民有去思。李思誾，字韻剛，直隸任邱人。廩生，有聲庠序間。邊人楷（一七三五—一八一四），字直方，號倫鵠，直隸任邱人。副貢生。李養誠（生卒不詳），字聖基，直隸任邱人。考授县丞。著有《補過堂詩》一卷。邊乂禧（一七三二—一七九二），字子招，號次山，直隸任邱人。乾隆二十四年舉人，歷任撫寧、武清訓導，陞湖南桂陽知縣。著有《述德堂詩草》二卷。邊廷升（一七四一—一七九六），字南吉，號侶鹿，直隸任邱人。乾隆二十七年舉人。揀選知縣，借補曲周縣訓導。

乾隆四十三年戊戌（一七七八年）

邊中寶讀先生詩有感賦詩。

《敦本堂詩稿》戊戌年有《讀隨園詩有感》：「河梁雁語歇，兀處幾多年。貯笥文垂後，開函弟在前。胸中填塊壘，筆下瀉飛泉。杜老徒追憶，看雲白日眠。」

乾隆四十六年辛丑（一七八一年）

七月，《四庫全書》修成，御史戈源進呈先生《隨園詩草》，入存目。

《四庫全書總目》卷一百八十五别集存目十二：「《隨園詩集》十卷附録一卷，御史戈源家藏本，國朝邊連寶撰。連寶字趙珍，今刊本作肇畛，乃戲以同音書之。如申涵光本字符孟，而每書鳬盟，非其本字也。任邱人。雍正乙卯科貢生，乾隆丙辰薦舉博學鴻詞，辛未又薦舉經學。是集前有乾隆丁丑戈濤序，而第四卷以下題曰『病餘草』者，乃皆戊寅以後詩，蓋續編而仍冠以原序也。附録一卷，曰『禪家公案頌』，則晚耽禪悦，讀《指月録》所作云。」按：《存目》所云「連寶字趙珍，今刊本作肇畛，乃戲以同音書之。如申涵光本字符孟，而每書鳬盟，非其本字也」句，謬矣！「肇畛」名之所本，《病餘長語》卷四已作説明：「改字之例，取其音同而點畫意義俱異者，前無所考，大要昉自近人。……金壇王汝驤，字雲衢，以久不第，改云劬，言其已勞也。後棄舉子業，又改耘渠，言耕耘於溝渠而已。……余字趙珍，自丁卯後亦屏科舉業，改字肇畛。肇，始也，開也；畛，田畔也。蓋用耘渠先生例。余寄宋蒙泉弼庶常詩，所謂『珍易作畛趙作肇，如雲衢爲耘渠焉』者也。」《存目》又云：「是集前有乾隆丁丑戈濤序，而第四卷以下題曰『病餘草』者，乃皆戊寅以後詩，蓋續編而仍冠以原序也。附録一卷，曰『禪家公案頌』。」按：此本著録内容順序，與《隨園詩草》八卷刊本皆同，且開四庫館時，是集已刊，《存目》亦有「今刊本作肇畛」句可證。據此，戈源所呈者當是刊本無疑。乃館臣鈔録時，誤將《詩草》八卷録爲《詩集》十卷。戈源（一七三八—一八〇〇），戈濤弟，字仙舟，自號橘浦，直隸獻縣籍河間人。少負奇慧，以隨父任於浙江官署不克就試。年十六旋里，一試即補縣學生，是年舉於鄉，乾隆十九進士。初爲縣令，後内遷户部，屢居異等，旋改御史，轉給事中。戊申，擢太僕寺卿，督學山西者四載，以末疾致仕。每莅一官，必勤舉其職，事事不苟。流寓京師，以貧病卒，年僅六十三歲。

乾隆五十二年丁未（一七八七年）

《皇朝文獻通考》書成，嵇璜、劉墉等奉敕撰，紀昀等校訂，全書三百卷。先生詩集見録於二百三十五卷中。

《皇朝文獻通考》二百三十五卷：「《隨園詩集》十卷附録一卷，邊連寶撰。連寶字趙珍，刊本别作肇畛，任邱人，雍正乙卯拔貢生。臣等謹按：連寶嘗於乾隆丙辰、辛未一薦舉博學鴻詞，一薦舉經學，雖俱未入選，而其學問有足多者，戈濤嘗稱之。晚年躭於禪説，故以《禪家公案頌》一卷附録於後。」

《皇朝通志》修成，嵇璜、劉墉等奉敕撰，全書一百二十六卷，先生詩集收入一〇三卷中。

乾隆五十八年癸丑（一七九三年）

秦武域《聞見瓣香録》十卷刻成，録先生《畫龍虎行》詩。

《聞見瓣香録》乙卷有「龍虎詩」一則：「山陰葉耀南所藏《龍》、《虎》二詩，爲任邱邊徵君連寶作，李明府法孟書。邊因李字而爲詩，李因邊詩而作字，勃勃俱有生氣，真兩絶也。《龍》詩曰：『龍之爲靈昭昭也，不獨其真畫亦然。出没變化天機全，畫工直奪化工權。昔傳人見真龍驚且走，定知所見之畫非好手。果是僧繇與道玄，會應掣筆蛟虯吼。乃知打開後壁飛上天，虎頭非癡理誠有。葉君耀南所蓄畫龍自前代，歷世相傳數百載。每逢大會懸中堂，風雨晦冥弄光怪。一朝忽遭回禄災，騰空蝶翅飛殘灰。葉君扼腕惜法物，欲從筆底起風雷。謂余筆有生龍氣，雖已茶毗可立致。煩君一爲噓死灰，行間應覩蚴蟉勢。想渠自是洞庭君，已隨烈焰長煙逝。孱句焉能斡使回，賴有龍躍天門李十二。筆端蜿蟺驅衙衙，髻彨牙爪相攫挐。君家自是禦龍手，如椽大筆爲君撾。葉子婦藏休掛壁，恐向此間飛霹靂。』李跋云：『耀南偶以《畫龍行》乞諸徵君邊隨園，且以屬孟書致詞。隨園援筆立成，風雨驟至，真神品也。乃謙不自承刻劃過當，使書者醜態彌增，豈愛我乎？』《虎》詩曰：『點有蹲踞形，撇有騰躍勢。戈如齒與牙，鈎如爪與距。奇哉亦珊李別號之作字，伸縮變化難思義。如畫龍便得龍神，如畫虎更饒虎氣。四座且毋喧，聽我求其端。葉子持酒杯，再拜説向我。我家不獨龍，有虎配其左。一雙好敵頭，可惜同日火。當其未火懸廳事，十里何曾聞犬吠。魑魅罔兩不敢過，狐狸奔竄趾踖避。戟髯燕頷牙鬚雄，星芒作作夾雙瞳。坐客對之毛髮豎，六月噤瘁生腥風。我聞怵惕不敢息，面如泥土無人色。龐公畏似如畏真，見《雪崖集》。我更畏自口中説。亦珊據案忽大吼，解衣磅礴神威抖。登時擊鉢催詩成，生活於菟落君手。此幅却非前幅比，任其掛壁而已矣。巧偷豪奪遭咥凶，孰敢探穴取虎子。』李跋云：『録《畫龍》之翌日，葉公又以《畫虎行》見屬，亦隨園作也。因仿其詩體爲字。』」又癸卷「集世説詩」條載：「余曾集《世説》語爲《春郊雜興詩》，爲邊隨園先生連寶所賞。」

乾隆間

杭世駿《詞科掌録》十七卷刻成，收先生《閱兵賦》、《隨園賦》文二篇，《日出入行》、《耳鳴篇》、《冬夜讀書二十韻》、《雜感五首》詩八首。

《詞科掌録》卷十六：「任邱邊連寶趙珍，拔貢生，直隸總督彭城李公所薦。研辨經史，篤學不倦，北方學者未能或之先也。著有《隨園草》。」杭世駿（一六九六——一七七三），字大宗，號堇浦，晚號秦亭老民，浙江仁和人。雍正二年舉人。乾隆元年，召試博學鴻詞，授翰林院編修。二十八年，以編修保舉御史，例試保和殿，條陳四事，下吏議，尋放還。曾主講揚州安定書院、廣東粤秀書院。後迎高宗於西湖，賜復原官。一生嗜學，博綜廣覽。著有《道古堂詩文集》等。

嘉慶間

法式善《梧門詩話》十六卷編成，中有論先生詩話一則。

《梧門詩話》卷十一：「任邱邊徵君連寶，字肇畛，號隨園。兩薦鴻博、經學。五古似昌黎，七古似太白，皆有奇氣。七絶以風韻勝。《南唐怨》云：『鴛鴦寺主已無家，面洗啼痕走傳車。海内空傳金葉格，秋風吹煞麝囊花。』『鬟雲眼彩緫凄然，剗襪香階一夢間。剩有琵琶金屑在，君王時唱念家山。』『卷帛撮襟書法遒，可憐墨沈已東流。只今惟有澄心紙，留得南朝一段愁。』『舊譜新聲續續談，曲終翻作水潺湲。誰知絶似安公子，一去揚州更不還。』『汴京邸第月輪孤，疑是當年大寶珠。試問夢中歡一晌，還如南畔畫堂無。』『相思滴淚染丹楓，無限江山一望中。此日檀郎寥寂甚，繡床誰向唾紅絨。』清麗纏綿，足與新城尚書《南唐宮詞》相埒。」法式善（一七五三—一八一三），原名運昌，字開文，號時帆，又號梧門，烏爾濟氏，蒙古正黄旗人。乾隆四十五年進士，改庶吉士，授檢討，擢國子監祭酒。五十一年，由庶子遷侍讀學士，以大考不合格降，復遷祭酒。其後兩爲侍講學士，終以修書不謹貶，遂乞病歸。著有《清秘述聞》十六卷、《槐廳載筆》二十卷、《陶廬雜録》六卷、《梧門詩話》十六卷等。

翁方綱《復初齋詩文集》刻成，《文集》卷三有爲戈濤《坳堂詩集》所撰序文一篇，論及先生詩。

《復初齋文集》卷三《〈坳堂詩集〉序》：「司空表聖生於王官谷，元遺山在汾晉，王漁洋在濟南，皆北地詩家之秀而皆能知神韻之所以然。今人顧專目漁洋言神韻者，何哉？獻縣戈芥舟《坳堂詩集》，不蹈格調之滯習，亦不必以神韻例之。顧其稿有任邱邊連寶一序，極口詆斥神韻之非，甚至目漁洋爲神韻家。彼蓋未熟觀古人集，不知神韻之所以然，惟口熟漁洋詩輒專目爲神韻家而肆議之。且又聞其嘗注杜詩，其注杜吾未見也，第就此序舉杜詩『浣花溪裏花饒笑』二句、『巡簷索共梅花笑』二句，謂杜集中只此二處是神韻，不通極矣。神韻者，非風致情韻之謂也，今人不知，妄謂漁洋詩近於風致情韻，此大誤也。神韻乃詩中自具之本然，自古作家皆有之，豈自漁洋始乎？古人蓋皆未言之，至漁洋乃明著之耳。漁洋所以拈舉神韻者，特爲明朝李、何一輩之貌襲者言之，此特亦偶舉其一端而非神韻之全旨也。詩有於高古渾樸見神韻者，亦有於風致見神韻者，不能執一以論也。如『巡簷索共梅花笑』二句，則是於情致見神韻也。若『浣花溪裏花饒笑』，『笑』字則不如此，此乃竊笑、取笑之笑，與笑樂之笑不同，且此二句亦與情致不同。彼舉眼但見二處皆有『笑』字，遂誤混而言之，可乎？即觀此語，則所謂注杜者其謬更何待言，而以此序坳堂詩，其可乎？芥舟昔爲邊君作序，亦何嘗無稍憾漁洋之意，然而不害者芥舟之意，先舉信陽以影出漁洋，則切合矣。愚曩者固已於藐姑神人之喻，微覺漁洋擬不於倫矣。漁洋又嘗謂杜《吹笛》一篇爲大復所本，即此類也。神韻者，本極超詣之理，非可執跡求之，而漁洋猶未免於滯跡也。芥舟詩正妙在不滯跡，雖不滯跡，亦不踐跡，觀者聊以存其真可矣，故削去邊君序而爲之説如此。」按：翁氏於先生著作未嘗一讀，却極口貶斥，且言先生「未熟觀古人集」，可謂輕率之至。先生《〈五言正味集〉序》曾述及學詩經歷，録數語以見翁説之妄：「余自結髮學詩，自漢魏以下，多所窺覽。其於酸鹹甘辛、薰蕕堇飴之味，無不備嘗，幾於一日中七十餘毒，迄今近三十年。乃一旦而獨得其味之正，怡然灑然如迷者之得歸，而執熱者之濯清風也。」若使其再見先生《杜律啓蒙》、《病餘長語》諸書，又不知其當作何解説矣。翁方綱（一七三三—一八一八），字正三，號覃溪，晚號蘇齋，直隸大興人。乾隆十七年進士，授編修，官至内閣學士。研讀群經，精於考據、金石之學，工書法。清代肌理説詩論倡創人。袁枚《隨園詩話》論其詩：「句句加注，是將詩當考據作矣。」《北江詩話》論其詩云：「如博士解經，苦無心得。」著有《復初齋詩集》七十卷、《文集》三十五卷等。

嘉慶十五年庚午（一八一〇年）

李富孫《鶴徵後録》十二卷刻成，録先生事跡。

《鶴徵後録》卷十：「邊連寶字趙珍，一字肇畛，直隸任邱人。雍正乙卯拔貢生，由兵部尚書、直隸總督李衛薦舉。著有《隨園詩集》。肇畛學問淹貫，爲吾鄉錢文端公所知。己巳，文端時爲少司寇，即以沉潛經學薦之。《香樹齋集》中有《任邱代柬邊鴻博》句云：『好賣文園賦，曾懷光範書。』《隨園詩集》末附録《禪家公案頌》一卷，則其晚年頗耽禪悦也。《詞科掌録》云：『邊趙珍研辨經史，篤學不倦，北方學者未能或之先也。』」李富孫（一七六四—一八四三），字既汸，一字薌沚，晚號校經叟，浙江嘉興人。嘉慶六年拔貢。少即好學，與兄超孫、從弟遇孫，有「後三李」之目。長游四方，從盧文弨、錢大昕、王昶、孫星衍等問學。阮元爲浙江巡撫時，肄業於詁經精舍。其學受阮元啓迪頗多，尤深於經學，兼長金石文字，能詩古文辭。著有《校經庼文稿》十八卷、《金石學録》四卷、《鶴徵後録》十二卷等。

嘉慶二十二年丁丑（一八一七年）

邊士培刻先生制義《邊肇珍先生文稿》一卷於署衙。前有任蘭枝、戈濤、邊士培及自序。其署名編校者有：甥周縖木臣編次，後學陳紀立綱校録，姪廷英育之校訂，胞姪廷掄霽峰、姪孫士培滋亭、男廷徵千里、孫男斯衍椒亭、盛受亭、昌耀亭、成義亭、熾紹庭校閲，姪曾孫鍾幹澄瞻校字。

邊士培《〈邊肇畛先生文稿〉序》：「先叔祖肇畛公，以淹雅著名當世，所著詩、古文、時文，各有專集藏家塾。先大夫任兩淮運使時，爲刊詩集，行世已久，讀公詩者猶以不獲見公文爲憾。培每念公一生功力於詩、古文最深，固嘗以時文爲餘事。第文章一道，視乎所學，溺於時，即無古之非時；深於古，即無時不非古。公之時文，在公爲時文，在讀者則猶古文也。暇時取藏稿覆閲，古文篇帙頗富，持擇維艱，擬丐當代巨眼審定，續謀問世。時文有公晚年自定本，因先付剞劂，用示世之讀公詩而思見公文者。見公之學寖饋於古，即時文亦與揣摩家迥異，則於公之古文亦可略見一斑矣。嘉慶二十二年歲次丁丑仲春上浣，姪孫士培謹識於琅槐官署。」周縖（生卒不詳），字木臣。直隸任邱人。貢士，候選訓導。邊廷英（生卒不詳），字育之，號樂巖，直隸任邱人。嘉慶六年進士，官禮部祀祭司員外郎。著有《周義通義》十六卷、《古本大學説》一卷、《中庸説》一卷。邊鍾幹（生卒不詳），士培子，字澄瞻，直隸任邱人。廩貢生，候選訓導。

嘉慶二十四年己卯（一八一九年）

李鑾宣《堅白石齋詩集》刻成，卷十一有詩記李鑾宣路過任邱，聞先生詩名，向任邱縣令索要《邊連寶詩集》，挑燈夜讀，賦詩詠之。

《堅白石齋詩集》卷十一《道出任邱縣，向邑令索得〈邊隨園詩集〉，攜至高陽旅舍，挑燈展誦，率成二律題集後》：「簫鼓無聲客影孤，燒燈天氣雪模糊。快翻徵士殘詩卷，如對高陽舊酒徒。達者久甘貧況味，晚年頗少睡功夫。集中多不寐之作。長吟陡覺風聲席，門外荒更打雁奴。是夕聞雁。」「一時南北兩隨園，各有瀾從舌本翻。瀛海詩人工樂府，倉山仙吏富詞源。使才畢竟由天授，學古誰能見道原。寄語騷壇後來者，莫教此事獨推袁。」李鑾宣（一七五八—一八一七）字伯宣，一字鳳書，號石農，別署散花龕主，山西静樂人。乾隆五十五年進士，授提牢廳。遷四川布政使，護理四川總督印務，尋擢雲南巡撫，未赴任而卒。自髫年及於中歲，家室之況，羇旅之遠，科名之所際，仕宦之所值，多處憂患之中。爲人正直而和易，虛己而愛才。爲詩四十餘年，著有《堅白石齋詩集》十六卷。

道光四年甲申（一八二四年）

韓夢周《理堂詩文集》刻成，《詩集》卷四有韓夢周效先生詩風之作，稱先生詩「雕搜雄肆，擺脱激宕，可以不朽」。

《理堂詩集》卷四《讀邊隨園先生詩戲效其體》詩序：「隨園先生名連寶，字肇畛，任邱人。吾友曹深甫授業師，同年邊霽峰叔父。皓首明經，窮餓以死。霽峰刻其詩於揚州，余從深甫所讀之。雕搜雄肆，擺脱激宕，可以不朽矣。」詩云：「白戰不許持寸鐵，此語我聞東坡説。又聞赤手捕長蛇，吏部文章曜日月。二公詞章振三古，不比長袖善舞多錢賈。然非胸貫典墳抉天人，徒然空腹高膺如箝在口何能言。白戰戈戟不在手，雄氣能令萬馬走。胸中甲兵十萬羅，乃能臨陣奮袂成一呵。長蛇雖云猛，視之如螻蟻。未捕氣已吞，不在捕之已。妙解二公本領神力之所爲，乃可與讀隨園詩。隨園本學韓與蘇，當其得意孟郊盧仝並馳驅。隨園掉頭曰不然，我自與我相周旋。興酣並且無我相，何有沾沾蘇與韓。吾友曹深甫，論詩入骨髓。余竊疑其有所授，今於隨園得其指。隨園雄而放，深甫整而細。淵源並出杜陵叟，達摩慧可同一致。我識深甫已後時，況於隨園更後之。相隔只有一海水，咫尺不見堪涕洟。憶昔作客淮陰里，霽峰正作揚州轉運使。心餘太史每唱和，同年蔣心餘，時爲揚州山長，即序刻隨園詩者。不見霽峰來一紙。此時隨園正在運使署，恨我不得撰杖請教一洗鄙人鄙。亦如深甫親承拈花之妙理，我亦硜硜抱小節，大似隨園恥事干謁餓致死。隨園八十老明經，兩膺薦舉一不行。三家村中日舌耕，上以供老母，下以供醁醽。妻子飢餓不能恤，何況千秋萬歲之虛名。作詩亦寄耳，時人苦擬似。吾亦作詩擬隨園，不似不足益吾恥。深甫顧我問所以，手把毛錐如逐逝，牆邊倒兩鴟夷矣。」韓夢周（一七二九—一七九八），字公復，號理堂，山東濰縣人。乾隆二十二年舉進士，官安徽來安縣知縣。於當地農桑、水利，頗多籌畫，民以得利。乾隆三十七年，因事罷歸，講學程符山二十七年。爲學篤守程朱，亦能詩，著有《理堂文集》十卷《外集》一卷、《詩集》四卷、《日記》八卷。

道光十年庚寅（一八三〇年）

張維屏《國朝詩人徵略》刻成，收先生事略詩句。其所撰《聽松廬詩話》云先生詩學成就固不被袁枚所掩，而自成一家。

《國朝詩人徵略》卷二十七：「邊連寶字趙珍，直隸任邱人。貢生，有《隨園集》。直隸總督彭城李公所薦，研辨經史，篤學不倦，北方學者未能或之先也。（《詞科掌録》）君與河間戈濤友善，濤嘗爲君撰生傳，爲時傳誦。濤死，君惟與兄竹巖唱酬，有《南游壎篪集》。（《忠雅堂集》）摘句：『群儒動言命，此亦難究擬。命或隨所遭，不必盡經紀。蠕蠕草間蟲，營營樹下蟻。土蟄得考終，雞啄獲凶死。苟預定其然，造物亦勞矣。』『蠕蠕草間蟲，營營樹下蟻。問彼胡爲然，彼亦昧所以。既在天地間，勢自不能已。蠕蠕復營營，竭蹶以待死。』『人生一世間，但求有可娛。苟其無可娱，可不有此軀。』」又《聽松廬詩話》云：「石農題任邱邊徵君詩集云：『一時南北兩隨園，各有瀾從舌本翻。瀛海詩人工樂府，倉山仙吏富詞源。』邊隨園固不爲袁隨園所掩也。」

道光十二年壬辰（一八三二年）

蕭重《剖瓠存稿》二十卷刻成。卷十一有詠先生詩，稱袁枚爲「三朝新婦」，而贊先生爲「漢廷老吏」。

《剖瓠存稿》卷十一有《偶檢案頭國朝名人集及近人詩箋，各題一截，自竹泉觀察以下則又兼懷人矣》之《邊隨園》：「氣摧山嶽語排空，南北當時角兩雄。究竟三朝新婦耳，漢廷老吏尚推公。」蕭重（生卒不詳），字千里，號遠村，又號梅村，自號三十六灣梅花主人，直隸静海人。廩貢生。博學工詩。嘉慶十三年賜舉人，官福建莆田縣淩洋司巡檢。遷金門縣丞，寬厚愛人。詩學韓、杜，與諸生林文湘爲莫逆交，倡和文讌無虚日。既去任，寓浯江書院，署曰「客燕」，日吟詠其中。著有《剖瓠存稿》。

道光十四年甲午（一八三四年）

書林墨稼齋重刻先生《杜律啓蒙》十二卷。

道光十七年丁酉（一八三七年）

《任邱續志》修成，先生事跡入上卷《儒林傳》。下卷《藝文志》收先生《贈郭蒼璧序》文一篇，《登鄭州城》詩一首。另録有李國柱等贈先生詩數首。

《任邱續志》卷下《人物志》：「邊連寶字肇畛，號隨園。博聞强記，篤學不倦。性狷簡，不能依阿流俗，有不可，持斷斷；及與投洽，意氣温如也。父汝元，工詩。連寶世其家學，而才識邃衍，氣力宏放，遂以文辭聲雄北方。初從事舉子業，以古文爲時文，有謂不利科舉者，連寶輒斥之。既而屢躓場屋，持所守不少變。雍正乙卯科試，學使錢陳群拔之貢成均，持其藝遍示在朝名公，聲大震。廷試，時禮部尚書任蘭枝與侍郎李紱司校閲，署第一，發視相賀。乾隆丙辰，應博學鴻詞科，不中選。己巳，復薦經學，辭不就。時友人戈濤亦在舉中，勸之行，且曰：『君不嘗應博學鴻詞乎？』曰：『然，博學鴻詞唐之科目，猶科舉也。今特詔求如漢伏勝、董仲舒其人者，吾烏可以斯未能信之學矯誣干上以倖取哉？』於時，天下所舉凡三十有九，其非篤老疾病不應是舉者，連寶一人而已。自是無意進取，益肆力於古學。其爲詩，直達胸臆，才力縱恣，出入昌黎、東野、香山、玉川子間。晚號茗禪居士。鉛山蔣士銓深相推重，爲序其詩，並爲作傳。有著作行世。」卷下《藝文志》有李國柱《懷邊肇畛》：「行止渺無定，我來君又歸。孤燈思迢遞，旅舍夢依稀。老病歲將盡，晤言貧易違。徘徊舊游地，觸景事全非。」李國柱（生卒不詳），字金甌，號秋崖，山東德州人。乾隆六年貢生。受業於趙執信，與李基塙、曹昕、金英並稱爲廣川四子。盧見曾稱其爲「齊魯諸生第一」。著有《秋崖遺詩》一卷。

道光十九年己亥（一八三九年）

陶樑《國朝畿輔詩傳》六十卷刻成，卷三十四皆爲先生詩，共收七十六首。

陶樑《紅豆樹館詩話》：「先生姪霽峰都轉官揚州，先生來游，適蔣心餘太史主講永安書院。心餘與先生同爲錢文端公門下士，霽峰又與心餘會試同年，今《隨園詩草》八卷，皆經心餘太史甄定，而霽峰都轉所刊行也。《忠雅堂集》中有『用東坡岐亭韻』與先生唱和詩，其《題隨園〈無雙譜〉詩後》七古一章，推服尤至。」陶樑（一七七二—一八五七），字寧求，號鳧薌，江蘇長洲人。嘉慶十三年進士，選庶吉士，授編修。纂修《皇清文穎》。官至禮部侍郎，以病歸。樑早有文名，曾從王昶，助其纂述。歷官所至，提倡風雅。官直隸時，曾聘文士纂輯《國朝畿輔詩傳》。亦善詞，爲吴錫麟等推重。著有《紅豆樹館詩稿》十四卷、《紅豆樹館詞》八卷等。

道光間

崔旭《念堂詩話》刻成，有詩話一則，論及先生詩。

《念堂詩話》卷一：「昔在蓮池書院，聞邊巨峰誦隨園先生《昭君》詩云：『自關妾命薄如紙，不願官家殺畫工。』立言忠厚。後見其全集，古體學韓、孟，時出入玉川、東坡之間，近體多學杜。自負亦復不淺，畿輔一作家也。今摘數聯於此。『天空孤鳥没，日落遠山明。』『霜澄波色浄，風戰葉聲乾。』『晚鐘禪院静，孤月戒壇高。』『霜氣酣紅葉，風棱慘緑蕪。』『荒煙迷古戍，落日淡孤城。』『崩雲壓樹黑，頹照射村明。』『川摇秋練白，鴉點暮痕青。』『秋聲黄葉寺，暝色斷鴻天。』『蓮菂香殘鴻信晚，月廊風静杵聲高。』『一字未安芒在背，千篇已就雪盈頭。』『短劍飄零常萬里，疲驢潦倒又三年。』『藥銚薰人濃似酒，羊裘壓骨重於山。』『輕毳浮空孤鳥没，大聲吹地早潮來。』」崔旭（生卒不詳），字曉林，號念堂，直隸慶雲人。嘉慶五年舉人，官山西蒲州知縣。道光元年，嘗在滄州潘雲留幕中供職。工詩，有名於時。與天津梅成棟齊名，時稱「燕南二俊」。佐陶樑纂《國朝畿輔詩傳》六十卷。著有《念堂詩鈔》、《念堂詩話》四卷。邊九鼇（一七五九—一八三五），字巨峰，號時齋，直隸任邱人。嘉庆十九年進士，選授天津府教授。在官日，嚴正清介，爲津郡人士所推。上官察其學品，擬調順天府教授，會遘疾，歸里卒。著有《時齋詩集》四卷、《時齋文集》四卷、《無悶偶鈔》六卷。

咸豐十一年辛酉（一八六一年）

紀烘述《三客亭詩草》刻成。卷一有效先生詩風之作。

《三客亭詩草》卷一有《丁亥冬梢，讀邊隨園先生〈自警詩〉，戚戚心動，率成四首，謂繼芳躅，余謝未能，謂拾唾餘，亦所不屑，要之春鶊秋蟀兩不相謀，各鳴其不平耳》詩四首，其一：「日讀古人書，遺編但墨守。經訓炳日星，何處容置口。史册藏名山，詎曰牛馬走。我豈不自量，貂尾續之狗。所怪下筆時，奇語頗自負。那知驪淵珠，早落古人手。因茲每發奮，陳言恥覆瓿。緘口吾所甘，慧不拾牙後。」其二：「貧者士之常，士不以貧重。富苟能好禮，何必逐屢空。稍稍知自愛，怨驕兩無用。小人窮斯濫，爲難耐飢凍。我讀數行書，此事豈從衆。肆然鳴其高，何異雞舞甕。雄雉之卒章，奈何終身頌。敻哉原子思，振襟歌商頌。」其三：「理欲相倚伏，時時用自省。利己而損人，此念固不騁。克伐怨欲心，保勿滋俄頃。所貴有定力，制之以剛猛。勿徒作大言，信心氣粗獷。亦無少自恕，遺慚在衾影。希聖未易言，見賢庶引領。思無忝所生，寤寐心耿耿。」其四：「憶自壬戌秋，慈親見背棄。我父年已衰，教養靡弗至。孔懷無多人，我與我兄二。雍睦體親心，頗無鬩墻事。傷哉父云徂，兄又歸丘隧。天倫抱深痛，念此時揮淚。一編付阿咸，勉使承先志。他年幸有成，即此稱錫類。」紀煐述（一七八六—一八六一），字希籛，直隸獻縣人。嘉慶十八年拔貢，著有《三客亭詩草》。

光緒四年戊寅（一八七八年）

畿輔先哲祠建成，崇祀先生牌位於畿輔歷代文苑中。

姚彤章《畿輔先哲祠崇祀先哲牌位跋》：「畿輔先哲祠於清光緒四年建設，其時居京朝者高陽李文正公、南皮張文襄公、豐潤張幼樵、安圃叔姪、南皮張小颿、宛平桑叔雅、定興鹿僑生、安肅袁際雲諸公，徵文考獻，博稽群書，搜討彌遺，釐定牌位及祭祀禮節。」姚彤章（一八七四—？），字品侯，號研曾，監生，直隸天津人。民國間，曾任天津營務處承審、河務局長。

光緒十年甲申（一八八四年）

朱庭珍《筱園詩話》四卷刻成，卷二論及先生詩風。

《筱園詩話》卷二：「沈德潛先生，詩論極正，持法極嚴，便於初學。所爲詩，平正而乏精警，有規格法度而少真氣。襲盛唐之面目，絕無出奇生新；略加變化處，殊無謂也。朱竹君、翁覃溪，北方之雄，記問淹博。朱講經學，不長詩文。翁以考據爲詩，餖飣書卷，死氣滿紙，了無性情，最爲可厭；差强人意者，能宏奬風流耳。邊隨園亦北方詩人，詩尚清穩，無超詣也。」朱庭珍（一八四一—一九〇三），字筱園，一字曉園，雲南石屏人。少嗜學，尤好詩文。光緒間，與同里陳庚明、昆明張星柳等於昆明結爲蓮湖吟社，並任社長，以詩文唱酬。著有《穆青堂詩》三卷、《筱園詩話》四卷。

光緒十二年丙戌（一八八六年）

《畿輔通志》修成，先生傳入二百三十五卷。

光緒二十五年己亥（一八九九年）

文安陳治宣爲霸州邵炳如所鈔邊瀹慈《霽虹樓遺稿》作序，論及先生詩，極爲服膺，稱先生居北方詩壇第一，且引以爲學詩十數年之楷式。

陳治宣《〈霽虹樓遺稿〉序》：「曩讀《邊隨園詩草》，古拙奥衍，直逼昌黎，時流不敢望其肩項。蓋先生以絶俗之才，加以數十年之學力，晦明風雨之中，已與古會，而又歷涉名區，得江山之助。觀集中長篇敘事，古趣離離，頗有龍門勝概。晚後留心禪理，動中玄機。每當月夕花朝，銜杯把卷，輒興觀止之思，以謂吾直鉅手，當以先生爲最。抱一爲式，已十餘稔矣。今春，設帳益津，於邵炳如處偶見《雲航遺稿》，翻閲數過，覺苦心孤詣，時流於楮墨之間，不禁拍案叫絶曰：『此隨園之嗣音也！』至若關心民瘼諸篇，遥□元道州《春陵行》、張希孟中丞《哀流民操》。發爲哀歌，已足得其仿佛。欣賞之餘，僅弁數語。光緒二十五年歲在己亥夏初，廣陵陳治宣謹識。」陳治宣（一八五六—？），字化琴，號惠亭，又號鏡堂，直隸文安人。光緒十一年舉人，二十四年戊戌科大挑二等，署河間府教授，補奉天錦州學正。寄懷詩酒，嘯灑不羈。

民國二年癸丑（一九一三年）

楊鍾羲《雪橋詩話》《續集》刻成，論及先生。

《雪橋詩話·續集》：「邊肇畛徵君隨園詩，如『雁聲雲外濕，燭影夜深愁』、『天空孤鳥没，日落遠山明』、『壁鑿鄰家火，風來雪外春』，亦是霽公龐雪崖家法。」楊鍾羲（一八六五—一九四〇），字愼菴，號留垞，晚號聖遺居士，正黄旗漢軍籍。光緒十五年進士，散館，授編修。后歷任安陸、江寧知府。一九三三年東游日本，歸國後受溥儀命任奉天「國立博物館」館長。一九三六年後息影北京。著有《聖遺詩集》、《雪橋詩話》等。

民國七年戊午（一九一八年）

邊恩穎輯《吾邱邊氏文集》四卷印成，首有李端棻、劉榮黻、楊福培三序，皆述及先生。是書收先生文三十九篇。

李端棻《〈吾邱邊氏文集〉序》：「太行之東，瀛渤之西，中有著姓，聚族而居，綿延數十世，何其恢乎大哉！考邊氏爲任邱士族，明初行人公由進士起家，厥後擢巍科、登顯仕者，已備詳史乘，姑置勿論。其間忠臣孝子與夫高人韻事，大抵皆務實學，而嫻文藝。我朝徵君隨園先生，其猶著者。」劉榮黻《〈吾邱邊氏文集〉序》：「……與夫經世化俗之文，歷有流傳，及隨園徵君文名冠當世者，均無俟事編之傳，彰彰明矣！」楊福培《〈吾邱邊氏文集〉序》：「吾鄉邊氏，由明迄今，門閥文章甲於河朔……而代有作者卓然成家。隨園徵君，海内宗仰，其文爲猶著。」邊恩穎（生卒不詳），字雨香，號聽古，直隸任邱人。庠生。李端棻（一八三三—一九〇七），字苾園，貴州貴筑人。同治二年進士，選庶吉士，授編修。出督雲南學政，轉御史，累官禮部尚書。

民國十六年丁卯（一九二七年）

王福曾《歸硯草堂詩存》刻成，有詠先生詩四首。

《歸硯草堂詩存》之《題邊隨園〈南游塤篪集〉手鈔本》：「徵君隨園翁，昭代之醇儒。孝友本天性，人倫樹楷模。便便五經笥，儲藏經史腴。博學鴻詞科，報罷返里閭。再膺經學舉，衰病辭公車。所處境奇寠，其樂常愉愉。發之爲詩歌，言婉而意舒。沖夷淡寂中，浩氣摩空虛。南游塤篪集，髮白篤友于。隨園手鈔本，古逸清而腴。漚波亭畔法，華亭迥然殊。亂頭麄服致，嫵媚更有餘。毫不假雕飾，字與詩同符。庚戌仲春月，此卷歸吾廬。開函一披讀，如獲徑寸珠。小子生也晚，弗獲奉杖趨。先正手跡存，千劫終不渝。勿作墨寶觀，巨眼其鑒諸。千秋萬世後，知我言不誣。」又《讀邊隨園詩仍用題蔣詩韻》：「陋巷簞瓢養太和，風騷正始輓頹波。世於此集知音少，我爲斯人下淚多。造化無權皆順境，先生有道失磋磨。紛紛肥瘦評環燕，肉眼誰窺月裏娥。」又《論詩》：「當代詩人最無恥，睥睨一世殊可鄙。詩道遞隨風氣變，久傳於世無此理。國初漁洋爲主盟，當時秋谷異宗旨。學者衆多閱者厭，藏園隨園乃崛起。攻擊並不遺餘力，北方隨園加詆訾。文章千古一微塵，胡乃角勝至於此。彼亦不知所以然，生新之心入表裏。先王里巷采歌謠，問俗觀風陳太史。豈知思婦勞人詞，當時行所無事耳。正惟心坎流出語，才覺感人透骨髓。作詩倘爲傳世間，錯會詩旨錯到底。試看古來大手筆，元白蘇黄韓杜李。精光充滿天地間，章句久不掛人齒。君不見，五經四子並傳世，焚書突出秦嬴氏。」另有《乙巳歸里，讀邊隨園用東坡〈岐亭〉韻贈蔣心餘三首，莊諧相兼，恢詭馳驟，依韻抒懷，兼志景仰前修》詩一首，但内容不涉隨園事，故不録。王福曾（一八五一—一九一七），字桐孫，晚號老民，直隸文安人。光緒五年優貢，選授博野訓導。十一年中副榜，以調辦海運功，選授山東堂邑知縣。治獄多所平反。大興學校，捐置圖書數千卷。以親老告歸，聊、堂兩邑立去思碑。卒，新城王樹枏爲撰墓志銘，天津徐世昌撰傳。著有《歸硯草堂詩存》、《化度寺塔銘考》。

民國十七年戊辰（一九二八年）

《清史稿》修成，先生事跡附《龐塏傳》後。

《清史稿·列傳》卷二百七十一：「……汝元子連寶，字趙珍。世其家學。以諸生貢成均，廷試第一。應乾隆元年博學鴻詞科，不中選。十四年，復薦經學，辭不赴。或勸之行，曰：『吾自審不能如漢伏勝、董仲舒，安敢幸取哉？』著有《隨園集》。」

《清史列傳》八十卷出版，先生事跡附《龐塏傳》中。

《清史列傳》卷七十《龐塏傳附》：「邊連寶字肇畛，直隸任邱人。諸生。父汝元，與同里龐塏以詩藝相切劘，連寶能世其家。雍正十三年，學政錢陳群拔之，貢成均。廷試時，禮部尚書任蘭枝與侍郎李紱司校閱，署第一，發視相賀。乾隆元年，薦試博學鴻詞，報罷。十四年，復薦經學，辭不赴。時友人戈濤亦被薦，勸之行，答曰：『吾自審未能如漢伏勝、董仲舒，安敢矯誣以倖取哉？』自是無意進取，益肆力於古學。其爲詩直達胸臆，才力縱恣，出入韓愈、孟郊、白居易、盧仝之間。著有《隨園集》、《古文》、《病餘草》、《續草》、《長語》。卒年七十四。」

民國十八年己巳（一九二九年）

劉聲木《萇楚齋隨筆》印成，卷九有「隨園有三」一條，論及先生。

《萇楚齋隨筆》卷九：「韓泰華《無事爲福齋隨筆》云：『袁子才隨園，夫人而知之，關中羅賢亦有隨園，並有自記。』云云。聲木謹案：邊連寶字肇畛，任邱人，雍正乙卯優貢。浙撫李衛薦舉博學鴻詞，己巳，復以潛研經學薦之。平日研辨經史，篤學不倦，窮餓以死，晚耽禪悦。紀文達昀謂其詩『法律謹嚴，情景融洽，優柔蘊藉，得風人之旨』云云。韓理堂明府夢周謂其詩『雕搜雄肆，擺脱激宕，可以不朽』云云。撰《隨園詩草》十卷，附録《禪家公案頌》一卷，乾隆口年寫刻，甚精。是不特又一隨園，且工詩，足以旗鼓相當，斯亦奇矣。」按：劉氏所云「優貢」，乃隨手誤記，應爲「拔貢」。可參見乾隆、道光《任邱縣志》及戈濤《邊徵士傳》等。又「紀文達昀謂其詩法律謹嚴，情景融洽，優柔蘊藉，得風人之旨」等語，查紀昀《紀文達公遺集》，乃出卷九《〈鏤冰詩鈔〉序》，非論連實，實論任邱龐塏也。原文云：「雪崖詩平易近人，而法律謹嚴，情景融洽，故優柔蘊藉，往往一唱三嘆，有餘不盡，得風人言外之旨。」又所記《隨園詩草》十卷，乃八卷之誤；「乾隆口年」當爲「乾隆乙未年」。劉聲木（一八七八——一九五九），字十枝，原名體信，字述之，安徽廬江人。清四川總督劉秉璋第三子。光緒末，分省補用知府，籤分山東，每遇實授，輒辭不就。入民國後，一意著述。新中國建立後，任上海文史館員。聲木自幼力學，至老不輟，性好藏書，所著亦豐。著有《桐城文學淵源考》十三卷、《續補寰宇訪碑録》二十五卷等。

徐世昌《晚晴簃詩匯》刻成，卷六十八收先生《空城雀》、《秋日雜詩四首》、《晚吹》、《古碑》、《懷劉司州》、《秋晚寄芥舟》、《寄懷戴通乾》等詩十首。

《晚晴簃詩匯·詩話》：「肇畛兩膺薦舉，一就一不就，謂鴻詞所求者文章之士，應之可也；經學惟老師宿儒當之，吾豈其人。《詞科掌録》稱其『研辨經史，篤學不倦，北方學者未能或之先也』。嘉興錢文端公知之最深，有柬邊鴻博句云：『好賣文園賦，曾懷光範書。』生平與河間戈芥舟最相契，詩以冷峭爲主，以摹擬爲戒，宗旨相同。集末附

《禪家公案頌》一卷，蓋晚年頗耽禪悅也。」徐世昌（一八五五—一九三九），字卜五，號菊存，又字菊人，別號東海、水竹村人，直隸天津人。光緒十二年進士，官至郵傳部尚書、體仁閣大學士。入民國，被袁世凱任命爲國務卿。溥儀復辟，任弼德院院長，以太傅、大學士輔政。段祺瑞執政時，曾任北洋政府總統。徐世昌終生從政，然亦不廢吟哦，並於晚年主持編選刊印《晚晴簃詩匯》。著有《水竹村人集》、《大清畿輔先哲傳》等。

十二月，《雄縣新志》修成，第十册《雄縣詩鈔》上卷收先生《稊之生矣四章》、《掃石山房對菊作長歌贈軼修》、《雄州懷古》、《過西樓故居有感》等詩十首。

民國間

徐世昌《大清畿輔先哲傳》刻成，卷二十一《文學》入先生傳記。

《大清畿輔先哲傳》卷二十一：「邊連寶字肇畛，號隨園，任邱人。幼聰慧，博聞强記。雍正十三年，學使錢陳群拔之貢成均，廷試時，禮部尚書任蘭枝、侍郎李紱司校閱，署第一，發視相賀。乾隆元年，總督李衛薦應博學鴻詞，召試不中。十四年，錢陳群再以經學薦，以疾辭。益肆力詩古文，絕意仕進。陳群過任邱，賦《有鳥》篇贈之。嘗自言：『僕如孫樵，天付窮骨，宜安守拙。入貢士列，十黜有司，知己日謝，朋徒日離。抉文倒魄，洗剔精魂，澄拓襟慮，字字磨校，以牢知音。雖涷如悴灰，臞若槁柴，老死不易。若柳州所云，婁君無有者，僕庶幾焉；非惡富貴而逃之，自度不堪其勞耳。』其志趣高潔若此。著有《隨園詩草》、《病餘草》、《病餘續草》、《絕筆草》，鉛山蔣士銓序而行之。其評選手定者，又有《五言正味集》、《杜律啓蒙》、《管子腋》、《蘇詩施注》等帙。連寶性耿介，不喜見俗士，論事侃侃，持義理不移。少嗜酒，晚號茗禪居士。戈濤於詩甚許可，獨心折連寶，爲作生傳，時人傳之。濤死，連寶屏交游，日與兄中寶唱酬爲樂。中寶子廷掄，官兩淮鹽運使，乃與中寶偕游大江南北諸名勝，旗亭僧壁，題吟殆遍。歸一載，卒，年七十四。戈濤謂其骨近韓，其神近孟，其氣近李，其情思近盧，惟其近之，是以似而有之。北方學者未能或之先也。嘗自製一棺，名曰安樂窩，題詩自記，妻子惡之。又懸小像於壁，令妻孥展拜，家人誚讓，皆爲詩記其事。學者稱北隨園先生。」

《大清畿輔書徵》印成，卷十六收先生《隨園詩草》、《文集》、《評注管子腋》、《五言正味集》、《杜律啓蒙》、《考訂蘇詩施注》諸書目。

《河間七子詩鈔》印成，收先生詩七十六首，與《國朝畿輔詩傳》所收皆同。

武强賀培新選鈔先生文章四十七篇爲《隨園文鈔》二卷。

賀培新（一九〇三—一九五二），字孔才，號天游，筆名賀泳，河北武强人。幼承祖訓，攻治古文辭。一九二一年，從吴闓生游，爲吴氏文學社驍將。培新未冠即嗜書法篆刻，書學於秦樹聲，篆刻則問藝於齊白石。歷任北平市政府秘書、北平市古物評監委員會委員、中國大學國學系教授、國史館編纂，新中國建立後，在文化部文物事業管理局任職，文名籍甚。著有《天游室文編》、《潭西書屋詩鈔》、《武强賀培新印草》等。

主要參考書目

一 《病餘長語》

《江左十五子詩選》［清］宋犖撰　四庫全書存目叢書本
《王文簡古詩平仄論》［清］王士禛撰　民國十六年上海醫學書局鉛印本
《六研齋筆記》［明］李日華撰　明崇禎刻本
《香祖筆記》［清］王士禛撰　上海古籍出版社一九八二年點校本
《清閟閣全集》［元］倪瓚撰　景印文津閣四庫全書本
《牡丹亭》［明］湯顯祖撰　人民文學出版社一九六三年點校本
《群芳譜》［明］王象晉撰　四庫全書存目叢書補編本
《漢雜事秘辛》中華書局一九九一年影印本
《李清照集箋注》［宋］李清照撰　上海古籍出版社二〇〇二年箋注本
《漢書》中華書局一九六二年點校本

《後漢書》中華書局一九六五年點校本

《全唐詩》中華書局一九六〇年點校本

《池北偶談》［清］王士禛撰　中華書局一九八二年點校本

《黄庭堅全集》［宋］黄庭堅撰　四川大學出版社二〇〇一年點校本

《墨客揮犀》［宋］彭□輯撰　中華書局二〇〇二年點校本

《南村輟耕録》［元］陶宗儀撰　中華書局一九五九年點校本

《莊子集釋》中華書局一九六一年點校本

《徐渭集》［明］徐渭撰　中華書局一九八三年點校本

《蘇軾詩集》［宋］蘇軾著　中華書局一九八二年點校本

《蘇軾文集》［宋］蘇軾著　中華書局一九八六年點校本

《内簡尺牘》［宋］孫覿撰　乾隆刻本

《堅瓠集》［清］褚人穫撰　清刻本

《梅堯臣集編年校注》［宋］梅堯臣著，朱東潤編年校注　上海古籍出版社二〇〇六年校注本

《丹陽真人語録》［金］馬鈺撰　民國上海涵芬樓影印本

《國朝畿輔詩傳》［清］陶樑輯　續修四庫全書本

《海珊詩鈔》［清］嚴遂成撰　乾隆刻本
《太古蠶馬記》［吴］張儼撰　民國四年商務印書館鉛印本
《漁洋詩話》［清］王士禛撰　康熙四十八年刻本
《居易録》［清］王士禛撰　雍正刻本
《隨園詩集》［清］邊連寶撰　中國人民大學圖書館藏稿本
《西堂全集》［清］尤侗撰　續修四庫全書本
《唐文拾遺》［清］陸心源輯　續修四庫全書本
《書肆説鈴》［明］葉秉敬撰　清順治《説郛》本
《卜硯山房詩鈔》［清］周焯撰　民國《天津詩人小集十二種》本
《國語集解》中華書局二〇〇二年點校本
《詩經》上海古籍出版社一九九六年影印朱熹注本
《豫章漫抄》［明］陸深撰　明嘉靖刻本
《蘇談》［明］楊循吉撰　續修四庫全書本
《獻縣志》［清］戈濤纂修　乾隆二十六年刻本
《遼邸記聞》［明］錢希言撰　清順治《説郛》本
《王百穀集》［明］王穉登撰　四庫禁毁書叢刊本

《列朝詩集》［清］錢謙益撰集　中華書局二〇〇七年點校本

《古今詞話》［清］沈雄撰　中華書局一九八六年《詞話叢編》本

《文章辨體匯選》［明］賀復徵選　景印文淵閣四庫全書本

《青箱雜記》［宋］吴處厚撰　中華書局一九八五年點校本

《韻語陽秋》［宋］葛立方撰　中華書局一九八〇年《歷代詩話》本

《夢溪筆談》［宋］沈括撰　中華書局一九五九年點校本

《竹坡詩話》［宋］周紫芝撰　中華書局一九八〇年《歷代詩話》本

《倦游録》［宋］張師正撰　清順治《説郛》本

《野人閒話》［宋］景焕撰　明刻《宋百家小説》本

《湘山野録》［宋］釋文瑩撰　中華書局一九八四年點校本

《彦周詩話》［宋］許顗撰　中華書局一九八〇年《歷代詩話》本

《三國志》中華書局一九八二年點校本

《螢雪叢説》［宋］俞成撰　中華書局一九八五年點校本

《晦庵集》［宋］朱熹撰　景印文津閣四庫全書本

《洞天清録》［宋］趙希鵠撰　景印文津閣四庫全書本

《歸田詩話》［明］瞿佑撰　中華書局二〇〇六年《歷代詩話續編》本

《坳堂雜著》［清］戈濤撰　天津圖書館藏清鈔本

《丹鉛餘録》［明］楊慎撰　景印文淵閣四庫全書本

《畫繼》［宋］鄧椿撰　北京圖書館出版社二〇〇六年影印本

《霽山文集》［宋］林景熙撰　景印文津閣四庫全書本

《臞翁詩集》附《詩評》［宋］敖陶孫撰　民國古書流通處影印本

《方苞集》［清］方苞撰　上海古籍一九八三年點校本

《曾鞏集》［宋］曾鞏撰　中華書局一九八四年點校本

《新唐書》　中華書局一九七五年點校本

《戰國策箋證》　上海古籍出版社二〇〇六年箋證本

《顔氏家訓集解》　王利器撰　中華書局一九九三年點校本

《歸田録》［宋］歐陽修撰　中華書局一九八一年點校本

《昌黎先生文集》［唐］韓愈撰　四部叢刊本

《嵇中散集》［魏］嵇康撰　四部叢刊本

《陶淵明箋注》［晉］陶潛撰　中華書局二〇〇三年箋注本

《養疴漫筆》［宋］趙溍撰　中華書局一九九一年排印本

《讀書録》［明］薛瑄撰　景印文淵閣四庫全書本

《劍南詩稿校注》［宋］陸游撰　上海古籍出版社二〇〇五年校注本

《清秘述聞三种》［清］法式善撰　中華書局一九八二年點校本

《睫巢後集》［清］李鍇撰　乾隆十年刻本

《毛詩正義》中華書局一九八〇年影印阮元《十三經注疏》本

《爾雅正義》中華書局一九八〇年影印阮元《十三經注疏》本

《春秋左傳》中華書局一九八〇年影印阮元《十三經注疏》本

《禮記》中華書局一九八〇年影印阮元《十三經注疏》本

《御選唐宋詩醇》景印文淵閣四庫全書本

《齊東野語》［宋］周密撰　中華書局一九八三年點校本

《二老堂詩話》［宋］周必大撰　中華書局一九八〇年《歷代詩話》本

《唐子西文録》［宋］强幼安撰　中華書局一九八一年《歷代詩話》本

《砮溪詩話》［宋］黄徹撰　中華書局一九八三年《歷代詩話續編》本

《容齋隨筆》［宋］洪邁撰　中華書局二〇〇五年點校本

《李太白全集》［唐］李白著　中華書局一九七七年點校本

《林間録》［宋］釋惠洪撰　景印文淵閣四庫全書本

《王文公文集》［宋］王安石撰　上海人民出版社一九七四年點校本

《曝書亭集》［清］朱彝尊撰　康熙五十三年刻本

《增訂文心雕龍校注》［清］黄崑圃撰　中華書局二〇〇〇年校注本

《文章流别志論》［晉］摯虞著　民國關中叢書鉛印本

《張載集》［宋］張載著　中華書局一九七八年點校本

《鮑明遠集》［南朝宋］鮑照撰　明天啓汪氏刻本

《易經》中華書局影印阮元《十三經注疏》本

《獨斷》［漢］蔡邕撰　民國十六年影宋左氏百川學海本

《慶芝堂詩集》［清］戴亨撰　清道光刻本

《感應類從志》［宋］釋贊寧撰　清順治《説郛》本

《物理小識》［明］方以智撰　景印文淵閣四庫全書本

《玉芝堂談薈》［明］徐應秋撰　景印文淵閣四庫全書本

《楞嚴經》中華書局二〇一〇年譯注本

《金詩選》［清］顧星五、陶崑穀選　乾隆十六年刻本

《橘録》［宋］韓彦直撰　清順治《説郛》本

《述異記》［梁］任昉撰　漢魏叢書本

《公羊傳》中華書局一九八〇年影印阮元《十三經注疏》本

《遺山先生文集》［金］元好問撰　四部叢刊本

《中州集》［金］元好問編　四部叢刊本

《法書要録》［唐］張彦遠撰　商務印書館一九二二年影印本

《海叟詩集》［明］袁凱撰　康熙六十一年寫刻本

《震澤先生集》［明］王鏊撰　嘉靖刻本

《思玄集》［明］桑悦撰　四庫全書存目叢書本

《唐荆川文集》［明］唐順之撰　四部叢刊本

《東坡志林》［宋］蘇軾撰　中華書局一九八一年點校本

《聖教信證》［清］韓霖、張賡撰　黄山書社二〇〇五年影印本

二《邊隨園先生年譜》

《任邱縣志》［清］劉統修　乾隆二十八年刻本

《任邱續志》［清］鮑承燾修　道光十七年刻本

《河間府新志》［清］杜甲修　乾隆二十五年刻本

《河間縣志》［清］吴山鳳修　乾隆二十五年刻本

《獻縣志》［清］戈濤修　乾隆二十六年刻本

《雄縣新志》［民國］秦廷秀修　民國十八年鉛印本
《清史稿》中華書局一九七七年標點本
《清史列傳》中華書局一九八七年標點本
《清實録》中華書局二〇〇八年影印本
《畿輔通志》［清］李鴻章修　續修四庫全書本
《皇朝文獻通考》［清］嵇璜、劉墉等奉敕撰　乾隆武英殿刻本
《四庫全書總目》［清］永瑢等撰　中華書局一九六五年影印本
《科場條例録要》清刻本
《戈氏族譜》一九九七年河間戈氏鉛印本
《任邱邊氏族譜》乾隆三十七年刻本
《任邱邊氏族譜》宣統三年鈔本
《任邱河東李氏族譜》民國十七年石印本
《任邱陳王莊李氏族譜》民國鈔本
《河間七子詩鈔》民国石印本
《竹巖紀年略》［清］邊中寶撰　北京大學圖書館藏稿本
《敦本堂詩稿》［清］邊中寶撰　清華大學圖書館藏稿本

《竹巖詩草》〔清〕邊中寶撰　四庫未收書輯刊本
《隨園詩集》〔清〕邊連寶撰　中國人民大學圖書館藏稿本
《隨園病餘草》〔清〕邊連寶撰　北京大學圖書館藏鈔本
《隨園詩草》〔清〕邊連寶撰　乾隆四十年刻本
《隨園文鈔》〔清〕邊連寶撰　國家圖書館藏民國武强賀培新選鈔本
《病餘長語》〔清〕邊連寶撰　天津圖書館藏民国鈔本
《蘇詩施注》〔宋〕蘇軾撰、施元之注　西南大學圖書館藏清邊連寶選評康熙刻本
《肇昣先生文稿》〔清〕邊連寶撰　嘉慶二十二年刻本
《列國説薈輒要》〔清〕邊連寶撰　國家圖書館藏稿本
《杜律啓蒙》〔清〕邊連寶撰　乾隆四十二年刻本
《聯經》〔清〕李學禮撰　乾隆五十五年刻本
《觀察舒公年譜》〔清〕蔚柱撰　乾隆刻本
《光復堂詩稿》〔清〕劉統撰　乾隆刻本
《復初齋詩文集》〔清〕翁方綱撰　續修四庫全書本
《理堂詩文集》〔清〕韓夢周撰　道光四年刻本
《漁山詩草》〔清〕邊汝元撰　乾隆四十年刻本

《就畇齋詩稿》［清］邊嚮禧撰　國家圖書館藏清鈔本

《吾邱邊氏文集》［清］邊恩穎輯　民國鉛印本

《李文園先生全集》［清］李中簡撰　嘉慶六年刻本

《忠雅堂集校箋》［清］蔣士銓撰　上海古籍出版社一九九三年點校本

《蒙泉學詩草》［清］宋弼撰　國家圖書館藏清董平章鈔本

《紀文達公遺集》［清］紀昀撰　嘉慶十七年刻本

《坳堂雜著》［清］戈濤撰　天津圖書館藏清鈔本

《朱子通鑑綱目注義》［清］王應鯨撰　乾隆四十一年刻本

《慶芝堂詩集》［清］戴亨撰　道光刻本

《清秘述聞》［清］法式善撰　中華書局一九八二年標點本

《露桐先生年譜前編》［清］錢景星撰　嘉慶八年刻本

《梧門詩話》［清］法式善撰　鳳凰出版社二〇〇五年標點本

《萇楚齋隨筆》［清］劉聲木撰　中華書局一九九八年標點本

《詞科掌録》［清］杭世駿撰　乾隆刻本

《鶴徵後録》［清］李富孫撰　嘉慶十五年刻本

《陳句山先生年譜》［清］陳玉繩輯　嘉慶十二年刻本

《隨園詩話》［清］袁枚撰　乾隆五十七年刻本

《小倉山房文集》［清］袁枚撰　續修四庫全書本

《穆堂初稿》［清］李紱撰　道光十一年刻本

《清朝進士題名録》江慶柏編　中華書局二〇〇七年版

《清代職官年表》錢實甫編　中華書局一九八〇年版

《畿輔先哲祠崇祀先哲牌位》［民國］姚彤章編　河北博物院一九三六年鉛印本

《帶經堂集》［清］王士禛撰　康熙五十一年刻本

《知足齋文集》［清］朱珪撰　嘉慶十年刻本

《香樹齋詩集》［清］錢陳群撰　乾隆刻本

《堅白石齋詩集》［清］李鑾宣撰　嘉慶二十四年刻本

《念堂詩話》［清］崔旭撰　道光刻本

《剖瓠存稿》［清］蕭重撰　道光十二年刻本

《三客亭詩草》［清］紀熯述撰　咸豐十一刻本

《歸硯草堂詩存》［清］王福曾撰　民國十六年刻本

《晚晴簃詩匯》［民國］徐世昌撰　民國十八年刻本

《大清畿輔先哲傳》［民國］徐世昌輯　民國刻本

《大清畿輔書徵》［民國］徐世昌撰　民國刻本

《國朝畿輔詩傳》［清］陶樑輯　道光十九年刻本

《筱園詩話》［清］朱庭珍撰　光緒十年刻本

《國朝詩人徵略》［清］張維屏輯　續修四庫全書本

《雪橋詩話續集》［清］楊鍾羲撰　民國二年刻本

《石笥山房集》［清］胡天游撰　咸豐二年刻本

《碑傳集》［清］錢儀吉纂　中華書局一九九三年標點本

《霽虹樓遺稿》［清］邊瀹慈撰　國家圖書館藏清末霸州邵炳如鈔本

圖書在版編目(CIP)數據

病餘長語(附邊隨園先生年譜)/(清)邊連寶著;馬合意校點. —濟南:齊魯書社,2013.1
ISBN 978-7-5333-2565-7

Ⅰ.①病… Ⅱ.①邊…②馬… Ⅲ.①雜著—中國—清代
Ⅳ.①Z429.49

中國版本圖書館 CIP 數據核字(2011)第 279719 號

病餘長語(附邊隨園先生年譜)
[清]邊連寶 著 馬合意 校點

出版發行 齊魯書社
社　　址 濟南市英雄山路 189 號
郵　　編 250002
網　　址 www.qlss.com.cn
電子郵箱 qilupress@126.com
印　　刷 山東新華印務有限責任公司
開　　本 880mm×1230mm 1/32
印　　張 19.75
插　　頁 4
字　　數 395 千
版　　次 2013 年 1 月第 1 版
印　　次 2013 年 1 月第 1 次印刷
標準書號 ISBN 978-7-5333-2565-7
定　　價 **89.00 圓**